神戸学院大学法学部開設50周年記念
企業法論文集

企業関係法の新潮流

岡田豊基・吉本健一〔編〕

中央経済社

序　文

　神戸学院大学法学部は1967年（昭和42年）4月に設置され，2017年（平成29年）3月末をもちまして開設50周年を迎えました。この間多くの商法関係教員が法学部および法科大学院に所属し，教育研究に励みつつ，多大な成果を上げてきたことは，われわれの誇りとするところです。この度，現在法学部に所属する商法関係教員から，このような機会を迎えるに当たり，記念祝賀の趣旨で論文集を刊行しようという話がまとまりました。そこで，現役教員のみならず，かつて神戸学院大学に所属され教育研究に携われた教員の方々および神戸学院大学大学院法学研究科で学んだ商法教員にも広くお声掛けをしたところ，多くの方のご賛同を得ることができ，貴重なご論文の原稿を頂戴することができました。ご執筆いただいた先生方には，お忙しい時間を割いていただき，衷心より感謝申し上げます。

　なお，龍田節先生には，岡田豊基と吉本健一の両名が聞き手となり，神戸学院法学部を中心として幅広く50年にわたる思い出を語って頂くインタビューを企画しました。興味深い内容となっていますので，記念論文集に収録させて頂きます。

　今大学教育なかんずく私立大学の教育は様々な問題に直面しており，神戸学院大学もその例外ではありません。しかし，そのような状況にあっても，神戸学院大学法学部は建学の精神を忘れることなく，さらにはこれからの新しい50年にふさわしい内容の教育研究を発展させていきたいと考えています。本記念論文集がそのような方向への一歩となれば，編集に携わった者としてこれに勝る喜びはないと考えます。

　今後とも引き続き，神戸学院大学法学に対するご指導ご鞭撻とご支援をお願い申し上げる次第です。

2018年3月1日
　　　　　　　神戸学院大学法学部開設50周年記念企業法論文集刊行委員会
　　　　　　　　　　代表　岡田豊基・吉本健一

目　次

経営判断の原則の立法論

森田　章　1

はじめに／2
第1節　取締役の善管注意義務／2
第2節　忠実義務規定の具体化の試み／4
第3節　善管注意義務の会社法上の位置付け／7
第4節　和製の経営判断原則／9
第5節　忠実な職務遂行の推定規定／15
第6節　リスク管理の必要性／17
第7節　銀行取締役／20
第8節　経営判断の原則の立法案／22

企業買収時における意見表明報告制度

川口　恭弘　25

第1節　はじめに／26
第2節　意見表明報告制度の意義／27
第3節　意見表明報告制度の実例／33
第4節　意見表明報告制度に関する法的問題／39
第5節　むすびに代えて／44

受益者連続信託による財産の管理承継と課題

今川　嘉文　45

第1節　本稿の目的／46
第2節　信託利用の状況／46
第3節　受益者連続信託による財産の管理承継／48
第4節　受益者連続信託における遺留分／51

第5節　受益者連続信託における遺留分侵害の判断／60
第6節　信託契約における公序良俗違反の検討／65
第7節　信託契約と脱法信託の検討／71
第8節　信託契約における利益相反行為の検討／73

EUにおける関連当事者との取引に関する規制

野田　輝久　79

第1節　はじめに／80
第2節　規制導入の経緯／81
第3節　規制の内容／90
第4節　ドイツにおける現行法規制との整合性／95
第5節　結びにかえて／104

社債契約内容の変更における少数社債権者保護
―現行法の規制の意義を中心として―

森　まどか　109

第1節　はじめに／110
第2節　検討の前提／112
第3節　検　討／118
第4節　結びに代えて／130

株式等売渡請求制度についての検討
―とくに対象会社の承認（会社法179条の3）について―

赤木　真美　133

第1節　はじめに／134
第2節　株式等売渡請求制度の概要／135
第3節　実務での利用状況／139
第4節　対象会社による承認についての検討／143
第5節　そのほかの問題点／155

ERISA 拾遺

小櫻　純　159

　序／160
　第1節　梃子式従業員持株制度とIPO／160
　第2節　悪人条項の再検討／165
　第3節　マッチング拠出の問題点／168
　終わりに／172

株式の共同相続と会社訴訟の原告適格
―共同相続株式の権利行使に関する判例法理の検討(2)―

吉本　健一　177

　はじめに／178
　第1節　最高裁平成2年12月4日判決／179
　第2節　最高裁平成3年2月19日判決／184
　第3節　最高裁平成9年1月28日判決／189
　第4節　最高裁平成27年2月19日判決／194
　おわりに／197

保険事故発生後の保険金請求権を巡る放棄等
―保険金受取人を「相続人」と指定した場合を中心にして―

岡田　豊基　199

　第1節　はじめに／200
　第2節　相続人である保険金受取人の相続放棄／200
　第3節　保険金請求権の放棄，保険金の受取拒絶／211
　第4節　むすびにかえて／228

市場支配力濫用規制事例の分析

田中　裕明　231

第1節　はじめに／232
第2節　GWB19条の規制内容と規制目的／232
第3節　ドイツ連邦カルテル庁，ドイツ連邦通常裁判所（BGH）のアプローチにみる，GWB19条2項2号による比較可能市場での競争類似性の欠如／237
第4節　判例の分析／239
第5節　むすびにかえて／248

社外取締役の導入に関する会社法上の規律について

小松　卓也　251

第1節　序　論／252
第2節　社外取締役の設置に関する『遵守か説明か』の法規律について／253
第3節　社外取締役の機能について／262
第4節　社外取締役を設置しない場合の説明／269
第5節　結　語／276

自己株式取得と取締役の経営裁量との関係についての一考察

宮崎　裕介　279

第1節　はじめに／280
第2節　アメリカ法の状況／283
第3節　日本の裁判例の検討―ダスキン株主代表訴訟―／297
第4節　評価と分析／301
第5節　むすびにかえて／307

> インタビュー

私と神戸学院大学法学部―50年を振り返って―　309

龍田節先生

＊

岡田豊基（聞き手）
吉本健一（聞き手）
石井美和子

＊　＊

2017年（平成29年）9月29日
神戸学院大学ポートアイランドキャンパス

神戸学院大学：企業法歴代教員・卒業研究者／333

〔**執筆者一覧**（執筆順）〕

森田　章　（同志社大学大学院司法研究科教授）
川口　恭弘　（同志社大学法学部教授）
今川　嘉文　（龍谷大学法学部教授）
野田　輝久　（関西学院大学大学院司法研究科教授）
森　まどか　（中京大学法学部教授）
赤木　真美　（岡山大学法学部教授）
小櫻　純　（神戸学院大学法学部教授）
吉本　健一　（神戸学院大学法学部教授）
岡田　豊基　（神戸学院大学法学部教授）
田中　裕明　（神戸学院大学法学部教授）
小松　卓也　（神戸学院大学法学部教授）
宮崎　裕介　（神戸学院大学法学部准教授）
*
龍田　節　（京都大学名誉教授・日本学士院会員）

経営判断の原則の立法論

森田　章

はじめに
第1節　取締役の善管注意義務
第2節　忠実義務規定の具体化の試み
第3節　善管注意義務の会社法上の位置付け
第4節　和製の経営判断原則
第5節　忠実な職務遂行の推定規定
第6節　リスク管理の必要性
第7節　銀行取締役
第8節　経営判断の原則の立法案

はじめに

　わが国では，株主代表訴訟において，裁判官が，後知恵で経営者の善管注意義務違反を断じるということが少なくない。たとえば，ダスキン事件では，ここでの詳論は避けるが，要するに，TBHQ混入の「大肉まん」による実際の健康被害は考えられず，商品回収や官庁届出も今となっては不可能であり，他方，公表すれば消費者からの非難は免れず，食品販売事業を営む企業としての信頼を損ねることが明らかであるところから，最高経営顧問の意見も参考にした上で，経営判断として，自ら上記混入を積極的には公表しないとの方針を決定したという事例である。そして，一審被告らの立場に立てば，当時それは適切にして合理的な判断の一つであったから，いわゆる経営判断の原則に照らし，善管注意義務違反には当たらないと主張したが，裁判所は，それは，本件混入や本件販売継続等の事実が最後まで社会に知られないで済んだ場合の話である。いわば知られないで済む可能性に賭けたともいえるなどと指摘して，そのような経営判断は善管注意義務に違反するとしたのである[1]。

　会社内の取引においては，意見の違いによって影響されないことなどはほとんどないし，裁判所の絶対に正しい判断もない，という冷静な事実を無視して，裁判所の後知恵の判断がなされて，経営者が民事責任を負わされる事態が生じているのである。このような善管注意義務に違反した場合に民事責任にさらされるというおそれは，経営者がリスクテイクしようとする経営判断を躊躇させることとなり，その結果株主および経済一般に損失を生じさせることになる，という米国の経営判断の原則の展開から多くを学ぶべきである。

　本稿では，忠実義務規定に手がかりを求めて会社法355条2項および3項の立法案を提言したい。

第1節　取締役の善管注意義務

1　取締役会制度採用前

　「会社と取締役との間の関係は委任に関する規定に従う」ことが明文化され

---

[1]　大阪高判平成18年6月9日判タ1214号。

たのは，明治44年である。株主総会の権限が強く，株主総会の決議は，法令または定款に反しない限り，取締役・監査役を拘束するという法制の下で，委任関係について，大隅健一郎『会社法論〔12版〕』282頁以下（1946年）は，つぎのように説明している。すなわち，「取締役とは会社の業務を執行し且つ会社を代表する必要常設の機関である。取締役は株式会社の執行機関であり又其の代表機関であって，会社の営業活動は主として取締役によって行われる。法律上取締役は株主総会の下位に位する機関であるが，我が国の実際においては会社の実権は専ら取締役の手中に存するのが常である。……なお会社の機関としての取締役と之を構成する個人としての取締役とは観念上区別しなければならぬ。機関としての取締役は会社組織の一部を為し，会社とは法律関係に立つものではないが，其の構成員たる取締役員は会社と委任関係に立ち，会社に対し種々の権利義務を有する。」という。

2 取締役会制度の採用後

昭和25年改正商法は，強行法規として，株主総会の権限は「商法又は定款に定むる事項に限り決議を為すことができる」ことに制限して，株主総会の権限を縮小させ，取締役の業務執行権限を拡大させた。同改正は，同時に現行会社法355条の規定をも採用した。取締役は法令および定款の定めならびに総会の決議を遵守し会社のため忠実にその職務を遂行する義務を負うこととされた。

3 忠実義務規定の採用

この現行会社法355条の採用は，注釈会社法ではつぎのように説明されている。すなわち，「わが商法が忠実義務に関する規定を設けたのは，会社の執行機関体制を，英米法にならって取締役会を中心とする体制に改め，取締役に経営に関する広汎且つ強大な権限を与えたために，既存の善管注意義務のみでは不十分となったからであった。従来，善管注意義務をもって足りるとしたのは，取締役の権限がきわめてせまいものとなっていたからである。すなわち取締役は最高万能の機関たる株主の下位機関として，その決議に従って業務を執行するのみで，資本の調達や経営に関する重要事項について自ら決定しうる権限もなく，しかも其の業務の執行に関しては，監査役に監督されていたからである。

ところが，取締役会中心の経営機構をとるときは，取締役の権限が強大となり，株主総会をはるかに凌駕するものとなる。その結果，株主総会は取締役に

対して，従前のような指図と監督をなしえない。この機関体制は英米法のそれと同型のものであるが，英米法においては，この体制において，会社と取締役との間には，信認的法律「関係」（筆者訂正）が存在するものとしている。……こうした関係にある者が，信認に反しないように課せられる義務のうち最も重要なものが忠実義務である。この義務は，大陸法における善管注意義務に対応する注意義務（duty of care and skill）とは別個のものとして，取締役に課されるものである[2]。」という。ただし，これが別個の義務であるとの記述は，つぎに見るように少数説であることに留意すべきである。多数説からは，注意義務自体を高めるということは，現在の私法理論からは意味のないことであるとの批判がなされていた[3]。

第2節　忠実義務規定の具体化の試み

　取締役に課せられる一般的義務としての善管義務は，行為基準として明確な内容をもっているが，忠実義務は，内容はもとより，それを生ぜしめる会社と取締役との関係も，あまり明確に法文上に表現されていない。そのために，忠実義務がいかなる性質のものかについて学説は分かれ，いまだに一致を見るに至らない。現在，多数の支持を得ている学説は，忠実義務は既存の善管義務と別個のものではなく，善管義務を株式会社の関係について具体的かつ注意的に規定したもの，あるいは善管義務の精神を敷衍したものにすぎないとしている。この説によれば，本条にいうところの「忠実にその職務を遂行する義務」は，「善良なる管理者の注意をもって委任事務を処理する義務」と表現を異にするのみで内容的には異なるものではない，という[4]。

1　大阪谷教授の所説

　少数説であるが，本条の解釈として，忠実義務の概念を具体化させる試みを提言して，むしろ取締役の注意義務が軽減される旨の主張がなされた。すなわち，大阪谷教授は，「我改正法が取締役と会社との関係について，英米と同様な信認的関係の観念を採り入れ，その趣旨を改正法254条の2（現行会社355条）

---

[2]　大森忠夫＝矢沢惇編集代表『注釈会社法(4)』264頁〔星川長七〕（有斐閣，1968年）。
[3]　前掲注2）263頁〔星川〕。
[4]　前掲注2）263頁〔星川〕。

として表現したのではないだろうか」とされ,「一体,我々が他人に或ること
を委託して事務の処理をなさしむ場合に二つの立場が考えられる。即ち,委託
する者と委託される者とが同等な立場に立つ場合と,委託される者が委託する
者に対して圧力と優越とを取得する立場に立つ場合とである。我々がひとしく
「委任」と呼んでいる場合においても,実質的にはこの二つの区分が存在する
……即ち改正法の下においては取締役の地位は旧法に比して著しく権限が強化
され,制度上,その執行権については,ほぼ,英米のそれと類似しているので
ある。……取締役と会社の関係が委任の二つの場合の内の「圧力と優越の地
位」を取得する信認的法律関係の立場に属することをも明らかにした規定であ
ると解したい」とされている[5]。「圧力と優越の地位」という概念は,法律用
語ではないが,おそらくは業務執行権が株主総会から取締役会に移行したこと
を表現されているようである[6]。注目すべきことに,同教授はさらにつぎのよ
うにも主張されている。すなわち,「取締役の義務執行についての注意義務の
内容については,もとより,抽象的には,民法上の原則たる善良なる管理者の
注意義務,即ち,通常の思慮分別を有する標準人が自己の事務を行うについて
用うべき注意,という表現を以て足りるのであるが,具体的判断を加える場合
には,なお特別の考慮を用うる必要がある。」という。

　そして,さらにつぎのようにいう。すなわち,「取締役が会社企業の遂行に
ついての判断に些細の錯誤や失策があったとしても,後日の裁判官の判断を以
てこれに過失の烙印を押すことは過酷に失する。まして,企業の分野がそれぞ
れ専門化するに従って,経営方針の決定と実行には外部から窺い知り得ない秘
策を必要とすることがあるにおいては,その感は益々深い。従って取締役が詐
欺的行為を以てことを処したのではない限りは,裁判所はその行為について干
渉を避くることを原則とするいわゆる『経営の合理性に関する判断の法理』
(Business Judgement Rule)が存在することは当然であり,取締役の業務執行
についての注意義務を認定するについて考慮すべき重要なる原則である。」と
されている[7]。

　また,監視義務についても「新法においては,取締役各個としては旧法のよ
うな業務執行の意思決定をなし得ないは勿論,さらに進んで執行行為自体もな

---

5) 大阪谷公雄『信託法の研究(上)』383頁(信山社,1991年)。
6) 前掲注5) 387頁。
7) 前掲注5) 388頁〜389頁。

し得ないことになる。……この地位の変化によって，取締役は取締役会に現れた事実に基づいてのみ監視義務を負う」という[8]。

2　八幡製鉄政治献金事件判決

　八幡製鉄株式会社の代表取締役が同社を代表して自民党に350万円の政治献金をしたのに対して，株主が代表訴訟を提起した事件である。第一審は，原告勝訴となり，第二審は，会社に一個の社会人としての存在が認められる以上，社会に対する関係において有用な行為は，当然にその目的の範囲に属し，政治献金もこれに含まれるとして，原判決を取り消した。それの上告審である。
　最高裁判所は，「現行355条の規定は，同350条民法644条の定める善管義務を敷衍し，かつ一層明確にしたにとどまるのであって，所論のように，通常の委任関係に伴う善管義務とは別個の，高度な義務を規定したものと解することはできない」とした[9]。忠実義務規定は，善管注意義務よりも高度な義務を課すものではないとして多数説に従ったように見えるが，注目すべきはつぎの点である。すなわち，「取締役が会社を代表して政治資金の寄付をなすにあたっては，その会社の規模，経営実績その他社会的経済的地位および寄付の相手方など諸般の事情を考慮して，合理的な範囲において，その金額等を決すべきであり，右の範囲を超え，不相応な寄付をなすがごときは取締役の忠実義務に違反するというべきであるが，……本件寄付が，右の合理的な範囲を越えたものとすることはできない。」として，355条を根拠として，応分の寄付をなしうる経営者の裁量を認めたことである。
　このことに関してつぎのような批判がある。すなわち，最高裁判所は，忠実義務違反という概念を持ちだしているが，これは誤りである。なぜなら，本件寄付が「仮に定款違反としても，忠実義務違反の問題はおこらない。なぜなら，代表取締役は政治献金によって，会社の利益を犠牲にして自己個人の利益を図るものではないからである。」という[10]。
　他方，会社の財産を預かる取締役は，厳格に善管注意義務を果たすのであれば，政治献金は無駄な支出であって，これをなすべきではなかったともいえよう。本件第一審判決では，「取締役が凡そ定款違反の行為をなすときは，それ

8）　前掲注5）389頁。
9）　昭和45年6月24日民集24巻6号625頁。
10）　前掲注2）270頁〔星川〕。

だけで直ちに忠実義務に違反しているというべきであるが，更に取締役の会社に対する忠実義務の具体的内容の一つとして，会社の資金を維持し充実させるべき義務がある。……」と判示している[11]。

以上のような議論があるにもかかわらず，最高裁判所は，取締役の職務遂行責任について，民法の善管注意義務ではなく，これを敷衍したものとしての355条を適用して，取締役の裁量権を承認しているのである。つまり，355条は，英米法上の忠実義務を定めたものというよりも，広範な業務執行権を与えられた取締役は，善管注意義務を越えた経営判断が可能であり，そのような裁量権を定めたものと解釈したのではなかろうか。

最高裁判所の解釈では，本条は委任関係よりも高度な注意義務を課すものではなく，むしろ裁量権が取締役に与えられた結果として，厳格な善管義務を緩和させる規定であり，「忠実に職務を行う」ことを求めていることになる。利益相反のような忠実義務に関する規定は，従来からも存在していたのであり，それらの条文規定も削除されずに存続していることを考えると，355条の忠実義務規定の解釈として，民法644条の定める善管義務を「敷衍」して経営者の裁量権という新しい地平を切り開いたと位置付けるべきように思われる。その意味では，本条の解釈についての多数説が，忠実義務規定が善管義務と表現を異にするだけであるとする主張は，最高裁によって拒否されたと解釈すべきではないかとも思われるが，民法学者は善管注意義務をつぎのように解釈する。

第3節　善管注意義務の会社法上の位置付け

1　民法学者による委任法理における注意義務

民法学者によると，民法415条に関して，受任者の善管注意義務違反について，つぎのように説明されている。すなわち，「会社との事務処理契約において，取締役は，「その会社の規模・業種・経営状況等の客観的条件により一般に要求される注意をもって合理的に職務を遂行する」ということを内容とする「事務処理義務」を負担する。……このような事務処理義務（善管注意義務）の違反が「本旨不履行」を構成し，同時に，「取締役が過失を犯した」との評価をもたらすものとなる。……言い換えれば，民法でいう「善管注意義務」とは，

---

[11]　東京地判昭和38年4月3日下民14巻4号657頁。

「委任契約の本旨に従い合理的な注意を尽くして事務を処理すべきこと」を指すのであり，どの程度の注意が要求されるのか，(経営判断原則が語られる際に問題となるように) 受任者にどの程度の裁量幅が残されているのかといったことは，問題となる契約 (および契約類型) ごとに確定されるべき問題である。……したがって，たとえば，会社の経営に当たり取締役が rational な判断をすれば足りるとされるときにも，そこでの取締役の義務を「受任者として，委任契約の本旨に従い合理的な注意を尽くして事務処理を行うべき義務」の意味での「善管注意義務」と称することは，伝統的な民法理論の用語法と矛盾しない。話のついでにいえば，忠実義務すらも，この意味での「善管注意義務」に包摂され得るものである。」という[12]。

この立場によると，本件では合理的な範囲での政治献金は善管注意義務に違反しないということになるだけのようである。

2　取締役の会社に対する責任の基本構造としての注意義務

会社と取締役との関係は，委任に関する規定に従う (会社法330条)。取締役は，受任者として，委任の本旨に従い善良な管理者の注意をもって委任事務を処理する義務を負う。善管注意義務に違反した取締役は，会社に対して債務不履行責任を負う (民法415条)。

ただし，民法上，委任事務の具体的内容は個々の契約により定まり，善管注意義務についても特約により軽減することが可能である。このことと関連してつぎのような解釈がなされている。すなわち，「会社法355条は，会社の健全な運営のために取締役が果たすべき役割の重要性にかんがみ，善管注意義務の内容を具体化し，法定責任化するのである。この規定を受けて，会社法423条1項は，取締役の委任事務処理に係る善管注意義務違反による責任を厳格な法定責任である任務懈怠責任として，他の役員等の責任と併せて統一的に規制している。……会社法423条1項の任務懈怠責任は，民法415条所定の債務不履行責任の特則としての法定責任である。」という[13]。

そして，「個別具体的な法令違反の認められない経営判断事項については，

---

[12] 潮見佳男「民法から見た取締役の義務と責任」同志社大学日本会社法研究センター編『日本会社法制への提言』147頁・154頁 (商事法務，2008年)。

[13] 森本滋「経営判断と『経営判断原則』」田原睦夫先生古稀・最高裁判事退官記念論文集『現代民事法の実務と理論』654頁・655頁 (金融財政事情研究会，2013年)。

具体的状況に応じて善管注意義務違反の有無が判断され、それは原則として過失の判断と重なり合うと解されている。取締役の債務の本旨に従った履行がないことの証明は善管注意義務違反の証明であるが、帰責事由としての個々の取締役の主観的過失は問題とならない。善管注意義務違反が認められるときは（客観的）過失が認められることを意味し、任務懈怠の事実が立証されるとき、被告取締役は事実上無過失の立証はできないこととなるのである。」という。

任務懈怠、すなわち善管注意義務違反であることの立証責任は原告にあるが、「経験則上なすべきでない（回避すべきである）業務執行事項と認められる場合、善管注意義務違反が推認され、被告取締役においてそれにもかかわらずあえてそれを行う合理的理由ないしやむをえない特段の事情を明らかにすることが求められるのである。」という。

たとえば、「回収可能性のない融資は原則として任務懈怠となる。それにもかかわらず融資することが合理的である理由ないし融資せざるを得ない特段の事情が或る場合は責任を免れるが、それは善管注意義務違反（任務懈怠）の立証を妨げたにすぎない。任務懈怠の立証後、無過失の抗弁が認められたわけではない。」と指摘されている[14]。

第4節 和製の経営判断原則

1 近藤教授の所説

大阪谷教授の所説は、上述したような善管注意義務の会社法上の位置付けについての多数説によれば、何らかの立法的措置を講じるなどのことがない限りは無理な解釈とならざるをえない。しかしながら、アメリカの経営判断の原則から多くを学ぶべきであるとの考え方は普及してきているように思われる。わが国においては、経営判断の原則について後述するようなアメリカやドイツのような法制はないのであるが、上述した善管注意義務の多数説に立ちながら、取締役の善管注意義務の解釈の枠内において、経営判断の原則を認めようとする学説が有力である。近藤光男教授は、アメリカの経営判断原則の研究をライフワークとされてこられたが、同原則のわが国への導入としては、つぎのように主張される。すなわち、「わが国においては、経営判断の法則というものを、

---

[14] 森本・前掲注13) 658頁。

取締役の注意義務違反が追及されたときには，過失認定において裁判所が経営判断を尊重するという形で理解すべきである。すなわち，伝統的な過失責任主義に経営判断の尊重を読み込めば良いのである。」という[15]。

このような立場に立つときは，経営判断の原則は，つぎのようにとらえられることになる。すなわち，「取締役が企業経営（業務執行）に係る決定をするにあたり，会社を取り巻く社会・経済環境に関する将来の変化を正確に予測することができないため，その判断が結果として誤っていたことになる場合がある。……利益追求を目的としてなされる企業経営には冒険とそれに伴う危険がつきまとう。取締役が，萎縮することなく業務を執行するためには取締役の職務執行に際して広範な裁量の余地が認められなければならない。さらに，取締役の注意義務違反の判断にあたり事後的・後知恵的評価をしてはならない。行為の決定時に入手可能な情報と当時の法的評価基準を基礎に，任務懈怠の有無が判断されなければならない。」[16]。

それでは，どのような場合が取締役が業務執行の裁量を逸脱したものと判断されるのかが問題となる。

2　アパマン事件最高裁判決

会社の業務執行は，取締役会が方針を決定し，代表取締役等がその執行に当たるというのが会社法が定めるガバナンスの構造である。しかしながら，株主代表訴訟によって，株主は，代表取締役等の業務執行について，より適切でコストの安い方法を採用しなかった注意義務違反があったとして，取締役に対して会社に生じた損害を会社に賠償せよという訴訟を起こすことができる。最高裁判所は，アパマン事件判決において，事業再編の一環として非公開子会社株式の買取価格決定について「著しく不合理ではない」として取締役の善管注意義務違反がないと判示した[17]。これは，現在の最高裁判所の示す経営判断の原則であるといえるので，少し詳しくみてみよう。

〔事実の概要〕

アパマン株式会社は，A子会社をB子会社に合併させて不動産賃貸管理等の事業を担わせるというグループの事業再編計画のために，A子会社の株主の株

---

15) 近藤光男『経営判断と取締役の責任』122頁（中央経済社，1994年）。
16) 森本・前掲注13) 673頁。
17) 平成22年7月15日判時2091号90頁。

式を任意の合意に基づいて買い取ることとした。その買取価格は，A子会社設立から5年が経過しているにすぎないことから，払込金額である5万円を基準とした。事業の遂行上重要であると考えていた加盟店等がA会社株主に含まれており，買取りを円満に進めてそれらの加盟店等との友好関係を維持することが事業遂行のために有益であったからである。

〔判旨〕

　買取価格の決定についての上告人らの判断は，アパマン会社の取締役の判断として著しく不合理なものということはできないから，Yらが，甲会社の取締役としての善管注意義務に違反したということはできない，と判示した。

　さて，最高裁は，アパマンの取締役の非公開子会社の株式取得の価格について「著しく不合理ではない」としたのであるが，原審は，異なる判示をしていた。すなわち，「本件買取価格は，Aの株式1株当たりの払込金額が5万円であったことから，これと同額に設定されたものであり，それより低い額では買取りが円滑に進まないといえるか否かについて十分な調査，検討等がされていないこと，既にAの発行済株式の総数の3分の2以上の株式を保有していた参加人において，当時の状態を維持した場合と比較してAを完全子会社とすることが経営上どの程度有益な効果を生むかという観点から検討が十分にされていないこと，本件買取価格の設定当時のAの株式の1株当たりの価値は株式交換のために算定された評価額等から1万円であったと認めるのが相当であること等からすれば，本件買取価格の設定には合理的な根拠又は理由を見出すことはできず，」取締役としての善管注意義務に違反して，その任務を怠ったと判示したのである。原審は，アパマンは多数の株式を保有しているのであるから，A子会社を完全子会社にする必要があったのか，A子会社の評価額が1万円であったから買取価格は合理的でないなどとアパマン会社の経営の在り方に疑問を呈した株主の主張を採用して取締役の民事責任を肯定したのである。

　アパマン事件最高裁判決は，「このような事業再編計画の策定は，完全子会社とすることのメリットの評価を含め，将来予測にわたる経営上の専門的判断にゆだねられていると解される。……その決定の過程，内容に著しく不合理な点がない限り，取締役としての善管注意義務に違反するものではないと解すべきである。」と判示している。「著しく不合理でない」という基準での経営判断の原則を打ち立てようとしている点に意義を有すると評価されているようである。

しかしながら，企業再編について，善管注意義務を当てはめれば，アパマン事件における子会社株式の買取価格は客観的価値を超えていたのであり，原審のように取締役は善管注意義務違反として有責とされることになろう。したがって，最高裁判所は，善管注意義務を基準としない経営判断の原則を打ち立てたと解釈せざるを得ないことになる。最高裁判所は，「企業価値の増加も期待できたことからすれば，……株式の評価額や実際の交換比率が前記のようなものであったとしても，買取価格を1株当たり5万円と決定したことが著しく不合理であるとはいい難い。」として，善管注意義務の基準を適用せずに，企業の将来利益についての取締役の経営上の専門的判断の裁量を認めたことに重大な意義があるといえよう。アパマン事件が，最高裁が経営判断の原則を認めたものと評価されるゆえんである。

しかして，継続企業の将来の利益に向けての経営者の業務執行が，業務執行権を有しない株主によって責任追及される可能性があるということ自体が非常におかしい。会社法362条2項は，取締役会が業務執行の決定権限を有することを規定し，監査役ですらが妥当性監査ができないなどと議論されているからである。その意味からも，最高裁判所は，正しく経営者の裁量権を認めたことになる。

最高裁の判示は，決定する過程についても著しく不合理であってはならないことを求めているが，どの程度の調査ないし情報の入手をしておくべきかについて，具体的な言及はない。しかしながら，最高裁の判示をつぎのように解釈する学説がある。すなわち，「経営判断に際してどれだけ情報を集め，どれだけの検討をすべきかということもまた，経営判断であって，裁判所がそれについて立ち入った審査を行うことは，取締役が情報収集や検討に時間をかけすぎるという形で過剰に保守的な経営に結びつく危険が大きい。」[18]として，決定の過程についても，裁判所は「著しく不合理」かどうかの審査をするにとどめるべきであるという。

たしかに，最高裁判所が，アパマン事件において，経営判断の原則を打ち立てたとするのであれば，決定に至る過程における取締役のなすべき調査の範囲は，アメリカの経営判断の原則について見たように，調査は一般的に可能な範囲で足りると解釈すべきであろう。

---

[18] 田中亘『会社法』260頁（東京大学出版会，2016年）。

3 善管注意義務の認定問題

「経営判断原則」とは，多数説によると，上述したように，過失（善管注意義務違反）認定という規範的要件の判断基準であり，具体的には，取締役の裁量範囲の逸脱の認定を明確化するためのルールに過ぎないことになる。

しかしながら，企業再編に伴う子会社株式買取方法としては，本件のような任意的な買取りの方法，あるいは法的に締め出す方法があり，任意的買付けであれば5万円であり，法的手段で締め出す場合の買取価格よりコストがかかっただけのことであり，裁量の範囲を逸脱するものではなかったといえるかもしれない。しかしながら，もし法的に締め出す方法によれば子会社株式取得が本件の場合よりも安くてたとえば千円であったとした場合，果たして裁判所はその場合でも経営者の裁量を認めたのであろうか。買取価格がいくらであれば著しく不合理であったことになるのか，予断が許されないように思われる。そのような認定は，裁判官の価値観によって左右されることが否定できないであろう。

アパマン事件において，原審と最高裁の善管注意義務違反の認定に違いがあったことになるが，このような裁判所の認定の違いが生じている実例は，他にも見られることである。破綻した銀行の取締役の任務懈怠による損害賠償を求める株主代表訴訟や査定制度による裁判で，取締役の行った追加融資について，善管注意義務違反を認めた地裁判決の全部または一部を控訴審判決が否定し，その控訴審判決を否定して取締役の責任を認める最高裁判決がいくつか出されている，ことが指摘されている[19]。

4 「著しく不合理でない」基準の採用

任務懈怠は，そのような地位にある通常人の基準からして妥当であったかどうかを裁判所が事後的に判断することになっている。しかしながら，経営者の裁量を認めた八幡製鉄事件およびアパマン事件においても，最高裁判所の判断と下級審の判断で結論が反対となっていたことに留意すべきである。つまり通常人であれば，どのように行動すべきであったかを一義的に導き出す法解釈もないわけである。ただし，その経営判断が失敗であったことが判明してからであれば，その失敗の原因となった経営判断の通常人の基準からの離脱を認定す

---

[19] 森本・前掲注13) 666頁。

ることは，いわゆる後知恵による判断であって容易である。

これに対して，会社の利益を得ようとする経営判断は，会社内部の経営者たちでさえ多様な考え方があるように思われ，一義的に正しい経営判断など誰にもわからないということが多いように思われる。通常人の基準による経営判断が一義的に定まることはあまりないといえよう。しかも，リスクテイクの経営判断には，失敗がつきものである。経営判断に誰もが納得するような合理的確実性がなかったからといって，その経営判断が後知恵で論難されて民事責任まで負わされるというのでは，人を出し抜くようにして利益を獲得しようという経営判断はできそうにもないこととなろう。これでは，実際の経営を担うことは困難である。

しかるに，過失認定にあたり，通常人の判断基準を裁判所が想定し，これによって失敗した経営者の裁量の逸脱が判示されることが少なくない。裁判官は，後知恵によって銀行経営者の判断が，通常人の基準によって著しく不合理であったと断じるのである[20]。善管注意義務の概念によって，経営判断に対する不当な司法介入が許容されてきたとさえいえよう[21]。

そこで，このアパマン事件判決による最高裁の「著しく不合理でない」基準の認定によって経営判断の裁量を肯定するに際しては，裁判官の独自の解釈を許してきた「通常人の基準」の解釈という手法を超越する工夫が望まれる。

5 アメリカの裁判官の解釈の回避

日本に比べると，アメリカの裁判所は経営介入に慎重である。アメリカで経営判断原則を認めた判例としてしばしば引用されるShlensky v. Wrigley判決（237N. E. 2d 776 (1968)）において，株主主張の経営政策が現経営者のそれよりもより賢明な政策であり，それを採用すれば業績がより向上するであろうと思われる場合であっても，裁判所は，会社の経営政策をコントロールすることはしない，と判示した。この判例は，取締役の業務執行権が，株主や裁判所から，詐欺でもない限り干渉されないことを明言している。深読みすれば，会社には営業の自由があり，その業務執行権は取締役会にあることを尊重している。

経営判断原則については，アメリカではつぎのように説明される。すなわち，

---

20) 森本・前掲注13) 658頁。
21) 拙稿「営業の自由を否定する裁判所の後知恵」拙著『日本の資本主義と会社法』85頁以下（中央経済社，2014年）。

取締役は，会社に対して善管注意義務（duty of care）を負う。それは，不法行為法の注意義務と似ているけれども，経営判断原則は，取締役の善管注意義務の過失責任から隔離するためにある。したがって，会社の取締役や執行役員が業務上善管注意義務を負うというのは，誤解を招く表現である。現実にも，悪質な経営判断について稀に責任が課されるだけであり，不成功となった経営判断に対して責任を課すことを躊躇するのであり，これを経営判断原則と呼んできた，という。ベインブリッジの所説である[22]。

アメリカの裁判所は，経営者の経営判断を尊重して，善管注意義務の概念で経営者の民事責任を追及することに慎重となっているのである。そのようにして善管注意義務の通常人の基準による審査を回避してきたといえよう。

第5節　忠実な職務遂行の推定規定

1　経営判断の原則

アメリカ法律協会（ALI）のコーポレート・ガバナンス[23]は，経営者の注意義務をつぎのように規定している。すなわち，

• 取締役等の会社に対する注意義務

「取締役または役員は，その職務を，誠実に，自らが会社の最善の利益になると合理的に信じる方法で，かつ同様の地位に就く通常人が同様の状況下で行使することが期待される注意を以て，遂行すべき義務を負う。」ものとされる（4.01条）。

この規定は，わが国の取締役が負うべき善管注意義務と似通っているとも思われる。

しかしながら，留意すべきことは，この注意義務は，適正な職務遂行の推定規定である以下の経営判断原則の規定に劣後することである。すなわち，「取締役または役員は，誠実に経営判断をなす場合，当該取締役または役員が，①経営判断の対象に利害関係を有さず，②経営判断対象に関し，当該取締役または役員が当該状況下で適当であると合理的に信ずる程度に知識を有し，かつ，③当該経営判断が会社の最善の利益に合目的根拠を有する場合，義務を履行し

---

22)　拙稿「資本主義と会社法」前掲注21）10頁。
23)　AMERICAN LAW INSTITUTE PRINCIPLES OF CORPORATE GOVERNANCE : ANALYSISI AND RECOMMENDATIONS 1994.

たものとされる（4.01条(c)項）」。

　このような規定の基準を満たせば，経営者に経営の裁量権が与えられることとなり，上記のアパマン事件に当てはめると，企業再編に伴う子会社株式の取得方法や買取価格に関して善管注意義務違反の責任が問われることはないこととなろう。経営判断の原則は，経営者の事業経営の将来予測の自由を与えるものであり，これらの条件を満たすときは，著しく不当な判断はあり得ないことになる。②による情報収集の程度については，「調査は，徹底的なものであることを要しない。経営上の決定は，時にはかなり，早急にしなければならないことがある。」と解釈されている[24]。

　経営判断原則は，取締役または役員が適切に行為したことの「推定」(presumption）として表現されているのである[25]。

　わが国においては，善管注意義務の適切な解釈によって経営者の裁量権が認められることは前述したが，八幡製鉄事件やアパマン事件では，善管注意義務の解釈が審級によって分かれるなど，経営者が安心して経営判断がしにくい状況である。

　アパマン事件で最高裁判所が「著しく不合理でない」経営判断の裁量を認めたが，その意味するところは，「著しく不合理でない経営判断」であるかどうかについては，通常人の基準によって善管注意義務の具体的内容の是非を判断するのではなく，適切な裁量権の行使であったかどうかの基準によって判断されるべきことを暗示するものと解釈すべきではないかと考える。もしそうだとすると，このアメリカのALIの規定は，適切な裁量権の行使を認定するための要件論として，大いに参考に値するといえよう。

　このような推定規定ができると，株主代表訴訟を監査役会が却下できるという制度が実現しても限定的な機能を果たすだけになろう[26]。

---

[24]　神崎克郎「注意義務及び経営判断の原則」証券取引法研究会国際部会訳編『コーポレート・ガバナンス―アメリカ法律協会「コーポレート・ガバナンスの原理：分析と勧告」の研究―』161頁（日本証券経済研究所，1994年）。

[25]　Supra note 23, et 173.

[26]　拙稿「日本のコーポレートガバナンス改革案」同志社法学69巻2号1頁，26頁（2017年）。もしもこのような推定規定ができれば，株主代表訴訟自体も抑止されることになるので，監査役会が株主代表訴訟の却下を求める場面は，このような推定規定が適用できないときに限られることになろう。

2 ドイツにおける立法

　資本主義のグローバル化にともないドイツにおいても，取締役の職務の遂行が適法に行われているということの推定規定が立法化されている[27]。ドイツの「企業の健全性及び取消権の現代化のための法律」が，2005年9月22日に成立し，これによりドイツ株式法93条1項2文は，米国法の経営判断原則を継受して，つぎのように規定する。すなわち，「取締役が企業家的決定において適切な情報を基礎として会社の福利のために行為したと合理的に認められる場合，義務違反はない。」ことを明らかにした。

　注目すべきことは，ドイツでは，株主代表訴訟提起のための持株要件も，1％または10万ユーロの額面株式と厳格にされ，株主代表訴訟の前の裁判所の許可手続も厳格化されたことである。株式法148条1項は，①株主が取締役の行為時または損害の公知の時より前に株式を取得していたこと，②会社に対して提起請求をしたのに提起されなかったこと，③不誠実な行為または法律もしくは定款の重大な違反により会社に損害が生じたと疑うべき事実が提示されること，および④賠償請求権の行使に反する会社の福利の優越する理由が存在しないことの要件を満たしたときに，裁判所が許可することとされた。

　さて，上記のドイツの推定規定も，善管注意義務の履行の推定というよりも，適切な裁量権の行使が保護されるという建て付けになっているのではないかと思われる。ここでは，「企業家的決定」という概念が採用されており，我々にはなじみにくいので，ドイツが参考にしたALIのコーポレート・ガバナンスの上記の規定を参考にすれば足りるように思われる。

第6節　リスク管理の必要性

1　会社法改正の大きな流れ

　21世紀になり，法務省も会社法改正に大きく舵を切り始めた。法務省民事局民事法制管理官は，つぎのような説明をしている。すなわち，「これまでのわが国の会社法は，基本的には事前規制型であった。取引の安全を確保し，また，株主や債権者の利益を保護するために，細やかな規制がされてきた。一方，このような規制に従う限り，株式会社の取締役等が責任を追及されることはほと

27）　高橋英治「ドイツと日本における株式会社法の改革」旬刊商事法務250頁〜253頁（2007年）。

んどなく，それは，右肩上がりの経済成長が長く続いた時代には，時代に適合した制度として，初期の目的を果たしてきた。しかしながら，冷戦の終結とIT革命により経済のグローバル化が進展し，大競争（メガ・コンペティション）時代と呼ばれる熾烈な経済競争の時代を迎えるに至り，経営者はあえてリスクを取り，積極的な経営判断をすることが求められている。他方，株主等に対しては，必要かつ十分な情報の提供を受ける代わりに，自らリスクを判断し，行動することが要求されるようになった。」という。そして，会社法改正作業の第1段階が，議員立法としてなされた自己株式の取得および保有規制ならびに株式の大きさに関する規制の見直しの平成13年商法改正であり，第2段階が株式制度についての大幅見直しと会社関係書類の電子化等を内容とする平成13年秋の商法改正であり，第3段階が平成14年改正予定の企業統治関係の商法改正であるとのビジョンが示されたのである[28]。

2 リスクテイクの増加—余資の運用についての一般的状況

　判例タイムズの解説記事は，デリバティブ取引で巨額の損失を生じさせたヤクルト株主代表訴訟事件控訴判決に関して，つぎのような説明をしている。すなわち，「いわゆるバブル経済の最盛期においては，企業がその余裕資金を活用するために金融商品取引が盛んに行われたようであるが，バブル経済の崩壊とともに，その損失も肥大化ないし巨大化して，当該企業の経営が破綻する事態に至った場合も少なくないようである。その後も資金活用のための金融商品取引は継続して行われているようであるが，そのような資金活用の失敗を理由として取締役ないし監査役の責任が追及された株主代表訴訟となると，判例雑誌に掲載されている裁判例は乏しい。本件はその希有な裁判例の一つである……」としている[29]。

3 余資の運用は，会社の目的の範囲内であるか

　上述のヤクルト株主代表訴訟事件の第一審裁判所は，つぎのようにいう。すなわち，「ヤクルトの定款に，直接，資金運用に関する事項が目的として定められている事実はない。しかしながら，定款に直接規定されている目的以外の

---

28)　原田晃治「2002年商事法務展望　会社法改正の課題と展望」旬刊商事法務1617号（2002年）。
29)　東京高判平成20年5月21日判タ1281号275頁。

行為であっても、会社は、その目的遂行のために直接又は間接に必要な行為をすることが予定されているから、このようなものである限り、定款に直接規定されていない行為を行っても定款違反を構成するとはいえない。そして、営利事業を目的とする会社が、その余裕資金を運用して運用利益を獲得し、会社の財務内容の改善・向上を目指すことは、会社の目的遂行のために必要かつ有用な行為であると考えられ、事業会社においても一般的に附帯業務として予定されているというべきである。」として、余資の運用が、リスクが大きく投下資金よりも大きな損失が生じるハイリスクのデリバティブ取引であった場合でも、これを会社の目的の範囲内であったと判示している[30]。

4 リスク管理の必要性

ただし、上述のヤクルト株主代表訴訟において、裁判所は、リスク管理の必要性についてつぎのようにいう。すなわち、「取締役は、会社に対し、『善良なる管理者の注意』をもって、会社の業務を執行すべき義務を負い、また『会社のために忠実にその職務を遂行』すべき義務を負うから、このような善管注意義務及び忠実義務の内容として、適正に余裕資金等の資金運用を行い、収益の増大に努める一方、会社の純資産（自己資本）や収益の状況等、からみて、これに重大な影響を及ぼさないように配慮すべき注意義務を負っていると解される。」と判示している[31]。

ヤクルト事件では、継続的なデリバティブ取引が行われていたので、「必要があると認めたときには投資の規模の縮小、内容の変更さらには中止するといった措置をとることによって、会社の財務内容等に著しい悪影響を及ぼすことがないように配慮しなければならず、これを怠って会社に損失を与えた場合にはその損失について善管注意義務違反による賠償責任を負う」と判示している。そして、想定元本額を増加させないという会社の限度額規定に違反して行った取引責任者だけが賠償を命じられた。

そして、会社法においても、会社の損失リスクの管理体制が、内部統制として求められるようになった（会社法362条4項6号、同法施行規則100条）。

リスクテイクについて、取締役の善管注意義務を厳しく問うことよりも、経営全体としてのリスク管理という方法で、経営の健全性が維持されることにな

---

30) 東京地判平成16年12月16日判タ1174号150頁・203頁。
31) 前掲注30) 204頁。

る。

第7節　銀行取締役

　ところで，銀行においては，貸し倒れリスクに対する警戒から，銀行取締役は融資について慎重な判断が要求されるという有力な学説がある。すなわち，岩原紳作教授は，金融監督法の規定の会社法上の効力を肯定するために，金融機関取締役の注意義務の問題を論じ，私人による法のエンフォースメントの活用を主張され，「金融機関の経営者の注意義務は，事業会社の経営者の注意義務よりも，手続きの面でも実体的な決定内容の面においても，一般的には高い水準が要求されているように思われる。即ち，融資に当たってより慎重な調査を行い，慎重な決定手続きを経て，融資の決定を行い，しかも決定の内容自体も，よりリスクの少ない方向での選択が行われることが要求されているように思われる。」と主張される[32]。

　しかしながら，同教授が主張の根拠としてあげられているアイゼンバーグ教授の所説は，銀行取締役の責任を厳しく問う初期の判例があったとして述べられたに過ぎず，現在では，銀行の定義も不確かなものとなり，銀行取締役の責任が厳しくあるべきだとは言われていないようである。すなわち，「金融会社の取締役が他の会社の取締役と異なる注意義務を有するという理由はほとんどない。さらに金融会社と非金融会社との間の線引きが規制緩和により著しく散漫となっている。それゆえ，現代の裁判所が，金融会社の取締役が他の会社の取締役と異なる注意義務を有すると判断するかどうかは疑わしい。」と述べられているからである[33]。

　また，さらにいえば，株主代表訴訟という手段で私人による法のエンフォースメントの活用を主張されているが，それは，派生訴訟の本質を取り違えたものではないかと思われる。

　米国法律協会のコーポレート・ガバナンス第Ⅶ部第1章における派生訴訟の規定についての導入的注記において，つぎのように述べられている[34]。「派生

---

[32]　岩原紳作『会社法論集』247頁（商事法務，2016年）。
[33]　Melvin Aron Eisenberg,, Corporations and Other Business Organizations: Cases and Materials 536 (8th ed. 2000).
[34]　Supra note 23, Ⅶ Chapter 1, The Derivative Action, Introductory Note.

訴訟は，19世紀中葉に英国およびアメリカで認められたものであり，株主が適切な場合に会社を代表して派生的に訴訟を提起することを法が許す制度である。いかなる事例が適切な場合に当たるのかが大きな問題である。一方では，経営者の株主に対する義務が潜在的な法を形成する場合には，法的救済が必要である。……他方では，会社内の取引は，意見の違いによって影響されないことは殆どないし，裁判所の絶対に正しい判断もない。それゆえ，もしも取引等がせいぜい一人の株主の判断によって多額の責任を負わされかねないというのであっては，取締役は，自らが事件にさらされた地位にいると考えるのももっともなこととなる。

　これらの間のバランスをとるためには，派生訴訟は，経営者の不当行為に対しての株主への主要な保護を与えるものと認識されるべきではない。会社役員が責任をとるようにさせる多様な社会的および市場における圧力が機能している。経営者の専門的水準，社外取締役の監督，市場の制裁的な力，株主の議決権などのメカニズムであり，それに政府機関の規制権限が，私的訴訟がなくても重要な保護を提供している。……

　派生訴訟の社会的有益性は，より大きな政府規制との選択肢との関係で判断される。……長年にわたり，私的訴訟による法の強制の利用可能性が，公的な強制および会社行動に対する官僚的監督の必要性を減少させるものとされてきた。……しかしながら，派生訴訟による私人による法の強制は，理想化されてはならない。会社内部の訴訟に伴う社会的コストが，それによる利益を上回るという経験をしてきた。概括的にいえば，善管注意義務に違反した場合の民事責任の虞は，経営者がリスクテイクしようとするインセンティブを減少させることとなり，その結果株主および経済一般に損失を生じさせることになる。」として，株主代表訴訟制度が果たすべき役割の限界を指摘している。

　銀行法という政府規制が厳しく存在するわが国において，私人による法のエンフォースメントを求めること自体が果たして必要な社会的コストといえるのかどうかである。むしろ，バブル期の銀行破綻問題については，監督当局の護送船団方式による行政指導の責任こそが問われるべきかもしれないのである[35]。銀行取締役の任務懈怠責任によって破綻銀行の債権者保護を図るという査定という制度は，言語道断である[36]。銀行の与信リスクは，銀行法上の

---

35) 服部泰彦「拓銀の経営破綻とコーポレートガバナンス」立命館経営学41巻5号31頁（2003年）。

リスク管理規制によって解決されるべき事柄であるといえよう。

第8節　経営判断の原則の立法案

アパマン事件最高裁判決は,「著しく不合理ではない」という基準で経営の裁量を認めたが,これは,通常人の基準による善管注意義務の解釈を超越するものであることは上述した。

アパマン事件最高裁判決は,「著しく不合理ではない」経営判断は,原審が通常人の基準による善管注意義務に反しているとしたにもかかわらず,任務懈怠とはならないことを判示したことになる。これは,経営者の経営の裁量権を認めたものであるが,被告取締役は,このような判決を得るまでは,民事責任の恐怖にさらされたわけである。会社の経営者が,自らの経営判断についてつねにこのような訴訟リスクを抱えることは重大問題であるといえよう。

そこで,最高裁の判例理論を踏まえて,会社経営者のこのような訴訟リスクを取り除く方法を考え出すことが重要となる。そこで,会社法355条が規定する忠実な職務遂行についての推定規定を創設することが考えられる。このような推定規定こそは,経営判断の原則としてALIが提言している内容と一致したものとなるし,ドイツの経営判断に関する立法の建て付けにも符合することは上述した。

以上のことから,355条2項および3項の立法案を提言したい。

会社法第355条第2項
「上場会社（監査役会を設置するものを除く。）の取締役は,次の各号を満たすときは,前項の職務の忠実な遂行がみなされる。
1号　経営判断対象に利害関係を有しないこと。
2号　経営判断対象に関し,当該取締役が当該状況下で適当であると合理的に信ずる程度に知識を有したこと。かつ
3号　当該経営判断が会社の最善の利益の合目的根拠を有したこと。」
会社法第355条第3項
「監査役会を設置する上場会社の取締役は,前項各号を満たすときは第1

---

36)　拙稿・前掲注21）97頁。

項の職務の遂行がみなされる。」

　355条2項は，取締役の善管注意義務についての裁判所の判断を回避しようとするものである。355条3項は，取締役の「法令及び定款」の遵守について，監査役会を設置する上場会社にあっては，その履行を確実ならしめる制度が整備されていると考えられるからである[37]。具体的には常勤監査役が取締役の業務執行を監査し，取締役会においても社外取締役が存在して監督を行うからである。

　また経営の透明性は上場会社にあっては少なくとも四半期ごとに企業内容が開示されており，経営者に対するコントロールが機能しているといえる。開示制度は不正を防止する人工の太陽であるとも言われてきた[38]。

　「みなす」ことにしているのは，わが国には米国における妨訴抗弁のような制度がないので，推定規定よりも機能しやすいと考えられるからである。

　株主代表訴訟の原告株主は，355条2項各号を満たしていないことを立証すべきこととなろう。ただし，任務懈怠責任は「なす債務」の不履行を訴えるからである。

　他方，リスク管理体制については，会社法が内部統制として求められるようになったが（会社法362条4項6号，同法施行規則100条），上記の3号の要件において「会社の最善の利益の目的根拠」に関してリスク管理の問題が検討されるべきこととなろう。ただし，その場合の善管注意義務の問題は，リスク管理体制構築についての最高裁判所の判例などが参考になるものと思われる[39]。グローバルな経済社会が到来しており[40]，会社経営者が十分な裁量を認められることを希望する。

---

37)　拙稿「日本のコーポレートガバナンス一覚書」同志社法学68巻1号65頁（2016年）。
38)　Louis D. Brandeis, Other People's Money 92 (1914).
39)　最高裁平成21年7月9日判時2055号147頁。
40)　拙稿・前掲注26)「日本のコーポレートガバナンス改革案」1頁。

企業買収時における意見表明報告制度

川口　恭弘

第1節　はじめに
第2節　意見表明報告制度の意義
第3節　意見表明報告制度の実例
第4節　意見表明報告制度に関する法的問題
第5節　むすびに代えて

第1節　はじめに

　企業買収の一環として株式の公開買付けがなされた場合，対象会社の株主は，当該公開買付けに応じるかどうかの判断に迫られる。公開買付者は，公開買付開始公告を行い（金商法27条の3第1項）[1]，さらに，同日に，公開買付届出書およびその添付書類を提出しなければならない（金商法27条の3第2項）[2]。公開買付者は，公開買付届出書を提出することで，対象会社の株主に対する買付け等の申込みなどの勧誘が可能となる（金商法27条の3第3項）。対象会社の株主は，上記の開示により，これに応じるかどうかの判断を行うこととなる。

　公開買付届出書は，「発行者以外の者による株券等の公開買付けの開示に関する内閣府令」（以下「買付府令」という）に規定する「第2号様式」によって作成されなければならない（買付府令12条）。公開買付届出書では，「買付け等の目的」などが記載される[3]。そこでは，公開買付けが，支配権取得または経営参加を目的とする場合には，支配権取得または経営参加の方法および支配権取得後の経営方針または経営参加後の計画について具体的に記載することが求められる（記載上の注意(5)a）[4]。「買付け等の目的」は，対象会社の株主が勧誘

---

1) 公開買付開始公告は，開示用電子情報処理組織（EDINET）を使用する方法により不特定多数の者が公告すべき内容である情報の提供を受けることができる状態に置く措置をとる方法（電子公告），または，時事に関する事項を掲載する日刊新聞紙に掲載する方法で行わなければならない（金商令9条の3第1項）。「電子公告」をする場合，公告をした後遅滞なく，当該公告をした旨を，時事に関する事項を掲載する日刊新聞紙に掲載しなければならない（金商令9条の3第3項）。一般的には，対象会社の株主は，日刊新聞紙で公開買付けの実施を知り，詳細な情報は，EDINETにアクセスすることで入手することになる。
2) 公開買付届出書もEDINETを通じて行う（金商法27条の30条の2）。公開買付者は，公開買付届出書の提出後，ただちに，対象会社，上場している金融商品取引所（上場会社の場合）に公開買付届出書の写しを送付しなければならない（金商法27条の3第4項）。
3) 「公開買付要項」として，①対象者名，②買付け等をする株券等の種類，③買付け等の目的，④買付け等の期間・買付け等の価格・買付予定の株券等の数，⑤買付け等を行った後における株券等所有割合，⑥株券等の取得に関する許可等，⑦応募および契約の解除の方法，⑧買付け等に要する資金，⑨買付け等の対価とする有価証券の発行者の状況，⑩決済の方法，⑪その他買付け等の条件・方法を記載しなければならない。
4) このほか，組織再編，企業集団の再編，解散，重要な財産の処分または譲受け，多額の借財，代表取締役等の選定または解職，役員の構成の変更，配当・資本政策に関する重要な変更，その他対象者の経営方針に対して重大な変更を加え，または重大な影響を及ぼす行為を予定している場合には，その内容および必要性も記載しなければならない。

に応じるかどうかの判断を行う上で有用なものである。また，これらの情報は，対象会社の経営陣にとっても，公開買付けに賛成するか反対するかの立場を決める上で重要なものとなる。

対象会社の経営陣が公開買付けに反対する企業買収（敵対的企業買収）の場合，当該公開買付けが成功し，公開買付者が支配権を取得すれば，対象会社の経営陣はその地位を追われる可能性が高い。そのため，このような企業買収では，対象会社の経営陣が，公開買付けの成功を阻止するために何らかの対策を講じることが考えられる。企業買収の不当性を訴えて，対象会社の株主に公開買付けに応じないように意見を表明し，株主の説得を行うことはその一例である。他方で，対象会社の経営陣が公開買付けに賛成する企業買収（友好的企業買収）の場合，対象会社の経営陣は，その株主に対して公開買付けに応じるように意見を表明するであろう。とくに，対象会社の経営陣が公開買付者またはその関係者となるMBOにおいては，対象会社の経営陣にとって，公開買付けを成功させようとするインセンティブは高いものとなる。

平成18年の証券取引法の改正では，公開買付開始公告後，対象会社が，一定期間に，意見表明を行い，それを開示することを義務付けた（意見表明報告制度）。同制度は，金融商品取引法にも引き継がれている。本稿では，金融商品取引法上の意見表明報告制度について，第2節において，沿革と概要をその趣旨とともに確認する。続いて，第3節において，近年の実例を紹介・分類して，その特徴を明らかにする。その上で，第4節において，制度に関する若干の法律問題を検討することにしたい。

第2節　意見表明報告制度の意義

1　平成18年改正前の制度

意見表明報告制度は，昭和46年の証券取引法の改正で導入された（平成2年改正前証取法27条の6）。当時の規定ではつぎのように定めていた。

「第27条の2第1項の規定による届出がなされた公開買付けに係る株券等の発行者である会社又はその役員は，当該公開買付けに関する意見を広告により一般に表示し又は当該会社の株主に対し文章で表示しようとする場合には，政令で定めるところに従うと共に，当該表示の内容を記載した文書をあらかじめ大蔵大臣に提出しなければならない。」

このように，当時の規定では，意見表明が広告または文章で行われる場合に，意見表明報告書の提出を義務付けていた。しかし，意見表明は，広告や文章によるものに限らず，口頭による場合もある。そのため，平成2年の改正では，意見表明報告制度は，以下のように定められた（条文は平成18年改正前証取法27条の10）。

　「公開買付けに係る株券等の発行者又はその役員（……）は，内閣府令で定めるところにより，公開買付期間中において当該公開買付けに関する意見を公表し，又は当該者の株主に対し表示した場合には，直ちに，当該意見の内容その他の内閣府令で定める事項を記載した書類（以下「意見表明報告書」という。）を内閣総理大臣に提出しなければならない。」[5]

　以上のように，平成18年改正前の制度は，公開買付けの対象会社およびその役員が意見表明をした場合に，ただちに，意見表明報告書を提出させるものであった。その趣旨については，昭和46年改正の際に，つぎのように解説されていた[6]。

　「公開買付けが発表されると，相手会社はその内容を検討して自社の株主等に何らかの意見を表明することが予想されるが，虚偽表示等株主の判断を誤らす行為が行われるおそれがあるので，そうした行為を禁止し，かつ，そのような記載がないことを大蔵大臣が確認しようとするものである。」

　対象会社の経営陣は，敵対的公開買付けを阻止するため，虚偽の情報およびそれに基づく反対意見を表明することがあり得る。平成18年改正前の制度は，対象会社およびその役員が意見を表明する場合に，ただちに，監督官庁にその内容を提出させ，さらにこれを開示させることで，このような虚偽の情報を株主等に与えることを防止するためのものであった[7]。

　ところで，わが国の公開買付制度は，昭和46年の証券取引法の改正で導入された。その際，欧米の制度を参考にしたことは良く知られている[8]。この点に関して，アメリカにおいても，対象会社の意見表明報告制度が存在している

---

5) 「公表」については，国内で時事に関する事項を総合して報道する日刊新聞紙の販売を業とする新聞社，かかる新聞社に時事に関する事項を総合して伝達することを業とする通信社，国内で産業および経済に関する事項を全般的に報道する日刊新聞紙の販売を業とする新聞社，日本放送協会もしくは放送法2条3号の3に定める一般放送事業者に対するもの，また，「株主に対する表示」については，10名を超える株主に対して行う場合に限られていた。

6) 渡辺豊樹＝岡村光夫＝長谷川義久＝松川隆志＝田中誠二『改正証券取引法の改正』133頁（商事法務研究会，1971年）。

とが注目される。すなわち，まず，アメリカの1934年証券取引所法（the Securities and Exchange Act of 1934）14条(e)項は，「公開買付けもしくはそれに対する応募の要請もしくは招請に関連して，または，当該買付けもしくは要請もしくは招請に反対もしくは賛成して行う証券保有者の勧誘に関連して，重要事実につき不実の記載をし，記載が行われた時の状況に照らし誤解を生じさせないために必要な重要事実の記載を怠り，または詐欺的，欺罔的もしくは相場操縦的な行為もしくは慣行を行うことは違法である。」と規定している。さらに，同規定は，同条の「詐欺的，欺罔的もしくは相場操縦的な行為もしくは慣行」を防止するために合理的な方法を証券取引委員会（SEC）が定めることを求めている。これを受けて，SECは，規則14(e)-2において，公開買付日から10営業日以内に，証券保有者に対して，意見表明を記載した書類を提供することを対象会社に要求している[9]。このように，アメリカ法では，対象会社の意見表明が詐欺的，欺罔的または相場操縦的なものとなることを防止するために導入されたものである。この点で，アメリカ法を継受したわが国の公開買付制度においても，同様の立場から，意見表明報告制度が創設されたといえる[10]。

なお，平成18年の改正前までの意見表明報告制度では，対象会社のみならず，その役員も対象となっていた。そのため，対象会社の役員が会社を代表して意見を表明する場合のほか（代表権を有する取締役が会社を代表して意見表明を行えば対象会社が行ったこととなる），役員が個人的に意見を表明した場合も，規制

---

7) 重要な事項につき虚偽の記載のある意見表明報告書を提出した者は1年以下の懲役もしくは100万円以下の罰金に処せられ，またはこれを併科されると規定されていた（平成18年改正前証取法198条4号）。また，意見表明報告書の提出を怠った者には，6月以下の懲役もしくは50万円以下の罰金に処され，またはこれが併科されるものとされていた（同200条2号の9）。

8) アメリカやイギリスにおいては，先行する実務を規整するために公開買付規整が設けられたが，わが国では諸外国の経験を参考に将来に備えるために立法化されたと指摘されている。森本滋「公開買付」河本一郎先生還暦記念『証券取引法大系』282頁（商事法務研究会，1986年）。

9) 対象会社は，①公開買付けに賛成するか反対するかを推奨する，②公開買付けに対して意見を表明しないか，中立の立場をとることを表明する，③公開買付けに関して立場を有することができないということを，これらの事情とともに開示することが求められている。

10) 平成18年改正前の意見表明報告制度の趣旨として，このようにとらえる立場として，堀口亘『最新証券取引法〔新訂第4版〕』251頁（商事法務，2003年）参照。なお，当時の規定について，公開買付者と対象会社あるいはその役員が通謀して，公開買付けを相場操縦に利用するといった違法行為を問題とする見解も述べられていた。野村證券株式会社法務部＝川村和夫編『注解証券取引法』324頁（有斐閣，1997年）。

の対象となっていた。対象会社の有力な役員が，会社の行為ではなく，個人的に公開買付けに関する意見を述べる場合にも，虚偽または誤解を招くおそれのあるものがあり，これを規制する必要があったためと考えられる。

2　平成18年改正後の制度

　平成18年の改正で，意見表明報告制度は以下のように定められた（現行金商法27条の10第2項）[11]。

　「公開買付けに係る株券等の発行者（……）は，内閣府令で定めるところにより，公開買付開始公告が行われた日から政令で定める期間内に，当該公開買付けに関する意見その他内閣府令で定める事項を記載した書類（以下「意見表明報告書」という。）を内閣総理大臣に提出しなければならない。」

　政令は，公開買付開始公告が行われた日から10営業日以内に意見表明報告書を提出することを求めている（金商令13条の2第1項）。改正前まで，対象会社の意見表明は自由とされていたものを（意見表明する場合には，意見表明報告書を提出するという制度であった），改正法は，対象会社にこれを義務付けるものとした点に特徴が見られる[12]。

　この改正について，立案担当者は以下のように述べている[13]。

　「公開買付けについて，対象会社がいかなる意見を有しているかは，株主・投資者が的確な投資判断を行う上で重要な情報と考えられる。特に，敵対的公開買付けの場面等において，公開買付者と対象会社との間で主張と反論が株主・投資者にみえる形で展開されることにより，その投資判断の的確性をより高めることができるものと考えられる。このような観点から，今般の改正において，現行制度上任意とされている対象会社による意見表明について義務化することとしている。」

---

11) 平成18年の改正は，証券取引法時代に行われた。もっとも，同改正は，金融商品取引法に引き継がれているため，以下では，金融商品取引法の条文を記載することにする。なお，意見表明報告書は，受領の日から公開買付期間の末日の翌日以降5年を経過する日までの間，公衆縦覧される（金商法27条の14第1項）。また，対象会社は，意見表明報告書を提出したときは，ただちに，その写しを公開買付者に送付しなければならない（金商法27条の10第9項）。

12) 現行法では，意見表明報告書の提出は「株券等の発行者」（「対象者」）と規定されているが，公開買付けの実例のほとんどは，株式会社を対象としたものであることから，本稿では，「対象会社」とすることにする。

13) 大来志郎「金融商品取引法制の解説(4)　公開買付制度・大量保有報告制度」旬刊商事法務1774号40頁（2006年）。

平成18年改正前から，対象会社の意見は，対象会社の株主にとって，公開買付けに応じるかどうかの判断を行うために重要な情報であり，これを強制する立法を検討すべきとの見解も述べられてきた[14]。敵対的買収の場面では，一般株主は，公開買付者と対象会社の今後の経営方針を比較検討することで，公開買付けに応じるかどうかを合理的に判断することが可能になるとも言われていた[15]。平成18年の改正は，これらの見解に沿ったものと言える。

　さらに，上記の立案担当者の解説によれば，対象会社による意見表明は，対象会社の「株主・投資者」の投資判断にも資するものとされていることに注目したい。「投資者」，すなわち，対象会社の株式等に投資を検討している者は，公開買付けに直面し，持株を売却するか否かの判断に迫られてはいない。もっとも，一般論として，敵対的企業買収では，友好的企業買収と比較して，当該公開買付けが成功しない可能性が高まると指摘されている[16]。買収の成否の可能性は，対象会社の株価に影響を与えるものである。そうであれば，対象会社の経営陣の意見は，投資者が投資判断を行う際の重要な情報になると考えられる[17]。

　ところで，対象会社による意見表明がその株主や投資者にとって重要な投資情報であるとして，現行制度のように，これを法によって強制的に表明させ，開示させることの是非が問題となる。この点について，意見表明報告制度は，公開買付期間の比較的初期に，少なくとも1回は，対象会社と公開買付者の間

---

14) 神崎克郎『証券取引法〔新版〕』263頁（青林書院，1987年）。
15) 森本・前掲注8) 306頁。
16) 藤原総一郎＝佐々木将平「意見表明その他対象者に関する問題（下）」旬刊商事法務1859号37頁（2009）は，「実務上は，敵対的買収に対して根強い拒否反応があることを背景として，対象者の賛同を得られる見込みのない公開買付けが開始される例は少なく，また，買付者に対して買収資金を融資する金融機関も対象者の賛同のない公開買付けに対して資金を提供することを避ける傾向にあり，実務的には対象者の賛同意見が貸付実行の前提条件とされる場合がほとんどであるから，対象者の意見の内容が公開買付けの成否（むしろ，そもそも開始されるか否か）に強い影響を及ぼしている。」と述べている。これは，対象会社の意見が公開買付けの開始の有無に影響を与えるというものであるが，開始を躊躇する公開買付けであれば，その成功も危ぶまれる可能性が増えるものと考えられる。
17) 敵対的な公開買付けであれば，対象会社のメインバンク等によって対抗買い等の措置がとられることが多いであろうから，公開買付けは失敗に終わる可能性が高いとの見解もある。野村證券株式会社法務部＝川村和夫編・前掲注10) 324頁。そこでは，短期的には公開買付けと対抗買いにより当該対象会社の株券等の価格は上昇するが，当該公開買付けが失敗した場合，長期的には公開買付者がそれまで買い集めた株券等を放出するので価格が下落することが予想されるとしている。

での意見交換がなされることを法的に保障するものとして積極的に評価する立場もある[18]。もっとも，公開買付者および対象会社が積極的に意見を表明するインセンティブを有していることは既述の通りである。証券規制における継続開示を法によって強制すべきかどうかという問題について議論の蓄積がある[19]。ただし，企業買収の場面での意見表明は，買収の成功または阻止に重大な影響を与えるため，その表明と開示を積極的に行うインセンティブは継続開示の場合より大きいといえる[20]。加えて，近年は，インターネットの普及により，公開買付者および対象会社のウェブ・ページ上で，自己の意見を広く伝えることが可能な状況にあることにも留意が必要である。

　なお，対象会社は，公開買付開始公告に記載された買付け等の期間を政令で定める期間（30営業日）に延長することを請求することができる。延長の請求をする場合には，意見表明報告書にその旨とその理由を記載する（金商法27条の10第2項2号）。さらに，対象会社から公開買付者に対する質問がある場合には，意見表明報告書にこれを記載することができる（金商法27条の10第2項1号）。対象会社からの質問が記載されている場合には，公開買付者は，当該送付を受けた日から5営業日以内に，質問に対する回答を記載した対質問回答報告書を提出しなければならない（金商法27条の10第11項，金商令13条の2第2項）[21]。これらの規定は，平成18年の改正で創設されたものである。実務的には，意見表明の義務化自体よりも，これらの制度を実現する点で，現行の意見表明報告制度に意義を見出す見解も述べられている[22]。もっとも，立法政策としては，公開買付期間の延長と公開買付者への質問は，意見表明の義務化とセットでなされる必然性はない[23]。

---

[18]　山下友信＝神田秀樹編『金融商品取引法概説〔第2版〕』284頁（商事法務，2017年）。

[19]　たとえば，江頭憲治郎「企業内容の継続開示」前掲注8）194頁，松村敏弘「ディスクロージャー問題」『会社法の経済学』365頁（東京大学出版会，1998年）参照。

[20]　意見表明報告書の提出は1回限りのものである。この点について，立案担当者は，現状でも公開買付者に対する対象会社からの質問は実務上広く行われている等にかんがみ，法令上の制度による質問期間の付与は1回にとどめることにしたと述べている。大来・前掲注13）40頁。この点で，立案担当者も，自発的な意見表明を前提とした立場を明らかにしている。

[21]　対質問回答報告書は買付府令に規定する「第8号様式」に基づいて記載する（買付府令25条4項）。なお，買付会社は，当該質問に対して回答する必要がないと認めた場合には，その理由を記載すれば，回答を行わないということも可能である（「第8号様式」記載上の注意(3) b）。

[22]　岸田雅雄監修『注解金融商品取引法(1)』828頁〔髙田昭英〕（きんざい，2011年）。

第3節　意見表明報告制度の実例

1　記載事項

　意見表明報告書には，①公開買付者の氏名または名称および住所または所在地，②当該公開買付けに関する意見の内容および根拠，③当該意見を決定した取締役会の決議の内容，④当該発行者の役員が所有する当該公開買付けに係る株券等の数および当該株券等に係る議決権の数，⑤当該発行者の役員に対し公開買付者またはその特別関係者が利益の供与をした場合には，その利益の内容，⑥当該発行者の財務および事業の方針の決定を支配する者の在り方に関する基本方針に照らして不適切な者によって当該発行者の財務および事業の方針の決定が支配されることを防止するための取組みを行っている場合には，その内容，⑦公開買付者に対する質問および公開買付期間の延長請求があるときは，その質問および延長請求が記載される（買付府令25条1項）。

　意見表明報告書の記載事項は，内閣府令（買付府令）が定める「第4号様式」に従って行わなければならない（買付府令25条2項）。

　上記②の「意見の内容」については，同様式の「記載上の注意」では，「例えば，『公開買付けに応募することを勧める』，『公開買付けに応募しないことを勧める』，『公開買付けに対し中立の立場をとる』，『意見の表明を留保する』等わかりやすく記載すること。」とされている（記載上の注意(3) a）。また，「根拠」については，「意思決定に至った過程を具体的に記載すること。」とされている（記載上の注意(3) b）。さらに，「第4号様式」では，「意見の内容」「意見の根拠」に加えて，「意見の理由」の記載が求められている。これについては，「記載上の注意」では，「賛否・中立を表明している場合にはその理由を，意見を留保する場合にはその時点において意見が表明できない理由及び今後表明する予定の有無等を具体的に記載すること。」が求められている（記載上の注意(3) c）。加えて，「公開買付者が対象者の役員，対象者の依頼に基づき当該公開買付けを行う者であって対象者の役員と利益を共通にする者又は対象者を子会社

---

23) 公開買付者への公開買付期間の延長請求および質問に関する制度を意見表明報告制度と別途創設することも可能である。公開買付者に対する質問は，本来的には，意見表明の決定前に行うべきものである。証券取引法研究会編「平成18年の証券取引法の改正Ⅱ―公開買付制度の整備（その2）および大量保有報告制度の整備」『平成17年・18年の証券取引法等の改正』別冊商事法務299号136頁〔池田裕彦発言〕（2006年）。

とする会社その他の法人等である場合にあって，利益相反を回避する措置を講じているときは，その具体的内容を記載する。」とされている（記載上の注意(3) d）。MBO[24]などでは，公開買付者が対象会社の関係者であり，その買収行為において利益相反が必然的に生じるため，利益相反を回避する措置を講じているときは，その具体的な記載が要求される。

　上記⑤については，対象会社の役員に利益の供与が約束されている場合，当該買収に関して，自己の利益を優先して（株主の利益を毀損して），意見表明がなされる危険性が高いため，その利益の内容の記載が求められている[25]。また，上記⑥は，いわゆる「買収防衛策」の発動の有無に関する記載で，その発動は，買収の成否に深く関係するものであることから，開示の対象とされている。

　なお，意見表明報告書に記載した意見の内容その他の意見表明報告書に記載すべき重要な事項の変更が生じた場合には，対象会社は，訂正報告書を提出しなければならない（金商法27条の10第12項・27条の8第2項）[26]。

　以下では，過去5年間にEDINETで開示された意見表明報告書について（以下「実例」という），MBO以外の場合とMBOの場合に分けて，対象会社の対応を紹介し，分析することにしたい。

2　MBO以外の場合

　意見表明報告書には，前述の「記載上の注意」に従い，㋐公開買付けに応募することを勧める（以下「推奨意見」という），㋑公開買付けに応募しないことを勧める（以下「非推奨意見」という），㋒公開買付けに対し中立の立場をとる（以下「中立意見」という），㋓意見の表明を留保するといった記載がなされている。公開買付けに応募するかどうかの判断を株主に委ねるとするものも少な

---

24)　以下では，買収対象会社の経営陣の全部または一部が資金を出資して，当該対象会社の事業の継続を前提としてその株式を取得する取引をいう。

25)　金融庁「公開買付けに関するQ&A」（問24）では，「従前の報酬よりも新たな報酬のほうが相当高額である場合や公開買付けの成立後に一時金が支払われる場合など，当該取締役が当該公開買付けの成立に対して個人的な利益に基づくインセンティブを持ち得る場合には，利益の供与に該当するものと考えられます。」と述べられている。

26)　意見表明報告書に，記載上の不備があり，記載された内容が事実と相違し，またはそれに記載すべき事情もしくは誤解を生じさせないために必要な事実の記載が不十分であり，もしくは欠けていると認めた場合にも，訂正報告書の提出が必要である（金商法27条の10第12項・27条の8第1項）。

くない（以下「推奨留保意見」という）。本稿では，これを⑦の範疇に含めることとする。

㊁意見の表明の留保を行った例（5件）では，その理由として，公開買付けが，事前の連絡もないまま，一方的に行われ，それに対する賛否を判断するために，検討の時間が必要としたものがある（2件／5件）。また，意見表明報告書において，公開買付者に対して質問を行い，これに対する回答の内容を踏まえて賛否の意見を最終的に決定するとしているものもある（4件／5件）。なお，これらの意見の表明の留保を行った会社においても，最終的には，すべて，公開買付けに反対し，「非推奨意見」を表明している。意見表明報告書は1回限りのものとされているため，この意見表明は訂正意見表明報告書で行われている。

ところで，前述の「記載上の注意」では，意見表明報告書に記載される「意見の内容」について，「賛否・中立」を表明している場合にはその理由を記載するものとされている（「記載上の注意」(3)c）。ここで「賛否」とあることから，実務上，公開買付けに対する「賛成意見」または「反対意見」を「意見の内容」として意見表明報告書に記載することが通例とされている[27]。

このような実務に即すれば，形式上，対象会社の「意見の内容」は，以下のように分類されることとなる。もっとも，後述するように，実際には，分類A，分類Cおよび分類Eに限定されている。

	推奨意見	非推奨意見	推奨留保意見
賛成意見	分類A	分類B	分類C
反対意見	分類D	分類E	分類F

実例では，「賛成意見」と「反対意見」は，企業買収後の企業価値によって判断されている。すなわち，企業価値が向上すると判断された場合には「賛成

---

[27] 証券法研究会編『金商法大系Ⅰ―公開買付け(2)』381頁（商事法務，2011年）。もっとも，意見表明報告書では，「意見の内容，根拠および理由」の記載が求められ，「記載上の注意」では，「意見の内容」の例として，本文記載の⑦推奨意見，㋑非推奨意見，⑦中立意見があげられていることから，ここにいう「意見の理由」における「賛否・中立」における「賛否」も，推奨・非推奨を意味するものと解するのが率直との指摘がなされている。三苫裕「公開買付けにおける対象会社による意見表明」新堂孝司＝山下友信編『会社法と商事法務』349頁（商事法務，2008年）。

意見」(200件／210件),それが毀損されると判断された場合には「反対意見」(6件／210件)[28] が記載されている。

「反対意見」の場合に「推奨意見」が記載されることは考えにくい。実例では,この場合,「推奨留保意見」もなく,「非推奨意見」が記載されている。株主が公開買付けに応募するか否かの判断を行う際には,公開買付価格の妥当性が重要となる。「反対意見」「非推奨意見」を表明した意見表明報告書のなかには,公開買付価格が適正な企業価値を反映していないなど,その妥当性を疑問視する記載もあり(2件／6件),これらの公開買付けは,結果として,不成功に終わっている。他方で,公開買付価格の妥当性に言及しないものは(4件／6件),主として,企業価値の毀損を非推奨の理由としている。市場価格よりも高い公開買付価格の場合,推奨しない理由として,価格が不合理であると主張することは難しい[29]。これらの公開買付けは,結果として,対象会社の反対は実らず,すべて成功に終わっている。

「賛成意見」に関しては,「推奨意見」(80件／200件)または「推奨留保意見」(117件／200件)が記載されている。前者(「賛成意見」「推奨意見」)では,公開買付者が対象会社を完全子会社化(非公開化)する目的のものが大半を占めている(79件／80件)。そこでは,公開買付価格の妥当性に言及した上で,「推奨意見」が記載されている。公開買付価格の妥当性は,第三者による株価算定評価(DCF法,株価評価法,類似会社比較法など)およびプレミアムの有無を判断材料としている。これに対して,後者(「賛成意見」「推奨留保意見」)は,公開買付けが,対象会社の子会社化(連結子会社化を含む)または支配権強化を目的になされるもので,買収後も,上場維持が予定されている。この場合,公開買付価格の妥当性に言及した上で(たとえば「不合理なものではない」),「推奨

---

[28] 「反対意見」の件数には,前述のように,意見表明報告書で「意見表明の留保」を行った後,訂正意見表明報告書で「反対意見」を表明したものが含まれている。

[29] ソレキヤ株式会社(以下,ソレキヤという)をめぐっては,佐々木ベジ氏と富士通株式会社による公開買付けが競合した。ソレキヤは,前者に対して「反対意見」「非推奨意見」,後者に対して「賛成意見」「推奨意見」を表明した。前者では,公開買付価格に言及はなく,後者について,株式価値算定書による評価額のレンジ内であること,プレミアムの額(割合)が記載されている。サーベランス・グループによる西武鉄道株式会社に対する公開買付けでは,西武鉄道の意見表明報告書では,「当社は,早期における良い形での株式上場を目指し,現在,具体的な準備を進めているところであり,当社の株式価値について意見を述べることは不適切な状況にありますので,上記意見を決議するに際して,本公開買付けの買付け等の価格の合理性について,考慮の対象としておりません。」と記載されている。

留保意見」とするものもある（53件／117件）。

　また，「賛成意見」で，公開買付価格の妥当性の判断を留保した上で「推奨留保意見」を表明するものもある（10件／117件）。金融商品取引法では，少数の者から株式の取得をする場合であっても，保有割合が3分の1を超える取得であれば，公開買付けが強制される（金商法27条の2第1項2号）。そのため，特定の支配株主や大株主から株式を譲り受ける場合も公開買付けを行う必要がある。この場合，公開買付者と支配株主との間で価格が決定され，対象会社が価格の合理性について独自の調査を行わないことも多い。さらに，他の株主が応募しないように公開買付価格を市場価格より低く設定する場合もある（ディスカウントTOB）。このような公開買付けでは，「賛成意見」とともに，「推奨留保意見」が付されている。

　なお，意見表明報告書では，「公開買付け後の経営方針」を記載しなければならない。この点に関して，買収後の経営体制は未定とするもの（73件／200件），現経営陣を留任させる予定と明記するものがある（67件／200件）。他方で，公開買付者および対象会社の取締役・監査役の間に，買収後の役員就任について，特段の合意がないと明記するものもある（9件／200件）。

3　MBOの場合

　MBOの場合，対象会社の代表取締役などが公開買付者またはその関係者であるため[30]，対象会社として，「反対意見」が表明されることは通常はあり得ない。また，多くのMBOの目的は株式の非公開化にある。この場合，対象会社の株式をすべて取得するために公開買付けが行われる。実例では，対象会社の意見表明報告書では，「賛成意見」と「推奨意見」が記載されることが一般的である（29件／30件）。なお，「賛成意見」と「推奨留保意見」が記載されたものもある（1件／30件）。そこでは，公開買付価格にプレミアムが付されていたものの，上場の維持が予定されていたため，「推奨留保意見」とされている。この場合，買付けの上限について公開買付者の所有割合が上場廃止基準に該当しないように設定されている。

　株式の非公開化を目指して公開買付けを行う場合，意見表明報告書では，

30）　典型的なものとして，公開買付者は，対象会社の株式を取得または保有することを目的に設立された株式会社であり，対象会社の代表取締役がその発行済株式総数のすべてを所有し，さらに，当該公開買付者の代表取締役も務めているものがある。

MBO を行う必要性について，横並びでつぎのような記載がなされていることが注目される。まず，経済状況の悪化などの厳しい経営環境のなか，企業経営の抜本的改革が必要であるものの，それには，コスト上昇等により株主にマイナスの影響を及ぼす可能性があることを指摘した上で，上場を維持するメリットとデメリットにも触れられている。上場を維持するメリットには株式発行による資金調達があるものの，MBO を行う会社では，大規模な資金調達の必要性は乏しい。さらに，上場のデメリットについて，資本市場に対する規制強化が急速に行われ，上場を維持するためのコストが増加したことなどが記載されている。これには，継続開示書類（有価証券報告書や四半期報告書）の作成費用と監査費用などのほか，近年の内部統制システムの構築に関するコストが企業に大きな負担となっていることを記載するものもある。なお，MBO の実施理由として，短期的な利益追求にとらわれず，長期的な視野にたった経営の実現と，迅速な意思決定の実現を挙げている企業がある。

ところで，対象会社が新株予約権を発行している場合，公開買付者は対象会社の株式に加えて，当該新株予約権についても公開買付けの対象としなければならない。この際，意見表明報告書に「賛成意見」を記載した上で，新株予約権について，新株予約権者の判断に委ねるとするものがある（5件／10件）（「賛成意見」「推奨留保意見」）。その多くは，新株予約権がいわゆるストックオプションとして発行されているものである。ストックオプションとして新株予約権が発行されている場合，その行使者は，対象会社の関係者（役員，従業員など）に限定されているのが通常である。そのため，公開買付者が新株予約権を取得しても，それを行使することができないことから，公開買付者にとって新株予約権には価値はなく，公開買付価格が1円に設定されている（さらに，その算定評価もされてない）。このような理由から，意見表明報告書には，「推奨留保意見」が記載されている[31]。

前述のように，MBO は，利益相反を内包する取引であることから，公開買付けの公正性を確保するための措置がとくに求められる。この点に関して，公開買付価格の妥当性については，独立した第三者機関からの株式価値算定書の

---

31) なお，公開買付者による新株予約権の行使が可能な場合，買付価格の妥当性が記載され，公開買付けに応募を推奨するかの意見が記載される。たとえば，新株予約権の買付価格が，公開買付価格から当該新株予約権における対象会社の株式1株当たりの行使価格を控除した価格に新株予約権1個の目的となる株式の数を乗じた価格とされていることから，新株予約権者にとってその価格が妥当であるとするものがある。

取得が行われ，その内容が記載されている。さらに，すべての場合に，意見表明を決定する取締役会決議が，MBOに関与する者を除外し，利害関係のない取締役による賛成によってなされた旨が記載されている。加えて，公開買付けに関する意見決定過程の公正性，透明性および客観性を確保することを目的として，公開買付者および対象会社から独立した第三者委員会が設置され，これに諮問を行うプロセスを踏む企業が大多数である[32]。第三者委員会のメンバーには，弁護士や公認会計士のみならず，社外監査役や社外取締役が加わることが一般的である（26件／34件）。その際，社外監査役が委員長となる例がある（4件／26件）。

第4節　意見表明報告制度に関する法的問題

1　取締役会決議における意見の決定

　公開買付けに関する対象会社の意見の決定は，取締役会設置会社では，重要な業務執行の決定として，取締役会の決議で行わなければならない（会社法362条4項）[33]。取締役会の決議は，原則として，議決に加わることのできる取締役の過半数が出席し，その過半数をもって行う（会社法369条1項）。もっとも，この決議に際して，特別の利害関係を有する取締役（以下「特別利害関係人」という）は，議決に加わることができない（会社法369条2項）。

　学説は，取締役会で議決権が排除される場合の「特別の利害関係」について，特定の取締役が，当該決議について，会社に対する忠実義務を誠実に履行することが定型的に困難と認められる個人的利害関係ないし会社外の利害関係を意味すると解している[34]。たとえば，取締役と会社の間の取引（自己取引）および取締役が会社と競合する取引（競業取引）において，当事者である取締役が特別利害関係人となることに異論はない。

　一般的には，MBOに関与する取締役は，対象会社の取締役会決議において特別利害関係人に該当すると解されている[35][36]。そうであれば，対象会社の取締役すべてがMBOに関与する場合，全員が特別利害関係人となる。すべて

---

32)　これらの対応は，経済産業省「企業価値の向上及び公正な手続確保のための経営者による企業買収（MBO）に関する指針」（平成19年9月4日）で指摘されている「意思決定過程における恣意性の排除」に関する「実務上の対応」に基づくものである。

33)　以下では，取締役会設置会社を念頭において，議論を進めることにする。

34)　落合誠一編『会社法コンメンタール(8)』293頁〔森本滋〕（商事法務，2007年）。

の取締役が議決に加われないとすれば，取締役会での意見決定はできない。この場合は，例外的に，取締役会決議ができないことを理由に，意見表明ができない旨を記載した意見表明で対処するしかないとの見解がある[37]。

ところで，前述のように，敵対的企業買収において，対象会社では，取締役会において「反対意見」「非推奨意見」を決定し，会社として表明することが一般的である。敵対的企業買収が成功した場合，支配権を取得した公開買付者が，買収に異を唱えた取締役を排除し，新たな取締役を送り込むことが考えられる。とくに，公開買付者が買収後に対象会社の経営体制を一新することを明言しているような場合，対象会社の取締役は，その地位を失う可能性が高い。このような場面で，当該取締役は，特別利害関係人として，取締役会での意見の決定の際にその議決権が排除されるかが問題となる。

仮に，そのような取締役が特別利害関係人に該当するとすれば，上記の場合，対象会社は意見表明ができないこととなる。この事態は，対象会社の株主に，

---

35) 藤原＝佐々木・前掲注16) 43頁。自己取引や競業取引では，取締役の利益が優先され，会社の利益が侵害される危険性が高い点で，会社に対する忠実義務を誠実に履行することが難しいと評価できる。他方で，MBOでは，特に，公開買付価格が不当に決定されることが問題となるところ，この場合，取締役の利益が優先される点は同様であるものの（安い価格で購入できた），侵害されるのは，会社の利益ではなく，株主の利益である（安い値段で売却させられた）。この点で，会社に対する忠実義務を誠実に履行できない類型と言えるかが問題となり得る。公開買付けの場面では，会社の利益が株主の利益（株主の共同の利益）と一致しないことは後述の通りである。この点で，自己取引や競業取引の場合とまったく同列に扱うことは難しい。

36) 経済産業省・前掲注32) 15頁（注4）では，「MBOにおける意思決定の透明性・合理性を高めるという観点からは，当該「特別の利害関係」を広く解釈することも検討すべきとの指摘もある。例えば，MBOを行う代表取締役のみならず，買付者側への出資や経営参画につき既に合意が成立している取締役も除外されると解釈すべきではないかとの指摘もある。他方，MBOに参加しない取締役が自己保身を企図する可能性もあり，当該解釈を広げることが必ずしも透明性・合理性の向上に資するとは限らないとの指摘もある。」として，結論を保留している。

37) 藤原＝佐々木・前掲注16) 44頁。たとえば，取締役の会社に対する責任制限を取締役会で決議する場合など，全取締役が特別利害関係を有する場面がある。この場合では，取締役ごとに議案を分け，自己が対象となっている決議にはその取締役が加わらない形で，取締役会決議を成立させることができる。落合誠一編・前掲注34) 293頁〔森本〕。しかし，意見表明の決議では，このような決議を行うことができない。なお，対象会社において意見表明のための取締役会決議を行うために，特別利害関係を有しない取締役を最低1名は確保する必要があることから，MBOに参加する予定・意図のある取締役の一部にMBOへの参加を断念させることが必要となる場面も生じ得るとするものがある。山口勝之他「MBOにおける取締役の善管注意義務」ビジネス法務2007年6月号26頁（2007年）。

公開買付けに応じるかどうかの判断を行うために情報を提供するという意見表明報告書の趣旨に反するものである。また，この場合の意見表明は，MBOの場合と異なり，取締役との間に直接の利益相反が生じるものでもない。公開買付けにどのように対応するかは，まさしく対象会社の支配権に係る問題であり，会社経営の基本方針についての決定といえる。以上のことから，この場面で，取締役会の決議における議決権を剥奪することは妥当ではない[38]。これらのことは，友好的企業買収で，取締役の留任予定が明らかにされている場面でも同様である[39]。他方で，このような状況は，取締役の将来の地位に係るもので，まったく個人的利害関係がないものとも言い難い。そのため，特別利害関係人に該当しない場合でも，不誠実な議決権行使を行う行為は，会社に対する忠実義務違反や善管注意義務違反に問われることに留意が必要である[40]。

なお，企業買収に際して，公開買付者から，取締役に対して，特別の地位が約束された場合[41]，または，退職の条件として，多額の利益を供与されることになっている場合（ゴールデンパラシュート），取締役としての議決権行使が歪められる可能性は深刻となる。このような特別の利益供与がある場面では，当該取締役は特別利害関係人として，議決権行使ができないものと解すべきであろう。

2 応募への推奨・非推奨の是非

意見表明報告書の提出は法が定めるもので，対象会社において，取締役は，

---

38) 代表取締役の解職決議において，当該代表取締役が特別利害関係人に該当するかが論じられてきた。この点，解職決議は，会社の支配権争いの一場面であり，忠実義務以前の問題として，当該代表取締役は特別利害関係人に該当しないとする見解もある（閉鎖会社を念頭においたものとして，江頭憲治郎『株式会社法〔第7版〕』417頁注15）（有斐閣，2017年））。

39) 買収後の経営陣の陣容は，公開買付けに応じるかどうかの判断において重要な情報である。なお，友好的企業買収で，全員が取締役として残るという場面で，全員が特別利害関係を有するため，その全員が取締役会の決議に参加できるとする見解もある。証券取引法研究会編「平成18年公開買付制度の見直しに係る政令・内閣府令(1)」『金融商品取引法の検討〔2〕』別冊商事法務320号95頁〔河本一郎発言〕。

40) たとえば，明らかに不合理な意見表明報告書を提出し（これは会社に対する任務懈怠となる），これにより株主が不当に安い条件で公開買付けに応募したことで損害を被ったときは，株主は，取締役に対して，第三者責任の追及が可能である。清原健＝田中亘「対談MBO・非公開化取引の法律問題（後）」ビジネス法務7巻7号70頁〔田中亘発言〕（2007年）。

41) 現在の地位よりも相当に高い地位が約束された場合，報酬が相当に増額される約束がある場合などが該当する。

業務執行として意見の表明を決定することとなる。業務執行を行う上で，取締役は会社に対して善管注意義務を負う（会社法330条，民法644条）。この観点から，企業買収が対象会社の将来の企業価値を高めるものと判断した場合，それを推進するため，「賛成意見」を表明しなければならない。これに対して，企業買収が企業価値を毀損するものである場合，それを阻止するため，表明意見は「反対意見」でなければならない。実例でも，この判断基準により意見が表明されている。

他方で，意見表明報告書には，株主が公開買付けに応募するべきかどうかについて，「記載上の注意」に従って，「推奨意見」，「非推奨意見」または「推奨留保意見」が表明される。既述のように，実例では，「賛成意見」「推奨意見」（分類A），「賛成意見」「推奨留保意見」（分類C）および「反対意見」「非推奨意見」（分類E）が記載されている。

「推奨意見」と「賛成意見」，「非推奨意見」と「反対意見」とは同義で，前者は後者をよりわかりやすく表現したものと解すれば，「賛成意見」「推奨意見」（分類A）と「反対意見」「非推奨意見」（分類E）は当然の結果といえる。しかし，これでは「賛成意見」「推奨留保意見」（分類C）の存在を説明することができない。この点については，実務上は，「賛成意見」「反対意見」が対象会社にとって利益となるものであるかを基準として，公開買付けを支持するか否かを述べるものであるのに対して，「推奨意見」「非推奨意見」「推奨留保意見」は，株主にとって応募することに利益があるか否かを基準として株主が応募することを勧めるか否かを述べるものとして取り扱われている[42]。すなわち，「賛成意見」等は対象会社の企業価値，「推奨意見」等は対象会社の株主の利益を基準として表明されることとなる。

一般論として，企業価値と株主の利益は一致すると考えられる。企業価値を向上させるものであれば，その持分を有する株主の利益も増加し，企業価値を毀損するものであれば，その利益が減少するからである。もっとも，企業買収に直面した株主の利益は，買収後の企業価値のみによって決せられないことが重要である。すなわち，公開買付価格によっては，株主は公開買付けに応じて持株を売却することで利益をあげる可能性がある。この場合，株主は，公開買付価格と買収が成功した後の企業価値（1株の価値の予想）を比較して公開買

---

[42] 証券法研究会編・前掲注27) 381頁。

付けに応じるかどうかを判断することとなる。

　実例では，企業買収が完全子会社化以外の子会社化を目的とし，さらに，上場が維持される場合，「推奨留保意見」が付されることが多い。買収後も上場維持が予定されていれば，公開買付けに応じない場合でも，買収後に市場で持株を売却することで企業価値の向上の利益を得る機会がある。そのため，対象会社は，「推奨留保意見」として，公開買付けに応じるかどうかの判断は，もっぱら株主の判断に委ねていると考えられる。他方で，実例で，「推奨留保意見」としながら，公開買付価格の合理性を肯定する記載があるのは，子会社化のために株主の応募が不可欠であり，株主の応募を誘導する必要があるという事情によるものと推察される。

　これに対して，企業買収が対象会社の完全子会社化を目的とするものであれば，「賛成意見」に「推奨意見」が付されるのが通常である。この場合，企業買収が成功すれば，最終的に株主はその地位を失うこととなる。したがって，買収後の企業価値の向上の利益を享受する機会がない。対象会社が「推奨意見」を表明するのは，公開買付価格が十分に高く，現時点で売却をしても，少なくとも株主に不利にならないと判断したためであろう。もっとも，株主は，買収後の株式の価値がより高くなると判断した場合には，公開買付けに応じることはない。しかも，買収後の企業価値（株価）は誰にも正確に判断することはできないものである。公開買付価格の妥当性を評価する意見のみならず[43]，これを理由に「推奨意見」を表明することは，対象会社の株主をミスリードする危険性があるように思われる。

　加えて，企業価値を毀損する買収の場合，公開買付けが成功すれば，株式の価値も下がる。そのため，公開買付けが成功しないように，「非推奨意見」を表明することに一理はある。他方で，企業価値を毀損する買収であれば，株価の下落を見込んで，公開買付けに応募する（高値で売却する）というのも株主の合理的な選択である。したがって，企業価値を毀損するという理由で「反対意見」を述べたとしても，株主に対して「非推奨意見」を表明することは妥当でない。他方で，この場合に，「推奨意見」を表明できないことも事実である。

---

43) 陳宇「上場会社 MBO における対象会社の意見表明─取締役が負うべき義務を中心に」山本爲三郎編『企業法の法理』356頁（慶應義塾大学出版会，2012年）は，買付価格が不当である場合，「対象会社の取締役は意見表明報告書に買付価格の相当性に関する事項を記載した上で，会社に対する善管注意義務に基づき賛同意見を表明すべき」としている。

「推奨意見」を付することは，公開買付けが成功することを手助けすることとなり，企業価値の毀損を理由とした「反対意見」と矛盾する行為になるためである。

第5節 むすびに代えて

　意見表明報告制度は，その導入時には，虚偽記載の意見表明を防止するためのものであった。平成18年の改正で，公開買付けについての対象会社の経営陣の意見が投資判断に重要であるとの趣旨から，その提出が義務付けられるものとなった。もっとも，法律上の強制がなくても，対象会社が公開買付けに関する意見を表明するインセンティブは十分に認められる。また，インターネットの普及により，対象会社の意見表明とそれを株主が入手することも格段に容易になっている。

　株式投資の判断は，株主が自己責任のもとで行うことが大前提である。その際，株主は自由に投資判断の時期を選ぶことができる。しかし，公開買付けに直面した株主は，突然にそれに応じるかどうかの判断に迫られることになる。このような場面で，対象会社が株主に対して追加的な情報を伝えることは株主の保護の観点から有益なものである。この点で，対象会社が公開買付けに賛成か反対であるのか（友好的企業買収であるのか敵対的企業買収であるのか）は，買収の成否に影響を与える点で，投資判断にとって重要なものといえるかもしれない。しかし，前述のように，「推奨意見」「非推奨意見」は，株主に誤解を与える可能性もあり，また，会社側の対応にも苦慮する場面が想定できる。平成18年改正前の意見表明報告の義務付けを主張する学説も，対象会社の経営陣が公開買付けについてどのような態度をとるか（すなわち，賛成であるのか，反対であるのか）が重要としてきたことにも留意が必要である。以上のことを考えると，「意見の内容」として，株主に公開買付けに応募するかどうかの推奨に関する意見は不要で，それらの表明を要求する「記載上の注意」は見直されるべきである[44]。

---

44) 平成18年改正による意見表明報告制度が創設された当時から，推奨意見などの記載を求める「記載上の注意」に疑問を提起するものがあった。三苫・前掲注27) 358頁。

受益者連続信託による財産の管理承継と課題

今川 嘉文

第1節　本稿の目的
第2節　信託利用の状況
第3節　受益者連続信託による財産の管理承継
第4節　受益者連続信託における遺留分
第5節　受益者連続信託における遺留分侵害の判断
第6節　信託契約における公序良俗違反の検討
第7節　信託契約と脱法信託の検討
第8節　信託契約における利益相反行為の検討

第1節　本稿の目的

　高齢者およびその推定相続人ならびに高齢者の成年後見人（以下「高齢者等」という）は，高齢者の健常時・能力減退時・能力喪失時・相続時・二次相続時というライフステージにおいて，高齢者が有する財産（金銭，株式，不動産等）をその意図に即して適切に管理するとともに，財産の円滑な承継が求められる。

　とりわけ，高齢者が中小企業のオーナー経営者または当該企業の大株主である場合，能力減退または能力喪失となると，会社の経営および意思決定に甚大な影響を及ぼす。相続時または二次相続時に，株式が分散することになると，①現経営権が意図する後継者に承継されない，②経営者間または株主間の派閥争いなどが大きくなる可能性がある。

　そのため，承継対策（財産を減少させない，経営権を手放さない）および争族対策（相続人間，株主間等で揉めさせない）などを講じておくことは当事者の要望に合致することになるであろう。本稿は，高齢者の財産管理および承継に際し利用が増加している「受益者連続信託」に焦点を当て，そのスキームをめぐる裁判実務で主に争われる内容および課題を考察する。

第2節　信託利用の状況

1　信託制度の趣旨

　平成18年12月に成立した新信託法[1]は，受託者の義務の内容を合理化し，受益者の権利行使の実効性・機動性を高めるとともに，多様な信託の利用ニーズに対応するため，新しい類型の信託制度を創設した[2]。

　信託契約により，委託者の財産は信託財産として受託者の名義となり，受託者が信託財産の管理，運用，処分を行う。受託者は信託財産の管理運用等をす

---

[1] 新信託法は旧信託法の改正という形式をとらず，新立法として導入された。旧信託法は大正11年の制定以降，実質的改正がほとんどなされなかった。財産承継および資金調達に際し信託利用が飛躍的に進み，旧信託法の根本的な見直しが求められるようになり，平成18年12月に新信託法は成立した（寺本昌広「新しい信託法の概要」ジュリスト1335号2頁（2007年））。

[2] 寺本昌広＝村松秀樹＝富澤賢一郎＝鈴木秀昭＝三木原聡「新しい信託法の概要」法律のひろば5頁（2007年）。財産承継に係る新たな信託として，遺言信託，遺言代用信託，後継ぎ遺贈型受益者連続信託などが明文化された。

る際には，信託目的（信託法（以下「信託」という）2条1項）[3]）に拘束され，受益者の利益を最優先する任務を負う。受益者は受益権に基づき，受託者から信託の収益配当を受け取る。この受益権は，信託財産を物権的に支配する権利ではなく，受託者に対する給付請求権（受給権）といえる[4]。

　信託の活用により，委託者はつぎの意図を実現できる。第一に，委託者の意思尊重である。委託者が締結した信託契約の目的に従って，受託者が信託財産の管理運用等をするため，委託者の意思が何よりも尊重される。第二に，財産の保護である。第三に，委託者死亡後の財産管理である。第四に，受益者の指定である。信託契約に基づき，委託者は様々な受益者を定めておくことができる。

2　金融資産に占める信託財産

　平成29年3月末現在，わが国における信託財産総額は1,058.1兆円であり，前年同月末比約68.8兆円増と過去最高額を更新した。平成16年3月末の信託財産総額が492.3兆円であり，これと比較すれば，約2.15倍である（一般社団法人信託協会2017年1月24日付統計）。平成29年3月末現在，わが国の個人金融資産（約1,809兆円）および民間非金融法人企業の金融資産（約1,153兆円）の総計が約2,962兆円であることに照らすと（日本銀行調査統計局2017年6月27日付統計），信託財産となっている資産の総額は極めて大きい。

　前記の信託財産総額は商事信託を対象とするが，民事信託を含め，信託制度の活用ニーズは非常に高くなっている。新信託法は，とくに個人の便益を図ることには十分に活用されてこなかった信託制度を，商事だけでなく民事面で普及させることを目的としている。それにより，①財産承継の手段としての活用，②扶養の手段としての活用，③財産管理の手段としての活用などの意義がある[5]。

　商事信託は概して大口資産を対象とし，受託者の果たす役割として信託財産の受動的な管理運用等を超えることを期待する場合，商事信託を活用すべきであろう。しかし，民事信託の活用がベストという事案，または商事信託では受

3）　信託目的は受託者の行動指針であり，その権限範囲を確定する。信託目的は信託を終了すべきか否かの判断基準となる（能見善久『現代信託法』14頁（有斐閣，2004年））。
4）　能見・前掲注3）191頁。
5）　深山雅也「新しい信託制度の民事信託分野における活用」NBL832号36頁以下（2006年）。

託者にとりビジネスとして成立しにくい事案がある。

　民事信託は小口資産において活用の幅があり，財産の共有に係る問題の一定の克服，成年後見制度に代わる福祉機能，事業承継における時間の付与など，その活用利点は様々である。信託は後見制度より長期にわたり，当事者と向き合うことになり，当事者の意見反映に柔軟性を有しつつ，財産分離機能およびガバナンス機能を備えている。当事者が何を求め，何をしたいのかに応じて，商事信託と民事信託の併用が考えられる。たとえば，家業に関する資産の管理運用等は商事信託を活用し，相続人等との関係では民事信託を活用するなどである。

第3節　受益者連続信託による財産の管理承継

1　民法上の課題

　次世代に対する財産承継として，後継ぎ遺贈がある[6]。これは，第1次受遺者の受ける財産上の利益が，ある条件の成就または期限の到来した時から，第2次受遺者に移転する遺贈である[7]。民法上，後継ぎ遺贈の効力に関し，学説は，①特殊な遺贈類型の一種だとして有効と解する見解[8]，②無効とする見解に相対している[9]。①の見解では，遺贈の対象が不動産または動産の所有権であるとすると，第1次受遺者は期限付きの所有権を取得するにすぎない。しか

---

6) 後継ぎ遺贈は，つぎのように説明される。遺言者Xが遺言により，X所有の不動産Pを配偶者Yに対し，Yの死亡を解除期限（終期）として与える（第1次遺贈）。Yが死亡した場合（Yの死亡が停止期限），XYの相続人ではないZ（たとえば，Xの甥）に対し，Zの生存を停止条件としてPを与える（第2次遺贈）。当該事案では，ZはYから本件不動産Pを承継するのではなく，第1次遺贈の失効を介して，Xから直接にPの遺贈を受ける（田中亘「後継ぎ遺贈─その有効性と信託による代替可能性について」米倉明編『信託法の新展開』214頁参照（商事法務，2008年））。後継ぎ遺贈は，第2次遺贈のことを指す（米倉明『家族法の研究』324頁（新青出版，1999年））。

7) 最判昭和58年3月18日判時1075号115頁は，後継ぎ遺贈が問題となった。遺言者Pが材木商を営み，当該営業に必要な不動産を妻Yに遺贈し，Yが死亡後に，Pの兄弟姉妹Qらで分割する旨を遺言した。原審（福岡高判昭和55年6月26日家裁月報36巻3号154頁）は，「本件条項は後継ぎ遺贈に該当し，現行法上，明文規定を欠くとして，Yへの遺贈は有効であるが，Qらへの遺贈は法的効力が認められず希望条項である」と判示した。最高裁は，遺贈の趣旨は様々に解され，それを明らかにすべきとして原審に差戻した。その中で，第2次受遺者Qらへの利益を移転すべき負担を第1次受遺者に負わせた負担付遺贈，第1次受遺者に使用収益権を付与し，第1次受遺者死亡を不確定期限としたQらへの遺贈と解しうるとした。

し，所有権は完全・包括的・恒久的な権利であり，存続期間を定めた所有権は認められないと解される[10]。後者②の無効説が多数説と思われる。

2 受益者連続信託の特性
(1) 受益者連続信託の導入経緯

後継ぎ遺贈は，民法上の可否が議論されてきた。他方，後継ぎ遺贈型受益者連続信託（以下「受益者連続信託」という）のニーズとして，①残された家族等の生活保障，②中小零細事業者等における事業承継，③血族等による財産承継を望む意向への配慮および必要性などから[11]，「これらの場合にその財産をもっとも適切に活用できるのにふさわしい順位で財産が承継される保証が必要である」という提唱がなされていた[12]。

信託法改正要綱試案の補足説明では，一定目的のために，「共同均分相続とは異なる財産承継を可能にする手段」の必要性が指摘されている[13]。新信託法は「受益者の死亡により他の者が新たな受益権を取得する旨の定めのある信託の特例」として，受益者連続信託を新設した（信託91条）。

---

8) 有効説として，米倉・前掲注6) 323頁以下，稲垣明博「いわゆる『後継ぎ遺贈』の効力」判タ662号41頁（1998年）等がある。米倉・前掲注6) 331頁は，①最判昭和58年3月18日判タ496号80頁が後継ぎ遺贈に対し無効説を採用したとは必ずしも明確ではない，②無効説が後継ぎ遺贈の必要性に背を向け，法律関係の複雑性・不安定性を根拠にしているにすぎない等を指摘する。田中・前掲注6) 231頁は，後継ぎ遺贈型受益者連続信託が立法化されても，民法上の後継ぎ遺贈の効力が否定されないとする。

9) 中川善之助＝泉久雄『相続法〔第4版〕』569頁（有斐閣，2000年），川淳一「受益者死亡を理由とする受益連続型遺贈」野村豊弘＝床谷文雄編『遺言自由の原則と遺言の解釈』19頁（商事法務，2008年）。

10) 川島武宜編『注釈民法(7)』〔川井健〕224頁（有斐閣，1967年）。後継ぎ遺贈を否定する根拠として，遺贈の効力発生後，条件成就または期限到来までの期間が長期にわたるとき，受遺財産をめぐる法律関係につき受遺者を拘束する。その間に，受遺者が受遺財産を処分した場合，また，受遺者の債権者がそれを差し押さえた場合，後継ぎ遺贈者はこれらにどう対処できるのか，法律関係は明白ではない，などの指摘がある（中川善之助＝加藤永一編『新版注釈民法(28)』190頁〔阿部浩〕（有斐閣，2002年））。

11) たとえば，Xが妻Pに先立たれ，Yと再婚をした。Xが死亡した後，Yの生活が心配である。しかし，Yが死亡したときに，先妻Pとの間に生まれたQに財産を残し，かつYの親族には渡したくはない場合，後継ぎ遺贈型の受益者連続信託を設定する。第1次受益者をY，第2次受益者をQとすることで，Xの意図を実現させることができる（田中和明＝田村直史『信託の理論と実務入門』158頁（日本加除出版，2016年））。

12) 福井秀夫「後継ぎ遺贈型受益者連続信託の法と経済分析」判タ1247号96頁（2007年）。

13) 法務省民事局参事官室「信託法改正要綱試案補足説明」170頁。

(2) 受益者連続信託の特性

信託は所有権を受益権に転換し，受益権を受託者に対する財産給付請求権として設計している。信託契約により受託者および受益者は信託財産を恣意的に処分できず，委託者の意思が反映される[14]。

しかし，あまりに長期の信託財産の拘束は委託者による処分禁止財産を創設するなどを理由に，公序良俗違反（民法90条）になると考えられた[15]。そのため，後継ぎ遺贈型受益者連続信託がなされたときから，30年を経過した時以後に現に存する受益者が死亡するまでを有効とするように期間を区切っている。受益者連続信託の立法経緯において，信託法91条の局面では，所有権絶対の原則および所有権の概念との相克は問題視されていない[16]。

3 受益者連続信託の利用例と課題

受益者連続信託における信託契約では，つぎの内容が多くみられる。たとえば，A（委託者かつ第1次受益者）は，生前中には自益信託として，受益権を自己のために活用する。Aが死亡後，受益権のうち，①Y1（Aの子，受託者かつ第2次受益者）が6分の4，②X1およびX2（Aの子，第2次受益者）が各6分の1を取得する。Y1，X1またはX2が死亡すると，これらの各受益権は消滅する。当該受益権は次順位の第3次受益者Y2（Y1の子）が取得する。

本件事案の信託契約に係る受益債権は，①信託財産の不動産の売却代金より発生する経済的利益，②賃料他の信託不動産より発生する経済的利益，③信託財産の株式から生じる利益配当，④信託金銭による身上監護，⑤受益権持分の取得請求権，などを想定している。受益債権は，第2次受益者が他の第2次受益者を譲受人として受益権持分を譲り渡すことができるとする内容を信託契約に明文化することがある。

受益者連続信託は運用上，裁判実務で争われる論点として，①遺留分侵害の有無および遺留分減殺請求に関する課題，②受益者連続信託スキームの公序良俗違反の有無，③当該スキームの脱法信託性の有無，④当該スキームの利益相反性の有無がある。これらの内容について，次節以降で考察する。

---

14) 四宮和夫『信託法〔新版〕』129頁～131頁（有斐閣，1989年）。
15) 能見・前掲注3）189頁。
16) 沖野眞己「信託法と相続法～同時存在の原則，遺言事項，遺留分」水野紀子編『相続法の立法的課題』26頁（有斐閣，2016年）。

第4節　受益者連続信託における遺留分

1　問題点の所在

　受益者連続信託の運用上，裁判実務で争われることが多い論点として，遺留分減殺請求がある。前記**第3節3**の事案では，Aが死亡後，受益権のうち，Y1が6分の4，X1およびX2が各6分の1を取得する。Y1，X1またはX2が死亡すると，これらの各受益権は消滅して，Y2が受益権を取得する。当該スキームでは，つぎの内容が課題となる。

　たとえば，①受益権は，遺留分減殺請求の対象となるのか，②減殺請求の対象とすれば，どの時点で観念すべきか，③第1次，第2次，第3次と受益者が連続して取得していく場合，どの時点においてまで遺留分を配慮すべきか，④特定の者に受益権が収斂するスキームは違法であるのか，⑤遺留分侵害がある場合，信託財産の返還義務があるのか，⑥各受益者は信託財産の運用による遺留分相当額またはそれ以上の現実的利益を得ていることにより，遺留分侵害はないといえるのか，⑦信託目的（家業の継続，財産の散逸防止等）の意図は，相続秩序に影響を与えるのか，などである。そのため，受益者連続信託を利用した財産承継では，遺留分減殺請求にいかなる対応をすべきかを検討する。

2　受益者連続信託における受益権の性質

(1)　受益者の死亡と受益権の消滅

　受益者連続信託とは，「受益者の死亡により，当該受益者の有する受益権が消滅し，他の者が新たな受益権を取得する旨の定め（受益者の死亡により順次他の者が受益権を取得する旨の定めを含む。）のある信託」である（信託91条）。

　受益者連続信託では，受益者が死亡すると，当該受益者が有する受益権は消滅して，他の者が新たな受益権を取得する。第2次以降の受益者は，先順位の受益者からその受益権を承継取得するのではなく，委託者から直接に受益権を取得するのである[17]。他方で，受益者の死亡により，順次他の者が受益権を取得するという選択がある。

---

17)　寺本昌広『逐条解説　新しい信託法』260頁（商事法務，2007年）。

(2) **受益権の直接取得**

　遺言に代わる生前信託（以下「生前信託」という）では，第2次受益者が死亡して，第3次受益者に受益権が移転する場合，第3次受益者は第2次受益者から受益権を承継取得するのではなく，委託者から直接に受益権を取得する。

　受益者が連続するというのは，受益権を承継するのではなく，各受益者はそれぞれ異なる受益権を原始的に取得するものと考えられる[18]。しかし，第2次受益者についても，委託者が死亡時に始期付きの存続期間の不確定な権利を取得したものとして，遺留分に必要な算定がなされると解される[19]。

　受益者は相続ではなく，委託者から受益権を取得した後，受益者が死亡すると当該者の受益権は消滅する。次の順位の受益者は委託者から受益権を直接に取得することになる。

　受益者連続信託では，先順位受益者の死亡により，受益権はその後順位受益者に相続されるのではなく，委託者からの移転となる。受益者の死亡により，①受益権の消滅，②後順位受益者の受益権の発生が繰り返される。

(3) **受益者連続信託と相続法との関係**

　受益者連続信託は相続による財産承継ではない。しかし，死後の財産承継であり，公平の観点から，特別受益および遺留分制度等の相続法規の適用が一定範囲であると考えられている[20]。これらの議論において，「相続法の公序」を信託によって潜脱することができないという一般的・抽象的前提がある。なお，相続法の公序が何であるのか，その内実の不透明さはある[21]。

　信託法改正要綱試案の補足説明は，遺言代用信託および受益者連続信託に関し，「効力の発生時期が委託者の死亡時である信託契約については，これと同一の構造を有する死因贈与に関する規定が類推適用される」と述べる。「委託者の死亡時を効力の発生時期とする」遺言代用信託および受益者連続信託は，死因贈与に関する考え方が斟酌されるとされる[22]。

---

18) 寺本・前掲注17) 260頁。
19) 田中＝田村・前掲注11) 157頁〜158頁。
20) 赤沼康弘「後継ぎ遺贈型の受益者連続信託」小野傑＝福山雅也編『新しい信託法解説』265頁（三省堂，2007年）。
21) 沖野・前掲注16) 27頁。
22) 星田寛「遺言代用信託」金融・商事判例1261号181頁（2007年）。

3 遺留分制度の検討
(1) 遺留分制度をめぐる議論

　講学上，遺留分は，被相続人の財産の処分自由原則という私的自治の尊重と遺族の生活保障の調整制度とされる[23]。遺留分をめぐる紛争の実質は，共同相続人の一部に対する遺贈または贈与によって家族内部で不公正な財産配分が行われたとして，その是正を求める共同相続人間の争いへと変化してきた。そして，共同相続人間で作用することが多い現実を踏まえて，現行民法の遺留分制度は，相続人の権利および平等を一定範囲で保障するものとされる。たとえば，①「生活保障に必要な遺留分」付与は肯定する，②被相続人の専横または特定の者に対する偏愛から相続人を保護することが考えられる[24]。

　遺留分制度の根拠とされてきた理由に関し，近年，様々な批判がある。たとえば，子の遺留分に関し，①被相続人の平均寿命が伸長し，相続人である子は概して一定以上の年齢であり，②社会保障の変化および充実等にかんがみて，遺留分は遺族の生活保障という機能を必ずしも果たしていない，③遺留分の公平性維持機能では，婚外子などの相続の形式的平等を一定程度，維持することに意味はあるが，それ以外には被相続人により図られた，家族内の財産関係調整による家族の実質的平等が妨害される短所がある，という批判がなされている[25]。

　永石弁護士は，「遺留分事件を担当した裁判官の中には，遺留分制度はマイナスの制度と捉える裁判官が少なくないように思われる」と指摘する。また，久保内元東京高裁判事は，「遺留分権者の展開する受遺者との争いには，利己的で頑迷な権利意識に依拠するなど，極めて不条理な戦いと見られるものもある。……家族法相続法の理念についての見解の相違，家族観・価値観の変動には著しいものがあるが，遺産分割調停・寄与分を定める処分の審判等においては，寄与分の評価の判断・運用に際し，家事審判官において割り切りすぎた数値化に走らず，ほどよい，というよりも，むしろ十分な裁量を働かせ，英断をしてほしいとの思いを募らせられることがある」と述べる[26]。

---

[23] 永石一郎『判例からみた遺留分減殺請求の法務・税務・登記〔第2版〕』9頁～10頁（中央経済社，2016年）。
[24] 川阪宏子『遺留分制度の研究』109頁（晃洋書房，2016年）。
[25] 青竹美佳「遺留分制度の機能と基礎原理（二）」法学論叢155巻3号34頁～36頁（2004年）。

(2) 遺留分減殺請求の権利濫用

　遺留分減殺請求が権利濫用に該当する事由がある。たとえば，被相続人と遺留分権利者につき，①家族関係が形骸化していること，②信頼関係が破壊され離縁請求または相続廃除を求めるのに相当するような重大な事情があるときは，権利濫用法理の適用があると考えられる[27]。

　名古屋地判昭和51年11月30日判タ352号293頁は，養子Aが音信不通であったため，他方の養子Bが老親の介護を行い，財産を守ることにも寄与してきたことなどから，AがBに遺留分減殺請求をしたことは，権利濫用に該当するとした。裁判例を概観すれば[28]，遺留分減殺請求行使の濫用について，様々な認定要素が形成されてきた。身分関係が形骸化し，遺留分減殺請求を認めることに対し，正義衡平の観点に照らし不当と認められる特段の事情がある場合[29]，遺留分減殺請求が権利濫用にあたるとされることがある[30]。

(3) 遺留分侵害の対応と制限

　相続人は，遺留分侵害を伴う法律行為に対し，遺留分減殺請求権の行使（民法1031条）ができる。減殺請求がなされて初めて遺贈等が遺留分を侵害した限度において効力を失う[31]。対象となる法律行為自体が無効となるものではない。

　遺留分減殺請求がなされた場合でも，その減殺を受けるべき限度において，遺留分権利者に価額弁償をすることにより，相続財産の返還義務は生じない（民法1041条）。当該規定は，受贈者・受遺者にとり，ある財産の交換価値の把握以上に，「現物としての一体性が重要であり，分割によって経済的・社会的価値を著しく喪失する場合，現物の分割または返還を免れるため」に設けられた[32]。

　最判平成12年7月11日民集54巻6号1886頁は，贈与・遺贈の目的物が複数の

---

26) 久保内卓「遺言・遺留分の実態と理論」公益財団法人日弁連法務研究財団第10回専門家養成研修レジュメ（永石・前掲注23）7頁）。
27) 二宮周平『家族法〔第4版〕』456頁（新世社，2013年）。
28) 遺留分減殺請求が権利濫用に該当するとされた事案を紹介する。①仙台地裁秋田支判昭和36年9月25日は，養子Pが，養家を去り養父母を扶養せず，養父母の面倒をみた事実上の養子Qに対する贈与につき，「遺留分減殺請求をしたことは，権利濫用に該当する」とした，②東京高判平成4年2月24日判タ803号236頁は，約21年間，被相続人と同居して世話をした弟Xに対し，遺産の土地を取得させる旨を同意していた兄Yが，相続開始後，「遺留分減殺請求をしたことは，権利濫用に該当する」とした。
29) 東京地判平成15年6月27日金法1695号110頁等。
30) 永石・前掲注23) 276頁。
31) 永石・前掲注23) 11頁。
32) 川阪・前掲注24) 42頁。

財産からなる場合，減殺請求権者からの現物返還請求に対し，価額弁償をして返還義務を免れることができるとしている。同判決に対し，「価額弁償義務は任意債務としての性質を強め，受遺者は，対象が経営的資産か否かに関係なく，その保持の必要性の有無を問うことなく，価額弁償制度の活用によって，取得したいと思う減殺現物を確保できるようになった」という指摘がある[33]。

4 信託設定行為と遺留分

(1) 法制審の議論

受益者連続信託は，相続秩序から，一定の期間制限および遺留分減殺の対象とすることで一般に有効と考えられることが，立法過程で議論された（平成17年12月16日法制審議会信託法部会第27回会議議事録38頁～43頁）。

学説上，信託法に基づく財産承継に関し，民法の遺留分規定が適用されるのかは，「信託法に従った財産承継において，民法の遺贈または死因贈与と類似の性質を有し，遺留分制度を完全に無視はできない」ことが通説に近い。道垣内教授は，「信託の設定によって，遺留分減殺を一律に免れるという効果が生じるものではないことは，ほぼ一致があり……。」と述べる[34]。

(2) 学説上の議論

生前信託では，生命保険との類似性を根拠として，「遺留分侵害の問題は生じないと解する余地がある」という見解がある。西教授は，「遺言の代用となる生前信託については，遺留分算定の基礎となる財産に含まれるのかなど不明確な点が多い。生前信託は，他人のためにする生命保険契約と類似点が見られることから，やはり遺留分の規定にかからないと解することもありえよう。」と指摘する[35]。

他方，信託設定行為が遺留分減殺請求の対象となることに肯定的な理由として，つぎの指摘がある。能見教授は，「信託設定行為は厳格には遺贈でも贈与でもないが，受益権が無償で受益権を取得する場合には，一般の生前信託が，遺言代用の生前信託か，遺言信託かによって，贈与，死因贈与，遺贈と同様に扱い，遺留分減殺請求の対象となるということが言えるであろう。」と述べる[36]。

---

33) 泉久雄「贈与等の目的である各個の財産についての価額弁償」民商法雑誌124巻6号46頁（2001年）。
34) 道垣内弘人『信託法（現代民法別巻）』62頁（有斐閣，2017年）。

沖野教授は,「遺留分制度についてはそれ自体が相続法の公序である限り,信託の設定によって回避できない」と述べ[37],「信託法もまた,相続に関する事項については民法と補完的に相続法を構成しているという見方もありえよう」と指摘する[38]。

---

35) 西希代子「遺留分制度の再検討（一）」法学協会雑誌123巻9号1706頁（2006年）。生命保険契約において,被保険者の死亡により,保険金受取人は保険請求権を自己の固有の権利として取得する。そのため,保険金請求権は保険契約者の相続財産とはならない（最判昭和40年2月2日民集19巻1号1頁）。では,保険金受取人の変更により,新受取人が取得した保険金請求権が遺留分減殺請求権の対象となるのか。最判平成14年11月5日民集56巻8号2069頁は,最判昭和40年2月2日を引用して,「死亡保険金請求権は,指定された保険金受取人が自己の固有の権利として取得するのであって,保険契約者又は被保険者から承継取得するものではない……,保険契約者の払い込んだ保険料と等価の関係に立つものではなく,死亡保険金請求権が実質的に保険契約者又は被保険者の財産に属していたものとみることはできない」と判示した。従来,学説は死亡保険金請求権が遺留分減殺の対象となるかに関し,肯定説と否定説に分かれていた（各説の内容は,中村也寸志「本件判批」ジュリスト増刊（最高裁：時の判例Ⅱ）298頁～299頁が詳しい）。保険金受取人の変更行為は,遺贈・贈与にあたるのではない。保険契約者が保険金受取人を相続人以外の者に変更した場合,「保険契約者の法定相続人は保険金受取人に対し遺留分減殺請求が認められない」ことを,本判決は初めて明らかにした。その理由として,①死亡保険金は保険金受取人が自己の固有の権利として取得するものであり,保険契約者または被保険者から承継取得するものではなく,これらの者の相続財産を構成するものではない,②死亡保険金請求権は,被保険者の死亡時に初めて発生するもので,保険契約者の払い込んだ保険料と等価関係には立たず,被保険者の稼働能力に代わる給付でもない,などからである（島田充子「最判平成14年11月5日民集56巻8号2069頁批評」判タ1154号137頁（2004年）,浅井弘章「同判批」銀行法務21第630号52頁（2004年））。否定説によれば,生命保険金請求権は相続財産を構成するものではなく,受取人が固有の権利として取得するものである。そのため,遺留分算定の基礎となる財産の中に入れまたは減殺を受けるべき処分とすることはできず,この権利を遺留分についての民法1030条・1031条の「贈与」「遺贈」の中に含めて減殺の対象となると解することは固有の権利を侵害することになるとされる（遠藤弘「生命保険金請求権と相続」学習院大学研究年報(7)41頁以下（1960年））。否定説の論理展開は必ずしも十分ではないという指摘がある（千藤洋三「最判平成14年11月5日民集56巻8号2069頁批評」ジュリスト1246号82頁（2003年））。また,本判決が共同相続人のひとりを死亡保険金受取人にした事案に及ぶかは議論がある（中村也寸志「同判批」法曹時報56巻4号239頁（2004年））。しかし,判決文中の理由づけからは,当該事案への妥当性を否定すべきではないという意見がある（潮見佳男「同判批」判例セレクト2003（民法12）24頁）。なお,保険金請求権の発生時期は,第三者のためにする保険契約においては,保険事故の発生により保険金請求権は受取人の固有財産に帰属し,相続財産に含まれないと解する点では一致しているとされる（田邊光政「同判批」私法判例リマークス28号80頁（2004年））。
36) 能見善久「財産承継的信託処分と遺留分減殺請求」トラスト未来フォーラム編『信託の理論的深化を求めて』124頁（公益財団法人トラスト未来フォーラム,2017年）。
37) 沖野眞已「新しい信託法に期待するもの」NBL832号21頁（2006年）。
38) 沖野・前掲注16）52頁。

5 受益者連続信託にみる遺留分の発生段階
(1) 法制審議会の議論および学説

受益者連続信託において,遺留分を配慮する必要はあろう[39]。では,遺留分を「どの段階で」考えるのかが問題となる。新信託法の立法作業段階の議論では,つぎの内容が明確にされている。

第一に,連続受益者との関係で委託者が死亡した時点に,一定内容の受益権が付与されたものとして,必要な算定がなされる(平成18年1月12日法制審議会信託法部会第28回会議議事録33頁)[40]。第二に,委託者が死亡し,第1次受益者による受益権の取得の段階でのみ遺留分を考えるべきであると説明されている(平成18年1月17日法制審議会信託法部会第29回会議議事録13頁~14頁)[41]。

学説上,連続受益者の定めのある信託(遺言信託,生前信託の両方がある)において,遺留分権者の遺留分を侵害しているか否かの判断は,委託者死亡時に1回だけ行うとされる。その理由として,連続受益者の受益権はすべて,委託者の設定した信託によって生じるものであり,先順位の受益者の死亡によって後順位の受益者に受益権が承継的に移転されるわけではないからとされる[42]。

(2) 議事録の記載内容

信託設定時に財産処分がなされるという考えについて,新信託法の法制審議会信託法部会は,「遺留分の問題をどの段階で考えるのかという問題に関連することなんだと思いますけど,これは未存在の受益者がいたとしても,信託を設定したときに財産が処分されたというふうに考えて,その財産処分が処分者の相続が起きるときにですか,遺留分を侵害することになるかどうかという観点から考えると。あくまで途中の段階でもってある受益者の受益権が消滅して,次の受益者に移りますけれども,その段階では消滅した受益者の財産が処分されたという形では考えないと,最初の設定の段階ですべて遺留分の問題を考え

---

39) 寺本振透編『解説新信託法』160頁(弘文堂,2007年)。
40) 平成18年1月12日法制審議会信託法部会第28回会議議事録33頁は,「後継ぎ遺贈型の信託によって,遺留分制度を潜脱することができないことにつきましては,当部会において異論のないところであると思われます。そして,この場合の法律構成といたしましては,前回資料でも御紹介いたしましたとおり,すべての連続受益者との関係で委託者が死亡した時点において,一定内容の受益権が付与されたものとして,必要な算定がなされることになるものと考えているところでございます」と述べる。
41) 第3節3の事案を,法制審議会信託法部会第29回会議議事録の議論に当てはめると,第2次受益者による受益権の取得の段階でのみ遺留分を考えるべきとなる。
42) 能見・前掲注36)142頁。

るということになるんではないかと思います。」と指摘している（平成18年１月17日法制審議会信託法部会第29回会議議事録13頁）。すなわち，遺留分は処分者の一定相続人との関係で問題になるとされる（同議事録14頁）。

(3) **具体例**

前記(1)を事例に基づき述べる。たとえば，委託者X，第１次受益者をXの妻A，第２次受益者を長男Bとする。Xが死亡し，ついで第１次受益者Aが死亡したとき，受益権は第２次受益者であるBに移転する。しかし，妻Aから長男Bへの移転では相続を観念しないため，遺留分減殺を考えないとされる。

この結果，Aの共同相続人として次男Cが存在する場合，CはAの死亡時点で遺留分減殺請求権を行使できないとされる。そのため，Xの死亡時に，Aが受益権を通じて取得することになる相続財産を，委託者の相続にあたっての遺留分算定の基礎とすべきことになる[43]。この説明については，「特に異論は見ない」ことが指摘されている[44]。

(4) **生前信託への適用**

前記(3)の事案を受益者連続信託のなかでも，生前信託に当てはめる。生前信託では，①委託者が生前中は自身が第１次受益者となり，②委託者が死亡すると，指名しておいた者（たとえば，配偶者・子等）が第２次受益者となる。

生前信託の場合，委託者＝第１次受益者であるため，第１次受益者が死亡して，第２次受益者に受益権が移転する場合に，第２次受益者は遺留分侵害があると減殺請求権を行使できる。しかし，第２次受益者が死亡して，第３次受益者に受益権が移転する場合，遺留分減殺請求権を行使できないことになる。

6　遺留分侵害と受益者連続信託の効力

受益者連続信託で仮に遺留分侵害があり，減殺請求があったとしても，ただちに信託の効力を失うものではない[45]。遺留分規定に反しても遺言が当然に無効となるのではなく，遺留分権利者から減殺請求をなし得るに過ぎない[46]。

また，複数の受益者が存在し，その一部の受益者が他の相続人である受益者の遺留分を侵害していると考えられるとき，信託設定自体を減殺すると，遺留

---

43) 寺本(振)編・前掲注39) 161頁，川阪・前掲注24) 172頁。
44) 加藤祐司「後継ぎ遺贈型の受益者連続信託と遺産分割及び遺留分減殺請求」判タ1327号21頁（2010年）。なお，新井誠監修『コンメンタール信託法』295頁（ぎょうせい，2008年），第一東京弁護士会総合法律研究所遺言信託実務研究部会編『遺言信託の実務』168頁（清文社，2010年）参照。

分を侵害していない受益権の権利を不当に侵害することになる[47]。これを避けるためには，遺留分減殺請求は受益者に対しなされ，減殺請求を行使した者に，減殺された割合に対する当該受益権が帰属することになると考えられる。

受益者連続信託で仮に遺留分侵害があったとしても，信託の効力が維持される理由に関し，道垣内教授は，つぎのように指摘する。

信託設定により，委託者の財産が受託者に移転すること自体，誰にも利益を与えるものではない。遺留分の侵害は受託者から受益権者として利益を受ける地位を取得することによって生じるものであり，問題は受益権の取得である。受益権者による受益権の取得の前段階として位置付けられる，委託者による信託設定は，それ自体は誰の遺留分をも侵害しない行為である。少なくとも，遺留分の関係においては，相続は当該信託が設定されたというかたちで生じたと考えることができる。被相続人が相続開始の時において有していた財産の価額は，受益権の価額とする[48]。遺留分侵害とされる対象の法律行為は，ただちに公序良俗違反により無効ではなく，必ずしも不法行為となるものではない。

なお，信託設定の遺留分減殺請求の相手方として[49]，学説上，①受託者説[50]，②受益者説[51]，③受託者＋受益者説がある。③が有力説とされてき

---

45) 星田寛「財産承継のための信託（受益者連続信託）の検討」能見善久編『信託の実務と理論』51頁（有斐閣，2009年）は，「遺留分減殺請求により直ちに信託の効力を失うと解することはできない。遺言者の真意または信託目的，受益債権に対する減殺請求の割合またはその額等により，信託の効力の喪失が判断されると解される」と述べる。また，飯田富雄「遺言信託に関する考察」信託20号16頁（1954年）によれば，受益権は遺言書に定めた受益者から遺留分権利者に帰属し，遺留分権利者が受益者となる。減殺の効果として，受益権の帰属に変動を生じるが，遺言信託の効力を消滅させるものではなく，受託者に対し信託財産の返還を請求することは許されないとする。遺言者の意思に反するためである。
46) 大阪谷公雄『信託法の研究（下）』384頁（信山社，1991年）。
47) 道垣内弘人「信託設定と遺留分減殺請求」能見編・前掲注45）62頁。
48) 道垣内・前掲注47）64頁～65頁。
49) 遺留分減殺請求の相手方に関する学説上の分類は，つぎのようになる。第一に，受託者説は，信託設定により被相続人から受託者へ信託財産の所有権が形式的に移転したことをもって遺留分侵害行為と捉え，受託者を相手方として当該財産の返還を求めるものである。遺留分侵害の相当額を，請求者に価額弁償することで，信託は維持される。第二に，受益者説は，信託設定により受益者が受益権という信託財産の実質的利益を取得することが遺留分侵害行為と捉え，受益者を相手方として受益権の返還を求めるものである。第三に，受託者＋受益者説は，遺留分が受託者への信託財産の形式的な所有権移転および受益権取得による受益者への実質的な利益移転の双方により侵害されるとする。遺留分減殺請求の相手方は，受託者および受益者の双方であるとする（三枝健治「遺言信託における遺留分減殺請求」公証法学40号43頁（2010年））。

た[52]。

第5節　受益者連続信託における遺留分侵害の判断

1　遺留分侵害の判断

　信託の設定において，遺留分侵害があると考えられる場合，信託設定のどの部分が遺留分を侵害し，減殺請求の対象となるのか。

　第一に，信託設定行為そのものは遺留分侵害とはならず，受益者の受益権取得を遺留分侵害行為ととらえる説（受益権説または受益権帰属減殺説）である。減殺請求は，受益権の取得によって遺留分権利者の遺留分を侵害している受益者に対してなされ，減殺された割合に対応する受益権が減殺請求者に帰属する[53]。

　第二に，信託設定行為そのものが遺留分侵害行為となり，遺留分減殺請求の対象となる財産の価額が信託財産の価額であるとする説（信託行為減殺説または信託財産説）である。遺留分侵害の範囲で信託行為の効力が否定され，受託者への信託財産の移転の効力も否定される[54]。

2　受益権説の検討
(1)　遺留分の侵害時点

　受益権説では，受益者連続信託において，遺留分減殺請求の対象となる財産は，信託財産ではなく，各受益者または帰属権利者が有する「受益権」と解される。信託財産が減殺されるならば，信託財産の独立性はなく，過去・現在・

---

50)　受託者説では，遺留分減殺請求は，遺留分を侵害する委託者の処分行為を取り消すことを理由に，受託者が相手方になるとする（寺本（振）編・前掲注39）161頁〜162頁）。川淳一教授は，「遺言による処分は受託者に対してされるため，遺留分減殺請求の相手方は受託者である」とする（川淳一「受益者死亡を理由とする，受益者連続型遺贈」野村豊弘＝床谷文雄編著『遺言自由の原則と遺言の解釈』28頁（商事法務，2008年））。能見教授は，「信託行為減殺説では信託自体の効力を否定するのであるから，減殺請求の相手方は受託者（信託行為の当事者ないし信託行為の直接の相手方）と考えるのが適当である。詐害行為として信託自体を取り消す場合に，被告は受託者とされているのと同様である（信託11条1項）。」と指摘する（能見・前掲注36）130頁）。

51)　道垣内・前掲注47）62頁〜63頁。
52)　四宮・前掲注14）160頁。
53)　道垣内・前掲注34）63頁。
54)　能見・前掲注36）125頁。

未来の受益者の受益権に影響を与え，ときに当該受益者の遺留分の侵害がさらに問題となりうるからである[55]。

道垣内教授が指摘するように，信託設定により，委託者の財産が受託者に移転すること自体，誰にも利益を与えるものではなく，遺留分の侵害は受託者から受益権者として利益を受けるという地位の取得が前提となる。そのため，遺留分減殺請求の対象となる財産は，受益権が対象となろう[56]。

ある相続人が遺言信託による信託受益権を与えられたとき，その評価において，遺留分が侵害されていないとされれば，相続にあたり信託受益権を取得することで満足しなければならない。「遺留分の侵害を受けた者は，遺留分減殺の結果，信託受益権ではない，確定的な所有権等を取得できるはずだ，信託受益権が取得できるのではおかしい，というのでは，理屈が通らない」とされる[57]。

(2) 他の受益者の保護

他者の遺留分を侵害しないかたちで受益権を取得した者が存するとき，信託設定を減殺することによって信託全体を覆滅させることは，信託法が，詐害信託の規律において，善意の受益者を害させないように，悪意の受益者に対する受益権の移転請求を基本としていることと一貫しない[58]。

すなわち，相続財産の価額は，信託財産ではなく，受益権の価額を基準とし，減殺請求は，受益権の取得によって遺留分権利者の遺留分を侵害している受益者に対してされるとともに，その結果，減殺された割合に対応する受益権が減殺請求権者に帰属すると解すべきとされる[59]。

(3) 価値評価の低額化の有無

信託により対象財産が受益権となり，所有権より価値評価は低額化する可能性が高く，減殺請求の範囲は縮減するという批判がある[60]。

しかし，たとえば，対象財産が不動産であり，賃貸して収益を得ている場合，信託設定しているか否かにかかわらず，賃料は年々減少する。また，抵当権が設定された物件である場合でも，減額される。他方で，信託財産の一体的運用

---

55) 星田・前掲注45) 51頁。
56) 道垣内・前掲注47) 63頁〜64頁。
57) 道垣内・前掲注47) 63頁。
58) 道垣内・前掲注34) 133頁。
59) 道垣内・前掲注34) 63頁。
60) 三枝健治「遺言信託における遺留分減殺請求」早稲田法学87巻1号45頁 (2012年)。

により，一定の収益が定期的に生じる事案もある。信託設定がなされた場合にだけ，評価が減額されるのは，当を得ていないという指摘がある[61]。

(4) **受益権説に対する批判とその考察**

受益権説に対する批判として，能見教授は，つぎの設例を前提とする。

〔設例〕

被相続人Zに相続人として子ABがおり，Zが遺言（生前での信託契約とは異なる）で全財産1億円相当を信託し，Aに生涯毎月50万円の給付を受けることのできる受益権を与え，Aが死亡したら，信託は終了し，残余財産はAの子Cに帰属することが定められたとする。Bは遺留分権者であり，1億円×1／4の2,500万円が遺留分である。Bが相続する額はゼロであるから，Bは遺留分に相当する2,500万円まで被相続人がした財産処分の減殺を請求できるとする[62]。

能見教授は，この事案の前提として，Aの受益権の1／4がBに移転することで，Bの遺留分額2,500万円に達することになるのか疑問である。受益権帰属を一定割合否定し，その分を遺留分権利者に帰属させることが遺留分権利者の利益の保護として十分かと指摘する[63]。当該設例では，Bは相続対象から排除され，遺留分減殺請求をしなければ受領する相続財産はゼロである。能見教授は，「遺留分制度は，相続人の処分行為（贈与，遺贈）を完全かつ絶対的に否定するものではない。遺留分権利者に遺留分に相当する財産を確保できればよいのである。」と指摘する[64]。

3 信託行為減殺説の検討

信託行為減殺説では，信託設定行為そのものが遺留分侵害となり，遺留分侵害の範囲で信託行為を否定する。前記2(4)の設例では，遺留分権利者Bは遺留分の割合の範囲で信託設定の効力を否定でき，否定された部分は遺留分権利者Bに帰属する[65]。

信託行為減殺説に関し，加藤弁護士は，「立法過程でどの程度有力なもので

---

61) 川阪・前掲注24) 164頁。
62) 能見・前掲注36) 124頁。
63) 能見・前掲注36) 133頁。
64) 能見・前掲注36) 135頁。
65) 能見・前掲注36) 130頁。

あったかについては，法制審議会の議事録では確認できなかった」と指摘する[66]。そして，「信託財産の一部が遺留分減殺請求者に移転した場合，委託者が信託を設定した目的を達しえなくなる可能性が高いのではないか（信託163条1項1号）という問題は生ずるように思われる」と述べる[67]。

複数の受益者が存在し，一部の受益者が他の相続人である受益者の遺留分を侵害しているとする。信託財産を遺留分減殺請求の対象とすれば，信託財産が一体的に管理運用されて生じていた収益が，信託財産の分割により適切な収益が生じなくなり，受益者全員に不利益となる可能性がある。その結果，他の遺留分権利者の遺留分を侵害するかもしれない。信託財産が金銭ではなく不動産であり，それが賃貸借により運用されている場合，信託債権者（信託が成立していると思って受託者と取引をした債権者）および他の受益者に不測の影響を及ぼす。

そのため，遺留分減殺請求は受益権に対してなされ，減殺請求者に減殺された割合に対する受益権を帰属するものとされる。民法は，遺留分に相当する相続財産そのものが，必ず相続人によって承継されるべきことを要求するものではない。遺留分に相当する利益が，何らかの形式において，相続人に遺留することである。相続人の全部が信託されるが，遺留分の価額に相当する利益が，信託における受益権または信託財産の帰属権の形式において，相続人に与えられている限り，相続人の遺留分を侵害する結果を生じることはないとされる[68]。

4　想定事案における遺留分侵害の有無
(1)　受益権の収斂と受益者連続信託の法的性質

遺留分侵害が争われた判例および学説等に照らし，前記**第3節3**の想定事案を検討する。当該事案では，受益者の死亡により，その受益権が消滅する。第2次以降の受益者は，先順位の受益者からその受益権を承継取得するのではなく，委託者から直接に受益権を取得する。生前信託では，第2次受益者が死亡して，第3次受益者に受益権が移転する場合，第3次受益者は第2次受益者から受益権を承継取得するのではなく，委託者から直接に受益権を取得する。

受益者連続信託は，相続による承継ではない。しかし，死後の財産承継であ

---

[66]　加藤・前掲注44) 23頁。
[67]　加藤・前掲注44) 24頁。
[68]　近藤英吉『判例遺言法』221頁～222頁（有斐閣，1938年）。

り，公平の観点から，特別受益および遺留分制度等の相続法規の適用が一定範囲でなされると考えられている。当該信託において，遺留分を配慮する必要はあるが，遺留分をどの段階で考えるのかは，法制審議会信託法部会の議論において，委託者が死亡し，第1次受益者による受益権の取得の段階でのみ遺留分を考えるべきであると説明されている（平成18年1月17日法制審議会信託法部会第29回会議議事録13頁以下等）。

生前信託では委託者＝第1次受益者であるため，第1次受益者が死亡して，第2次受益者に受益権が移転する場合に，遺留分減殺請求権を行使できる。しかし，第2次受益者が死亡して，第3次受益者に受益権が移転する場合には，遺留分減殺請求権を行使できないことになる。

このように考えると，Y1の子Y2を第3次受益者として，受益権を収斂して承継させることに問題はなく，X1・X2はY2に受益権が収斂されることを回避したいのであれば，その方法が提示されている。第3次受益者において遺留分の配慮は発生しないと考えられる。

(2) **遺留分減殺請求の対象となる財産**

受益者連続信託において，遺留分減殺請求の対象となる財産は，信託財産ではなく，各受益者または帰属権利者が有する受益債権と解される。その理由として，つぎのことが指摘できる。

第一に，もしただちに信託財産が減殺されるならば，信託財産の独立性はなく，過去・現在・未来の受益者の受益権に影響を与え，ときに当該受益者の遺留分の侵害がさらに問題となりうる。第二に，信託設定により，委託者の財産が受託者に移転すること自体，誰にも利益を与えるものではなく，遺留分の侵害は受託者から受益権者として利益を受ける地位の取得が前提となろう。第三に，信託財産は個々の特性に照らし，概して「現物としての一体性」が重要であることが多い場合，総体として一体的に保有，管理されることが，信託財産を構成する不動産の経済的価値の維持・向上に資することがある。第四に，受益者連続信託において，遺留分減殺請求の対象となる財産は，各受益者または帰属権利者が有する「受益債権」であることは，学説上，多数説または有力説である。第五に，対象財産が受益債権であることをもって，ただちに価値評価が相当に低額化するとはいえない。

(3) **信託財産の運用による相応の収益の取得**

前記**第3節3**の事案では，受益権はY1の子孫が取得するため，Y1（受託

者かつ第2次受益者）は本件信託財産の適切な管理運用等（たとえば，売却，賃貸）を行わず，X1・X2が死亡するまで待つかもしれない。信託財産である不動産の売却が適切と考えられる場合でも，当該売却をしないかもしれない。このように，Y1に対しては，X1・X2の利益になるように信託財産の管理運用することは期待できない。これは遺留分規定を潜脱できるものであるという主張が考えられる。

しかし，X1・X2は対象受益権から毎年，相応の収益を定期的に取得し，今後も一定収益が見込まれるなど，X1・X2の経済的状況に配慮がなされている。X1・X2に遺留分に相当する現実的利益が当該配慮により手当てされているのであれば，想定事案における受益権の割合をもって，遺留分侵害には当たらないであろう。未来永劫にわたり推定相続人に対する遺留分を配慮することまで，受益者連続信託は予定してはいないと考えられる。また，遺留分侵害の有無をもってただちに信託契約全体が終了するものではないことは，受益権説（受益権帰属減殺説）および信託行為減殺説（信託財産説）においても妥当しないであろう。

第6節　信託契約における公序良俗違反の検討

1　問題点の所在

受益者連続信託の運用上，裁判実務で争われる論点として，公序良俗違反の有無がある。受益者連続信託では，特定の者に受益権が最終的に収斂するスキームが多い。前記**第3節3**の事案では，Y1，X1またはX2が死亡すると，Y1，X1またはX2の各受益権は消滅して，Y2が取得する。これは信託制度を濫用して，遺留分制度を中心とする相続法秩序を破壊する。このことは公序良俗違反となるのか。そこで，受益者連続信託を利用した財産承継が公序良俗違反に該当するのかを検討する。

2　公序良俗の概念

公序良俗は私的自治および契約自由の前提となり，行為規範および効力規範として私的自治および契約自由を制限する。私的自治は「自分の生活空間を主体的に形成する自由」と考えられ[69]，憲法上の幸福追求権として保障される。憲法上の自由である契約自由に対し不当な制限にならないことが要請される。

公序良俗の概念は、①人倫に反するもの、②正義の観念に反するもの、③他人の無思慮窮迫に乗じて不当の利を博すること、④個人の自由を極度に制限するもの、⑤営業の自由の制限、⑥生存の基礎たる財産を処分すること、⑦著しく射幸的なもの、という要素を基本としつつ[70]、判例の集積および時代による変化がある[71]。

公序良俗は契約正義論の視点から考察する見解[72]、憲法と私法の関係から考察する見解があり、後者では契約自由を制限することを正当化するに足りる理由が求められるとする。民法90条は一般条項であり、特別法があればそれが優先される。判例は権利・自由の保護に関する事案が多いとされるが、消費者契約法等で特別の規定が定まれば、民法90条の役割は相対的に小さくなる[73]。

3 公序良俗違反が問題となる事案
(1) 旧民法下の判例動向

判例上、相続人以外への贈与の効力が争われた事案において、法定推定家督相続人がいるにもかかわらず、動産および家屋を除き、所有土地すべてを他人に贈与しても、公序良俗に反せず有効とされた（大判昭和14年3月31日判決全集6輯15号3頁）。遺留分減殺制度が法定されている以上、このような行為を許容することが法律上の相続秩序の要請にかなう。被相続人の処分自由をできるかぎり尊重すべきであるというのが、その背後にある考え方である[74]。

また、被相続人が特定の者に、遺留分を害するような贈与等をする場合、財産処分を無効とすべきか（無効説）、遺留分減殺に服するのか（減殺説）が争われてきた。前記の大判昭和14年3月31日以降の判例を概観すれば、最判昭和25年4月28日民集4巻4号152頁は、遺留分を害するような贈与であっても、遺留分減殺請求権が認められている以上、それ自体は有効としている。

---

69) 山本敬三『公序良俗論の再構成』25頁（有斐閣、2000年）。
70) 我妻榮『新民法総則』272頁以下（岩波書店、1965年）。
71) 渡辺晃『公序良俗入門』28頁（商事法務、2000年）は、①人倫に反する事例の減少と経済取引関連事例の圧倒的増加、②労働関係事例、詐欺的商法の増加、③当事者間の利害調整機能の増大、④立法・解釈進展のつなぎとしての機能、⑤不法行為における違法性の根拠、⑥不法原因給付における不当性の制限、などを指摘する。
72) 大村敦『公序良俗と契約正義』11頁以下（有斐閣、1999年）、同『契約法から消費者法へ』163頁（東京大学出版、1999年）参照。
73) 山本・前掲注69) 189頁。
74) 山本・前掲注69) 138頁。

すなわち,「原判決は, A（被相続人）はその判示の如き事情の下に実子を持たぬ,後妻である被上告人Xの将来を慮り,当時同人の所有していた本件物件その他一切の動産,不動産を挙げて,これを被上告人に贈与した事実を認めていた当時の民法下においても,これをもって所論のように直ちに公序良俗に反する無効の契約とすることはできない。かかる場合に,家督相続人に遺留分減殺請求権を認めた同民法の趣旨からしても,右のごとき契約を当然無効とするものではないことは明らかである。」と判示する。

遺留分を害する贈与等に関し,減殺説が有力であり[75],戸主が家督相続人以外の者に全財産を贈与することは,旧相続法においても,公序良俗違反とはいえないと解される[76]。旧民法の家督相続下で行われた財産処分の効力に関する問題であり,現行の共同相続にただちに応用することはできないが,その理論は現行法においても妥当する[77]。

その後,最判昭和29年12月24日民集8巻12号2271頁は,隠居の財産全部の留保につき,「遺留分について問題を生ずるだけで,留保を全面的に無効ならしめるものではない」として,当該問題に終止符を打ったとされる[78]。

(2) 現行民法下の判例動向

現行民法において,最判昭和37年5月29日家裁月報14巻10号115頁は,被相続人が特定の相続人（後妻との間に生まれた子）のために財産のほぼ全部を贈与し,さらに残る遺産を全部遺贈して他の共同相続人の相続財産が皆無となった事案につき,「遺留分権利者において遺留分減殺を請求するのはともかく,右遺贈が公序良俗に反し無効であるとはいえない」と判示した。このように,「減殺説」が支持されている。

減殺説が全部無効説を克服してきた背景には,絶対的無効という結果が取引の安全を甚だしく脅かすからである。取引安全との調和を考えるとき,相続人の保護は遺留分の減殺請求にとどめるべきとされる[79]。

---

75) 中川善之助＝泉久雄編『注釈民法(26)』363頁〜365頁〔中川淳〕（有斐閣,1992年），中川＝泉・前掲注9）661頁以下等。
76) 旧相続法は家督相続を採用していたが,家の財産でもそれを家という団体の財産としてではなく,戸主の個人財産として構成し,それを相続発生の時点においてのみ家督相続人に帰属させることを強制していたにすぎず,その財産をすべて家の財産として家督相続人に維持承継させることまで強制してはいないとされる（中尾英俊「全財産の贈与の効力」家族法判例百選〔第3版〕286頁（1980年））。
77) 乾昭三「全財産贈与の効力」家族法判例百選〔第3版〕256頁（1980年）。
78) 乾・前掲注77) 257頁。

4　受遺者との関係と遺贈の効力

(1)　公序良俗違反の認定事例

　財産承継において，公序良俗違反として遺贈が無効とされた事案は，主に不倫関係の維持継続を目的とする遺贈である。

　第一に，大判昭和18年3月19日民集22巻6号185頁は，妾関係の維持継続を条件としての遺贈（1万円）が無効とされた。

　第二に，福岡地小倉支判昭和56年4月23日判タ464号164頁は，愛人への過去の謝罪および世話への感謝の気持ちも含まれていることが否定できないが，「愛人との情交関係を維持したいとの被相続人の強い希望に愛人が応えてくれるであろうことを前提としてなされたもの」であるとして遺贈（全遺産の10分の1であるが億単位）が無効とされた。

　第三に，東京地判昭和58年7月20日判時1101号95頁は，初老の遺言者が16歳年下のX女との関係を維持するためには，財産的利益の供与等により受遺者であるX女の歓心を買う必要があったものと認められるとして，「情交関係の維持・継続をはかるために，本件遺贈をなしたものと認めるのが相当である」として遺贈（全遺産である約4,000万円）が無効とされた。

(2)　公序良俗違反の否定事例

　公序良俗違反に該当しないとして遺贈が有効とされた判例として，つぎがある。

　第一に，大阪地判昭和43年8月16日判時557号257頁は，妾に対する遺贈が，「その生活を維持するのに必要な範囲内のものである限り，これをも公序良俗に反し，無効なものというべきではないと解するのが相当である」として遺贈（同棲中の土地・建物）が有効とされた。

　第二に，東京地判昭和59年12月19日判タ553号187頁は，遺贈の主目的がY1の将来の生活が困らないようにとの配慮であるとして遺贈（全遺産の3分の1）が有効とされた。

(3)　全財産を長男に信託

　東京地判昭和17年10月30日法律評論32巻3号民法89頁は，被相続人が全財産を長男に信託する旨の遺言は，公序良俗に反することなく，無効とはならないとした。本件では，財産名義は長男であるが，弟姉妹に月々相当の生活費を支

---

79)　乾・前掲注77)257頁。

弁して援護することが遺言書の内容として解釈された。

本件では相続財産は任意に処分することは許されず，財産の収益から兄弟姉妹が各自月給として相当の金額を受け取り，財産保全を図るべきものとする側面があったとされる[80]。現行民法下においても，本判決は肯定的にとらえられている。

(4) 重視される要素

これら判例を概観すると，①性関係の強要になる場合，②（配偶者以外への）遺贈を認めては経済的に配偶者の生命維持が危ぶまれる場合，③遺言に錯誤が存する場合などを除き，遺言者の最終意思が尊重されている[81]。

裁判所は，①対象財産の形成における各配偶者の長年における寄与，②配偶者の生活基盤を脅かすほどの（配偶者以外への）利益供与，③不倫の関係にある者に対する財産的利益の供与としては，社会通念上著しく相当性を欠くなどの要素が検討される。そして，遺言状作成における当事者間の関係および状況，動機，内容に照らして，処分の効力を判断している[82]。

5 財産権の制限

財産権の制限において，公序良俗違反が問題となる。たとえば，判例上，財産権の譲渡・贈与において，永久に処分を禁止する契約は，公の秩序に反し無効とされる（大判明治32年3月15日民録5輯3巻20頁）。他に転売しないという債権的な義務を負担するにすぎないだけでは契約は有効とされる（大判大正15年7月6日判例評論15巻諸法318頁）。財産権の制限が公序良俗違反として無効となるのは，正当な理由なく財産権が無限定に制限されるという例外的な場合に限られる。契約自由が原則として重視される[83]。

6 受益者連続信託における制限

受益者連続信託は，円滑な財産承継および残された家族等の生活保障等のニーズを受けて立法化された。その懸念として，①相当に長期に信託財産を拘束することは，委託者による処分禁止財産を創設する，②その結果，物資の融

---

80) 大阪谷・前掲注46) 383頁〜385頁。
81) 松倉耕作「遺言と公序良俗違反」判タ581号118頁 (1986年)。
82) 伊藤昌司「包括遺贈と公序良俗違反による無効」判タ529号218頁〜219頁 (1984年)。
83) 山本・前掲注69) 133頁。

通を阻害し，国民経済の利益に反するおそれがある，③ある世代の人間が，その後の財産の利用のあり方を決め，次世代の人間がそれに拘束されるのは，財産権の秩序を害するおそれがあること，などの指摘がある[84]。

信託を利用した場合でも，長期間にわたる財産の固定は好ましくないとされるため[85]，当該信託がなされたときから，30年を経過した時以後に現に存する受益者が死亡するまでを有効とするように期間を区切っている。

新信託法の法制審議会信託法部会の議論において，「前受益者の死亡を契機として受益者が変わるという形態であることからいたしまして，通常の信託と比べて受益者が存在しない期間ですとか信託期間の長期化が類型的に予想されるということがございますので，財産の効用維持ですとか財産権秩序といった観点から，このような信託全体が無効と解されないという懸念があると存じます。そのような懸念から，一定の有効期間を明記すべきではないかとの指摘がございました」と指摘されている（平成18年1月12日法制審議会信託法部会第28回会議議事録33頁）。

受益者連続信託における公序良俗違反は，相当長期に信託財産を拘束し，委託者による処分禁止財産を創設するなどが主に対象となり，当該課題に対し，信託の有効期間を定めることで対処しているのである。

7　想定事案における公序良俗違反の有無

公序良俗違反が争われた判例および学説等に照らし，前記**第3節3**の事案を検討する。たとえば，①判例で指摘されたような社会通念上著しく相当性を欠く財産の承継事案であるのか，②X1・X2には受益権を通じ遺留分に対する配慮がなされ，Y1による信託財産の運用により，X1・X2は対象受益権から毎年，相応の収益が分配されているのか，③信託契約は，当事者の地位の著しい優劣，格差および自由な意思形成を阻害する状況下で締結されたものではないか，④受益者の意思を現実化し，かつ受託者の不適切行為を予防・是正する条項が設けられているか，⑤Y1の子Y2に受益権が収斂されることを避けたい場合，X1・X2は他の受益者に受益権持分の取得請求をして譲渡ができ

---

84)　田中和明『新信託法と信託税務』292頁（清文社，2007年）。
85)　法制審議会信託法部会の議論では，「亡くなった方が長期間にわたって生きている人の生き方を決めていくということは，どうも適当ではないんじゃないだろうか」という指摘がある（平成18年1月17日法制審議会信託法部会第29回会議議事録13頁）。

るなどの手段が設けられているのか，などが手当てされているのかである。これらの要素がある場合，公序良俗違反とは考えにくいであろう。

第7節　信託契約と脱法信託の検討

1　問題点の所在

　受益者連続信託の運用上，裁判実務で争われる論点として，受益者連続信託スキームの脱法信託性の有無がある。前記**第3節3**の事案では，Y1に6分の4，X1に6分の1，X2に6分の1とし，最終的にY2に受益権が収斂する。これは遺留分に留意したように見えるが，このスキームは信託財産を直接享受しうる権利能力を持たないにもかかわらず，権利能力を制限する法令を回避した要素があるのか。そこで，受益者連続信託を利用した財産承継が脱法信託性を有するのかを検討する。

2　脱法信託の具体的内容

(1)　脱法信託の禁止

　公序良俗違反の事項等を目的とする信託行為（民法90条）だけでなく，一定の信託は禁止される。たとえば，脱法信託の禁止（信託9条），訴訟信託の禁止（信託10条），債権者詐害信託の禁止（信託11条・12条）がある。脱法信託とは，信託における形式的な権利者（受託者）と実質的な権利者（受益者）が異なることを利用した脱法行為である[86]。信託法上，法令により財産権を享受することができない者は，その権利を有するのと同一の利益を受益者として享受することができない（信託9条）。権利能力の制限に関する強行規定につき，信託を利用して回避することは禁止されるのである。

(2)　脱法信託の具体例

　脱法信託の事案として，つぎのような場合が考えられる。

　第一に，法令上，日本の鉱業権を取得できない外国人が，信託を利用して，表面上は日本国民を鉱業権者にして管理させ，外国人を受益者として鉱業権を有するのと同一の利益を得られるようにする信託が脱法信託となる[87]。

　第二に，特許法25条に基づき，日本国内に住所または居所（法人にあっては，

86）　田中＝田村・前掲注11）31頁。
87）　田中實＝山田昭『信託法』54頁（学陽書房，1989年）。

営業所）を有しない外国人は，日本国民がその外国で内国民待遇を受けることができるときに限り（日本国民に対しその国民と同一の条件により特許権その他特許に関する権利の享有を認めているとき），日本において特許権を享有することができる。しかし，たとえば，P国では日本国民が内国民待遇を受けていない場合，P国の国民Xは日本において，特許権の権利者（特許権に関する特別権利能力）として認められない[88]。Xは日本国民を特許権者にして管理させ，Xを受益者として特許権を有するのと同一の利益を得られるようにする信託が脱法信託となる。

第三に，外国人は一部の株式会社が発行する議決権株式の保有割合につき，一定以上を超える場合，株主名簿の書換えが禁止されている。外国人が当該株式を信託により取得し，受託者の名前で名義書換えを請求することはできない。

(3) 脱法信託の認定要素

信託法9条は強行法規であり，その違反行為は基本的に無効となる[89]。しかし，特定の者が，法令に違反して財産権を享受する行為をした場合，その行為の私法上の効力が否定されないときは，信託を利用して同じ財産権を有し利益を享受することになっても，信託の私法上の効力が否定されるわけではない[90]。

脱法信託の認定要素として，たとえば，受益権の経済的価値およびその継続性，信託契約に至る経緯，当事者の意思，対象財産の特性，受託者の裁量内容などが考慮される[91]。とりわけ，受益者が信託財産を直接享受しうる権利能力を持たないにもかかわらず，権利能力を制限する法令を回避するために，信託を活用することは許されないといえる[92]。

3 想定事案における脱法信託性の有無

信託契約における利益相反行為の解釈に照らし，前記**第3節3**の事案を検討する。当該事案では，受益者が信託財産を直接享受しうる権利能力を持たないにもかかわらず，権利能力を制限する法令を回避するために信託を活用したとは考えにくい。受益者が信託財産を直接享受しうる権利能力を持たないにもか

---

88) 寺本（昌）・前掲注17) 54頁。
89) 新井誠『信託法〔第4版〕』179頁（有斐閣，2014年）。
90) 田中＝田村・前掲注11) 32頁。
91) 寺本（昌）・前掲注17) 54頁，寺本（振）編・前掲注39) 20頁。
92) 四宮和夫『信託法〔増補版〕』46頁（有斐閣，1979年）。

かわらず，権利能力を制限する法令を回避したものではない。また，信託財産の運用により，Ｘ１・Ｘ２は対象受益権から毎年，相応の収益を定期的に取得するなど，Ｘ１・Ｘ２に経済的利益の配慮がなされ，受益権収斂の回避方法が示されている。これらの要素がある場合，脱法信託とは考えにくいであろう。

第8節　信託契約における利益相反行為の検討

1　問題点の所在

受益者連続信託の運用上，裁判実務で争われる論点として，受益者連続信託スキームの利益相反性の有無がある。前記**第3節3**の事案では，受託者として信託財産の売却または賃貸等の運用権限を有するＹ１は，これらの運用および売却等を他の受益者の利益になるように適切に行わず，Ｘ１・Ｘ２の死亡という「時の流れ」により，次順位の受益者Ｙ２がＸ１・Ｘ２の受益権を取得する。

当該受益者連続信託は，構造的かつ必然的に利益相反状況を生じさせる信託であり，信託契約の効力に影響を与えるのかを検討する。

2　受託者の忠実義務

(1)　忠実義務の内容

信託契約において，①受託者の利益相反行為とはいかなる状況であり，②社会規範としてどのような信託が制約を受け，③受託者が負う忠実義務の内容は何かが問題となる。新信託法は，受託者の忠実義務（信託30条）に基づき，受託者が信託事務を処理するにあたり，委託者から信託財産の所有権の移転を受けるため，受託者は専ら受益者の利益のために行動することが要請される[93]。

受託者は受益者に対し，①受益者の利益のために公正および配慮を伴う行動が要請され[94]，②受託者の忠実義務に基づき，受益者の利益を害するおそれがある行為は利益相反行為として禁止される（信託31条1項）。受託者と受益者の利益が相反する場合，受託者の利益を優先させてはならないという利益相反行為の禁止が基本となる。

(2)　忠実義務違反の効果

委託者により信託財産の管理運用等を委託された受託者は，委託者または受

---

93)　寺本(昌)・前掲注17) 117頁。
94)　大阪谷・前掲注46) 401頁。

益者の利益を図ることが期待され，合理的かつ思慮ある行動を取らなければならない。そのため，受益者が最終的に得た利益の有無よりも，受託者が受益者の立場または資産を利用して，自己（受託者）の利益を図った場合，受託者は，①利益吐き出し，②受益者の資産減少分を補償しなければならない。

忠実義務違反の効果は，対象行為の類型に応じて，無効または取消し得るものとされる（信託31条4項〜7項）。受益者の利益と相反する行為は，受託者がもっとも容易になし得る忠実義務違反の典型的な行為であり，抑止効果の観点から，無効とされる[95]。無効の対象行為（同条4項）に関し，受益者の利益に資する場合にまで絶対的無効にする必要はないため，受益者が望むのであれば，それを追認して有効とすることができる（同条5項）。

受託者が忠実義務違反の規定に違反する行為をした場合，受益者は受託者に損失補てん責任を追及できる（信託40条1項）。受託者は当該行為によって受託者または利害関係人が得た利益の額と同額の損失を信託財産に生じさせたものと推定される（同条3項）。

(3) 受益者の具体的対応

受託者が違法な自己取引により，信託財産の一部資産Pを自己の固有財産として管理処分しようとした場合，または処分した場合，受託者はどのような対応ができるのか。たとえば，①受益者は，当該取引が無効であるとして，Pが信託財産に属していることの主張が可能，②Pが信託財産から逸失したことにより損失が生じている場合，受益者は損失補てんを受託者に請求が可能，③受託者がPを第三者Qに転売している場合，QがPにつき違法な自己取引に係るものであることにつき悪意・重過失であれば，受益者はQに対し転売を取り消すことが可能である。しかし，Qが善意・無重過失であれば，受益者は転売を取り消すことができないが，受託者に損失補てん責任を追及することができる。

3 受託者の利益相反行為として禁止する類型

(1) 信託財産と受託者の固有財産との混合

受託者が信託財産に属する財産（当該財産に係る権利を含む）を固有財産に帰属させ，または固有財産に属する財産を信託財産に帰属させることを禁止する（信託31条1項1号。「自己取引」の禁止）。たとえば，不動産処分信託において，

---

[95] 寺本(振)編・前掲注39) 71頁。

受託者Yが信託財産の不動産をY自身に（相場より廉価で）処分することは禁止される。

(2) 信託財産を他の信託の信託財産に帰属

受託者が信託財産を他の信託の信託財産に帰属させる行為が禁止される（信託31条1項2号。「信託財産間取引」の禁止）。双方代理（民法108条）と類似の性質を有するからである。たとえば，受託者が複数の委託者P1・P2から金銭の信託を受けて株式の運用をしている場合，委託者P1の信託財産に属する株式を委託者P2の信託財産とし，その代わりに一定額の金銭をP2の信託財産からP1の信託財産に移すことは禁止される。

(3) 信託財産のための行為時に他の第三者の代理人就任

受託者が第三者との間で信託財産のために行為する際に，同時に他の第三者の代理人となる行為が禁止される（信託31条1項3号。「双方代理的行為」の禁止）。前号と同じく双方代理と類似の性質を有するからである。たとえば，信託期間中の管理と信託期間満了時の換価処分を目的として委託者Aから不動産Xの信託を引き受け，信託終了時に不動産Xを売却する場合，受託者が他者Bを代理して不動産Xの売買契約を締結することは禁止される。

(4) その他第三者との間で受益者との利益が相反する行為

間接取引の禁止である。その他第三者との間において信託財産のためにする行為であって受託者またはその利害関係人と受益者との利益が相反する行為が禁止される（信託31条1項4号）。たとえば，受託者Yが委託者Aの不動産Pの信託を引き受けながら，Y自身の都合のために金融機関から資金を借り入れるに際し，不動産Xに抵当権を設定することは禁止される。

4　利益相反行為の許容要件

受託者の行為が結果的に委託者の利益となると考えられる場合，一定の要件を満たせば利益相反行為は許容される。一定の要件とは，たとえば，つぎの場合である（信託31条2項）。①信託行為に利益相反行為を許容する旨の定めがある場合（同項1号）[96]，②受託者が利益相反行為に係る重要事実を開示し，受益者の承認を得た場合（同項2号）[97]，③相続その他の包括承継により，信託

---

[96] 新信託法31条2項1号では，例外として許容される行為が，他の行為と客観的に識別可能な程度の具体性をもって定められ，かつ，当該行為について，これを許容することが明示的に定められることなどを要する（寺本（昌）・前掲注17）125頁）。

財産に関する権利が固有財産に帰属した場合（同項3号）[98]，④受託者が当該行為をすることが信託目的達成のために合理的に必要と認められ，受益者の利益を害しないことが明らかであり，または正当な理由があるときである（同項4号）[99]。

5　忠実義務の合理化

　新信託法は受託者の義務等の内容を適切な要件の下で合理化している。受託者は委託者に対し忠実義務を負うが，前記4で述べたように，一定の要件を満たせば利益相反行為をすることが許容されている。

　旧信託法では，受託者が負う忠実義務は強行規定と解されていた[100]。たとえば，①市場価格がある財産であっても，信託財産に属する財産を市場価格で受託者の固有財産として取得すること，②信託財産を売却する必要性があるにもかかわらず受託者以外に適当な売却先が見当たらない場合であっても受託者に対し，当該財産を売却することは許容されないとされる。

　しかし，新信託法によれば，①形式的に受託者と受益者間の利益が相反する行為を全く許容しないという考え方はあまりに硬直的な規律であり，②受益者の利益が害されるおそれのない場合にまで一律に禁止する必要はなく，③受益者の利益とならないとされた[101]。

---

97)　新信託法31条2項2号の具体例として，テナント・ビルを信託財産としているが，テナントが入らないため，受益者の承認を得て，受託者が適正な賃料でテナントとなることが考えられる（寺本（昌）・前掲注17）126頁）。
98)　受託者の恣意的意図が機能せず，受益者の利益が害されるおそれがないためである。
99)　正当な理由の有無は個別具体的な事情に基づき判断される。正当な理由がある場合としては，つぎが考えられる。①信託財産に属する土地が競売に付された場合において，受託者がその固有財産で競落する場合，②受託者が銀行を兼営している場合において，信託財産に属する金銭を一般の顧客と同一の利率で受託者の固有財産（銀行勘定）に預金する場合（自行預金），③信託財産に属するテナント・ビルで，テナントが長期間いない状況にあるときに，受託者が他のテナントと同一の賃料等の条件でテナントとして入居する場合，④信託財産に属する金銭をもって市場で有価証券を購入したところ，その有価証券は，偶然，受託者が固有財産で売却したものであった場合，⑤信託財産に属する金銭を第三者に送金する必要がある場合，一般顧客向けの料率またはそれより低額の料率の費用を徴収して送金を実施する場合，である（寺本（昌）・前掲注17）126頁）。
100)　旧信託法は受託者の忠実義務を規定しないが，22条が受託者による信託財産の固有財産化の禁止および信託財産に対する権利取得の禁止という制約を受託者に課すことを，受託者の忠実義務を前提としていた（四宮・前掲注14）232頁）。やむを得ない事由があり，かつ裁判所の許可がある場合に限り，前記禁止が例外的に解かれた。

6　想定事案における利益相反行為の有無

　信託契約における利益相反行為の解釈に照らし，前記**第3節**3の事案を検討する。当該事案にみる信託契約は受益者X1・X2と受託者Y1間に，利益相反状況を作り出しているのかを検討する。Y1は受託者として信託法31条1項が禁止する自己取引，信託財産間取引，双方代理的行為および間接取引を行ってはいない。たとえば，X1・X2は対象受益権から毎年，相当の収益を定期的に取得することが可能である。

　X1・X2とY1は同じ受益者の地位にあり，Y1が信託財産を不適切に管理運用することは，Y1自身の収益が減少することになり，利益相反行為をする誘因とはなりにくい。受託者の利益相反行為はそれ自体が無効または取り消しになるが（信託31条4項〜7項），信託契約が無効となるものではない。

＊本稿は，公益財団法人かんぽ財団平成29年度の助成による研究成果の一部である。

---

101)　今川嘉文＝河合保弘他編『誰でも使える民事信託〔第2版〕』197頁〜198頁〔今川嘉文〕（日本加除出版，2012年）。

EUにおける関連当事者との取引に関する規制

野田　輝久

第1節　はじめに
第2節　規制導入の経緯
第3節　規制の内容
第4節　ドイツにおける現行法規制との整合性
第5節　結びにかえて

第 1 節　はじめに

　わが国において結合企業における法規制のあり方を考える際に，諸外国の法規制を参考にしつつ，いかなる方向性を模索するかは立法政策の問題であろうが，「従属会社が経済的にも独立した会社であるがごとく行動することを確保すること」，そしてその方法として，「支配会社・姉妹会社との間で取引を行う際の『独立当事者間取引』基準」が，従属会社少数派株主を保護するための一つの重要な手段であることが指摘されている[1]。この「独立当事者間取引基準」は，本稿の検討対象である関連当事者との取引に関してとりわけ妥当するものと思われる。もっとも，この基準以外に不公正な支配・従属会社間取引から従属会社の少数派株主を保護する手段が存在するのか否かは，検討の余地のある問題である。本稿は，近時成立したEUにおける関連当事者との取引に関する規制と当該規制をめぐるドイツの議論を紹介し，わが国における関連当事者との取引に関する規制を考える上での示唆を得ようとするものである。

　EUでは，2007年にいわゆる株主権指令[2]が成立したが，EU委員会は同指令を改正する指令案を2014年に提出し[3]，それが2017年5月17日に成立した[4]。株主権指令改正の主たる目的は，昨今の株主が短期的利益を追求しがちであり，

---

[1]　江頭憲治郎『結合企業法の立法と解釈』17頁（有斐閣，1995年）。

[2]　Richlinie 2007/36/EG des Europäischen Parlaments und des Rates vom 11. Juli 2007 über die Ausübung bestimmter Rechte von Aktionären in börsennotierten Gesellschaften, ABlEU L 184, S. 17. 本指令についての翻訳および解説として，正井章筰「EUにおける株主の権利指令について―ドイツと日本の制度との比較において―」早稲田法学84巻4号19頁（2009年），同「翻訳　株主の権利指令について」早稲田法学84巻4号179頁（2009年）参照。

[3]　EU委員会は，同日に，一人会社指令案（Vorschlag für eine Richtlinie des Europäischen Parlaments und des Rates über Gesellschaften mit beschränkter Haftung mit einem einzigen Gesellschafter, COM (2014) 212 final.）の提出とComply-or-explainの原則に関する勧告（Empfehlung 2014/208/EU vom 9. 4. 2014）も行っている。前者について紹介・検討するものとして，新津和典「ヨーロッパにおける一人会社（SUP）指令案の現状」国際商事法務43巻9号1317頁以下（2015年），久保寛展「EUにおける一人有限責任会社（Societas Unius Personae）指令案の行方」福岡大学法学論叢59巻4号661頁以下（2015年），野田輝久「EUにおける一人会社指令案について」EU法研究創刊第1号85頁以下（2016年）がある。

[4]　Richtlinie (EU) 2017/828 des Europäischen Parlaments und des Rates vom 17. Mai 2017 zur Änderung der Richtlinie 2007/36/EG im Hinblick auf die Förderung der langfristigen Mitwirkung der Aktionäre, ABlEU L 132, S. 1.

それが不十分なガバナンスにつながっているとの認識のもと，株主（投資者）の会社への長期的関与および会社と投資者間の透明性を促進することである[5]。この目的を達成するために，株主資格の確認，取締役等の報酬の透明化，そして本稿の検討対象である関連当事者との取引に関して，新たな規制が加えられている。しかし，改正株主権指令が成立するまでには，EU 委員会が最初に改正案を提出してから3年間に，かなり激しい議論と妥協が繰り返され，非常に興味深い変遷を辿っている。

そこで，本稿では，まず EU 委員会が2014年に提出した改正案と当該提案に対してなされたドイツの側からの批判を概観する。さらに，当該批判を受けて数度にわたり提案された妥協案を紹介し（第2節），最終的に成立した改正指令の内容を示す（第3節）。そして，関連当事者との取引についての規制を有していないドイツにおいて，本改正指令がどのような形で国内法化されるのかを国内法化される前の現行法の個別規制が果たしている機能を示しつつ検討したい（第4節）。最後に，以上の検討の結果がわが国にどのような示唆を与えてくれるかを示すこととする（第5節）。

第2節　規制導入の経緯

1　関連当事者取引規制の端緒

関連当事者との取引に関する規制は，国際的には，学説上の議論だけではなく，OECD においても，「関連当事者との取引と少数派株主の権利」と題する研究が報告されており[6]，コーポレート・ガバナンスの一環として関連当事者との取引に関する問題は，国際的な舞台で議論されるに至っていた。

他方，EU においては，関連当事者との取引に関する規制は，従来，国際会計基準との調和を図るための規則を除いては，個々の構成国により行われており，それぞれの国において，異なるアプローチが採られていた[7]。しかし，そもそもドイツのように，関連当事者との取引に関する特別の規律を持たない構成国もあったことから[8]，EU 委員会は，統一的なコンセプトのもとに EU 構

---

5) Erwägungsgrund (1), (2) und (3).
6) OECD (2012), Related Party Transactions and Minority Shareholder Rights, OECD Publishing. この文献は，http://dx.doi.org/10.1787/9789264168008-en. から入手することができる。

成国全体を規律する制度設計に着手することを企図していた。

　EUにおいて最初にこの問題を検討したのは，会社法専門家ハイレベルグループである。2002年に公表したこのグループの報告書（いわゆるWinter報告書）では，少数派株主の保護という観点から，主として開示規制を中心に議論が展開されていた[9]。その後，2004年10月15日のEU委員会の決定[10]を受けて設置されたヨーロッパ・コーポレート・ガバナンス・フォーラム（European Corporate Governance Forum=ECGF）がこの問題を引き続き検討した[11]。ECGFは，当初，関連当事者との取引の規制については，会社内部に設置される独立委員会に委ねることを意図していたようであるが，2011年3月10日，最終的に，開示や株主総会による承認等，五つの内容を柱とする勧告を行っている[12]。なお，EU委員会は，2003年のアクション・プラン公表の約7年後，さらに一般的なEU会社法の将来に対する課題を検討するために，リフレクション・グループ（Reflection Group On the Future of EU Company Law）を設置したが，同グループが2011年4月5日に公表した報告書では，関連当事者との取引に関して具体的な規律を設けるべきである等の記述は見られない[13]。

　その後，2012年12月，EU委員会はアクション・プランを公表し[14]，その中

7）　イギリス法，フランス法，およびイタリア法に関するドイツでの紹介については，Fleischer, Related Party Transactions bei börsennotierten Gesellschaften: Deutsches Aktien（konzern）recht und Europäische Reformvorschläge, BB 2014, S. 2691, 2692 ff. に詳しい。また，邦語での各国の状況比較として，弥永真生「関連当事者との取引に関する手続的対応策」黒沼悦郎＝藤田友敬編『江頭憲治郎先生古稀記念論文集　企業法の進路』319頁・324頁以下（有斐閣，2017年）も参照。

8）　ドイツ法に関連当事者との取引に関する特別の規制が存在しないこと等を理由に，「ドイツ法は支配株主に寛大である」と評されることもあった。Enriques/Hertig/Kanda, Related-Party Transactions, in: Kraakmann u. a., The Anatomy of Corporate Law, 2. ed. 2009, S. 153, 157.

9）　Bericht der Hochrangigen Expertengruppe auf dem Gebiet des Gesellschftsrechts über moderne gesellschaftsrechtliche Rahmenbedingungen in Europa, 4. 11. 2002, abrufbar unter: http://ec.europa.eu/internal_market/company/docs/modern_report_de.pdf

10）　Beschuluss 2004/706/EG der Kommission v. 15.10.2004 zur Einsetzung eines Europäischen Corporate-Governance-Forums, AblEU v. 22.10.2004, L 321/53.

11）　ECGFの目的は，構成国におけるコーポレート・ガバナンスの展開に照らして，EU全体のコーポレート・ガバナンス・コードの調和を促進し，EU委員会に対して，委員会の要請またはフォーラム独自のイニシアティブでコーポレート・ガバナンス政策の問題につき提言することにあるとされる（Art. 3 des Beschlusses der Kommission）。Vgl. Lutter/Bayer/J.Schmidt, Europäisches Unternehmens- und Kapitalmarktrecht, 5. Aufl. 2012, §18 Rn. 70.

で関連当事者との取引に関する問題を扱っている。そこでは，関連当事者との取引が関連当事者による企業価値の私有化につながるとの認識のもとに，EU委員会として，ECGFの提言に従って株主による関連当事者との取引に関する規制を構築すること，および2013年に委員会のイニシアティブにより，株主権指令を改正することを提案した。

2 規制の変遷

(1) EU委員会による株主権指令改正案とその内容

2012年のアクション・プランでは，2013年を目処に株主権指令の改正により関連当事者との取引に関する規定を構築するとされていたが，若干遅れて，2014年4月9日，EU委員会は株主権指令改正案を公表した[15]。このEU委員会による株主権指令改正案（以下「委員会案」という）の目的は，株主にとっての魅力ある環境の創出および国境を超えた議決権行使方法の改善によりEUにおける企業の持続的発展に寄与し，もってより効率的な株式投資を可能にし，ひいてはEUの成長，その労働市場の創出およびEU経済の競争力強化を促進することにあるとされている[16]。委員会案が示す改正点は，つぎの4点である。

---

12) 勧告の内容は，以下の通りである。①資産1％以下の取引については，開示の対象としない。②任意の12ヶ月間の取引は合算されることとし，その結果資産5％を超えた場合には株主による承認の対象とする。③資産1％超5％以下の取引については，独立した第三者の書面を付して，取引時に公示する。④5％超の取引については株主総会による承認の対象とする。⑤関連当事者との取引に関するすべての手続において，当該関連当事者は決議から排除される。Statement of the European Corporate Governance Forum on Related Party Transactions for Listed Entities, 10.3.2011, abrufbar unter: http://ec.europa.eu/internal_market/company/docs/ecgforum/ecgf_related_party_transactions_en.pdf

13) Report of the Reflection Group on the Future of EC Company Law, 5.4.2011, S. 74, abrufbar unter: http://ec.europa.eu/internal_market/company/docs/modern/reflectiongroup_report_en.pdf

14) Mitteilung der Kommission an das Europäische Parlament, den Rat, den Europäischen Wirtschafts- und Sozialausschuss und den Ausschuss der Regionen. Aktionsplan: Europäisches Gesellschaftsrecht und Corporate Governance – ein moderner Rechtsrahmen für engagiertere Aktionäre und besser überlebensfähige Unternehmen, COM (2012) 740, 12. 12. 2012.

15) Vorschlag für eine Richtlinie des Europäischen Parlaments und des Rates zur Änderung der Richtlinie 2007/36/EG im Hinblick auf die Förderung der langfristigen Einbeziehung der Aktionäre sowie der Richtlinie 2013/34/EU in Bezug auf bestimmte Elemente der Erklärung zur Unternehmensführung, COM (2014) 213 final (im folgenden: AktRRL-KOM).

①経営者報酬に関する株主の発言権（Say on pay），②関連当事者との取引に関する規制，③株主権行使の容易化，④機関投資家，財産管理者および議決権行使助言者についての情報の透明性の向上。

　関連当事者との取引に関しては，2012年のアクション・プランと同様に，当該取引が企業価値の私有化の可能性を当該関連当事者に与えることになり，それゆえ少数派株主の利益を保護することが重要な課題となるとの理由がEU委員会により示されている[17]。委員会案により示された関連当事者との取引に関する規律の内容は，以下の通りである。

　第一に，企業価値の1％を超える取引を会社と関連当事者との間で行う場合，取引の時点で一定の事実[18]が公示されなければならず，公示の際には，取引が通常の市場の条件で行われているとの評価をし，当該取引が株主（少数派株主）の観点から公正かつ合理的であることを確認する旨の独立第三者による報告書（Fairness Opinion）が添付される必要がある（委員会案9c条1項）。ただし，構成国は，特定の関連当事者との特定種類の反復的取引については，企業が，第三者による報告書の提出を，免除決議後12ヶ月を超えない一定期間免除するよう株主に要請することができる旨を定めることができるものとされている。そして，この場合の株主総会において，当該取引に参加している株主は議決から排除される。

　第二に，企業財産の5％を超える取引または利益もしくは売上げに著しい影響を及ぼしうる取引については，株主総会の承認を得なければ，当該取引を行うことはできない（委員会案9c条2項）[19]。この場合において，構成国は，企業が，12ヶ月を超えない期間で，同一の関連当事者との特定種類の反復的取引につきあらかじめ株主総会の包括承認を取っておくことができる旨を定めることができる。さらに，過去12ヶ月間に行われた同一の関連当事者との取引であって，まだ株主による承認を受けていないものについては合算され，合算後の総価値が企業財産の5％を超えることとなる場合には，当該5％を超えることとなった取引ならびにその後のすべての同一関連当事者との取引につき，株

---

16) Begründung der AktRRL-KOM, S. 2.
17) Erwägungsgrund (15) der AktRRL-KOM.
18) 公示内容は，関連当事者との関係，関連当事者の氏名（名称），取引額およびその他当該取引の評価に必要なすべての情報である（委員会案9c条1項）。
19) 株主総会の承認は，原則として取引の前提条件とされているが，企業は，株主総会の承認を停止条件として，関連当事者との取引を行うこともできる。

主の承認を要する（委員会案9c条3項）。上記すべての株主総会決議において，関連当事者たる株主は議決から排除される（いわゆる Majority of Minority）。

　第三に，企業が行うその100％子会社との取引についてのみ，構成国は上記第一および第二の規制の適用除外とすることができる旨を定めることができる（委員会案9c条4項）。

(2) 委員会案に対する批判

　上記の内容を有する委員会案は，その公表直後から主としてドイツの研究者や経済界による批判にさらされることになる[20]。まず，一般論的な批判として，EU委員会が考えているようなとくに少数派株主の犠牲において支配企業が会社から富を移転させるといった Tunneling 行為は，経験則に基づく事実として確認されていない，すなわち立法事実が存在しないといった点が主張されている[21]。さらに，関連当事者との取引として委員会案が念頭に置いているのは支配企業との取引であり，当該取引による不利益から少数派株主を保護することが委員会案の最大の目的であるが，ドイツでは株式（コンツェルン）法上の規律が十分に機能していることから，立法による新たな措置および規制の導入は不要であると指摘されている[22]。ドイツコンツェルン法が関連当事者との取引の規制に関連してどのように機能するかについては，後述する[23]。

　委員会案の規制内容に対する個別の批判は，まず第一に，一定規模の関連当事者との取引に株主総会による承認を要するとされている点に向けられている。

---

20) ドイツサイドからの批判が最も多かったようであるが，他のEU諸国からの批判もあったようである。Vetter, Regelungsbedarf für Related Party Transactions?, ZHR 179 (2015), S. 273, 276.

21) DAI (Deutsches Aktieninstitut), Position zum Änderungsvorschlag der Aktionärsrechterichtlinie – EU Kommission fördert (unintendiert) Geschäftsmodell von Hedge Funds vom 07. 11. 2014, S. 27 ff., abrufbar unter: https://www.dai.de/files/dai_usercontent/dokumente/positionspapiere/2014-11-06%20Stellungnahme%20DAI%20Aktionaersrechterichlinie%20FINAL.pdf 同様の指摘として，Vetter, ZHR a. a. O (Fn. 20), S. 273, 275. 同じ文脈で，Seibt, Regulierung von Transaktionen mit nahestehenden Personen und Unternehmen durch den Vorschlag der Europäischen Kommission zur Revision der Aktionärsrechterichtlinie – Zusätzliche Vorabinformationen und Geschäftsführung durch die Hauptversammlung?, BDI (Bundesverband der Deutschen Industrie e. V.) /FBD (Freshfields Bruckhaus Deringer), Erforderliche Harmonisierung oder unnötiger Systembruch?, S. 23 (abrufbar unter: http://bdi.eu/media/presse/publikationen/2015_Related_Party_Transactions.pdf) は，ドイツ法の制度が機能不全に陥っているという証明もなければ，ドイツ（コンツェルン）法がイギリス法の関連当事者との取引に関する規律よりも劣っていることを示す証拠もないとして，立法事実がないことを強調している。

すなわち，関連当事者との取引であっても，会社の名で行われる業務執行行為としての取引である以上，その決定権限は取締役会に属し，株主総会による同意が必要とされるのは，例外的な場合のみであるとの主張である。ドイツでは，従来から機関権限の分配に対する厳格な考え方が支配的であり，取締役会の業務執行権限に株主総会が介入することに対する抵抗感は強い[24]。もちろん，取引行為であっても，株主の利害に大きな影響を与えるような規模の取引である場合には，例外的に株主総会の決議事項となる場合があることが，連邦通常裁判所の判例[25]により確立している。しかしながら，委員会案の示す企業財産の５％という数値は，この連邦通常裁判所の判例に反することとなり，ドイツ

---

22) BDA（Bundesvereinigung der Deutschen Arbeitgeberverbände）/BDI（Bundesverband der Deutschen Industrie e. V.）/DIHK（Der Deutsche Industrie- und Handelskammertag e. V.）, Gemeinsame Stellungnahme zum Änderungsvorschlag der Aktionärsrechterichtlinie, S. 17（abrufbar unter: https://www.dihk.de/themenfelder/recht-steuern/eu-internationales-recht/recht-der-europaeischen-union）; DAI, a. a. O.（Fn. 21）, S. 32 ff.; Seibt/BDI/FBD, a. a. O.（Fn. 21）, S. 20 ff.; DAV（Deutsche Anwaltsverein）-Handelsrechtsausschuss, Stellungnahme zum Änderungsvorschlag der Aktionärsrechterichtlinie, NZG 2015, S. 54, 62; Zetzsche, Langfristigkeit im Aktienrecht? – Der Vorschlag der Europäischen Kommission zur Reform der Aktionärsrechterichtlinie, NZG 2014, S. 1121, 1126; Wiersch, Der Richtlinienentwurf zu Transaktionen mit nahestehenden Unternehmen und Personen – Sinnvolle Verstärkung des Minderheitenschutzes?, NZG 2014, S. 1131, 1134 f.（ただし，開示については懐疑的）; Lanfermann/Maul, Maßnahmenpaket der Europäischen Kommission zum Gesellschaftsrecht und Corporate Governance, BB 2014, S. 1283, 1287; Fleischer, a. a. O（Fn. 7）, S. 2691, 2698 ff.（ただし，開示については懐疑的）; Bungert/de Reat, Die Aktionärsrechterichtlinie im EU-Parlament: Die Auswirkungen der geplanten Regelungen zu Related Party Transactions auf das deutsche Konzernrecht, Der Konzern 2015, S. 289, 294 f.; Vetter, a. a. O（Fn. 21）, S. 273, 298 ff., 315 ff.
23) 本文で後述する規制内容に対する批判のほか，委員会案で使用されている文言が不明確であるとの批判も主張されている。批判の対象となっている文言として，関連当事者（Related Party, nahestehende Unternehmen oder Personen），取引（transactions, Geschäfte），財産（assets, Vermögen）等が挙げられる。BDA/BDI/DIHK, a. a. O.（Fn. 22）, S. 18; BRAK（Bundesrechtsanwaltskammer）, Stellungnahme Nr. 39/2014 zu den Richtlinien-E, S. 7（abrufbar unter: http://www.brak.de/zur-rechtspolitik/stellungnahmen-pdf/stellungnahmen-deutschland/2014/september/stellungnahme-der-brak-2014-39.pdf; DAV-Handelsausschuss, a. a. O.（Fn. 22）, S. 63;); Lutter, Nochmal: Die geplante europäische Gesetzgebung zu „related party transactions", EuZW 2014, S. 687.
24) Tröger, Related Party Transactions mit Blockaktionären im europäischen Gesellschaftsrecht, AG 2015, S. 53, 65 ff.; Vetter, a. a. O.（Fn. 20）, S. 273, 290 f. その他前掲注22) に掲げた文献も参照。

法の制度とは整合しない。さらに，株主総会の同意を定時総会で求めるとすれば，契約締結が遅延し，取引機会の喪失となれば逆に会社の不利益に作用する可能性がある。また，臨時総会で対処しようとすれば，そのために要するコストが多大なものとなり，これも会社にとって不利益に作用する[26)27)]。

第二に，開示内容に Fairness Opinion を添付すべきものとされている点である。かつて，ドイツ法上，Fairness Opinion の取得義務が議論されたことがあったが，結果的に見送られたという経緯があることから[28)]，ドイツ法では不要または経済検査士等の別の者が作成できるようにすべきとの意見が多い。また，Fairness Opinion 取得にかかるコストは，結果として取引価格に転嫁されることとなる。また，このコストとの関係で，限られた時間で，しかも EU 委員会が示す金額内で[29)] 有能な独立第三者を探すのは困難であるとの指摘も

---

25) BGH, Urt. v. 25. 2. 1982, BGHZ 83, 122 (Holzmüller)；BGH, Urt. v. 26. 4. 2004, BGHZ 159, 30 (Gelatine I)；BGH, Urt. v. 26. 4. 2004, NZG 2004, S. 575 (Gelatine II). いわゆる不文の総会権限と呼ばれるもので，業務執行行為のうち，株主の利益に多大な影響を及ぼすような行為については，株主総会の承認を要するとする考え方である。現在では，Gelatine 判決により，(少なくとも構造変更的措置に関しては) 不文の総会権限の範囲が Holzmüller 判決よりも狭くなったと解されている。Gelatine 判決の紹介と Holzmüller 判決から Gelatine 判決に至る議論に関する詳細な検討として，早川勝「持株会社による事業統合の問題点」判タ1158号143頁(2004年)，高橋英治『ドイツと日本における株式会社法の改革』143頁以下 (商事法務，2007年) 参照。

26) BDA/BDI/DIHK, a. a. O. (Fn. 22), S. 18; BRAK, a. a. O. (Fn. 23), S. 8; Seibt/BDI/FBD, a. a. O. (Fn. 21), S. 23.

27) その他にも，株主総会の同意という点に関連して，株主総会で審議することにより，機密情報が社外に流出する可能性があることを危惧する見解や，株主総会の承認決議にとりわけ関連当事者たる支配企業が議決権行使できないという点 (Majority of Minority) について，会社にとって重要な取引を少数派株主が勝手に決めてしまうことに対する懸念，さらには株主総会決議が機会主義的に取り消されてしまうことによる取引の安全という観点からの疑問等が主張されている。

28) ドイツ企業買収法制定時の連邦財務省の草案 (Diskussionsentwurf) 段階では，その14条において，買付者と対象会社の双方に適切な助言者による助言を得る義務が課されており，同条との関係で Fairness Opinion が議論されていた。草案の全文は，NZG 2000, S. 844 ff. に掲載されている。また，オーストリアでは，企業買収法 (Übernahmegesetz=ÜbG) 上，買付者と対象会社の双方が専門家の鑑定意見を取得しなければならないとされている。オーストリア企業買収法における Fairness Opinion の役割に関する近時の論文として，Edelmann, Der unabhängige Sachverständige im Übernahmeverfahren, Der Gesellschafter 2014, S. 278 ff.

29) EU 委員会は，独立第三者の報告書の金額を2,500～5,000ユーロと見積もっているが (AktRRL-KOM, S .10)，この金額が非現実的であると主張する見解は非常に多い。DAI, a. a. O. (Fn. 21), S. 44; BDA/BDI/DIHK, a. a. O. (Fn. 22), S. 19; DAV-Handelsrechtsaisschuss, a. a. O. (Fn. 22), S. 64; Fleischer, a. a. O. (Fn. 7), BB 2014, S. 2691, 2696; Vetter, a. a. O. (Fn. 20), S. 273, 311.

ある[30]。

　第三に、開示についてである。もっとも、開示については、ドイツの中でも見解が分かれている。委員会案が示す規制内容に反対する見解は、関連当事者との取引に関する開示については、国際会計基準に依拠した指令が国内法化されている限り、EU域内での法統一が達成されており、また、ドイツでは結合企業に関する報告書（いわゆる従属報告書）が十分に機能しており、その正確性についても監査役会による監査と決算検査役による検査が実施されていることにより担保されていることから、これ以上の規律は不要であると主張されている[31]。他方、委員会案による規律の導入に賛意を示す見解によれば、従属報告書は従属会社の株主には公開されないこと、事前の開示により株主が選択する法的手段が拡大し、より（少数派）株主の保護に資すること等が指摘されている[32]。

(3) 修正提案

　上記のような批判を受けて、議長国であるイタリアは、2014年11月10日[33]、

---

30) DAV-Handelsrechtsausschuss, a. a. O.（Fn. 22）, S. 64 f. また、前掲注29）の文献も合わせて参照。
31) Lanfermann/Maul, a. a. O.（Fn. 22）, S. 1283, 1286; Seibt, Richtlinienvorschlag zur Weiterentwicklung des europäischen Corporate Governance-Rahmens – Vorschlag der EU-Kommission zur Änderung der Aktionärsrechterichtlinie und Empfehlung der Qualität Berichterstattung über die Unternehmensführung -, DB 2014, S. 1910, 1915; ders/BDI/FBD, a. a. O.（Fn. 21）, S. 20 ff.; DAV-Handelsrechtsausschuss, a. a. O.（Fn. 22）, S. 54, 63; BDA/BDI/DIHK, a. a. O.（Fn. 22）, S. 17; DAI, a. a. O.（Fn. 21）, S. 42. また、Bungert/de Reat, a. a. O.（Fn. 22）, S. 294 は、過度の情報開示は、株主の判断をしばしば誤らせることになるとし、現行法以上の開示は不要であることを指摘する。
32) Drygala, Europäisches Konzernrecht: Gruppeninteresse und Related Party Transactions, AG 2013, S. 198, 207 f.; Hommelhoff, Ein Neustart im europäischen Konzernrecht, KSzW 2014, S. 63, 66; U. H. Schneider, Europarechtlicher Schutz vor nachteiligen Transaktionen mit nahe stehenden Unternehmen und Personen?, EuZW 2014, S. 641; Fleischer, "Geheime Kommandosache": Ist die Vertraulichkeit des Abhängigkeitsberichts (§ 312 AktG) noch zeitgemäß?, BB 2014, S. 835, 840; ders., a. a. O.（Fn. 7）, S. 2691, 2696; Hopt, Europäisches Übernahmerecht oder nur mehr Aktionärsschutz? Ein Plädoyer für mehr Mut bei der externen Corporate Governance, EuZW 2014, S. 401; Wiersch, a. a. O.（Fn. 22）, S. 1131, 1136; Bayer/Selentin, Related Party Transactions: Der neueste EU-Vorschlag im Kontext des deutschen Aktien- und Konzernrechts, NZG 2015, S. 7, 13; Vetter, a. a. O.（Fn. 20）, S. 273, 313 f.
33) Presidency Compromise Text, Doc. 13758/14. この修正案については、現在までのところ、英語版のみが公表されているようである（abrufbar unter: http://data.consilium.europa.eu/doc/document/ST-13758-2014-INIT/en/pdf）。

修正妥協案を公表し、同年11月26日[34]と12月5日[35]の二度にわたり、修正妥協案をさらに修正した案を公表した（以下、12月5日の修正案を「イタリア案」という）。イタリア案は、委員会案に比べてより構成国に裁量の余地を認める内容となっている。委員会案からの主な修正点は、以下の通りである。①数値基準の撤廃、重要な（material, wesentlich）取引という抽象的基準の採用、②同意機関の柔軟化（株主総会、管理機関、監査機関）、③同意その他の機関決定における議決権行使の禁止規定の撤廃、④ Fairness Opinion の作成者の拡大[36]、⑤適用除外の範囲の拡張[37]。

さらに、2015年1月14日および3月6日、議長国であるラトビアは、イタリア案を修正する内容の改正案（以下「ラトビア案」という）を提出した[38]。ラトビア案は、イタリア案よりも、より株主保護に力点を置いていると評価されている[39]。すなわち、イタリア案では Fairness Opinion の作成に関与できないのは決定的な影響を有する関連当事者に限られていたが、ラトビア案ではすべての関連当事者が Fairness Opinion の作成に関与できないとされている。また、取引の承認にかかる手続においては少数派株主の利益に配慮すべきことが明文の規定をもって定められ、同時に関連当事者の議決権排除規定が復活している[40]。

---

34) この修正案については、公表されていないようである。内容については、Jung, Transaktionen mit nahestehenden Unternehmen und Personen (Related Party Transactions), WM 2014, S. 2341 ff. を参照。
35) Presidency Compromeise Text, Doc 15647/14. この修正案についても、現在英語版のみが公表されている（abrufbar unter: http://data.consilium.europa.eu/doc/document/ST-15647-2014-INIT/en/pdf)。
36) 報告書の内容についても、少数派株主の観点から当該取引が公正かつ合理的であるかどうかだけを評価すれば足り、市場の通常の取引という要件はなくなった。
37) 構成国は、通常の取引過程において市場条件で行われる取引につき、管理機関または監査機関が要件充足の有無を審査し、その審査に関連当事者が決定的な影響を与えることができない場合には、規制の適用除外とする旨を定めることができる。また、構成国は、100％子会社との取引だけでなく、すべてのコンツェルン企業との取引を適用除外とすることができる。ただし、その場合には、取引相手となるコンツェルン企業に関連当事者が資本参加していないことまたは国内法規定が少数派株主保護のための適切な規定を設けていることが条件となる。
38) Presidency Compromise Text, Doc. 5215/15, Doc. 6514/15. ラトビア案も英語版のみが公表されている。英語版は、以下の URL からダウンロードできる。2015年1月14日の修正案については、http://data.consilium.europa.eu/doc/document/ST-5215-2015-INIT/en/pdf. 2015年3月6日の修正案については、http://data.consilium.europa.eu/doc/document/ST-6514-2015-INIT/en/pdf.
39) Bungert/de Reat, a. a. O. (Fn. 22), S. 289, 291.

その後，2015年5月12日，欧州議会の法務委員会が，上記イタリア案，ラトビア案さらに欧州議会の経済委員会（ECON）の意見[41]を踏まえて，株主権指令の修正案を公表した[42]。しかしながら，結局のところ，各方面で満足のいく結論が得られなかったことから，常駐代表委員会，欧州閣僚理事会（議長国スロバキア），および欧州議会のそれぞれの代表者による非公式の三者間会議（sog. das informelle Trilog-Verfahren）の手続が持たれることとなった。この協議において，欧州委員会，欧州閣僚理事会および欧州議会は，2016年12月9日に合意に達し，それが同月13日に議長国スロバキアの妥協案として公表された。同月16日には，常設代表委員会がこの妥協案を承認した。成立した妥協案は，2017年3月14日に欧州議会で，同年4月3日に欧州閣僚理事会でそれぞれ承認され，同年5月17日に成立した。

第3節　規制の内容

最終的に成立した改正株主権指令は，各構成国に対して，2019年6月10日までに国内法化の措置をとることを求めている。なお，2007年成立の株主権指令の適用対象が上場会社に限定されていることから，関連当事者との取引に関する規律も，上場会社にのみ適用される（株主権指令1条1項2号a）。

1　定　義
(1)　**関連当事者**(Related Party, nahestehende Unternehmen und Personen)

改正株主権指令は，従来の定義規定に関連当事者に関する定義を加えている

---

40) 第1ラトビア案から第2ラトビア案への修正は，以下の3点を除いては，文言上の修正にとどまっている。①少数派株主の保護に関する国内法規定が整備されていることを条件として，構成国は関連当事者の同意手続への関与を認めることができる（後述する改正指令9c条4項に相当）。②構成国は，国内企業に，通常の取引過程における市場条件での取引につき，指令が定める要件を採用するかどうかを委ねることができる。③適用除外の取引を若干拡大したこと。

41) Stellungnahme des Ausschusses der Wirtschaft und Währung vom 02. 03. 2015, Dok. ECON AD（2015）541604, abrufbar unter: http://www.europarl.europa.eu/sides/getDoc.do?pubRef=-%2f%2fEP%2f%2fTEXT%2bREPORT%2bA8-2015-0158%2b0%2bDOC%2bXML%2bV0%2f%2fDE&language=DE#title2.

42) Bericht des Ausschusses des EU-Parlaments（JURI）vom 12. 05. 2015, Dok. A8-0158/2058, abrufbar unter: http://www.europarl.europa.eu/sides/getDoc.do?pubRef=-//EP//NONSGML+REPORT+A8-2015-0158+0+DOC+PDF+V0//DE.

(改正指令2条h項)。同条項の規定は，成立した指令を含むすべての指令改正案において共通する。すなわち，関連当事者に関する定義は，国際会計基準 (IAS) 第24号の定義に準じるという立場が貫かれている。EUにおいては，2002年に，国際会計基準が規則という形で取り入れられており[43]，同規則に対応するための各構成国による法整備も行われている[44]。

　国際会計基準第24号における関連当事者に関する定義が，役員等の家族をも含む非常に広範囲にわたるものとなっており，関連当事者取引に該当する場合には，後述する手続規制に服することになることから，とりわけ委員会案公表直後のドイツにおいては批判が加えられていた[45]。しかしながら，この点について，成立した改正株主権指令は何らの変更も加えていない。

(2) **取引** (Transactions, Transaktionnen, Geschäfte)

　これに対して，取引の定義については，改正指令には何ら明文の規定は置かれていない。たんに，既述の国際会計基準第24号において，関連当事者取引として，財務諸表提出会社とその関連当事者との間で行われる資源，サービスおよび債務の移転であると定義付けられているにすぎない。一般には関連当事者との商取引がこれに該当することに異論はないと思われるが，上記の通り，「取引」の文言に制約がないことから，企業契約や組織再編上の行為（合併，会社分割等）あるいはこれに付随する少数派株主の締め出し行為 (squeeze-out) やさらには増資等の資本取引が取引の文言に含まれるか否かが，一応は問題となり得る。

　もっとも，ドイツにおいても，組織法上の行為については開示や少数派株主の保護措置が十分に機能しており，そもそも関連当事者との取引においてEU委員会が想定するような問題は生じないこと，あるいは関連当事者との取引の場合には独立当事者間取引 (arms-length 取引) における条件との比較が問題と

---

43) Verornung (EG) Nr. 1606/2002 des Europäischen Parlaments und des Rates vom 19. Juli 2002 betreffend die Anwendung internationaler Rechnungslegungsstandards, ABlEG L 243 vom 11.09. 2002, S. 1.

44) ドイツにおいては，2009年5月25日の企業会計法現代化法 (Bilanzrechtmodernisierungsgesetz) により，商法285条21号に関連当事者取引の開示に関する規定が設けられている。

45) 国際会計基準第24号における関連当事者についての定義が広すぎるという批判については，Lutter, a. a. O. (Fn. 23), S. 687 f.; Bayer/Selentin, a. a. O. (Fn. 32), S. 7, 10; Vetter, a. a. O. (Fn. 20), S. 273, 284, 319 f.; Bungert/de Reat, a. a. O. (Fn. 22), S. 289, 292.

なりうるが，組織法上の行為については問題となりえないこと等を理由として，組織法上の行為はここでいう取引には含まれないと解されている[46]。また，資本取引についても，委員会案が模範としたと考えられるイギリスの上場規則 (Listing Rules) において，適用除外とする明文規定が存在することから (LR 11 Annex 1 Rule 2, 6)，やはり適用除外とすべきであると主張されている[47]。いずれにせよ，この点について，改正株主権指令に明文の規定を設けるべきであると主張されていたが，結果的には実現していない。

なお，委員会案において示されていた数値基準については，開示および Fairness Opinion に関する改正指令9c条2項・3項の場合と会社の機関による取引に対する同意の場合とで，重要な取引の基準を違えることができるとの規定（改正指令9c条1項）を盛り込むことで，調整が図られている。

2　個別の規制内容[48]

(1)　開　示

改正株主権指令9c条2項は，構成国は，会社が，関連当事者との重要な取引を遅くともその締結の時までに公示することを確保する旨を定める。そして，公示すべき内容として，関連当事者と会社との関係，関連当事者の氏名（名称），取引の日付および価格，ならびに当該取引が会社および少数派株主を含む関連当事者でない株主の観点から公正かつ合理的 (fair and reasonable, angemessen und vernünftig) であるか否かを評価するために必要な他のすべての情報が含まれていなければならないとしている。既述のように，委員会案において規定されていた取引に関する数値基準は撤廃され，重要な取引という文言に置き換えられている。もっとも，何が重要な取引に該当するかが不明では法的安定性を害することになることから，改正指令9c条1項は，構成国は，重要な取引を定義づけるに際して，会社の財務状況，収入，財産，自己資本を含む時価総額，または売上げに対する当該取引の影響を基礎とし，もしくは取引の種類お

---

46) Vetter, a. a. O. (Fn. 20), S. 273, 284 ff.; im Ergebnis auch Bungert/de Reat, a. a. O. (Fn. 22), S. 289, 292; Seibt, BDI/FBD, a. a. O. (Fn. 21), S. 9.
47) Bayer/Selentin, a. a. O. (Fn. 32), S. 7, 12.
48) 改正株主権指令は，その14b条において，以下の本文で示す規制内容を含む本指令の実効性を確保するために必要な国内法規定を整備し，同時に当該国内法規定に違反した場合のサンクションを規定することを求めている。そして，そのサンクションは，相当性を有し，効果的かつ抑止的でなければならないとされている。

および関連当事者の地位を考慮に入れた1または複数の量的指標を定めるものとしている。さらに，その際には，構成国は，改正指令9c条の目的に照らして，当該取引に関する情報が株主の経済的判断に及ぼしうる影響，および会社・少数派株主を含む関連当事者でない株主に対して当該取引が有するリスクを考慮すべきものとしている（改正指令9c条1項）。

委員会案において議論となっていた Fairness Opinion については，各構成国が上記の公示に際して併せて添付する旨を定めることができるとされた。すなわち，関連当事者との取引につき会社が公示する場合には，会社は，会社および少数派株主を含む関連当事者でない株主の観点から当該取引が公正かつ合理的であるか否かを評価し，当該評価の基礎となる仮定 (assumption, Annahme) および評価方法についての説明がなされた報告書を併せて添付することができる。当該報告書は，独立の第三者，会社の業務執行機関または監査機関，もしくはその過半数が経営から独立した者から構成される検査委員会またはその他の委員会のいずれかによって作成され，関連当事者は当該報告書の作成作業に参加してはならないものとされている（改正指令9c条3項）。

さらに，会社は，関連当事者と当該会社の子会社との重要な取引についても公示することが求められる。この場合における Fairness Opinion の内容および取扱いについても，同様に，構成国にオプションが認められている（改正指令9c条7項）。

(2) **承認手続（改正指令9c条4項）**

一定規模の関連当事者との取引につき，つねに株主総会による承認を要すると定めていた委員会案とは異なり，改正指令は，構成国が，承認機関として，株主総会または管理機関もしくは監査機関のいずれかを定めればよいものとしている。すなわち，関連当事者との重要な取引については，構成国は，株主総会または管理機関もしくは監督機関による承認を要する旨を定めることとされ，また，当該承認は，関連当事者がその地位を利用することを阻止し，会社および少数派株主を含む関連当事者でない株主の利益を適切に保護するための手続に従ってなされる必要があるものとされている。

構成国が関連当事者との取引を管理機関または監査機関の承認に服せしめる旨を定めた場合であっても，構成国は，管理機関または監査機関の承認を得た当該取引を株主が株主総会において決議できる旨を定めることもできる。いずれにせよ，関連当事者が取締役または株主である場合，当該取締役または株主

は，必要とされる決議に参加することはできない。ただし，関連当事者が株主である場合については，構成国に例外規定を定めるオプションが与えられている。株主が関連当事者である場合に，構成国は当該株主を取引に関する決議に参加させることはできるが，その場合には，関連当事者でない株主の過半数または独立した取締役の過半数が当該取引に反対してもなお，当該関連当事者たる株主の承認で決議が成立することを阻止し，もって会社および少数派株主を含む関連当事者でない株主の利益の保護に資する適切な措置[49]が国内法規定の中に存在することを要する。委員会案で規定されていたいわゆる Mojority of Minority の規定は，ここにおいて形を変えて残っているといえる。

(3) 適用除外（改正指令9c条5項・6項）

改正株主権指令は，関連当事者との取引に関する開示および承認に関する既述の制度（改正指令9c条2項ないし4項）の適用を，一定の条件を満たす取引について除外している。ただし，ここでも，構成国にオプションを認める形式が採用されている。

適用除外となる取引には，二つの類型がある。一つは，関連当事者との取引が通常の取引過程における通常の市場条件で（in the ordinary course of business and on normal market terms, im ordentlichen Geschäftsgang und zu marktüblichen Bedingungen）行われる場合であり，この場合には，既述の9c条2項・3項および4項の規定は，原則として適用されない。会社の管理機関または監査機関は，当該条件が遵守されているかどうかを定期的に評価するために，内部手続を定めることを要する。この類型の取引に関する構成国のオプションは，通常の独立当事者間取引の条件で行われる取引であっても，改正株主権指令の適用を受ける旨を定めることができるという形式の，いわゆる opt-in のタイプである。

もう一つの類型は，構成国が一定の取引につき，改正株主権指令9c条2項ないし4項の規定の適用を除外する旨を定めるか，または構成国が会社に適用除外の判断を委ねることができるとされているものである。この類型に属する取引として，改正株主権指令は，①会社と子会社との取引[50]，②国内法規定

---

49) Erwägungsgrund (43)では，決議要件の引き上げを例として挙げている。
50) ただし，当該子会社が100％子会社であるか，もしくは当該子会社に関連当事者が資本参加していない場合，または当該取引の際に会社，子会社および少数派株主を含む関連当事者でない株主の利益を保護するための規定が国内法により整備されている場合に限る。

により株主総会の承認を要する特定の種類の取引[51]，③本指令9a条に基づいて付与されまたはその義務を負う取締役の報酬もしくは特定内容の報酬に関する取引，④金融機関によって行われるものであって，その健全性を確保しEU法により金融機関の監督権限を有する官庁が認めた措置に基づく取引，⑤すべての株主に同一の条件のもとで提示され，かつすべての株主の平等取扱いと会社の利益保護が保障されている取引，の五つの取引を挙げている。

(4) 合算（改正指令9c条8項）

構成国は，任意の12ヶ月間または同一の事業年度において行われる同一の関連当事者との取引であって，個々の取引では改正指令9c条2項ないし4項の規制には服さない取引につき，これを合算して，上記の条項を適用する旨を定めなければならないとされている。この合算（aggregation, Zusammenrechnung）については，既述の通り，委員会案では，同一の関連当事者との12ヶ月間の取引が企業財産の5％を超えた場合には，その後の当該関連当事者との取引は，逐一株主総会の承認を要することとされており，株主総会による承認手続の点も含めてかなり批判が強かった点である。

改正指令が求めているのは，12ヶ月間または同一の事業年度における同一の関連当事者との取引の合算だけであるから，合算しても重要な取引に該当しないのであれば，上記の規律の適用はない。結局のところ，重要な取引に係る各構成国の基準の立て方いかんによると思われる。

第4節　ドイツにおける現行法規制との整合性

ドイツの現行株式法は，関連当事者との取引を直接規制対象とする規定を有していない。しかしながら，学説上も，また実務においても，関連当事者との取引に現行法規定を（類推）適用することで対処することが可能であるとの立場が圧倒的であり，それゆえ，成立した改正指令のうちドイツが国内法化する可能性のある規定は非常に少ないと予想される。そこで，本節では，関連当事者との取引に対して，ドイツの現行株式法および商法がどのように対処可能であるのか，また改正指令が国内法化される場合に，ドイツの現行株式法および

---

51) ただし，当該国内法規定において，すべての株主の公正な取扱いならびに会社および少数派株主を含む関連当事者でない株主の利益が明示的に定められ，かつ適切に保護されている場合に限る。

商法とどのように整合するのかについて見ていきたい。

1　関連当事者との取引に適用可能な現行法の規律
(1)　株式法上の個別規定
　まず，関連当事者が当該会社の取締役である場合，会社が信用を供与するときは，監査役会が利息および返済について定めた上で，その決議により承認しなければならない（株式法89条1項）。この規定は，そもそも自己取引の防止というよりはむしろ濫用的な信用供与への対処のために設けられたとされているが[52]，とくに，特定のあるいは特定の種類の信用供与のみが対象とされている点，そして監査役会の承認は3ヶ月以内に行われる信用供与に対してのみ効力を生じるとされている点で，濫用の防止に対処しているといわれている。

　さらに，取締役・会社間の裁判上・裁判外の法律行為については，会社を代表するのは監査役会であり（株式法112条），この規定も関連当事者との取引の公正を確保することに資する。この規定は，取締役と経済的同一性を有する第三者が会社と取引をする場合にも適用されると解されているが[53]，判例によれば，取締役の家族が第三者を代表して会社と取引をする場合には適用されないとされている[54]。

　株主が関連当事者となる場合の取引については，第一に，事後設立規制の適用が考えられる。株式法52条によれば，会社が発起人または10％超の資本参加をする株主との間で，設立登記後2年以内に，当該会社の基本資本の10％を超える対価で会社が財産を取得する契約を締結する場合には，同条が定める厳格な規制[55]に服することになる。対象となる取引の規模の差こそあれ，ドイツ法における事後設立規制は，株主権指令にかかる委員会案以上に厳格であるともいえる。

---

52)　明らかに高額な信用供与，不当に低い利息等が想定されている。Hüffer/Koch, AktG, 12. Aufl. 2016, §89 Rdn. 1; Fleischer, a. a. O. (Fn. 7), S. 2691, 2696; vgl. BGH AG 1991, S. 398, 399; Begr. RegE. in: Kropff, Aktiengesetz, 1965, S. 113; Mertens/Cahn, in: Kölner Komm. z. AktG, 3. Aufl. 2013, §89, Rdn. 2; Spindler, in: Münchener Komm. z. AktG, 4. Aufl. 2014, §89 Rdn. 1.

53)　OLG Brandenburg, Urt. 14. 01.2015, AG 2015, 428 Rn. 36; OLG Saabrücken, Urt. v. 22. 01. 2014, NZG 2014, 343f.; Hüffer/Koch, a. a. O. (Fn. 52), § 112 Rn. 4; Habersack, in: Münchener Komm. z. AktG, 4. Aufl. 2014, § 112 Rn. 9; Drygala, in: K. Schmidt/Lutter, Komm. z. AktG, 3. Aufl. 2015, § 112 Rn. 11 f.; Mertens/Cahn, a. a. O. (Fn. 52), § 112 Rn. 18.

54)　BGH, Urt. v. 12. 3. 2013, BGHZ 196, 312, 314 f.

さらに，出資返還禁止の原則（株式法57条）を通じて，いわゆる隠れた利益配当と考えられるような株主への利益の提供が禁じられる。この規定は，第三者に対する給付であってもそれが株主への給付と同視される場合[56]には適用可能とされている。もっとも，従来展開されてきた，会社からの給付と会社への反対給付との間に客観的な相当性が認められるかどうかの判断基準が使いづらく，またこれを判断するに際しての取締役の裁量権がどの程度存在するのかについても，実務および学説において意見の一致を見ていないとの指摘もある[57]。

　関連当事者が取締役であるか株主であるかを問わず，関連当事者との取引を監査役会の同意にかからしめることにより，会社に不利益となる取引を避けることができる（株式法111条4項）。もっとも，監査役会により同意が与えられなかったにもかかわらず行われた行為については，対内的には取締役に原状回復義務が課せられるが，対外的な効力には影響を与えないと解されている[58]。また，後述のように，共同決定法適用会社における監査役会の場合の問題点も指摘されている。

(2)　**ドイツ・コーポレートガバナンス規準における規律**

　ドイツ・コーポレートガバナンス規準（Deutscher Corporate Governance Kodex=DCGK）は，その Ziff. 4.3.3において，取締役の利益相反への対処につき，以下のように規定している。すなわち，すべての取締役は，利益相反を遅滞なく監査役会に開示し，かつ他の取締役に情報を提供すべきである。会社と取締役またはその関係者との取引は，当該部門において通例的な（branchenüblich）条件で行われるべきであり[59]，この場合に会社を代表するの

---

55)　取得財産は独立した第三者による検査を受けなければならず，また財産の取得契約は書面によらなければならず，当該書面は会社の営業所または会社のウェブサイトで株主の閲覧に供される。監査役会は，当該契約につき書面による報告書（事後設立報告書）を作成しなければならない。加えて，事後設立行為は，株主総会において，出席した基本資本の4分の3の多数により承認されなければならず，会社成立初年度に当該行為が行われる場合には，総資本の4分の1の多数が賛成しなければならない。株主総会による承認を受けた取引は，取締役により，事後設立報告書とともに登記される。

56)　Hüffer/Koch, a. a. O. (Fn. 52), § 57 Rz. 3; Beyer, in: Münchener Komm. z. AktG, 4. Aufl. 2016, § 57 Rn. 63.

57)　Veil, Transaktionen mit Related Parties im deutschen Aktien- und Konzernrecht – Grundsatzfragen der Umsetzung der Aktionärsrechte-Richtlinie, NZG 2017, S. 521, 523 f.

58)　Spindler, in: Spindler/Stilz, Komm. z. AktG, 3. Aufl. 2015 § 111 Rn. 75; Habersack, a. a. O. (Fn. 53), § 111 Rn. 128; Hüffer/Koch, a. a. O. (Fn. 52), § 111 Rn. 49.

は監査役会である。取締役またはその関係者と会社との重要な取引は，監査役会の同意を得て行うべきである[60]。

監査役会への情報開示および市場条件での取引という規律は，多数説によれば，勧告ではなく法律から導き出される義務であると解されている[61]。また，この規定は，株式法112条がカバーできない取締役の関係者と会社との取引についても対象とすることができる点で有益であるとされている[62]。もっとも，取締役が DCGK のこの規準に違反する行為をしたとしても，当該行為の効力それ自体に影響はなく，取締役の会社に対する損害賠償責任（株式法93条）または刑法上の背任罪（Untreue＝刑法266条）として対処することになる[63]。

(3) 商法上の開示規定

EU では，1978年および1983年の二つの指令[64]および2006年の計算指令の改正[65]により，単体企業とコンツェルン企業の双方において，その附属明細書（Anhang）に関連当事者との取引に関する一定の事項の記載ならびにその開示

---

59) この branchenüblich という文言は誤解を招くとの批判がある。そもそも，関連当事者との取引において重視される比較対象は独立当事者間取引の場合の条件であるから，企業の部門とは無関係であろう。したがって，ここでも，marktüblich という文言の方が適切である。Fuhrmann/Linnerz/Pohlmann (Hrsg.), Frankfurter Komm. Deutscher Corporate Governance Kodex, 2016, Ziffer 4, Rn. 285.
60) この規定は，2002年の DCGK 制定以来，若干の文言上の修正や規定の位置づけ（制定当初は，Ziff. 4.3.4）の変更はあったものの，大筋においては変更されていない。なお，本稿執筆時点での DCGK の最新版は，2017年2月7日のものである。
61) Fleischer, in: Spindler/Stilz, Komm. z. AktG, 3. Aufl. 2015, § 93 Rn. 135; Hopt, in: Grosskomm z. AktG, 5. Aufl. 2015, § 93 Rn. 59; Fuhrmann/Linnerz/Pohlmann(Hrsg.), a. a. O. (Fn. 59), Ziffer 4, Rn. 274, 282.
62) Fuhrmann/Linnerz/Pohlmann (Hrsg.), a. a. O. (Fn. 59), Ziffer 4. Rn. 283; vgl. Habersack, a. a. O. (Fn. 53), § 112 Rn 8.
63) Fuhrmann/Linnerz/Pohlmann (Hrsg.), a. a. O. (Fn. 59), Ziffer 4. Rn. 287.
64) Vierte Richtlinie des Rates v. 25. 7. 1978 aufgrund von Artikel 54 Absatz 3 Buchstabe g) des Vertrages über den Jahresabschluß von Gesellschaften bestimmter Rechtsformen, (78/660EWG), Siebente Richtlinie des Rates v. 13. 6. 1983 aufgrund von Artikel 54 Absatz 3 Buchstabe g) des Vertrages über den konsolidierten Abschluß (83/349EWG), abgedruckt in: Lutter/Bayer/J. Schmidt, a. a. 0. (Fn. 11), S. 791ff., 829 ff.
65) Richtlinie 2006/46/EG des Europäischen Parlaments und des Rates vom 14. 6. 2006 zur Änderung der Richtlinien des Rates 78/660/EWG über den Jahresabschluss von Gesellschaften bestimmter Rechtsformen, 83/349/EWG über den konsolidierten Abschluss, 86/635/EWG über den Jahresabschluss und den konsolidierten Abschluss von Banken und anderen Finanzinstituten und 91/674/EWG über den Jahresabschluss und den konsolidierten Abschluss von Versicherungsunternehmen, ABlEG L 224, S. 1.

が義務付けられている。ドイツでは，上記指令に基づいて商法典の計算規定が改正され，関連当事者との重要な取引につき，通常の市場条件で成立したこと，関連当事者との関係，取引額等の事項を記載しなければならないこととされている（商法285条21号・314条１項13号）。さらに，2002年の国際会計基準の適用に関する規則により，上場会社について，2005年１月１日以降に始まる事業年度から，国際会計基準に準拠した連結決算をしなければならない[66]。

なお，上場会社は，証券取引法上，半期報告書（Halbjahresfinanzbericht）に関連当事者との重要な取引について記載しなければならない（証取37w条４項）。

(4) コンツェルン法

企業契約が存在する場合，いわゆる契約コンツェルンの場合には，（少数派）株主の保護は，まず当該契約が株主総会における特別決議によって承認されなければならないという形で現れる。さらに，株主は代償を得て退社する権利を有するほか（株式法305条），会社に残存する場合には，間接的には一方契約当事者は他方契約当事者の年次損失を引き受けるという形で（株式法302条），直接的には適正な補償を受けるという形で保護される（株式法304条）。

他方，支配契約等が存在しないいわゆる事実上のコンツェルンにおいては，支配企業は従属会社に対して，不利益に対する補償（またはその合意）をしない限り，従属会社にとって不利益となる行為を行うよう仕向けることはできない（株式法311条）。この規定に違反した場合には，支配企業および従属会社取締役は損害賠償責任を負う（株式法317条・318条）。さらに，従属会社の取締役は毎年いわゆる従属報告書を作成し，そこにおいて支配企業またはそのコンツェルン結合企業との取引の詳細（給付および反対給付，利益および不利益等）を記載しなければならない（株式法312条）。従属報告書は監査役会および決算検査役による監査を受ける（株式法313条・314条）。株主は，支配企業またはその結合企業との取引関係を調査させるために，特別検査役の選任を裁判所に申し立てることができる（株式法315条）。

関連当事者が企業性を有する大株主である場合には，たしかにドイツコンツェルン法の規定は有効に機能すると思われる。もっとも，ドイツにおいても従来からコンツェルン法の規定，とりわけ事実上のコンツェルンの規定の実効

---

[66] Art. 4 der Verordnung (EG) Nr. 1606/2002 des Europäischen Parlaments und des Rates v. 19. 7. 2002 betreffend die Anwendung internationaler Rechnungslegungsstandards, ABlEG. L 243/1.

性に対しては，疑問の声も多くあり，むしろ否定的な声が大きかった時期もある。とくに，従属報告書に対しては，株主の閲覧が制限されている関係で，その実効性が疑問視されていた[67]。他方，最近では，従属報告書の予防的効果を見直す見解も主張されている[68]。

2 改正株主権指令の国内法化とその課題

現行法上，附属明細書での開示を除いては関連当事者との取引に関する独立した法規制を有していないドイツが，改正株主権指令をどのように国内法化するかは，非常に興味深い問題である。周知の通り，指令において「確保する（ensure, sicherstellen）」とされている条文は，何らかの形で国内法化することが義務付けられるが，他方で「規定することができる」とされている条文については，各構成国にその判断が委ねられる。ドイツにおいて国内法化の際に議論となるであろう点を開示と所定機関の承認とに分けて，ドイツの学説における議論を踏まえつつ概観してみたい[69]。

(1) 開　示

関連当事者とのどのような取引について開示を要求するか，すなわち，関連当事者との「重要な取引」とはどのような取引を指すのかについて，まず確定する必要がある。関連当事者との「重要な取引」につき，開示が要求される場合と所定機関の承認が要求される場合とで異なる基準を用いるか否かにかかわらず，「重要な取引」の具体化のために，構成国は，様々な要素を考慮して，改正指令の趣旨に沿うような1または複数の量的な数値基準を設定しなければならない。数値基準の設定により，法的安定性を図ることが狙いとされている[70]。

ドイツの学説上では，「重要な取引」の量的数値基準をどこに設定するかと

---

[67] Vgl. Siebentes Hauptgutachten der Monopolkommission 1986/1987, BT-Drucks. 11/2677, Tz. 842, S. 299; Lutter, Das Konzernrecht der Bundesrepublik Deutschland, SAG 1976, S. 152, 159 f.

[68] Habersack, in: Emmerich/Habersack, Aktien- und GmbH-Konzernrecht, 8. Aufl. 2016, § 312 Rn. 3; Hüffer/Koch, a. a. O. (Fn. 52), § 312 Rn. 1; Vetter, in: K. Schmidt/Lutter, Komm. z. AktG, 3. Auf. 2015, § 312 Rn. 5.

[69] 改正株主権指令をドイツが国内法化するに際して直面するであろう問題点を包括的に検討する文献として，Tarde, Die verschleierte Konzernrichtlinie – Zu den neuen EU-Vorgaben für related party transactions und ihren Auswirkungen auf das deutsche Recht, ZGR 2017, S. 360, 372 ff.

いった議論は，それほど多くなされているわけではない。既述の通り，関連当事者との取引に関する規律そのものを不要であるとする見解が多く，数値基準についても，代替案を示した上での反対という意見はそれほど多くはない[71]。したがって，ドイツにおいていかなる数値基準が設定されるかは，今後の法政策的議論に委ねられることになるが，その際に，関連当事者との取引に関する規律を有する他のEU構成国がそうであるように，おそらくドイツにおいても，開示と所定機関の承認とで異なる数値基準を設定するものと思われる。もっとも，その際に，イギリスの上場規則のように複数の異なる数値を設定するかどうかは不明である[72]。

開示媒体も問題になりうる。改正株主権指令の適用対象が上場会社である以上（改正指令1条1項），開示は資本市場を通じてなされるのが自然といえる。ドイツでは，2014年にEQSグループの傘下に入ったドイツ適時開示有限会社（Deutsche Gesellschaft für Ad-hoc-Publizität mbH）によりこれが行われることになる。ドイツ株式法は，法または定款が定める場合には，連邦官報（Bundesanzeiger）が公告方法となる旨を定めるが（株式法25条），時間的な問題から，適時開示媒体としては不向きである。資本市場法的開示手段による場合，EUでは市場濫用規制に関する規則[73]がすでに2014年に成立し，2016年7月から施行されているため，そこで規定されている株価に影響を与える可能性のあるインサイダー情報の開示規定（同規則17条1項）との関係が問題になる。

---

70) Veil, a. a. O.（Fn. 57）, S. 521, 525. Veilは，開示を経営者や支配企業（大株主）を規律するための有効な手段と捉えているため，イギリス型の段階的開示にも積極的であるように見受けられる。

71) 企業財産の1％で開示，5％で総会決議という委員会案に対しては，数値基準が低すぎるという意見（Lanfermann/Maul, a. a. O.（Fn. 22）, S. 1283, 1287）はあったものの，代替案が示されたのは，Zetzsche, a. a. O.（Fn. 22）, S. 1121, 1128の10％という数値のみである。もっとも，この見解に対しては，収益力や売上力の弱い企業は頻繁に総会決議を取ることを余儀なくされるとの批判も見られた。Seibt/BDI/FBD, a. a. O.（Fn. 21）, S. 13. 他方，委員会案の示す数値基準を妥当なものと考える見解（Tarde, a. a. O.（Fn. 69）, S. 360, 375; Vetter, a. a. O.（Fn. 20）, S. 273, 319）も見られる。

72) イギリスの規制の方法に比較的好意的なのは，Fleischer, a. a. O.（Fn. 7）, S. 2691, S. 2696; ders., a. a. O.（Fn. 32）, S. 835, 837 ff.; Vetter, a. a. O.（Fn. 20）, S. 273, 319; Veil, a. a. O.（Fn. 57）, S. 521, 525.

73) Verordnung（EU）Nr. 596/2014 des Europäischen Parlaments und des Rates vom 16. 4. 2014 über Marktmissbrauch（Marktmissbrauchsverordnung）und zur Aufhebung der Richtlinie 2003/6/EG des Europäischen Parlaments und des Rates und der Richtlinien 2004/72/EG2003/124/EG, 2003/125/EG und 2004/72/EG der Kommission, ABlEU L173, S. 1.

同一事象につき二重の開示をすることは望ましいことではないため,学説上では,市場濫用規則17条1項に基づいて行われる適時開示に改正株主権指令9c条に基づく開示を免除する効果を認めるべきであるとの指摘がある[74]。

(2) 所定機関による承認

改正株主権指令は,その9c条4項において,関連当事者との重要な取引を株主総会または管理機関もしくは監査機関の承認にかからしめることを要求する。既述のように,ドイツでは,企業財産の5％を超える関連当事者との取引には,つねに株主総会の同意を要するとする委員会案に対してかなり激しい批判が加えられていたことから,国内法化の際には,ドイツは監査役会による承認という手段を選択することが濃厚である。もっとも,監査役会が関連当事者との取引について判断するに適した機関であるかどうかについては,監査役会(あるいは個々の監査役)がとくに支配株主(支配企業)から独立した機関であるかどうかを検討する必要がある。

ドイツの上場会社の多くは1976年共同決定法の適用を受けるため,労働者代表と持分所有者代表が半数ずつ監査役会の議席を占めることになる[75]。各監査役は自らの選任母体の利益代表ではなく,企業全体の利益を考慮して行動する義務があるとされている[76]。ドイツ株式法上,機関または機関構成員に独立性を求める旨の規定は現在のところ存在しないが[77],上場会社がその遵守を事実上要請されるDCGKのZiff. 5.4.2では,適切な数の独立した監査役が存在すべき旨が規定されている。DCGKは,法的拘束力はないものの,上場会社にその遵守状況および適用・不適用の状況の説明[78]が求められるため(株式法161条),事実上の拘束力は認められると思われる[79]。

監査役会が関連当事者との重要な取引につき判断することが適切な機関であるということを前提としても,いかなる手続の下で同意を与えるかという問題が残る。考えられるのは,株式法111条4項に基づいて,監査役会の同意を要する取引として構成する方法である。前述の通り,現行株式法111条4項2文は,特定の業務執行行為を定款または監査役会が監査役会の同意にかからしめ

---

74) Veil, a. a. O. (Fn. 57), S. 421, 526.
75) この共同決定制度の存在から,監査役会で関連当事者との取引について同意の決議を行うことに反対する見解として,Tröger, a. a. O. (Fn. 24), S. 53, 70 f.
76) BGH Urt. v. 21. 12. 1979, NJW 1980, S. 1629, 1630; Hoffmann-Becking, Der Aufsichtsrat im Konzern, ZHR 159 (1995), S. 325, 344 f; Habersack, a. a. O. (Fn. 53), § 116 AktG Rz. 46; Spindler, a. a. O. (Fn. 58), § 116 AktG Rz. 30.

る旨を定めることができると規定し，続く同項3文では，監査役会が同意を拒絶した場合において，取締役会は，当該行為の同意につき株主総会が決議することを請求できると規定されている。関連当事者との重要な取引についても，同項2文に含まれる旨が規定されれば，改正指令が，限定的な株主総会の関与（改正指令9c条4項）を規定していることとも整合する[80]。

　改正指令は，関連当事者との重要な取引につき所定機関が同意を与える際に，当該取引に参加している者の承認手続への参加の禁止を要求する。つまり，承認決議における議決権行使の禁止である。既述のように，ドイツの上場会社はそのほとんどが共同決定法に服することから，監査役会での議決権行使の禁止に関してはより問題が先鋭化する。すなわち，会社が大株主（支配企業）との間で重要な取引を行う場合に，当該会社の監査役会における持分所有者側の監査役は全員関連当事者とみなされ，議決権行使が禁止されることになると，商

---

77) 2006年に決算関係のEU指令（Richtlinie 2006/43/EG des Europäischen Parlaments und des Rates vom 17. 5. 2006 über Abschlussprüfungen von Jahresabschlüssen und konsolidierten Abschlüssen, zur Änderung der Richtlinien 78/660/EWG und 83/349/EWG des Rates und Aufhebung der Richtlinie 84/253/EWG des Rates, abgedruckt, in: Lutter/Bayer/J. Schmidt, a. a. O. (Fn. 11), § 27, S. 875 ff.）の成立を受けて，ドイツはこれを国内法化する際に，株式法100条5項を改正し，「少なくとも1人の計算または監査につき専門性を有する独立した構成員」を監査役会に選任しなければならないものとしたが，同指令が2014年に改正され，当該改正指令（Richtlinie 2014/56/EU des Europäischen Parlaments und des Rates vom 16. 4. 2014 zur Änderung der Richtlinie 2006/43/EG über Abschlussprüfungen von Jahresabschlüssen undkonsolidierten Abschlüssen, AblEU 2014 L 158, 196）をドイツが国内法化（Gesetz zur Umsetzung der prüfungsbezogenen Regelungen der Richtlinie 2014/56/EU sowie zur Ausführung der entsprechenden Vorgaben der Verordnung (EU) Nr. 5372014 im Hinblick auf die Abschlussprüfung bei Unternehmen von öffentlichem Interesse (Abschlussprüfungsreformgesetz) vom 10. 5. 2016 (BGBl. I 2016, 1142) = AReG）する段階で，株式法100条5項が再度改正を受け，「独立した」という文言が削除された。
78) 説明は，会社のHP上で行うこととされている（株式法161条2項）。
79) 2015年の統計ではあるが，すべての上場企業のうち，99%がDCGK Ziff. 5.4.2 S. 1を遵守している。v. Werder/Turkali, Corporate Governance Report 2015, DB 2015, S. 1357, 1362. Spindler/Seidel, Die Zustimmungspflicht bei Related Party Transactions in der konzernrechtlichen Diskussion – Ein Plädoyer für die Zuständigkeit des Aufsichtsrats, AG 2017, S. 169, 171 は，2016年6月17日施行のAReGによる株式法100条5項の改正により独立監査役が要求されなくなることから，上記の数字が下がる可能性とこれにより監査役会のすべての持分所有者側の議席を支配企業の利益を代表する者が占める可能性を指摘する。
80) Veil, a. a. O. (Fn. 57), S. 521, 527は，株式法111条4項に，「関連当事者との重要な取引は，監査役会の同意をもってのみ行うことができる。」旨の第3文を新たに加えることを提案する。

取引という業務執行行為を労働者代表のみが決定するということになりかねないからである[81]。この問題を回避するために，監査役会の中に特別の委員会を設置して，そこに承認権限を委譲するという方法が提案されている[82]。仮に，監査役会の中に関連当事者との取引に関する特別の委員会を設置するとしても，当該特別の委員会の性質，当該特別の委員会の員数および構成メンバー，憲法上の問題[83]，さらには関連当事者との重要な取引が株式法111条4項2文の監査役会の同意を要する取引と位置付けられる場合における問題の処理[84]等，克服すべき課題はなお山積しているように思われる。

第5節 結びにかえて

以上，改正株主権指令において規定された関連当事者との取引に関する規制をドイツにおける現行法との関連で見てきた。これまでの検討を今一度振り返って，結びにかえたい。

EUでは，2007年に成立した株主権指令を改正し，関連当事者との取引に関

---

81) なお，利益相反関係にある者の議決権行使禁止について，ドイツでは民法34条に一般規定が置かれていることから（同条は，「社団の構成員は，決議が自己との法律行為の実行または自己と社団との法的争訟の開始もしくは処理に関係するものであるときは，議決権を有しない。」と規定する），あえて株式法上規定する必要はないと考えられている。Vgl. Tarde, a. a. O. (Fn. 69), S. 360, 379.

82) Spindler/Seidel, a. a. O. (Fn. 79), S. 169, 174 ff.; Vetter, a. a. O. (Fn. 20), S. 273, 309. 逆に，委員会への権限の委譲は現行株式法上不要であるし不適切であるとして反対する見解として，Veil, a. a. O. (Fn. 57), S. 521, 527. Vgl. Tarde, a. a. O. (Fn. 69), S. 360, 379 ff.

83) かつて，共同決定法は，持分所有者の所有権を侵害する憲法違反の法律であるとして争われた憲法異議の訴え（Verfassungsbeschwerde）において，連邦憲法裁判所は，可否同数の際に持分所有者から選任される議長が2票目を有することを根拠に憲法違反ではないと判示したが（BVerfG, Urt. v. 1979, BVerfGE 52, S.1. 同判決についての邦語文献として，正井章筰『共同決定法と会社法の交錯』79頁以下（成文堂，1990年））、監査役会の委員会において関連当事者との取引に関する承認を労働者代表のみで行えば，上記連邦憲法裁判所で議論となった問題点が再燃する可能性がある。この点については，Spindler/Seidel, a. a. O. (Fn. 79), S. 169, 174 f.

84) 監査役会がその内部に委員会を設置し得ることについては明文の規定が存在するが（株式法107条3項1文），現行法上，監査役会の同意があってはじめてなし得る特定の取引について決議を行う権限は，委員会に委譲することはできない（株式法107条3項3文）。したがって，関連当事者との重要な取引を株式法111条4項2文の取引とみなした上で同意を与えるか否かの決定権限を監査役会内の委員会に委譲することは，現行法上できないため，この方法を使う場合には，改正指令の国内法化の段階で株式法を改正する必要があると思われる。

する規制を含む指令改正案が2014年にEU委員会により提出され，数次にわたる妥協の結果，2017年5月17日に改正株主権指令が成立した。委員会案は主としてドイツからの強烈な批判にさらされたが，それは，ドイツでは結合企業法やその他の株式法上の個別規定が十分に機能していることから，関連当事者との取引につき特別の規制は不要であるといった根本的な点に加え，とくに，一定規模の関連当事者との取引につき，Fairness Opinionが必要とされた点，および株主総会の同意を要するとされていた点に集中していた。これらの批判に応える形で成立した改正株主権指令は，関連当事者との重要な取引につき，取引締結時に開示させるとともに，株主総会，管理機関または監査機関の同意を要する規律を導入した。どの程度の規模をもって重要な取引とみなされるかの基準をはじめ，多くの点が各構成国に委ねられることとなった。

　以上のEUにおける改正株主権指令とその成立経緯から，日本法に対してどのような示唆が得られるであろうか。この分野においても新たな規律を考えるにあたっては，規制の必要性（Erforderlichekeit）と仮に必要性が満たされた場合であっても規制手段の相当性（Angemessenheit）が考慮されるべきである[85]。わが国における関連当事者との取引に適用され得る規律を見てみると，関連当事者が取締役である場合には，利益相反取引として，取締役会設置会社では取締役会の承認を要することとされている（会社356条1項2号・3号・365条1項）。関連当事者との取引一般については，事後的な開示として，事業報告，個別注記表および監査役（監査役会，監査委員会，監査等委員会）の監査報告に関連当事者との取引に関する記載が求められている（会社法施行規則118条5号・129条1項6号・130条2項2号・130条の2第1項2号・131条1項2号，会社会計規則112条）。もちろん，これらの開示規制を遵守する前提として，取締役会において適切にチェックが行われ，監査役等は十分に監査を行うことが期待されている。もっとも，これらの規制はすべて事後的なものであって，このような事後的規制で少数派株主の利益が十分に保護されるかどうかについては，疑問がないわけではない[86]。学説上，取締役には少数派株主を保護する十分なインセンティブを欠いているとの指摘もある[87]。すでに関連当事者との取引につき

---

[85] Vgl. Vetter, a. a. O. (Fn. 20), S. 273, 295, 303.
[86] わが国においても，出資返還の禁止は不文の原則として存在しているし，利益供与の禁止（会社法120条）や違法配当規制（会社法462条・463条）等によって対処できるようにも思われるが，少数派株主の保護という意味での実効性は明らかではない。
[87] 弥永・前掲注7）338頁。

特別の規律を有している諸外国の法律や前述のEUにおける改正指令も，同様の発想に立っているものと考えられる。

規制手段の相当性は，換言すれば，規制にかかるコストと規制により得られる効果との比較衡量の問題であるといえる。この点は，関連当事者との取引にかかる承認機関の問題についてとくに妥当する。当初の委員会案に対する批判として展開された，株主総会による同意は時間とコストがかかり，取引の迅速性を阻害するといった意見は，この文脈において十分に理解できる。たしかに，公開会社においては，新株の有利発行等については株主総会の特別決議が要求されており（会社法201条・199条2項・309条2項5号），また新株の引受けにより発行会社の過半数を特定引受人が保有することになる場合には，10分の1以上の議決権を有する株主の反対があれば株主総会の普通決議を経なければならないとされている（会社法206条の2）。しかし，新株発行は，もちろん取引法的側面もあるが，同時に組織法的側面をも有しており，通常の取引行為と同視することはできない。また，取引条件等の開示された情報を株主が十分に精査して会社の利益のために議決権を行使することができるか否かは，なお検討の余地がある。会社法上，事業の全部または重要な一部の譲渡には株主総会特別決議が要求されているが（会社法467条1項1号・2号），他方で，重要な財産の処分または譲受けには，取締役会設置会社では取締役会の承認で足りる（会社法362条4項1号）。株主総会を承認機関とすることには慎重であるべきと考える[88]。

関連当事者との取引に関する独立の規定を有しないドイツにおいても，関連当事者との取引に関する規律のうち，開示規制の導入については積極的意見が多い。契約締結時点での開示は，違法行為に対する株主の対処手段を広げ，所定機関の承認や事後の損害賠償請求のための資料としても有益である。その際に，ドイツでは否定的見解が多い独立した第三者の報告書を合わせて開示させることが望ましいように思われる。独立当事者間取引の条件で行われる関連当

---

[88] 仮に株主総会を承認機関と考えた場合には，支配株主との取引を承認する株主総会決議において，当該支配株主は議決権行使できると考えるべきであろう。たしかに，会社法上，特別利害関係を有する株主は，一定の場合に議決権行使を禁じられるが（会社法140条5項・160条3項），この局面でのMajority of Minorityについては，本来取締役会が決定すべき業務執行行為を少数派株主が決定することとなるというドイツにおける批判がわが国でも妥当するように思われる。したがって，不当な取引条件で支配株主との間で取引が行われる場合には，当該取引を承認する株主総会決議は取消しの瑕疵を帯びると解すれば足りる（会社法831条1項3号）。

事者との取引は，EUにおいても適用除外とされているが，結局は当該取引が公正な条件で行われたかどうかが争いになる局面では，Fairness Opinionが有力な情報となり得る。しかも，ドイツとは異なり，日本ではMBO取引等において，第三者の報告書を徴求するという慣行が形成されつつあり，この点でも，Fairness Opinionを要求することはそれほど無理なことであるとは思われない。

　その他にも，わが国で関連当事者との取引に関する規律を新たに設けようとする場合に，例外規定や合算の問題等，考慮しなければならない点は多い。その際には，本稿で検討したEUの規制とその成立過程におけるドイツによる批判は，十分に参考になるものと思われる。

社債契約内容の変更における少数社債権者保護
―現行法の規制の意義を中心として―

森 まどか

第1節 はじめに
第2節 検討の前提
第3節 検　討
第4節 結びに代えて

第1節　はじめに

　社債契約の内容の変更には，どのような法的規制を及ぼすべきか。社債契約の内容の変更を行う場合，理論的には，①個々の社債権者の同意を要する，②社債権者集会決議等の多数決による，③事前の契約により社債管理者等に委ねる，という方法が考えられる。会社法の規定を見ると，社債契約の内容の変更自体を直接に規制する定めは置かれていない。そのため，社債契約内容の変更は，「社債の全部」に関する一定の事項についての，社債管理者と社債権者集会の権限分配に関する定め（会社法706条1項1号等）による規制を受ける。つまり，会社法はおおむね上記②の方法による変更を定めているが，上記①の方法による変更も否定されていない[1]。また，一部の財務上の特約の変更については，上記③の方法もとられている（後記**第2節2(2)**参照）。

　ところで，平成17年法律第87号による改正前商法（以下「旧商法」）319条は，社債権者集会の決議事項について，法律上定められているもののほか，社債権者の利害に重大な関係を有する事項であって，裁判所の許可を得たものに限り，社債権者集会において決議できると定めていた。このように決議事項を限定していた趣旨は，多数決の濫用の弊害を防止すること等にあると解されていたが[2]，多数決の濫用の弊害等の防止のために，決議前の許可と決議後の認可という，裁判所による二重の審査を要求することは過剰な規制であるという指摘がなされ，会社法は，社債権者集会において法定決議事項以外の事項を決議する場合における裁判所による許可の制度を廃止した（会社法716条）。つまり，会社法の下では，多数決濫用からの少数社債権者保護は，裁判所による決議の

1）　社債権者集会決議による社債契約内容の変更は，「社債の全部」に対するものである。これに対して，発行会社と個別の社債権者との同意に基づいて社債契約内容を変更することは許される（上柳克郎ほか編集代表『新版注釈会社法（第2補巻）』194頁〔江頭憲治郎〕（有斐閣，1996年），江頭憲治郎編『会社法コンメンタール(16)』147頁〔藤田友敬〕（商事法務，2010年））。その場合，エクスチェンジ・オファー（exchange offer）という形での変更が行われることがある。すなわち，社債発行会社が，既存の社債を，社債の元利払に関する権利内容ないし財務上の特約を変更した新規の社債等に，交換するオファーを行うというものであり，実際に，わが国でもこの方法による契約変更が行われた事例がある。ケネディクスによる社債の実質的な償還延長が実現されたことにつき，坪山昌司＝門田正行「交換募集（Exchange Offer）」事業再生研究機構編『事業再生と社債─資本市場からみたリストラクチャリング─』133頁（商事法務，2012年）参照。

2）　相澤哲編著『一問一答　新・会社法〔改訂版〕』195頁（商事法務，2009年）。

認可制度により担保することが企図されている[3]。

　他方で，後記**第2節2**(1)で述べるように，上記②多数決の方法により社債の契約内容を変更する場合，とりわけ，社債元利金の減免について，多数決により個別的権利行使が禁じられることで少数社債権者が害される可能性が従来から指摘されてきた[4]。しかし，そのことと，裁判所による不認可事由（会社法733条各号）に基づく社債権者集会決議の認可制度（会社法734条）が対象とする「多数決の濫用」からの少数社債権者保護の問題とは，その意義が，重複する点もあるが，完全に一致しているとはいえないように思われる[5]。前者の指摘は，多数決による少数社債権者の拘束，つまり，社債権者による個別の権利行使の可否に関する問題であるが，後者の問題は，それだけでなく，多数決による決定自体が何らかの要因により歪曲されることまでを含み，多数決濫用により歪められた決定に反対少数社債権者が拘束されることをも問題として捉えているように考えられるからである。

　このことからもわかるように，社債権者集会決議における多数決濫用からの少数社債権者保護の意義や必要性については，必ずしも十分に議論が尽くされたとはいえない[6]。社債権者集会決議に際して，少数社債権者が害されるような契約内容の変更とは具体的にいかなる場合なのか。多くの文献では，裁判所による社債権者集会決議の不認可事由（会社法733条3号）との関係で，「社債の一部免除の決議に際して，少数社債権者に対し著しく不公正な免除の割合を定めたような場合」がその一例として挙げられている[7]。しかし，これ以外で，多数決濫用により少数社債権者が害されるような態様での契約内容の変更とは

3）　相澤編著・前掲注2）195頁。
4）　須藤英章「私的整理か民事再生か」事業再生研究機構編『民事再生の実務と理論』278頁・285頁（商事法務，2010年），松下淳一「社債管理会社の地位・権限と民事手続法との関係について」学習院大学法学部法学会雑誌31巻1号35頁・53頁〜54頁（1995年）。
5）　松下・前掲注4）54頁は，社債の元利金減免を社債権者集会決議（多数決）により行うことはできないとの見解を前提に，社債の元利金減免を社債権者集会に付議し，その決議が成立したとしても，「決議ガ著シク不公正ナルトキ」（旧商法326条3号。会社法733条3号に相当）にあたるとして，その決議を不認可にすべきと主張するが，裁判所による不認可が多数決濫用からの少数社債権者保護をその趣旨としているとの一般的な理解とは趣を異にする。
6）　この問題点を本格的に扱った研究として，藤田友敬「社債権者集会と多数決による社債の内容の変更」鴻常夫先生古稀記念『現代企業立法の軌跡と展望』217頁以下（商事法務研究会，1995年）。本稿の検討は，この論文に負うところが大きい。
7）　奥島孝康ほか編『新基本法コンメンタール会社法3〔第2版〕』208頁〔清水忠之〕（日本評論社，2015年）。

いかなるものだろうか。また，会社法の規制はそのような場合に十分に対応しているといえるのか。本稿は，多数決濫用により少数社債権者が害される場合をより明確に定義付けるとともに，裁判所による決議の認可制度がそれにいかに対処できているのかを検討することでその問題点を明らかにし，社債契約の内容の変更の規制のあり方を模索しようとするものである。

　以下では，つぎのように検討を進める。まず，検討の前提として，社債契約の内容の変更を類型化し，現行法の規制の問題点を明らかにする（第2節）。つぎに，社債契約の内容を多数決により変更する際の，多数決濫用からの少数社債権者保護の具体的意義を示したうえで，裁判所による社債権者集会決議の認可制度がそれらにどう対処しているかを明らかにする（第3節）。最後に，本稿のまとめと社債契約内容の変更に関する法規制のあり方について残された検討課題を示して，本稿の結びに代える（第4節）。

第2節　検討の前提

1　契約内容の変更の類型化

　ここでは，検討の前提として，便宜上，社債契約の内容の変更として考えられるものを列挙する。

(1) 元利金に関する変更

　まずは，社債契約の中核をなす元利金に関する変更が考えられる。具体的には，①元本の減免，②利息の減免，③元本の償還期限（会社法676条4号）の延長，④利息の支払期限（会社法676条5号）の延長，である。

(2) 財務上の特約の変更

　上記(1)のほか，⑤財務上の特約の変更，が考えられる。これは，⑤(a)特定の財務上の特約に抵触するおそれがあるので，これを回避するためにその条項を削除する等，財務上の特約に違反する前の変更のほか，⑤(b)特定の財務上の特約違反状態が生じたが，その違反の効果として期限の利益を喪失させることが定められているが，喪失させない等，財務上の特約に違反した後の変更とに分かれる。

2　現行法による規制の概要

　会社法は，社債契約の内容の変更についての特段の規定を置かない。社債契

約の内容の変更は，社債管理者と社債権者集会の権限分配に関する規定（会社法706条1項1号），社債権者集会の決議要件に関する規定（会社法724条2項），および社債権者の決議事項に関する規定（会社法716条）による規制を受けるが，多数決（社債権者集会決議）により行うことができる（ただし，その変更は「社債の全部」について行われる）。そのため，上述の類型化した契約内容の変更それぞれに関する法規制の内容は必ずしも明確とはいえない。以下において規制の概要を整理し，問題点を明らかにする（ただし，裁判所による決議の認可制度については，後記**第3節2**で検討する）。

(1) 元利金に関する変更

上記1(1)③④に関する変更（元利金の支払期限延期）は，会社法706条1項1号に定める「当該社債の全部についてするその支払の猶予」に相当すると解される。旧商法309条ノ2の解釈として，元本の償還期限の延長だけを指すと解する見解も見られたが[8]，そのように限定する理由はなく，利息の支払の猶予も含むと考えられている[9]。よって，社債管理者がこのような契約変更を行う際には，社債権者集会の決議によらなければならない。会社法706条1項1号に基づき社債管理者がこのような社債契約内容の変更を行う場合，社債権者集会において，議決権者の議決権の総額の5分の1以上で，かつ，出席した議決権者の議決権の総額の3分の2以上の議決権を有する者の同意が必要である（以下「特別決議」。会社法724条2項2号）。社債管理者が設置されていない場合，あるいは，社債発行会社の主導でこのような社債契約内容の変更を行う場合も，同様に特別決議が必要となる（根拠条文は上記と異なり，会社法724条2項1号）[10]。

ところで，上記1(1)①②に関する変更（元利金の減免）については，これが会社法706条1項1号に該当するかについて従来から争いがある。有力説は，元利金の減免は，同条同項同号の「和解」であるとして，社債権者集会決議（特別決議）により行うことができると解していた（肯定説）[11]。昭和初年の金融恐慌時，現行規定のルーツである明治38年制定の担保付社債信託法85条の下

---

[8] 吉戒修一『平成五年・六年改正商法―代表訴訟・監査役・社債・自己株式』286頁（商事法務研究会，1996年）。

[9] 上柳ほか編集代表・前掲注1）194頁〔江頭〕，江頭編・前掲注1）147頁〔藤田〕。

[10] 実例として，2011年にJVC・ケンウッド・ホールディングスが子会社の発行した無担保社債の償還期限延長のための社債権者集会決議を行った（http://www.jvckenwood.com/press/2011/07/press_110715_02.pdf）。なお，奥総一郎「社債権者による私的整理への実質関与の方法と可能性」事業再生研究機構編『事業再生と社債―資本市場からみたリストラクチャリング―』38頁・60頁以下（商事法務，2012年）参照。

で，この解釈により社債元利金等の減免がすでに行われていたことも肯定説の根拠として挙げられている[12]。

これに対して，「和解」の要件である互譲があるといえるかが不明であるとか[13]，社債権者の基本的中心的権利である元利金の減免について，多数決によって反対する社債権者を強制することは適切でないため，そもそも社債権者集会に付議することはできないとする見解も見られる（否定説）[14]。否定説によれば，会社法724条2項2号の定める社債権者集会決議に基づいて，社債管理者が行うことができないことはもちろん，同条同項1号に定める社債権者集会決議に基づいて社債発行会社のイニシアティブで行うこともできない。

以上に対し，現行法上は，上記1(1)①②に関する変更（元利金の減免）は，少なくとも「社債権者の利害に関する事項」であるとして，会社法716条に基づいて社債権者集会で付議できるとする見解もある[15]。この見解は，否定説の実質的な論拠は，大口社債権者とその他の社債権者との間に利益相反が生じ

---

11) 江頭憲治郎「社債権者集会による社債の償還金額の減免等」NBL985号1頁（2012年）。
12) 箱根土地株式会社物上担保付社債につき，社債権者集会決議によって利払の遅滞の免除ならびに社債と株式との交換が「和解」として行われたことにつき，来栖赴夫『商法・社債法の研究』385頁〜387頁（有斐閣，1967年）。
13) 事業再生ADRの局面では，少なくとも社債発行会社がリストラを含む事業再生計画の履行を約束することになるからそれが「互譲」に当たると解されているようである（経済産業省経済産業政策局再生事業課事業再生関連手続研究会「中間とりまとめ—事業再生局面における社債の元本減免について—」9頁（平成25年3月）http://www.meti.go.jp/committee/kenkyukai/sansei/jigyo_saisei/pdf/report_02.pdf）。事業再生ADRを利用しない社債リストラクチャリングの際にも，通常何らかの事業再生計画を履行しようと努力しているのであるから，社債権者との間で互譲が成立し「和解」に該当すると解釈することはできるが，裁判所による認可が得られるか否かについての予見可能性が低いことが問題であるとされていたことにつき，南賢一「産業競争力強化法による社債の元本減免規定の創設と事業再生ADRを利用しない社債リストラクチャリング」金融法務事情1991号4頁〜5頁（2014年）。
14) 須藤・前掲注4）285頁，とくに注（23）は，社債の償還金額の減額について規定がないのは，その重要性から多数決によって反対する社債権者を強制することが適切でないことの表れであり，裁判所からも非公式に教示を受けた，とする。また，松下・前掲注4）53頁〜54頁は，投下資本の回収に関する手続的権利を個別的に行使することは債権者の有する利益の中心的なものであり，多数決による決議の拘束力は否定せざるを得ないとする。その他，今井克典「社債権の内容に関する社債権者集会の決議事項」名大法政論集251号1頁・36頁以下（2013年）。井出ゆり「社債の元利金減免に関する立法試案の概要」事業再生研究機構編『事業再生と社債—資本市場からみたリストラクチャリング—』200頁以下（商事法務，2012年）は，現行法上，社債権者集会決議により社債元利金の減免ができないことを前提とする。
15) 橋本円『社債法』45頁〜46頁・328頁〜329頁（商事法務，2015年）。

るおそれがあることであるが，具体的な利益相反に対する対応は，裁判所による不認可事由（会社法733条各号）の認定を通じて図られるべきであるという[16]。一方で，会社法716条に基づいて社債権者集会で決議できるとした場合，出席した議決権者の議決権の総額の2分の1を超える議決権を有する者の同意により，決議することができてしまう（以下「普通決議」。会社法724条1項）が，これは，明らかに上記1(1)③④に関する変更が特別決議事項とされていることとの平仄を欠くとの批判もなされている[17]。

　このように，元利金の減免を社債権者集会に付議できるか，付議できるとした場合の決議要件はいかなるものかについては議論がなされていたが，最近，基本的には肯定説に立った上で，元利金の減免を会社法706条1項1号に含めるような立法提案がなされている[18]。上記の論点自体，重要であるが，本稿の問題意識との関連ではこれ以上は立ち入らず，以下では，立法の基本的方向性に従い，社債権者集会決議により元利金の減免を行うことができることを前提として議論を進める。

(2) 財務上の特約の変更

　つぎに，上記1(1)⑤の変更（財務上の特約の変更・削除）に関する現行法の規制を検討する。

　会社法は，財務上の特約について直接規制せず，その変更についても明示の規定を置かない。たとえば，特約違反があったことにより誘発されるべき期限の利益を喪失させない旨を社債発行会社に対して約束することは，一種の契約の変更である。そして，このような契約の変更は，会社法706条1項2号の「その債務の不履行によって生じた責任の免除」に相当するとして，社債権者集会決議が必要であるとする見解がある[19]。この見解によれば，社債管理者

---

16) 橋本・前掲注15) 328頁。ただし，この見解のいう「利益相反」が，個別的権利行使の禁止の問題を意図するのか，あるいは，多数決濫用を意図するのかは不明である。前者であれば，裁判所は，当該決定に関し，個別的権利行使の禁止の可否まで含めて認可をすることになろうか。後者であれば，本稿の立場と同様，裁判所の決議の認可は，多数決濫用からの少数社債権者保護を趣旨とすることになる。
17) 須藤・前掲注4) 285頁，井出・前掲注14) 201頁。
18) 公益社団法人商事法務研究会会社法研究会「会社法研究会報告書」旬刊商事法務2129号26頁（2017年），神作裕之「『会社法研究会』報告書について―『第五・役員の責任』～『第八・社外取締役』―」旬刊商事法務2133号22頁以下（2017年），法制審議会会社法制（企業統治等関係）部会第4回会議（平成29年7月26日開催）「社債の管理の在り方の見直しに関する論点の検討」『会社法制（企業統治関係）部会資料5』12頁（http://www.moj.go.jp/content/001237443.pdf）。

がこれを行う場合には会社法724条2項2号に基づいて，そうでない場合には同条同項1号に基づいて，いずれの場合にも，特別決議を経なければならない。

この見解に対しては，特約の内容に即して場合を分けて考えるべきであるとする見解がある。すなわち，一定の条項に違反することで当然に期限の利益を喪失する場合であれば，それにもかかわらず発行会社との間で期限の利益を喪失させない旨を約することは，「支払の猶予」（会社法706条1項1号）に該当するが，財務上の特約に違反する状態が発生した場合には，社債管理者が一定の措置（たとえば期限の利益の喪失の宣言）をとることができる旨の約定がある場合に，そのような措置をとらないことを社債発行会社と約束することは，当然には「債務の不履行によって生じた責任の免除」には該当しないとする。そして，社債管理者が，約定権限の不行使による善管注意義務違反を問われることがないよう，社債契約を変更し財務上の特約を削除することでデフォルト状況を解消する場合は，会社法716条に基づいて社債権者集会決議によってそれを行うことになるという[20]。この場合の決議要件は，普通決議（会社法724条1項）によることになる。

特約違反により当然に期限の利益を喪失する場合に，喪失させないことを約束することにつき，前者の見解は，「その債務の不履行によって生じた責任の免除」に相当すると解するが，後者の見解は，「支払の猶予」に相当すると解するように見受けられる。どちらも，会社法706条1項1号に規定されており，いずれの場合も社債権者集会の特別決議（会社法724条2項）を経なければならないので，実質的には，さほど差異がないようにみえる。しかしながら，「支払の猶予」に相当するとする後者の見解による場合には，支払猶予の期間を明示した決議が必要であると解するべきであろう[21]。

財務上の特約の現状を見てみると，違反についてつぎのような救済手段を定めるものがほとんどである。最も多いパターンとして，特約違反があった際，社債管理者が「担付切換条項」を発動し，当該社債に担保を付すというものである。これにより，期限の利益喪失は回避される。当該社債に担保が付された後は当該特約に違反する状態が継続していても，何ら救済手段は発動されないことから，実質的には当該違反した財務上の特約は削除されたのと同等の結果

---

19) 上柳ほか編集代表・前掲注1）195頁〔江頭〕。
20) 江頭編・前掲注1）148頁〜149頁〔藤田〕。
21) 上柳ほか編集代表・前掲注1）195頁〔江頭〕。

を生じる。この意味において，社債契約内容の変更，実質的には特約の削除が行われているといえるが，社債管理者がイニシアティブをもって行うことができ，社債権者集会における多数決は必要とされない。つまり，上述の会社法716条に基づく社債権者集会決議（普通決議）すら不要である。よって，担付切換条項の発動による（実質的な）特約削除を社債管理者に委ねることについては，社債契約に事前に定めることにより全社債権者の同意を得ているといえる。もちろん，担付切換条項が付されていない場合や，担付切換条項が付されている場合であっても適切な担保がないために発動できない場合には，特約違反があるにもかかわらず期限の利益を喪失しない約束をすることとなるため，上述の「債務不履行により生じた責任の免除」または「支払猶予」に該当し，社債権者集会の特別決議が必要となろう。もっとも，担付切換条項は社債管理者のイニシアティブで発動されるため[22]，社債管理者が設置されていない社債については，担付切換条項発動により特約が削除されるケースは少ないであろう。

　以上の議論は，⑤(a)財務上の特約違反が生じた後の契約変更に関するものである[23]。それでは，⑤(b)特約違反が生じる前の段階での契約変更についてはどうか。特約違反が生じる前の段階については，文言上，会社法706条1号1号の「債務の不履行によって生じた責任の免除」に相当するとは解しにくい。また，違反前の特約の変更・削除が「支払の猶予」に相当するとも考えにくい。

　そもそも，発行会社の支払能力と関係のない局面で，特約の変更・削除が，その違反前に行われる場合をどのように考えるべきであろうか。たとえば，発行会社が会社分割を行う際に，純資産額維持条項に抵触し，そうするとクロス・デフォルトを引き起こす可能性があるために有益な組織再編が妨げられるおそれがある場合に，当該純資産額維持条項を削除するような契約変更を行おうとしているとする。この場合，前述の担付切換条項の発動により，社債権者集会決議を経ることなく，契約変更（純資産額維持条項を削除）することが可能である一方，多くの社債契約で同時に定められている担保提供制限条項との相反関係から，うまく発動されないことがある[24]。このような場合に，特定の

---

22) 現代社債投資研究会編著・徳島勝幸監修『現代社債投資の実務〔第3版〕』101頁（財経詳報社，2008年）参照。

23) この点を論じる江頭憲治郎「無担保社債の管理について」文研論集80号165頁・185頁（1987年）も，違反後の補正期間中の社債管理者〔当時の受託会社〕のなすべき行為であることを前提としている。

特約の変更・削除が、会社法706条1項1号の事由に該当するかどうかは明らかでない。当該特約が定められていた分、発行当初に社債の利率が低く抑えられていたとすれば、これが削除されると、本来の利率は、従前のものより高くなりそうである。このことをどう考えるかも問題となろう。つまり、当該特約の変更・削除が、実質的に利率の削減と同等であると解されるのであれば、上記(1)で述べた社債の元利金に関する変更と同様の問題として捉えるべきケースも生じるかもしれない。少なくとも、会社法716条の定める「社債権者の利害に関する事項」として社債権者集会に付議することはできると解されるが、その場合は普通決議（会社法724条1項）を経ることになり、上述の意味における利率削減を普通決議で行うことができるのかは疑問である。

第3節 検 討

1 社債権者間での利益移転と利益分配

　多数決により社債契約の変更を行う際には、少数社債権者保護に配慮すべきであると主張がなされるが、これがわが国では社債権者集会決議への裁判所の認可制度によって少数社債権者の利益の保護が図られていると説明されることがある[25]。そこで、ここでは、多数決における少数社債権者保護の意義について検討する。

　多数社債権者と少数社債権者間での利害対立を問題とする場合、以下の二つの場合に分けて考えることが重要であるとの指摘がなされている[26]。第一は、社債権者間での利益移転が行われる場合、である。すなわち、社債権者全体の取り分は増大しない一方で、少数社債権者から多数社債権者へ利益移転が行われることにより少数社債権者の利益が損なわれる場合である。第二は、社債権者全体の取り分は増大するが（少なくとも減少しない）が、多数社債権者と少数社債権者との間での利益の分配が問題となる場合である。以下、順に例を挙げて検討する。なお、以下の例のいずれにおいても、ここでは社債権者集会決議に関する裁判所の認可は考慮しない。

---

24) 森まどか『社債権者保護の法理』163頁（中央経済社、2009年）。ただし、社債間限定特約（担付切換を除く）でこの状態を回避することはできる。
25) たとえば、橋本・前掲注15) 328頁。
26) 藤田・前掲注6) 231頁・233頁。

(1) 少数社債権者から多数社債権者への利益移転

　第一の場合，すなわち，社債権者全体の取り分が増大しないにもかかわらず，このような利益移転が行われる場合を考える。

　例1：社債発行会社甲社の発行した総額10億円（一口当たり100万円×1000口），償還期限10年の社債が間もなく満期を迎えるところ，甲社は社債権者集会を招集し，そこで満期をさらに10年延期すること（会社法706条1項1号の「支払の猶予」に相当）を提案した。ここで，つぎのような互いに独立した前提を置く。
　（前提①）　甲社をただちに解体・清算した場合に社債権者全体が得られる価値は，10億円（一口当たり100万円）である。
　（前提②）　甲社には資力がなく，満期に社債を償還することはできない状態にある。甲社をただちに解体・清算した場合に社債権者全体が得られる価値は，5億円（一口当たり50万円）である。

　例1（前提①）のような，償還期限の延期は，社債権者全体の取り分を増大する決定ではない。決議前の状態（社債権者が得られる価値の上限は，一口当たり100万円）を決議後の状態（10年後の社債の価値）が上回るとはいえないからである。より正確には，社債権者と株主との本来的な利害対立により，以下のようにして社債権者から株主への利益移転が行われ得る。すなわち，株主は，本来であれば満期の到来により返済することになっていた社債元本額に相当する資金（10億円）を，支払期限を延期した期間内に何らかの別の投資機会に再投資することになる。この期待リターンが十分大きければリスクは大きくとも株主としては合理的な決定になる。一方で，社債権者としては，再投資の結果得られたリターン全部を享受することはできず，失敗したときのリスクのみを負う[27]。よって，通常であれば，社債権者全体の利益を増大しないような社債権者集会決議は成立しないはずである。

　しかしながら，(a)甲社の大株主が多数社債権者を兼ねている場合には，その大株主すなわち多数社債権者は，【株主として社債権者から移転して得られる額＞社債権者として喪失する額】であれば，この決議に賛成するインセンティブを有する。(a)のほか，(b)多数社債権者に対して社債発行会社（株主）[28]が，

---

27) 藤田・前掲注6）236頁注⑱。社債権者と株主との利害対立の態様の一つである「資産代替（asset substitution）」に相当する（森・前掲注24）13頁〜14頁）。
28) 社債発行会社の経営者と株主との間に生ずる持分のエージェンシー・コストはゼロと仮定する。

議決権行使に際し利益提供を行い，賛成するよう誘導することによっても成立し得る。すなわち，社債権者全体としては利益にならない決定であっても，多数社債権者に対してのみ利益提供が行われ，かつ，利益提供により得られる利益が，社債権者全体として失われる利益より大きい場合（【社債発行会社から与えられる額＞社債権者として喪失する額】）には，多数社債権者はその決議に賛成するインセンティブを有する[29]。

　例1（前提②）の場合はどうか。この例では，決議前の状態では，社債権者の得られる利益は一口当たり50万円である。決議が成立し，支払が延期されることにより倒産の回避が確実であれば，社債権者の取り分は一口当たり50万円を上回るはずであろう。倒産手続を利用することにより社債発行会社が負担しなければならない倒産コスト分は少なくとも節約することができるからである。したがって，このような決定が社債権者全体の取り分を増大するものである限り，社債権者集会決議は成立する可能性が高い[30]。

　例2：社債発行会社甲社は，発行済社債の元本10億円（一口当たり100万円×1000口）を7億円（一口当たり70万円）に削減するという契約の変更を社債権者集会に提案した。ここで，つぎのような互いに独立した前提を置く。

　前提①　甲社をただちに解体・清算した場合に社債権者全体が得られる価値は，10億円（一口当たり100万円）である。

　前提②　甲社をただちに解体・清算した場合に社債権者全体が得られる価値は，5億円（一口当たり50万円）である。

　例2（前提①）の決議は，社債権者全体の取り分を増大するものではない（決議前に社債権者が得られる価値は，一口当たり100万円であったが，決議後に得られる社債権者の価値の上限は，一口当たり70万円となる）。例1と同様，このような決定がなされれば，株主は本来返済すべき債務額（3億円）を別の投資

---

[29] このような利益移転が行われることが，市場により事前に評価がなされ，その分利率が高く設定される場合，少数社債権者だけでなく多数社債権者もその利率上昇分を享受するほか，株主の地位を兼ねていない多数社債権者は株主としてその利率上昇分を負担する必要もなく，さらに利益提供も受けるため，こうした利益移転を行うインセンティブは強まるように思われる。

[30] 社債権者集会決議の際，このような支払延期により倒産回避が確実かどうかは不明である。この点については，社債権者は，その情報を得る等必要な費用をかけて慎重に検討する必要があり，このような判断をするために支出した費用は無駄になる可能性もある。そのため，合理的無関心の生じる余地が生じることが指摘されている（藤田・前掲注6）235頁注(12)）。しかし，ここではいったん，そのような情報に関わるコストは度外視する。

機会に再投資するが，この期待リターンが十分大きければリスクは大きくとも株主としては合理的な決定になる。一方で，社債権者としては，再投資の結果得られたリターン全部を享受することはできず，失敗したときのリスクのみを負うこととなる[31]。よって，通常はこのような決定はなされないはずであるが，例1 と同様，(a)大株主が多数社債権者を兼ねている場合，または(b)社債発行会社（株主）が多数社債権者に議決権行使に関して利益提供を行う場合には，可決される可能性がある。少数社債権者から多数社債権者への利益移転行為の一類型である。

つぎに 例2（前提②） の決議はどうか。決議前の社債権者の得られる価値は，5億円（一口当たり50万円）であるが，このリストラにより確実に倒産が避けられるのであれば，決議後に社債権者が得られる価値は7億円（一口当たり70万円）である。両者の差額である2億円は，法的な倒産手続に入らないことで節約できる倒産コストに相当すると説明できる。よって，確実に倒産を避けることができるのであれば，このような決議は社債権者全体の取り分を増大するため，多数決（社債権者集会決議）は成立することになろう。しかし，社債権者集会決議をする際には，倒産回避が確実かどうかは不明である。また，倒産回避できた場合には，社債権者全体の価値は7億円（一口当たり70万円）となるが，これはあくまでも最終的に社債権者全体が得られる価値の上限値に過ぎない。後に，株主によるモラル・ハザードが生じ，危険な投資が行われた場合には，成功したとしても社債権者は元本総額を上回る価値を得ることはできないからである。

つぎに，財務上の特約の変更・削除についてはどうか。

例3 ：甲社の発行した社債（元本総額10億円）には，財務上の特約として，追加債務負担制限条項が付されていた。甲社（＝株主）は，追加債務負担制限条項を削除することを企図し，社債権者集会に提案した[32]

すでに発行した社債は，追加債務負担制限条項が特約されているため，このことを見越してプライシングされていたはずであるが，突然この特約が削除さ

---

31) 前掲注26) 参照。
32) このような財務上の特約の削除が社債権者集会決議事項であるのか，そうである場合，決議要件はどうなるかについては明らかでないが，ここでは，「社債権者の利害に関する事項」として会社法716条に基づき，普通決議（会社法724条1項）によるものとする。

れ，追加的に社債が発行されれば，既存社債権者はキャピタル・ロスを受ける。このキャピタル・ロスに相当する分は株主の利益となる[33]。社債権者と株主の利害対立は，社債発行会社が経済的に困窮している場合に先鋭化するが，この手法は，手っ取り早く経済的に困窮した状態にする一方法であるとされる。すでに述べたように，(a)大株主が多数社債権者を兼ねている場合，または(b)社債発行会社（株主）が多数社債権者に議決権行使に関して利益提供を行う場合には，この提案が可決される可能性がある。その他，株主への配当をしやすくするために，財務上の特約を緩和・削除する等のケースも考えられる。

(2) 社債権者間での利益分配

第二の場合，つまり，社債権者全体の取り分は増大するが（少なくとも減少しない）が多数社債権者と少数社債権者との間での利益の分配が問題となる場合はどうか。

> 例4 ：社債発行会社甲社は，私的整理に基づくリストラの一環として，社債金額（元本総額10億円，一口当たり100万円×1000口）の削減（10億円を4億円に削減。一口当たり100万円を40万円に削減）を検討していた。ただちに清算したとすれば，社債の価値は3億円（一口当たり30万円）である。多数社債権者（7億円）がこのような計画に反対している。そこで，甲社は，多数社債権者の有する社債を，市場価格を上回る価額（5億円，一口当たり50万円）で買い取ることでその反対を抑え，決議は成立した（藤田・前掲注6）232頁～233頁の例による）。

この場合，決議前の状態では社債権者全体の得られる価値は，一口当たり30万円であったが，決議後の状態は，多数社債権者については一口当たり50万円，少数社債権者については一口当たり40万円となり，いずれの社債権者も，決議前の状態（一口当たり30万円）より改善されている。つまり，多数社債権者は一口当たり20万円，少数社債権者は一口当たり10万円，決議前より増大するが，その利益の分配が不平等となっている。一方で，このような場合は，一般論としては肯定され[34]，規制されるべきでないと主張されることがあり，少数社債権者を不利に扱う内容の契約変更であっても，社債権者全体の取り分が増大するのであれば，そのような変更は肯定される。しかしながら，事前に利益移

---

[33] 「おとり商法（Bait and Switch）」と呼ばれる，社債権者と株主の利害対立態様である。RICHARD A. BREALEY, ET AL., PRINCIPLES OF CORPORATE FINANCE, 474 (12th ed. 2016))。リチャード・A・ブリーリーほか著／藤井眞理子＝国枝繁樹監訳『コーポレート・ファイナンス〔第10版〕（上）』756頁～757頁（日経BP社，2017年）。

[34] 藤田・前掲注6）233頁。

転が行われる場合と区別することは難しいことが指摘されている[35]。

2 裁判所による認可の意義

会社法上，社債権者集会決議事項の効力発生要件として裁判所による認可が必要である（会社法734条1項）。裁判所による認可の際には，会社法733条各号の定める不認可事由に相当するか否かが問題となるが，上述のような，社債権者と株主との利害対立を背景に行われる利益移転行為ないし利益分配行為が，これらの不認可事由によりどのように規制されるかを，元利金の支払いに関する変更，財務上の特約の変更について順に検討する。

(1) 元利金の支払に関する変更

① 多数社債権者が株主を兼ねている場合

まず，社債権者集会決議において，元利金の支払に関する変更が可決された場合はどうか。このとき，会社法733条の定める不認可事由のうち，3号「決議が著しく不公正であるとき。」および，4号「決議が社債権者の一般の利益に反するとき。」が問題となろう。

(i) 会社法733条3号

会社法733条3号については，多数決の濫用にあたる場合で，たとえば，「社債の一部免除の決議に際して，少数社債権者に対し著しく不公正な免除の割合を定めたような場合」[36]，「決議内容が利害関係を有する社債権者間の利害の均一性を害する場合」であり，「すなわち，一部の社債権者のみに有利な内容の決議がなされた場合」[37]とされる。つまり，多数社債権者が株主を兼ねているか否かと関係なく，少数社債権者に対してのみ不利な決議（たとえば，元本削減につき，少数社債権者は30％の削減率であるのに対し多数社債権者は10％の削減率とする等）を成立させると，同号により不認可になりそうである。

他方，社債全体にかかわる元利払に関する契約内容の一律の変更に際し，多数社債権者が株主を兼ねていることにより，社債権者全体の取り分が減少する一方で，株主としての取り分が増大するような契約変更（上記の 例1（前提①） や，

---

35) 藤田・前掲注6）233頁。したがって，誤った判断がなされるコストも含め，規制のコスト節約の観点から，一律に禁止するというルールが正当化される場合もあるという。

36) 鴻常夫『社債法』188頁（有斐閣，2004年，オンデマンド版），奥島ほか編・前掲注7）208頁〔清水〕，上柳克郎ほか編集代表『新版注釈会社法（10）』168頁〔神田秀樹〕（有斐閣，1988年）。

37) 江頭編・前掲注1）239頁〔丸山秀平〕。

例2（前提①）のような契約変更）は，むしろ，以下に述べるように，会社法733条4号に基づいて不認可とされうるように思われる[38]。

(ii) 会社法733条4号

会社法733条4号の定める「決議が社債権者の一般の利益に反するとき。」の解釈としては，(a)「会社財政の救済のために必要限度を超えて社債の一部免除，利率の引き下げを行う場合」とする見解[39]，(b)「清算価値を下回る金額まで社債権者の有する債権を放棄する場合等」と解する見解[40]，および(c)上記二つの場合に加えて，社債の発行者に著しく不当な利益を与える旨の決議があった場合と解する見解[41]がある。

(a)の「必要限度」の解釈については，自明でない。たとえば，(イ)社債の時価[42]を下回る額までの社債の一部免除決議が成立したが，裁判所がかりに「必要限度」を超えるとして不認可の裁判をしたとする。このため，改めて，(ロ)社債の時価相当額までの社債の一部免除決議が成立し裁判所が当該決議を認可したが，その結果，(イ)の決議を執行すれば得られたであろう社債権者の利益が，(ロ)の決議を執行して得られた社債権者の利益を上回った，という事例においては，(イ)の決議を不認可にすることは，むしろ「社債権者の一般の利益に反する」ことになるとの指摘がある[43]。そのため，「必要限度」の解釈については，社債発行会社の財務状態が継続的に悪化していること等，「決議外の個別的又は具体的な事情を考慮すべき」とされている[44]。

しかしながら，この見解には次のような難点があるように思われる。すなわち，まず，認可時点において，上記〔(イ)【時価を下回るような元本削減】の決議執行により得られる社債権者の利益＞(ロ)【時価と同等になる元本削減】の決議執行により得られる社債権者の利益〕という結果は，上記の例における社債の「時価」が同値であることを仮定すると，あり得ないように思われる[45]。最

---

[38] 複数の不認可事由相互の関係については，橋本・前掲注15）361頁〜362頁。一つでも不認可事由があれば，不認可の裁判をすることになろう。鴻・前掲注36）195頁参照。
[39] 鴻・前掲注36）188頁，奥島ほか編・前掲注7）209頁〔清水〕。
[40] 江頭憲治郎＝門口正人編集代表『会社法大系(2)』459頁〔中井康之〕（青林書院，2008年）。
[41] 橋本・前掲注15）361頁。
[42] 社債発行会社の信用リスクの低下により，社債の時価が元本額を下回っていることが前提であると解される。
[43] 橋本・前掲注15）361頁。
[44] 橋本・前掲注15）361頁。

終的に社債権者の得られる利益の上限は、削減後の元本額であり、それを上回ることはない[46][47]。もちろん、最終的に社債権者が得られる利益は、認可後には変動し得るが、もし上述の見解が、「決議を執行すれば得られたであろう社債権者の利益」を〔最終的に（決議執行時ではないの意）社債権者が得られる利益〕と解しているのであれば、それこそ、裁判所が認可の際にそれを予測することは不可能ではないか。

つぎに、たしかに、上述の見解がいうように、「決議外の個別的又は具体的な事情」として、社債発行会社の財務状態が継続的に悪化していること等を裁判所が判断することは必要であるように思われる。たとえば、事業再生ADR手続を利用した事業再生の際、社債の元本減免を内容とする社債権者集会決議について、つぎの三要件を満たしていれば、会社法733条4号の不認可事由に該当しないと考えられている。すなわち、①社債の元本減免を内容として含む債務者企業の事業再生計画について、遂行可能性があること、②社債の元本減免を内容として含む債務者企業の事業再生計画を遂行した結果として、元本減免の対象となる社債権者の債権額の回収の見込みが、破産手続による債権額の回収の見込みよりも多いこと（清算価値保証）、③社債の元本減免の内容が、異なる種類の社債権者及び事業再生ADR制度の対象債権者と比べて、実質的に衡平なものであること、である[48]。このうち、①は、上述の解釈を補強する。また、「株式会社地域経済活性化支援機構法」34条の2および34条の3、平成25年3月15日主務大臣により発出された告示によれば、裁判所による社債権者集会決議に関する認可について、実体的内容についての判断を下すこととなっている。とくに、①事業の再生のために合理的に必要な減額であること、②確認時点で清算した場合の当該社債の償還すべき金額が、当該減額を行った場合の当該社債の償還すべき金額等、当該減額が当該社債の社債権者にとって経済

---

45) もっとも、上記の論者によれば、(イ)の決議と(ロ)の決議との間には時間差があるようにも見えるので、両者の「社債の時価」は異なる可能性もある。

46) BREALEY, ET AL., supra note 33, 468, fig. 18.3, ブリーリーほか著／藤井＝国枝監訳・前掲注33) 746頁図18.3。

47) なお、認可時点における削減後の元本額の下限は、(b)の見解のいうところの「清算価値」であろう。清算価値を下回るまで元本を削減するのであれば、清算価値を保証する法的倒産手続によったほうが社債権者にとっては合理的であるはずであるから、そもそも倒産コストを節約できる私的整理において社債の元本を、清算価値を下回るほどまで削減する必要はないからである。

48) 経済産業省経済産業政策局産業再生課事業再生関連手続研究会・前掲注13) 11頁～12頁（平成25年3月）。

的合理性を有すると見込まれるものであることが，裁判所による認可の要件となっているほか，当該社債に係る債務以外の債務の免除の状況その他の事情にかんがみ，当該事業再生計画における当該社債に係る債務以外の債務の取扱いとの間の実質的衡平についても十分に考慮すべきこと，が定められている[49]。このうち，①は，上述の解釈と同様である。

しかしながら，社債権者が得られる価値につき，認可の時点における社債発行会社の解体を仮定した清算価値相当分が，認可時点におけるその「下限値」として保証されている限りにおいて，「必要限度」までの減免であるか否かを裁判所が実体的に判断することは実際に可能なのであろうか。会社法733条各号の定める不認可事由は，あくまで，「社債権者集会の自主性を尊重すべく」，「実質的にみてその自治の限界を画する基準を示したもの」であり[50]，裁判所に，社債権者全体の利益のために決議を監督することをさせるためではないとするのが通説である[51]。通説を前提として，元利金の支払に関する変更の局面において(a)説を解釈するのであれば，「必要限度」については，実際は社債権者集会に相当の裁量を認めざるを得ないのではないかとも思われる。

つぎに，会社法733条4号の意味を，社債権者全体の得られる価値の下限値として「清算価値を保証する意」であること前提としたとしても，この不認可要件自体によって，少数社債権者から多数社債権者への利益移転自体は抑制されるだろうか。

例2（前提②）のように，一口当たり100万円を70万円に削減する場合，社債の変更後の元本（一口当たり70万円）は社債の清算価値（一口当たり50万円）を上回るため，会社法733条4号により裁判所が認可しない可能性は低い。

一方で，例2（前提②）に関連する次の二つの例を考える。

例2'（1）：社債発行会社甲社は，発行済社債の元本10億円（一口当たり100万円×1000口）を6億円に削減する（一口当たり60万円に削減）という契約の変更を

---

[49] 内閣府・総務省・財務省・経済産業省告示第2号（平成25年3月25日）。
[50] 鴻・前掲注36) 189頁。
[51] 鴻・前掲注36) 194頁注10) 参照。会社法733条各号に列挙した事由以外の事由で不認可の決定をなし得ないとするのが通説であるが（鴻・同188頁，その根拠も同一である。これに対し，藤田・前掲注6) 241頁注㊴は，会社法733条3号・4号の一般条項的性格から，認可が裁判所の裁量的性格を有する可能性があることは否定できないことを指摘する。しかし，この見解が述べるように裁判所が広く裁量的性格を有するとしても，本文に示すように清算価値が保証されている限り，裁判所が「必要限度」までの減免かどうかを判断できる可能性は，実際上は高くないように思われる。

社債権者集会に提案した。甲社をただちに解体・清算した場合に社債権者全体が得られる価値は，5億円（一口当たり50万円）である。

例2′（2）：社債発行会社甲社は，発行済社債の元本10億円（一口当たり100万円×1000口）を4億円に削減する（一口当たり40万円に削減）という契約の変更を社債権者集会に提案した。甲社をただちに解体・清算した場合に社債権者全体が得られる価値は，5億円（一口当たり50万円）である。

例2（前提②），例2′（1）ともに，清算価値（一口当たり50万円）を上回る元本の削減であるから，このような社債権者集会決議がそれぞれ個別に成立したと仮定すると，裁判所はいずれも不認可とはしないことが考えられる。その場合，認可時点における社債権者の得られる価値の下限値として，清算価値である一口当たり50万円が裁判所の認可により保証され，上限値については例2（前提②）では一口当たり70万円，例2′（1）については一口当たり60万円となる。上限値については，上で論じたように，「社債権者集会の裁量」として裁判所はさほど監督しない，あるいは，判断できないことが考えられる。しかしながら，社債権者の得られる価値の上限値は，例2（前提②）のように一口当たり30万円のみを削減した70万円で十分なはずであっても，これまで述べてきた社債権者と株主との利害対立を背景に，例2′（1）のように一口当たり40万円削減した60万円まで抑えることが，上記の前提では可能になるのではなかろうか。一口当たり10万円の差額分は，社債発行会社（株主）が再投資することができる。リスキーな再投資がなされ，成功したとしても，社債権者の得られる利益の上限値は，例2′（1）の場合，60万円となるが，このような決議は，例2（前提②）のような選択肢（社債権者の得られる価値＝一口当たり70万円）があることが他の社債権者に知らされないまま成立し得る。社債権者の得られる価値は，決議前の状態（一口当たり50万円）より，決議後の状態（一口当たり60万円）のほうが増大しているからである。さらには，例2（前提②）の選択肢があるという情報がかりに知らされていたとしても，(a)社債発行会社の大株主が多数社債権者を兼ねている場合，あるいは，(b)多数社債権者に利益誘導が行われた場合には，そうした決議は成立し得る。また，裁判所は，(a)の場合であっても，上述のように，不認可とするかどうかは疑問である（(b)の場合については後述）。

他方，例2′（2）の場合はどうか。この場合は，社債権者全体としては，倒産させた方が利益になるため（倒産させ，解体・清算すれば社債権者の得られる

利益は一口当たり50万円であるのに対し，倒産させない場合に社債権者が得られる利益の下限は，一口当たり40万円となる），通常であればこうした決議は成立しないはずである。しかし，かりに(a)社債発行会社の大株主が多数社債権者を兼ねていた場合，あるいは，(b)多数社債権者に利益誘導が行われた場合に，このような決議が成立しても，このような変更（一口当たり100万円を40万円に削減）は，社債の変更後の元本（一口当たり40万円）は社債の清算価値を下回るため，会社法733条4号により認可されないこととなりそうである。

　以上を要するに，少数社債権者から多数社債権者への利益移転行為が行われる際，その結果として，少数社債権者の得られる価値が清算価値を下回るような場合には，裁判所による認可制度が，その限度で利益移転行為を認めないという点では機能するといえる。逆に言うと，少数社債権者の得られる価値が清算価値を上回っている限りにおいては，上述のように，利益移転行為は抑制されないのではなかろうか。

　裁判所は，認可の時点で，債権額削減により確実に倒産を避けることができるかを予測することはできない。少なくとも，このような予測のための情報を裁判所に提供する必要があろう。さらに，裁判所が，会社法733条4号に基づいて社債権者集会決議を認可するに際しては，たんに，認可後に社債権者の得られる価値が，認可時点での清算価値を下回る場合にのみ「不認可」と判断することは比較的容易であるかもしれない。しかし，削減後の元本額は，社債権者全体が当該決議により得られる価値の（認可時点における）上限に過ぎない。その上限値が清算価値を上回っていれば認可するということであれば，株主によるモラル・ハザードにより引き起こされる少数社債権者から多数社債権者への利益移転を抑制することは，裁判所の認可によってはできないのではないか。もっとも，だからといって，ただちに裁判所による認可が一切不要であるとの結論には至らない。本稿の主張は，あくまでも，裁判所による決議の認可は，本稿の主張するところの少数社債権者保護に一定程度資するものではあるが，十分ではないというものに過ぎない。

② **多数社債権者に利益提供が行われた場合**

　つぎに，多数社債権者に社債発行会社から利益提供がなされて，社債権者全体の取り分を増大しない決議が成立した場合は，会社法733条2号「決議が不正の方法によって成立するに至ったとき。」に該当する[52]。したがって，上記①で述べた 例2′(1) の決議が，(b)多数社債権者への利益提供により成立した

場合には，たとえ，社債権者の得られる価値の下限値として清算価値が保証されているとしても，裁判所により不認可とされることになりそうである。その限りにおいて，例2′(1)のような利益移転行為は，裁判所による認可制度により抑制されるといえよう。

一方で，同条同号の要件は，少数社債権者から多数社債権者に利益移転がなされる場合だけでなく，社債権者全体の取り分が増大し社債権者間での利益分配が問題となる場合（上記例4の場合）にも，その規制が及び得る[53]。そうすると社債権者全体の取り分が増大するような契約変更であっても，裁判所が認可しない可能性がある。また，上記例4のような場合は，同時に，少数社債権者を不利に取り扱う内容の変更であるとして，会社法733条3号によって裁判所により認可されない可能性がある。

(2) **財務上の特約の変更**

つぎに，財務上の特約の変更についての裁判所による不認可事由の意義について検討する。この問題については，以下のような困難を伴う。まずは，上記第2節2(2)において述べた通り，そもそもいかなる場合に社債権者集会決議が必要なのか（決議要件を含め）が必ずしも明らかでない。さらには，財務上の特約を変更・削除することで，社債権者全体の取り分が増大するのか，あるいは，増大することなく，少数社債権者から多数社債権者に利益移転行為が行われるのかについては，元利金支払に関する変更に比べると，その判定はかなり難しいのではなかろうか。

財務上の特約の変更・削除に関する社債権者集会決議の裁判所による認可との関係で，会社法733条4号をどう解釈するべきか。従来，財務上の特約の変更に関する社債権者集会決議との関係で，そのことを前提として同条同号を解釈する見解は見られない。元利金払に関する権利の変更であれば，同条同号の意を清算価値保証原則であることを前提に解することは可能であるが，財務上の特約の変更との関係では，そのことにより社債権者についての清算価値が保証されるかどうかを判断することには困難が生じよう。そうであるとすると，社債権者集会の招集の手続や決議の方法に違法性がなく（会社法733条1号参照），多数社債権者への利益提供等，不正な方法によって決議が成立したわけでもない（同条2号参照）の場合に，裁判所が決議の実体的内容（同条4号参照）

---

52) 鴻・前掲注36) 188頁，藤田・前掲注6) 232頁。
53) 藤田・前掲注6) 233頁。

に踏み込んで不認可の裁判をなす可能性は高くないように思われる（もっとも，上記第2節2(2)で指摘したように，特定の特約変更・削除が，利率の免除と同じ結果になるような場合は別途考慮しなければならない）。

第4節　結びに代えて

　以上において，多数決による社債契約内容の変更に際しての少数社債権者保護の意義を明らかにしたうえで，現行の不認可事由に基づく裁判所による認可制度がそれにいかに対処し得るかにつき，検討を行った。その結果，社債の元利金の支払に関する変更に関する裁判所による社債権者集会決議の認可は，必ずしも本稿の視座に基づく少数社債権者の保護に直結するものとはいえないことがわかった。裁判所が，社債権者集会決議の自治を尊重することを前提とすれば，決議内容の実体的内容については，明らかに少数社債権者に不利な内容であったり，清算価値保証原則に反したりする決議以外のものを不認可とはしないであろうし，実際に判断することもできないように思われる。他方，多数社債権者に利益提供が行われるなどして決議が成立したと認められる場合等は，決議を不認可とする可能性があるが，これは，決議の内容にかかわらない。つまり，社債権者全体に利益になる場合であっても，認可されないことがあろう。要するに，社債の元利金の支払に関する権利の変更については，「わが国特有の，社債権者集会決議に対する裁判所の認可制度により，少数社債権者保護が十分に図られる」わけでは，必ずしもないように思われる。また，財務上の特約の変更については，裁判所による不認可事由との関係で，その実体的内容に関する認可の可否の判断はさらに困難であるように思われる。

　もっとも，だからといって，本稿の指摘するような意味における少数社債権者保護につき，裁判所が新たな方法で後見的にその役割を果たすべきかどうかは別の問題である。ある決定内容が，社債権者全体の得られる価値を増大するものではなく少数社債権者から多数社債権者（株主）への利益移転行為なのか，社債権者全体の取り分を増大するが社債権者間での不平等な利益の分配に関するものなのかを，裁判所が認可の時点で判断することは困難であるように思われるからである。本稿が捉える意味においての少数社債権者保護の役割を裁判所による認可に求めることにより，さらなるコスト（裁判所および社債権者に十分な情報を提供するコストのほか，裁判所により誤った判断がなされることによる

コスト）も生じ得よう[54]。

　むしろ，社債契約内容の変更の可否については，裁判所に最終的に（多数決で決定した事項について効力を付与するという意味で）判断させるべきではないという考え方もあり得るかもしれない。理論的には，市場がそうした利益移転を伴う社債契約内容の変更が行われる可能性を事前に評価して，社債の価値を下げる（利率に上乗せされる）ことが考えられる。その利率の上乗せ分は，社債発行会社（株主）が負担することになるため，結局，社債権者はそのような形で保護されているということもできるためである[55]。他方で，社債契約内容の変更には個別の社債権者の同意を必要とするとして[56]，全体としての変更を認めない場合には，発行会社の裁判外でのリストラクチャリングのコスト

---

[54] 藤田・前掲注6) 233頁～234頁は，規制に要するコストを理由に，社債契約内容の多数決による変更を一律に禁止するルールが正当化されるという考え方にも十分な理由があるとする。

[55] 藤田・前掲注6) 232頁。

[56] 米国信託証書法（以下「TIA」）316条(b)は，元利金に関する権利変更（ただし，3年以内の利息の支払の延期は除く。）については，多数決による契約変更条項（collective action clause）を禁止し，社債権者個別の同意を得ることを要することとしている。その理由は「多数決の濫用からの少数社債権者保護」に基づく。すなわち，TIA制定前の大恐慌の時代，発行者の財務上のリストラクチャリングの必要性から，社債契約内容を変更する場合は，発行者と投資銀行とで「保護委員会（protective committee）」を組成していた。この保護委員会は，理論的には社債権者のために機能すべきであったが，発行者と投資銀行にとって友好的な内部者で占められ，公募債の所持人に対して委任状を勧誘する。公募債の所持人は，反対することは非現実的であり費用対効果が高いとも考えないことから，たいていは白紙委任状を返送する。その後，実質的多数の支持を背景に，保護委員会と発行者とがリストラクチャリングを交渉する。合意に至ったリストラ案は，衡平法上の財産管理（equity receivership）を管轄する裁判所により，ほぼ常に承認されていた。SEC報告書はこのようなプロセスには，少数社債権者保護の観点からは，ひどい欠陥があると結論づけた。すなわち，社債権者は自己の利益を保護する能力に欠け，内部者で占められた保護委員会は，社債権者のリターンを最大化することを発行者と投資銀行との関係を維持するよりも低い優先順位に置く。その結果，多くの衡平法上の財産管理は，現経営者と株主に不当に有利な結果に帰するものであった（DAVID A. SKEEL, JR., DEBT'S DOMINION: A HISTORY OF BANKRUPTCY LAW IN AMERICA (PRINCETON UNIVERSITY PRESS 2001) at 109-111)。そこで，SEC報告書に扇動される形で，1938年のチャンドラー法（Chandler Act）と，1939年 TIAは，こうした実務を根本的に変える立法を行った。チャンドラー法は，保護委員会による委任状勧誘を無効にし，すべての公開会社（public company）に倒産受託者（bankruptcy trustee）の選任を求めるとともに，裁判所により社債権者が完全に弁済されたと判断されないのであれば，下位の債権者が何かを受け取る会社更生を，個々の社債権者が挫かせる権利を与えた。TIA316条(b)も，裁判外でのリストラクチャリングが社債の支払条件を改訂する場合には，社債権者の個別の同意が必要であると定めるに至った。*ID.* at 121。

を増大させ，社債の価値を下げる可能性もある[57]。

さらに一歩進めて，現在の担付切換条項以外の形式で社債管理者等に契約変更権限を与える条項を挿入する選択肢を与える方法もあり得るかもしれない。この場合には，社債権者集会の権限を契約で制限することの当否についてさらなる検討を要する。残された検討課題は多いが，別稿を期したい。

* 脱稿後，行岡睦彦『社債のリストラクチャリング―財務危機における社債権者の意思決定に係る法的規律』（有斐閣，2018年）に接した。

* 本稿は，（公財）石井記念証券研究振興財団（平成22年度）の助成金の交付を受けて行った研究の成果である。

---

[57] 元利金の変更について，多数決条項（CAC と呼ばれる）と個別同意条項（UAC と呼ばれる）とを選択的に挿入することが認められている諸外国（チリ，ドイツ，ブラジル）の社債について，すべての発行者が CAC を選択するわけではないが，多数決条項の選択を許容することが，負債コストを減少し，リストラクチャリングのコストと困難さを低下するという点で，しばしば有益であるとの結果を示す実証研究も見られる。Carlos Berdejo, *Revisiting the Voting Prohibition in Bond Workouts*, 89 Tul. L. Rev. 541, 556 (2015).

株式等売渡請求制度についての検討
―とくに対象会社の承認(会社法179条の3)について―

赤木 真美

第1節　はじめに
第2節　株式等売渡請求制度の概要
第3節　実務での利用状況
第4節　対象会社による承認についての検討
第5節　そのほかの問題点

第1節　はじめに

　平成26年会社法改正時に，株式等売渡請求制度が設けられた（会社法179条～179条の10。以下，たんに条文番号を示す場合には，会社法のそれを表すものとする）。これは，ある株式会社（以下，対象会社と呼ぶ）の総株主の議決権の90％以上を有する者（以下，特別支配株主と呼ぶ）が，その者と対象会社を除いた株主（以下，売渡株主と呼ぶ）全員に対して，彼らが保有している株式全部を売り渡すよう請求することができる（以下，株式売渡請求と呼ぶ）こととするものである（179条1項）。対象会社が，新株予約権や新株予約権付社債を発行しているならば，株式売渡請求に併せて，それら新株予約権の全部を売渡請求の対象にすることもできることとされている（同条2項）（以下，これらすべてを含めて売渡株式等と呼び，これらの保有者を売渡株主等と呼ぶことにする）。新株予約権を株式等売渡請求の対象に含めることを認めないならば，当該請求のあとで新株予約権が行使され，その新株予約権行使者が新たに対象会社の株主となる結果，対象会社の株式全部の取得を可能にするため設けられた株式等売渡請求制度の趣旨が損なわれる[1]からである。

　株式等売渡請求制度では対価として現金が利用される（179条の2第1項2号参照）。このように，ある者が対象会社の発行する株式全部について現金を対価として取得し，その者以外に株主がいない状態にする行為をキャッシュ・アウトという。株式等売渡請求制度は，キャッシュ・アウトのための手段を追加する形で新設された。しかし，同制度では株主総会決議を必要とせず，機動的なキャッシュ・アウトを可能にしている[2]ため，これまで（税制上の理由から）広く利用されてきた全部取得条項付種類株式の取得に事実上取って代わったと

1）　坂本三郎編著『立案担当者による平成26年改正会社法の解説』別冊商事法務393号184頁（2015年）。
2）　浦田悠一「今こそ知りたい，『株式等売渡請求』の実務で留意すべきポイント」（https://business.bengo4.com/category1/article6）Business Lawyer（2016年4月15日）によると，公開買付けで対象会社の全部の株式を取得できなかったため株式等売渡請求制度を利用した事例（平成27年5月から同年11月26日までの期間中，公開買付けを開始した10件）の，公開買付開始から取得日までの平均日数は89日であったのに対して，公開買付けの後，株式併合でキャッシュ・アウトを行った事例（平成27年3月から11月までの期間中，公開買付けを開始した5件）の，公開買付開始日から株式併合の効力発生日までの平均日数は，約1.5倍の141日であったという。

いえよう。

本稿では，株式等売渡請求制度が特別支配株主と売渡株主等の株主間契約によるものでありながら，当該請求を行うに際して対象会社の承認（179条の3第1項）を必要としている点に関心を持ち，制度設計について検討することにした。

第2節　株式等売渡請求制度の概要

1　株式等売渡請求に関する一連の手続

まず，株式等売渡請求が行われた場合の手続についてみていく。

対象会社の総株主の議決権の90％以上[3]を保有する者（特別支配株主）は，当該株式会社の株主全員に対して，彼らが保有している株式の全部を自分に売り渡すよう請求することができる（179条1項）こととされている。同項では「できる」と規定されているため，90％以上の議決権保有要件を特別支配株主が満たした場合でも，当該権利を行使するかどうかは任意である。なお，この権利行使基準を，定款により「90％」を上回る割合に変更することも認められている（同項括弧書）が，その上限についてはなんの制約も設けられていない。

特別支配株主が株式等売渡請求を対象会社に対して行うことを決めたとき，当該請求に関する一定の事項（対象会社の株式の対価として交付する金銭の額またはその算定方法や，売渡株式等を取得する日（以下，取得日と呼ぶ），株式売渡対価を支払うための資金を確保する方法，株式等売渡請求に係る取引条件を定めるときはその取引条件など）を定め（179条の2第1項，会社法施行規則（以下，施規と呼ぶ）33条の5第1項），株式等売渡請求をする旨とあわせてそれらの事項を（売渡株主等ではなく）対象会社に通知しなければならない（179条の3第1項）。当該請求が売渡株主等との間で効力が生じるためには，対象会社の承認（当該

3）この要件は，特別支配株主が対象会社に対して株式等売渡請求をする旨の通知を行ったときとその承認を受けるとき（179条の3第1項），および売渡株式等の全部を取得する取得日（179条の9第1項）のそれぞれにおいて，直接または間接に有していることが求められ，これら（いずれの）時点でも議決権保有要件を満たさないことは，売渡株式等の取得の差止事由（179条の7第1項1号・2項1号）と売渡株式等の取得の無効の訴えの無効事由（846条の2）（いずれも本文で後述する）に該当し得ると考えられている（坂本編著・前掲注1）183頁）。そのため，株式等売渡請求は，公開買付けが先行する場合，その決済開始日以降でないと行使できないことになる（十市崇＝江本康能「特別支配株主の株式等売渡請求の実務上の留意点」商事法務2083号5頁（2015年））。

会社が取締役会設置会社であれば取締役会の決議（同条3項））が必要とされているためである。

　通知を受けた対象会社の取締役（会）は，売渡株主等の利益への配慮という観点から，善管注意義務をもって，当該株式等売渡請求の条件が適正といえるかどうかの決定を行うことが求められる[4]。その決定内容は，承認するか否かにかかわらず，特別支配株主に通知する必要がある（179条の3第4項）[5]。

　当該請求を承認することにしたときには，その場合に限り，売渡株主等に対して，売渡株式等を取得する日の20日前までに，特別支配株主から示された株式等売渡請求に関する事項を売渡株主等に通知する必要がある。売渡株主に対して行うものでなければ，通知を公告に代えることもできることとされている（179条の4第1項・2項）が，売渡株主には必ず個別の通知によることが求められている。当該通知が売渡株主等に対する株式売渡請求の意思表示に代わるものとして位置付けられている（179条の4第3項）ほか，差止請求（179条の7）や売買価格決定の申立て（179条の8）を行う機会を売渡株主に与えるため[6]でもある。

　株主等に通知・公告（以下，通知等と呼ぶ）の方法で開示される事項は，①特別支配株主から株式等売渡請求が行われ，対象会社がそれを承認した旨，②特別支配株主の氏名または名称と住所，③売渡株主等に対して対価として交付する金銭の額またはその算定方法，④取得日，⑤株式等売渡請求に係る取引条件を定めるときは，その取引条件など（179条の4第1項，施規33条の6・33条の5第1項2号）である。

　この対象会社による売渡株主等への通知等により，前述したように，特別支配株主から売渡株主等に株式等売渡請求が行われたものとみなされる（179条の4第3項）。それにより，売渡株主等の個別の承諾を要することなく，特別支配株主と売渡株主等との間に売渡株式等の売買契約が成立したのと同様の法

4）　坂本編著・前掲注1）271頁〜272頁。
5）　特別支配株主から株式等売渡請求の通知が行われた場合と，当該請求を承認するか否かの決定を行った場合，対象会社はその旨を記載した報告書（臨時報告書）を遅滞なく内閣総理大臣に提出することが求められる（金商法24条の5第4項，企業内容等の開示に関する内閣府令19条2項4の2イ・ロ）。実務では，本文で示すように，対象会社の協力を得ながら，公開買付けと株式等売渡請求をキャッシュ・アウトのための一連の手段として実施することが多く，そのため，株式等売渡請求があった旨とそれを自社が承諾した旨の報告書は同じ書面によることが多い。
6）　坂本編著・前掲注1）275頁。

律関係が生じる[7]。この結果，特別支配株主は，株式等売渡請求に際して自身が定めた取得日において，法律上当然に，売渡株主等から特別支配株主に対する売渡株式等全部について一括して譲渡の効力が生じ，売渡株式等の全部を取得する（179条の9第1項）。特別支配株主が取得した売渡株式等に譲渡制限が付されている場合でも，対象会社による承認があったものとみなされる（179条の9第2項）ため，別個に承認を得る必要はない。

ところで，対象会社は，売渡株主等に対する通知もしくは公告の日のいずれか早い日より取得日後6ヶ月（対象会社が非公開会社の場合には取得後1年）が経過する日までの間，株式等売渡請求に関する書面もしくは電磁的記録（以下，書面等と呼ぶ）を本店に備え置き（179条の5第1項），売渡株主等の閲覧請求や書面の謄抄本交付の請求等に応じる必要がある（同条2項）（事前開示制度）。

書面等により開示される情報は，①特別支配株主の氏名または名称と住所，②株式等売渡請求に際して特別支配株主から示された一定の（売渡株主に対価として交付される金銭の額またはその算定方法など179条の2第1項各号に掲げられた）事項，③特別支配株主からの株式等売渡請求に対象会社が承認をした旨，④売渡株主等に株式等の対価として交付される金額の相当性に関する対象会社の判断とその理由，株式等売渡対価の交付見込みに関する事項（当該見込みに関する対象会社の取締役の判断とその理由を含む）などである（179条の5第1項，施規33条の7）。

売渡株式等の取得に関する書面等の備置きは，取得日後においても必要とされている（事後開示制度）。対象会社は，取得日後遅滞なく，①特別支配株主が取得した売渡株式等の数と取得日，②売渡株主等が行使できる，売渡株式等の取得をやめることの請求（179条の7）と売買価格決定の申立て（179条の8）に関する手続の経過，③そのほか売渡株式等の取得に係る重要な事項，これらについて記載した書面等を作成（179条の10第1項，施規33条の8）したのち，取得日から6ヶ月間（対象会社が非公開会社である場合には1年間）本店に備え置かなければならない（179条の10第2項）。取得日に売渡株主等であった者は，対象会社の営業時間内であればいつでも，それらの閲覧や当該書面の謄抄本交付請求を行うことができる（同条3項）。

7） 坂本三郎編著『一問一答　平成26年改正会社法〔第2版〕』254頁（商事法務，2015年）。

2　売渡株主等の権利

　売渡株主等には，三つの権利が与えられている。

　一つは，特別支配株主に対して，株式等売渡請求に係る売渡株式等の全部の取得をやめることを請求する権利（179条の7）である。この権利を行使することができるのは，(a)株式売渡請求が法令に違反する場合，(b)対象会社が，株式等売渡請求を承認し，その旨の売渡株主に対する通知（179条の4第1項1号）に関連して，あるいは株式等の売渡請求に関する書面等の備置きと閲覧等（179条の5）に関連して違反した場合，(c)売渡株主に支払われる対価に関する事項が，対象会社の財産の状況その他の事情に照らして著しく不当である場合，これらのいずれかに該当し，そのため，売渡株主等が不利益を受けるおそれがあるときである。

　二つ目の権利は，売買価格決定の申立て（179条の8）である。売渡価格に不満を持った売渡株主等は，取得日の20日前から取得日までの間に，裁判所に対して，保有する売渡株式等の価格決定の申立てを行うことができる（179条の8）。

　三つ目の権利は，売渡株式等の取得の無効の訴えの提起（846条の2）である。株式等売渡請求による売渡株式等の取得は株主間の売買契約にすぎないが，その利害関係者の多さから法的安定性を確保する必要がある[8]として，会社の組織に関する行為の無効と同様，会社法第7編第2章第1節の，会社の組織に関する訴えに加えられ，訴えによってのみ主張できることとされている（同条1項）。なお，この訴えは，取得日に売渡株主等だけでなく取締役であった者も提起することができる。

3　株式等売渡請求の撤回

　特別支配株主は，株式等売渡請求について対象会社の承認を得た後であるならば，取得日の前日までに対象会社の承諾を得た場合にかぎり，売渡株式等の全部について株式等売渡請求を撤回することができることとされている（179条の6）。

---

8)　坂本編著・前掲注1）289頁。

第3節　実務での利用状況

　会社法では以上のような一連の手続が規定されているが，実務ではつぎのように運用されている。

1　二段階買収の一般的なスキーム

　対象会社の総株主の議決権の「90％以上」（179条1項）という，株式等売渡請求権を行使することができる議決権保有要件をどのような方法で満たす必要があるのかについてなんの制約もない。そのため，理論上は第三者割当増資などを利用することも可能ではあるが，実務ではもっぱら金融商品取引法（以下，金商法と呼ぶ）が規制する公開買付制度が利用されている。

　公開買付けを行う会社（以下，買付者と呼ぶ）は，公開買付けに先立ち，対象会社の主要株主との間で，保有する株式全部について公開買付けに応募する旨の公開買付応募契約を締結することがあり，その主要株主の保有する株式割合次第では，公開買付けにより所有割合が90％以上になることが事前に認識できる場合がある。しかしながら，そういう場合も含めて，対象会社の完全子会社化を目的とした公開買付けの場合，公開買付届出書には，おおよそつぎのような記述が一般的に見受けられる。すなわち，公開買付けは成立したものの，それにより対象者の議決権の90％以上を所有することができたならば，公開買付けの決済完了後すみやかに，会社法179条に基づき株式等売渡請求を実行する予定であるが，90％未満にとどまった場合には，株式併合を用いて対象者の株式（と場合によっては新株予約権）のすべてを取得する方法をとる（そのためには，対象会社で臨時株主総会を開催する予定である旨も明示して）というものである。このように，第一段階で公開買付けを実施し，第二段階では，公開買付けにより取得できた所有割合が90％以上か否かで株式等売渡請求または株式併合を利用するというのが，平成26年会社法改正後における完全子会社化（キャッシュ・アウト）のための一般的なスキームとして定着している。

2　売渡請求で提示される価格

　公開買付けで対象会社の株主に加えられる強圧性[9]の問題を意識して記載がなされていると思われるのが，公開買付届出書における，株主が保有する株式

等の対価についての内容である。公開買付届出書には，「本公開買付け後の組織再編等の方針（いわゆる二段階買収に関する事項）」として，公開買付け後に株式等売渡請求をする場合，「本株式売渡請求においては，対象者株式1株あたりの株価として，本公開買付価格と同額の金銭を対象者（公開買付者及び対象者を除く）の皆様に対して交付することを定める予定」であることが示されるだけでなく，株式併合を実施する場合についても，「本公開買付けに応募されなかった対象者の株主（公開買付者及び対象者を除く）の皆様に交付される金銭の額が，本公開買付価格に当該各株主の皆様が所有していた対象者株式の数を乗じた価格と同一になるよう算定して——」と記載され，いずれの場合であっても公開買付価格と同価格で買い取ることが明記されている。

3　株式等売渡請求が行われた後のタイムテーブル

公開買付けが先行する株式等売渡請求の一般的なタイムテーブルは以下のとおりである。

公開買付期間終了日から10日前後で，特別支配株主となった買付者は対象会社に対して株式等売渡請求（179条）を行っている[10]。この期間中，買付者は公開買付けにより対象会社の総株主の議決権の90％以上を保有するに至った（したがって，特別支配株主）かどうかの確認作業を行っていると考えられる。

対象会社の完全子会社化にその会社の協力が得られる，いわゆる友好的な事例では，特別支配株主（買付者）から株式等売渡請求を受けたその日のうちに，対象会社は，当該請求の承認を行い（179条の3），売渡株主等にその旨の通知等を行っている（179条の4）。つまり，実務では通常，特別支配株主が請求を行ったその日のうちに株主間契約が成立する。

対象会社は，株式等売渡請求を承認したとき，売渡株式等を特別支配株主が

---

9) 公開買付けの条件等に不満があるため，当初公開買付けに応じる意思のなかった株主が，公開買付成立後に，それに応じた場合よりも不利な状況に置かれることが予想される場合には，その状況を回避するため，不本意ではあるが公開買付けに応じる（もしくは，応じることが強いられる）という問題であると一般に説明されている。

10) 調べた事例数が少ないが，たとえば，QAON合同会社が，株式会社ビットアイルに対して株式等売渡請求を行ったのは，平成27年9月9日から10月26日まで行った公開買付けから9日後の11月4日（平成27年11月4日付け株式会社ビットアイルによる臨時報告書），ハウス食品グループ本社株式会社が株式会社ギャバンに対して株式売渡請求を行ったのは，平成28年5月13日から6月23日まで行った公開買付けから11日後の7月4日（平成28年7月4日付け株式会社ギャバンによる臨時報告書）である。

取得する日（取得日）の20日前までに，その旨を売渡株主等に通知・公告を行う必要がある（179条の4）。もっとも，対象会社が上場会社であるならば，原則として約1ヶ月間整理銘柄に指定された[11]のち，取得日の3日前（休業日を除く）に上場廃止になる[12]。そのため，この点を考慮して取得日は設定されなければならない。

　ところでなぜ，株式等売渡請求が行われた日のうちに，対象会社はその承認をすることが可能なのであろうか。

　対象会社（の取締役会）は，株式等売渡請求を承認するか否かを決定する際，売渡株主等の利益に配慮して同請求の条件が適正であるか否か，具体的には，対価の相当性や対価交付の見込みについて確認する必要があるとされる。このうち，対価交付の見込みについては，特別支配株主の預金残高証明や金融機関からの融資証明等を利用して資金確保の方法を確認するほか，貸借対照表等を使った負債面のチェックも求められている[13]。こうした時間を要する作業を，公開買付終了から約10日後の株式等売渡請求を受けたのちに行い，対象会社が取締役会設置会社であるならば取締役会を開催して，当該請求に対する承認をするか否かを決定し，その決定内容を特別支配株主に（および，請求を承認した場合には，売渡株主等に対して（179条の4第1項））通知等（179条の3第4項）を行うことは時間的にかなり厳しいように思える。

　この点について，一般的には公開買付けと株式等売渡請求（または株式の併合）という対象会社の完全子会社化に向けた一連の行為（二段階買収）をする際，公開買付開始前から買付者は対象会社の協力を得ながら手続が進められ，平成26年会社法要綱が示された時点で予測されていたように，対象会社は，公開買付けの開始前に，第二段階買収として株式等売渡請求が行われた場合に備えて，売渡請求の条件に関する検討やそれの事実上の承認を行っておき，その後特別支配株主となった買付者から当該請求を受けたならば，すでに行っていた判断の基礎とした事実に変更がないかの確認を行う[14]という対応をとっているものと思われる。実務では，意見表明報告書において，買付者が「当社の取締役

---

11)　日本証券業協会のHP（http://www.jsda.or.jp/manabu/qa/qa_stock18.html）参照。
12)　東京証券取引所「平成26年会社法改正に伴う上場制度の整備について」（2015年1月30日）。
13)　坂本編著・前掲注1）272頁。
14)　柴田寛子「キャッシュ・アウトの新手法—株式等売渡請求の検討—」旬刊商事法務1981号18頁（2012年）。

会は，〇〇（買付者名）より本株式等売渡請求をしようとする旨の会社法第179条の2第1項各号の事項について通知を受けた場合には，〇〇（買付者名）による本株式等売渡請求を承認する予定です。」との記述も見受けられる[15]。もっとも，株式等売渡請求が行われる場合を想定して事前に準備をすること[16]と，まだ買付者が特別支配株主になるかどうか不明な段階で，特別支配株主から請求があったならば承認する予定である旨を開示することとは区別される必要があろう[17]。

なお，第二段階で選択肢として挙げられている株式併合については，平成26年会社法改正前には株主保護の点で法制度上不備があったため，実務ではこの制度の利用を控える傾向にあった[18]。しかし，同年の改正時に，株式併合についても反対株主の株式買取請求権（182条の4）や株式価格決定の申立権（182条の5）など，株主保護を目的とした法体制が整備された結果，その利用が活発化している。

---

15) たとえば，（株式会社増進会出版社による公開買付けを受けて）平成27年6月18日付けの栄光ホールディングス株式会社による意見表明報告書や，（株式会社大林組による公開買付けを受けて）平成29年5月11日付けの大林道路株式会社による意見表明報告書などである。

16) 内田修平＝李政潤「キャッシュ・アウトに関する規律の見直し」旬刊商事法務2061号24頁〜25頁（2015年）は，90％要件が「満たされた」ことを条件として，あらかじめ対象会社への通知・対象会社による承認を行っておくことを肯定する。

17) まだ売渡請求が行われていない段階で，条件付きとはいえ，当該請求を承認する（予定である）ことへの対象会社による言及は，請求が行われた後の支払条件の検討ではないという点で，株式等売渡請求の適正性を確保しようとした趣旨が没却されるおそれがある（十市ほか・前掲注3）7頁）。また，公開買付けにより買付者が議決権の90％を取得できるかどうかで，株主総会（対象会社の負担になろう）を開催しなければならないか否かという利害を対象会社は持つため，対象会社が公開買付開始時点で，株式等売渡請求があれば承認することを示すのは，株主に公開買付けへの応募を促す狙いがあるのではと推測される可能性を否定できない。

平成19年に経済産業省が「企業価値の向上及び公正な手続確保のための経営者による企業買収（MBO）に関する指針」を示しているが，その12頁〜13頁では，MBOにおいて中長期的経営計画等を明らかにすることには，株主の判断材料にする意味だけでなく，計画等が実現する不確実性ゆえに，かえって株主以外の者も含めて混乱を招くため妥当ではなく，そうした点をかんがみれば，明らかにすべき範囲は限定されるはずであるとする見解があると述べて，開示に際して配慮を促している。同様の配慮は，（MBOに限られず）公開買付けにおいて，また買付者だけでなく対象会社においても，（それらが作成する書類はいずれも株主の判断材料になり，影響を及ぼしているという理由から）求められるべきであろう。

これらのことから，対象会社が，特別支配株主がまだ存在していない段階で，株式等売渡請求への承認予定に関する言及は避けるべきであると考える。

第4節　対象会社による承認についての検討

　ここからは，株式等売渡請求制度における対象会社の承認の意義について検討を行う。

1　対象会社による承認の意義
　対象会社が株式等売渡請求を承認する意義について考えていく。
⑴　問題提起
　前述したように，特別支配株主は，株式等売渡請求を行うにあたり，対象会社に対してその旨の通知を行い（179条の3第1項），対象会社がそれを承認した場合に限り，対象会社から売渡株主等に通知等が行われる（179条の4第1項）。そして，その通知等が行われたとき，特別支配株主から売渡株主等に対して株式等売渡請求がされたものとみなされ（同条3項），特別支配株主と売渡株主等との間に売渡株式等の売買契約が成立したことになる。このように，当事者である売渡株主等の個別の承諾を得ることなく，その者たちと特別支配株主との間に売買契約の効力が生じるものとされているのは，株式等売渡請求が一種の形成権の行使[19]だとされているためである。
　ところで，なぜ株主間契約に対象会社を関与させるのであろうか。これは，対象会社の株主総会決議がいらない，キャッシュ・アウトのための新しい制度を設けることを出発点にしたことと関係がある。新しい制度では，株主総会決議が必ず必要とされた全部取得条項付種類株式とは異なり，株主総会の決議なしにキャッシュ・アウトを行わせる方法を選択することで時間的な短縮を図ろうとした。他方で，キャッシュ・アウトにより，売渡株主等は自分たちの意思に関係なく特別支配株主に対する株式の譲渡が強制され，株主としての地位を

18）　これは，本文で言及する平成19年に経済産業省が発表した「企業価値の向上及び公正な手続確保のための経営者による企業買収（MBO）に関する指針」で，株式併合など，株主に株式買取請求権または価格決定請求権が確保できないスキームは採用しないことが望ましいとする内容が影響したのだと思われる。中東正文「キャッシュ・アウト」法学教室402号24頁（2014年）は，より現実的に，（少数株主保護の観点からというよりも）少数株主保護のための制度が整備されていない段階で株式併合を用いたならば，株主総会の決議取消の訴えなどを利用して遡及的に無効になることを，キャッシュ・アウトを行おうとする側が心配したのではないかと推測している。

19）　坂本編著・前掲注7）254頁。

失うことへの配慮も必要であるとして，売主株主等（少数株主）の利益を確保することが重視された。対象会社に，株式等売渡請求の承認（179条の3）を求めることで株式等売渡請求の条件等をチェックさせることにしたほか，売渡株式等に対する通知等（179条の4）を行わせている[20]のはそのためである。

しかし，株式等売渡請求制度はあくまでも株主間契約であり，対象会社は当事者ではない。そのため，これらの行為はどのような義務に基づいているのかという点が問題になる。

学説の中には，取締役だけでなく，支配株主がいる会社ではその者が，支配株主と少数株主との取引を対等で独立した者同士の取引にする義務を負うとの見解[21][22]がある。これによると，179条の3で規定されている対象会社の承認は，この義務の具体化を図ろうとしたといえそうである。もっともこの見解は，その根拠として，株主平等の原則について規定する109条1項を挙げている。すなわち，同項は，支配株主と少数株主間の「平等（公平）」について求めたものであること，同項の主語は「株式会社」であるが，支配株主がいる場合には，取締役の選解任を通じて取締役（会）のコントロールを行い，会社を支配できるため，支配株主もまたその義務を負うと主張する。しかし，支配株主（この者の定義は示されていない）といえども出資者でもある者に，事実上会社の支配権を握っていることを理由に，取締役と同じ会社法上の義務を負わせることができるのであろうか。また，ここでいう「平等」が具体的に何をさすのか（対等と同じ意味なのか）は不明である。

これに対して，立案担当者[23]は，売渡株主等の利益への配慮という観点から，取締役に，株式等売渡請求の条件等が適正といえるか否かを検討させたと説明している。そして，当該条件が適正でないにもかかわらず請求を承認した結果，売渡株主等に損害を与えた場合には，対象会社に対する善管注意義務（330条，

---

20) 法制審議会会社法制部会第12回会議議事録2頁（平成23年8月31日）〔内田修平関係官発言〕とその資料「第3　キャッシュ・アウトに関する論点(2)」1（補足説明）。

21) 玉井利幸「少数株主に対する取締役と支配株主の義務と責任―少数株主の締出を中心に」川村正幸先生退職記念論文集『会社法・金融法の新展開』304頁〜307頁（中央経済社，2009年）。

22) 「立法趣旨からも，条文の読み方からも，会社の利益だけでなく，売渡請求の対象となる少数株主の利益を考慮する義務が取締役に課せられているということ」であるとの主張（岩原紳作ほか「座談会　改正会社法の意義と今後の課題（下）」旬刊商事法務2042号13頁〔岩原発言〕（2014年）も同様の趣旨に解せる。

23) 坂本編著・前掲注7）271頁。

民644条）違反を理由に，売渡株主等に対する損害賠償責任（429条）を負うことになると述べている。これは，対象会社による行為が，現行の取締役の義務に基づいていることを示した見解である。もっとも，会社ひいては株主全体に対して義務を負う取締役が，当事者の双方が株主である状況下において，そのうちの一方のためになぜ関与するのかについては，さらなる説明が必要であるといえよう。

(2) レックス・ホールディングス事件

対象会社の取締役が，株式等売渡請求の条件等をチェックする義務を負わされる理由について検討するにあたり，参考になりそうな事例として，レックス・ホールディングス事件を概観する。これは，MBO における取締役の義務について言及した判例である。

同事件では，株式会社レックス・ホールディングス（以下，レックスと呼ぶ）の代表取締役らがファンドと組んで MBO（Management Buyout）（対象会社の経営陣が，自らの経営する会社の支配権を取得するために行う買収（この事例では公開買付け））を行い，その成立後，全部取得条項付種類株式の取得により，公開買付けに応募しなかった株主の株式を，公開買付けでの買付価格と同額の対価で取得したところ，当該会社の株主であった者が，これら一連の行為により低廉な価格で手放すことを強制された結果，適正な価格との差額分の損害を被ったとして，旧レックス（レックスはその後，別の会社に吸収合併された）の代表取締役に対して429条1項に基づき損害賠償等の請求を行った。

平成23年2月18日の東京地裁（金融商事判例1363号48頁以下）は以下のように判決をした。取締役は，会社に対して善管注意義務と忠実義務を負っているが，営利企業である株式会社は，企業価値の向上を通じて，株主共同の利益を図ることが一般的な目的となるため，取締役も義務の一環として，株主の共同の利益に配慮する義務を負っていること，そして MBO の場面において，取締役がその義務に違反するかどうかは，MBO の交渉において取締役が果たした役割の程度，利益相反関係の有無またはその程度，その利益相反関係を回避あるいは解消するためにどのような措置がとられているかなどを総合して判断するのが相当であると述べた。

これに対して，東京高裁（平成25年4月17日金融商事判例1420号20頁以下）は，地裁と同様，取締役の会社に対する善管注意義務が，会社，ひいては株主の共同の利益を図ることを目的とするものであるとしたうえで，「MBO において，

株主は取締役が企業価値を適正に反映した公正な買収価格で会社を買収し，MBOに際して実現される価値を含めて適正な企業価値の分配を受けることについて，共同の利益を有するものと解されることから，取締役が企業価値を適正に反映しない安価な買収価格でMBOを行うことは善管注意義務に反する」こと，すなわち，取締役は，「善管注意義務の一環として，MBOに際して，公正な企業価値の移転を図らなければならない義務（公正な価値移転義務）を負う」ことを明らかにした。これは，MBOにおける取締役の善管注意義務・忠実義務の内容として，株主間の利益分配に配慮する義務があると主張する従来からの学説と同じ趣旨であり，しかも学説は，この義務がMBOにかぎり存在するわけではなく，MBOを含む株主間の利害が対立する場面において取締役が負う義務として一般に理解されてきた[24]という。

株主間の利害が対立する場面のみならず，MBOのように，取締役が買付者として公開買付けを行い，売買契約の一当事者として株主から保有株を買い集める場合にも，取締役は公正な価値移転義務を負うという見解に基づいて，特別支配株主からの株式等売渡請求を考えるならば，対象会社が当該請求に対して承認という形で関与させるのは，当該義務を果たすための一関与のあり方であるといえるかもしれない。

しかし，それがなぜ「承認」という，売渡株主等全員を代表する形で関与させる必要があったのであろうか。この点をもう少し考えてみたい。

(3) 公開買付けにおける対象会社の意見表明報告書

同じく株主間で利害対立が生じた場面でありながら，会社が一定の役割を果たすことが法律上義務付けられている状況として，公開買付制度における対象会社の意見表明についてみていく。

同制度は，会社法ではなく金商法が規制している。しかし，公開買付けでは，買付者と公開買付けに応じた株主間で売買契約が成立し，対象会社の支配権が買付者に移転するというように，株主間での契約の効果が，当該売買契約の当事者ではなかった対象会社に及ぶ点で，株式等売渡請求制度と構造が同じであるといえる。また，前述したように，実務では対象会社を完全子会社化するために株式等売渡請求と一体のものとして使われているという意味でも，参考になり得ると考えた。

---

[24] 飯田秀総「レックス・ホールディングス損害賠償請求事件高裁判決の検討〔上〕」旬刊商事法務2022号8頁（2014年）。

まず，公開買付けであるが，これは，不特定多数の者に対して，公告により株券等の買付けの申込みまたは売付け等の申込みの勧誘を行い，取引所有価証券市場外で株券等の買付け等を行うことである（金商法27条の2第6項）。市場外取引であるため買付価格を自由に設定することができる点，一定の期間に大量に株式を取得できる手法である点などに特徴がある。

　公開買付開始から10営業日以内（買付期間中にあたる）に，対象会社は，内閣総理大臣に意見表明報告書の提出が求められ（金商法27条の10），当該写しは買付者に送付されるほか，対象会社の本店または主たる事務所で公衆の縦覧に供される（金商法27条の10第9項・27条の14）。同報告書には，公開買付けに関する意見の内容やその根拠等のほか，財務および事業の方針の決定を支配する者の在り方に関する基本方針に照らして不適切な者によって当該発行者の財務および事業の方針の決定が支配されることを防止するための取組み（いわゆる買収防衛策）を行っている場合には，その内容等について記載することが求められ（発行者以外の者による株券等の公開買付けの開示に関する内閣府令25条2号・6号），その内容（公開買付けに賛成か反対，もしくは意見を留保するのか）が公開買付けの成否に大きく影響するといわれている。

　平成18年の証券取引法改正前は，この報告書の作成が義務付けられていなかったが，同年の改正で義務化された。その理由として説明されているのは，対象会社の意見が，株主・投資者の的確な投資判断を行う際の重要な情報になること，とりわけ，敵対的な公開買付けの場面では，買付者と対象会社との間の主張・反論の開示が，投資判断の的確性を高めることを期待した点にある[25]という。株主に対する情報の提供を通じてかれらの投資判断に寄与するために，対象会社の意見表明という関与を義務付けた。

　意見表明報告書には，公開買付けに関する意見を決定した取締役会の決議の内容を記載する必要がある（金商法27条の10第1項，発行者以外の者による株券等の公開買付けの開示に関する内閣府令（以下，他社株買付府令と呼ぶ）25条1項3号）。公開買付けの意見内容としては，たとえば，「公開買付に応募すること（しないこと）を勧める」だけでなく，「中立の立場をとる」や「意見表明を留保する」でもよいとされる。さらに，当該意思決定に至った過程のほか，前述した意見の理由（意見を留保した場合には，この時点で意見が表明できない理由と

---

[25]　大来志郎「公開買付制度・大量保有報告制度」旬刊商事法務1774号40頁（2006年）。

今後表明する予定の有無等も）について具体的に記載することが求められている[26]。

　実務では，対象会社として当該公開買付けに賛成か否かという点と，公開買付けに応募することを勧めるかどうかという点を分けて記載する事例が見受けられる。対象会社の利益と株主全体の利益とが必ずしも一致しない最たる場合が，買付価格が市場価格を下回る，いわゆるディスカウントTOB（公開買付け）の場合である。当該公開買付けの結果，自社の支配権を買付者（たとえば関連会社）に移転させたほうが企業価値を向上させることになると対象会社が判断し，公開買付けに賛同（し，協力）することにしたものの，買付価格は市場価格より低いため，価格自体は株主にとって決して魅力的とはいえないことから，意見表明報告書では，公開買付けに賛成である旨と，公開買付けへの応募についての記述（「公開買付けへの応募については株主の判断に委ねる」と記述する[27]ものが多い）が区別されている。

(4) 防衛策を講じることができる場合

　株式買い集めあるいは公開買付けといった，いずれも株主に向けられた行為が行われた場合に，当該株式を発行している会社がいかなる理由で，それに対して積極的な関与をすることができるのであろうか。この問題を考える上で参考になりそうな事例として，いわゆる敵対的公開買付けあるいは株式買い集めに対して，その対象となった会社が行った防衛策の事例を二つ取り上げる。

① ニッポン放送新株予約権差止請求事件

　まず，ニッポン放送による新株予約権発行の差止請求事件（東京高決平成17年3月23日判時1899号56頁）事件である。

　A社が同じグループ会社であるY社（放送事業等を行っている会社）の経営権取得を目的として，Y社に公開買付けを開始したところ，そのグループとの業務提携を考えていたX社はToSTNeT-1を利用するなどして，Y社の株の大量

---

[26] 他社株買付府令第4号様式の記載上の注意(3)。
[27] 証券法研究会編・神田秀樹ほか編集代表『金商法大系Ⅰ―公開買付け(1)』381頁（商事法務，2011年）。たとえば，少し古い事例であるが，平成25年7月25日に，株式会社ダイエーがイオン株式会社による公開買付けに関して提出した意見表明報告書には，「本公開買付に関する意見の内容」欄において，「（略）公開買付に関して，賛同の意見を表明するとともに，（略）取締役会において，本公開買付への応募については，当社の株主各位のご判断に委ねる旨を決議しました。」と記載した。なお，同報告書には，公開買付けの実施について公表した前営業日における普通株式の終値等と比較してディスカウントした買付価格になっていることも詳細に開示している。

取得を行い，Y社の議決権の過半数を取得するに至った。A社の傘下に入ることを希望したY社は，発行済株式総数の約1.44倍にあたる新株予約権をA社に対して発行することを決めた。当該新株予約権が全部行使されたならば，Y社の支配権はX社からA社に移転することになる。そこで，X社は，当該新株予約権発行はとくに有利な条件による発行であるにもかかわらず，株主総会の特別決議を欠いていることと，著しく不公正な方法による発行であることを理由として，新株予約権発行の差止めを求めた。

原審は仮処分命令申立てを容認した（東京地決平成17年3月11日旬刊商事法務1726号47頁）ことから，Y社が保全異議を申し立てたが，保全異議審も原審仮処分決定を認可した。

その後の保全抗告も棄却された。その際，つぎのように述べている。会社の支配権に争いが生じている場面において，支配権を争う敵対的買収者の持分比率を低下させ，特定の株主の支配権を維持することを主要な目的として新株予約権を発行することは原則として不公正発行に該当する，しかし株主全体の利益の保護という観点から，例外的に，支配権の維持を主要な目的とする発行も不公正発行に該当しない場合があるとして，四つの例外（買収者がいわゆるグリーンメイラーである場合，対象会社の焦土化経営を行う目的で株式買収を行っている場合など）を挙げた。

② ブルドック事件

つぎに，いわゆるブルドック事件最高裁決定（最決平成19年8月7日旬刊商事法務1809号16頁）をみよう。東証二部上場会社である会社（以下，Y社と呼ぶ）（被申請人，原審被抗告人，被抗告人）は，投資ファンド（以下，Xと呼ぶ）（申請人，原審抗告人，抗告人）による公開買付け開始後，Y社が，定時株主総会の特別決議を経て，株主に対して差別的行使条件付新株予約権の無償割当を行い，その後，Xに割り当てた新株予約権を有償で買いとることで，すでにY社株を10％保有しているXの議決権割合を減らそうとしたところ，Xは，株主総会前に，当該新株予約権無償割当が株主平等の原則に反して法令と定款に違反するなどと主張して，新株予約権無償割当の差止めを求める仮処分命令を申し立てた。東京地裁は却下（東京地決平成19年6月28日金融商事判例1270号12頁），東京高裁もXからの抗告を棄却した（東京高決平成19年7月9日金融商事判例1271号17頁）ため，Xは最高裁に抗告を行った。

最高裁が示した決定の中で，本稿のテーマに関連して重要な点は，特定株主

による経営支配権取得が，会社の企業価値の毀損をもたらし，株主の共同利益を害することになるかどうかの判断について，最終的に会社の利益の帰属主体である株主自身に判断されるべきであるとしたことである。

2 検 討

これまでの内容を踏まえて，改めて179条の3が規定する，株式等売渡請求における対象会社の承認の意義とその問題点について考えてみたい。

(1) 対象会社の承認の意義

株式等売渡請求制度において株式会社の特別支配株主は，当該株式会社の株主全員に対して，その有する株式全部を特別支配株主に対して売り渡すことが請求できる（179条1項）こととされ，特別支配株主がこの請求をしようとする場合には，対象会社にその通知を行い，承認を得ることが求められている（179条1項）。このように，株主が当事者になっているにもかかわらず，その者を保護する趣旨より，その株主に代わって会社がなんらかの行為をする権限が与えられている場合が株式等売渡請求制度以外に存在するであろうか。

公開買付けは，公開買付けが対象会社の株主に対して行われ，場合によっては対象会社の支配権が移動するかもしれない重大な場面であるが，当該制度が投資者保護等（金商法1条参照）を目的とした金商法により規制されている関係からであろう，対象会社の関与は前述したように意見表明報告書の作成にとどまる。

意見表明報告書が，公開買付けについての会社としての意見を表明し，その結果，株主に一定の行為を促すという意味で，消極的な関与・干渉であるとしたならば，当該公開買付けに対する対象会社による防衛策は積極的な関与・干渉といえるであろう。先にみたニッポン放送新株予約権差止請求事件で，支配権維持目的の新株予約権発行が例外的に不公正発行に当たらない場合として，四つの例外を挙げた。これらはいずれも，このまま放置しておくならば，会社全体の利益を図ることができない状況が示されているといえる。また，ブルドック事件では，防衛策の必要性の判断は株主自身によって判断されるべきであると判示された。もっとも，当該事例はかなり特殊であり，本決定も，防衛策に必ず株主総会決議が必要であると考えているわけでもない。そのため，この事例で示された規範がどこまで及ぶのかという点は議論があるところであるが，会社の利益ひいては株主の共同の利益が害されることになるか否かについ

ては最終的には（取締役（会）ではなく）株主の判断によるべきだとする本決定の意義は大きい。

このように考えると，対象会社の承認が売渡株主等の保護という趣旨であるとしても，株主間契約において一当事者に代わって株式等売渡請求を承認させ，しかもそれに先立ち売渡株主等の意見等を聞く余地も与えず，対象会社の承認だけで売渡請求が有効になるという対象会社の関与は特異だといえる。

(2) 二段階目の買収としての株式等売渡請求

現行の株式等売渡請求制度は，前述したように，一般には公開買付けと一体・連動する形で，対象会社を完全子会社化するための手段として利用されている。そして今のところ，対象会社の協力が得られている事例しか生じていない。これは，対象会社の協力が得られないのであれば，買付者に買付資金を提供する金融機関等は，対象会社による賛同の意見表明報告書の提出と，当該意見内容を変更しないことを貸付の条件とすることが多い[28]ことも影響しているかもしれない。

友好的な公開買付けとセットで株式等売渡請求制度を利用する現行の利用方法によると，株式等売渡請求における対価を買付価格と同額にしたとしても，そもそも買付価格を決める段階で，買付者と対象会社は価格の交渉を行っている。公開買付け開始前に対象会社が考えるべきことは，公開買付けにより対象会社の企業価値の向上が見込めるかどうかという観点からであるのに対して，特別支配株主から株式等売渡請求が行われた際，対象会社がそれを承認するか否かを検討する際に考えることは，売渡株主等にとって不利な条件になっていないかという点である。このように保護対象が異なるにもかかわらず，公開買付開始前に区別して考慮・検討できるのかが疑問である。

また，株式等売渡請求が行われる状況は，特定の株主が（支配権はすでに確保したうえでさらに）対象会社の株式を90％以上所有しているという意味で，公開買付けの場合よりもさらに進んだ状況である。実務では，（友好的な）公開買付けと株式等売渡請求もしくは株式併合とが一連の手続として行われていることからすると，対象会社の100％子会社化は，公開買付けの開始時点でもはや確実といえ，その結果対象会社の取締役としての地位の行方が，買付者によって掌握されているといえる。そのため，当該買付者が公開買付けの後に特

---

28) 証券法研究会編・前掲注27) 379頁。

別支配株主としての要件を充足し，会社法179条に基づいて株式等売渡請求を行った場合，当該請求を承認するか否かは，取締役の地位の存続にも影響しうる。承認しなければ，取締役の地位の維持が困難であろうことが予想できる状況下において，その取締役に，株式売渡対価の総額の相当性（施規33条の7第1号）など，請求に応じることが株主にとって利益になるかどうかについて客観的に考慮できるのか，承認しないとの結論を出す余地があるのかという点が問題である。

ところで，買付者が対象会社の100％子会社化を目指して，公開買付けと株式等売渡請求制度を一連の行為（手続）として行う行為に関連してさらに関心があるのは，第一段階における公開買付けでディスカウントTOBを行うことができるのかという点である。実務では，公開買付け終了後ただちに行われる株式等売渡請求制度で，買付価格と同じ金額が示されている。ディスカウントTOBでは，会社としての見解（公開買付けに賛同する）と株主に対する意見を区別し，後者については，「立場を留保する」や「中立の立場をとる」などの記述が行われていることは前述したとおりである。株式等売渡請求では，事前開示事項（施規33条の7参照）を見る限り，そうしたあいまいな記述はできず，請求を承認するか否かの結論を出すことが求められている。そのため，たとえば，株式併合により目的を達成させるか，あるいは，公開買付けと株式等売渡請求を一体として行う方法で100％子会社化を図ろうとする際には，ディスカウントした買付価格にしないことを選択するのであろうか。

このように考えると，株式等売渡請求制度において，あえて対象会社の関与を求めても，現状の利用の仕方を前提とするならば，事実上形式的なものにとどまる可能性が十分にあるといえよう。これは，前述したように，対象会社による意見表明報告書に，株式売渡請求が行われたならば自社はそれを承認する予定である旨を明らかにした前述の事例からも明らかである。それでも，公開買付け終了後まもなく株式等売渡請求が行われる場合はともかく，いくつかの方法（たとえば，公開買付けと第三者割当）を組み合わせて特別支配株主になった者が，それから相当の時間経過を経て，株式等売渡請求権を行使してきたならば，対象会社の承認に際して取締役が善管注意義務等を履行したかという問題は今よりも表面化するであろう。もっとも，特別支配株主からすると，株式等売渡請求権に対象会社の承認が必要とされている結果，迅速（実務では請求を行ったその日のうちに）かつ一括して売渡株主等から（個別に承認を得る手間

を省き）承認を得ることを可能にしている。

(3) 対象会社の関与と責任

　株主間契約に，当事者ではない対象会社を，条件を精査して承認を行わせるという形で関与させた結果，対象会社にとって責任追及されるリスクを負うことになる。たとえば，売渡条件に適正さを欠いていた場合，条件の不適さが証明できることを前提として，その責任は本来，そういう条件を提示した特別支配株主に追及されるべきところであるが，それにもかかわらず，当該条件を問題なしとして承諾して売買契約を成立させた対象会社の取締役にも責任追及が可能である。売渡株主等が対象会社と連帯して特別支配株主に責任追及した場合はともかく，対象会社の取締役にだけ責任追及をすることも考えられ，その場合，対象会社の取締役は特別支配株主にとって，売渡株主等からの責任追及の「盾」的な存在といえる。

(4) 敵対的な買収の場合

　株式等売渡請求に先行する公開買付けが，対象会社の経営陣の協力を得られない敵対的なものであり，これにより対象会社の株式を90％以上所有した場合（これに該当する場合はごく限られた状況でしか生じないであろうが），対象会社による承認を必要とした体制は，違う意味で効果を発揮する。この場合も当然，当該買付者は，株式等売渡請求を行うためには対象会社の承認が必要である。対象会社がこれを拒否しようと思ったならば，買付価格を含む条件について問題があるなどの理由をつけて（理由はなんとでもつけられるのではないかという軽率な考えを前提とすると）当該請求を承認しないでおくこともできる（あとから，取締役の善管注意義務違反等で問題になりうるとしても）。その場合でも，179条の3第4項は，「決定の内容」の通知を求めているだけなので，承認をしなかった（詳細な）理由まで明らかにする必要はない（決定の内容をいかに示すかは，最終的には表現の問題）とも解せる。つまり，株式等売渡請求に対象会社の承認が必要であるとされているため，敵対的な買収では，特別支配株主による当該制度の利用を拒否する手段として使われる可能性がありうる。

　このように株式等売渡請求が拒否されたとしても，特別支配株主がとりうる別の方法として株式併合の利用が考えられる。しかし，もし公開買付届出書に「公開買付けの結果，買付者の所有割合が90％以上ならば株式等売渡請求を行い，90％未満にとどまった場合には株式併合を用いる」という（一般的に利用されている）記述を行っていた場合で，「90％以上」の所有割合を有する買付

者が，この届出書に記載した公開買付け後の予定と異なること（株式等売渡請求を行ったものの対象会社が承認してくれなかったので，株式併合でキャッシュ・アウト）を実施することができるのかが問題になりえるのではなかろうか。関連して，少数株主の側からこの事実を考えるならば，対象会社が拒否した条件での株式等売渡請求を株式併合（実務では，対価額は同じにされている）いう形で実施されることにすんなり承諾できる（もちろん特別支配株主はすでに当該決議の結論を決定付けるだけの株式を所有しているのではあるが）のかも問題である。

かりに，こうした記述に関係なく，株式併合を行うことができるとした場合，すでに特別決議を成立しえるだけの所有割合を保有している特別支配株主が，対象会社に総会開催を求めるには，297条の株主総会の招集請求か303条の株主提案権のいずれかを使うことになろう。この方法でキャッシュ・アウトの実現が可能であるとしても，株式等売渡請求制度が新設されたにもかかわらず，対象会社の承認が得られないかぎり同制度を利用することができない制度設計になっているがゆえに，決議での結論はみえていながら，特別支配株主は，株主総会の開催という面倒（もっとも費用負担は対象会社であるが）な手続を踏まなければいけないことになる。

敵対的な公開買付けの場合を想定すると，対象会社の承認の有無で請求が成立すると構成されている現行法のスキームに問題があることがわかる。現行法では，このような状況が想定されていないように思われる。

(5) 対象会社が非公開会社の場合

株式等売渡請求制度の対象会社は，179条1項・2項がたんに「株式会社」としており，公開会社でなければならない旨の限定をしていない。また，179条の5第1項の括弧書の規定ぶりからも，非公開会社を対象会社とする株式等売渡請求も認められる[29]。以下は，対象会社が非公開会社であること[30]を前提として考えてみる。

対象会社が特別支配株主からの株式等売渡請求を承認しなかったならば，そ

---

29) 坂本編著・前掲注1) 182頁。この理由として，公開会社でない株式会社においても，キャッシュ・アウトを認めるメリットがあると考えられることや，現行法において認められているほかの手法（金銭を対価とする組織再編等）によるキャッシュ・アウトも，対象会社を公開会社に限定していないこととのバランスをとったことが挙げられている。
30) 原田裕彦「特別支配株主の少数株主に対する株式等売渡請求制度と全株式譲渡制限会社（閉鎖会社）」藤田勝利先生古稀記念論文集『グローバル化の中の会社法改正』144頁以下（法律文化社，2014年）は，非公開会社に対して株式等売渡請求制度の適用をはずすよう主張している。

の事実が売渡株主等（少数株主）に通知・公告されることはない（179条の4）。対象会社が上場会社であるならば，特別支配株主から株式等売渡請求の通知が行われた場合と当該請求を承認するか否かの決定を行った場合には，対象会社はその旨を記載した報告書（臨時報告書）を遅滞なく内閣総理大臣に提出することが求められ（金商法24条の5第4項，企業内容等の開示に関する内閣府令19条2項4号の2イ・ロ），当該報告書は開示されるが，対象会社が非上場会社の場合にはそうした開示を行う必要はない。さらに，対象会社が，非公開会社の場合，株式を90％以上取得して特別支配株主になるための方法として公開買付けが利用されることもない（金商法27条の2第1項参照）ため，公開買付届出書や公開買付報告書をもとに株式等売渡請求が行われることを少数株主が予想する機会もない。また，セルアウト権（後述）といった，少数株主が自ら保有する株式を購入することを90％以上の議決権を所有する大株主（特別支配株主）に求める権利も現行法は認めていない。非公開会社の株主ならば，株主としての地位から立ち去る機会は限られている。これらのことから，非公開会社の少数株主は，90％以上を保有する株主がいる状況下で，意思に反して株主として残ることが強いられる[31]可能性がある。

第5節　そのほかの問題点

対象会社による承認以外に，株式等売渡請求制度について気になる点を検討してみたい。

1　株式の対価

株式等売渡請求制度は，特別支配株主の要件を満たした者が，当該要件を満たした時点から株式等売渡請求を行うまでの期間あるいは時期についても，なんの制約もおいていない[32]。このことは，株式等売渡請求の利用をしやすくしていると同時に，たとえば，公開買付け（あるいは第三者割当）を実施したときには対象会社の完全子会社化を予定していなかったが，公開買付け（ある

---

31)　逆に，安易に株式等売渡請求が用いられることを懸念する見解もある。その場合に備えて，取得無効の訴えの無効事由を広く解することが妥当であると述べている（中東正文「キャッシュ・アウト」法学教室402号27頁（2014年））。

32)　田邊光政「キャッシュ・アウト制度の新設」『会社法改正の潮流―理論と実務―』147頁（新日本法規出版，2014年）。

いは第三者割当）から一定の期間が経過した後に，株式等売渡請求権を行使することにした際（当該対象会社は非上場会社になっているはず），その対価を公開買付けで提示した額と同額にすることが適正な条件といえるか[33]。さらに，対象会社の取締役として，株主の共同の利益を考慮する立場から考えて，承認するに値する価格といえるかについても問題となろう。

2 セルアウト制度の導入について

セルアウト権とは，自分が保有する株式を，一定割合の株式を保有している者に買い取るよう請求する権利である。

会社法の見直しを行うため，法制審議会会社法制部会ですでに審議が行われていた時期であった2010年6月23日に経済産業省が公表した「今後の企業法制の在り方について」（とくに10頁～11頁）で，企業の組織再編・M&Aの選択肢の整備・多様化と，株主保護手続を整備する方針のもと，提案の一つとして，公開買付けののち，スクイーズアウト（完全子会社化のための少数株主の締め出し）とセルアウトの両制度を創設することで，手続を簡略化するほか，強圧性を削減し，迅速な二段階買収を可能にすることが検討されていた。

学説からも，少数株主が公開買付けに応募するか否かを合理的に判断させるためには，公開買付けに応募しなかった場合に，自己の株式がどのように取り扱われるかについての情報が必要であるが，それだけでは十分ではなく，公開買付終了後において，それに応じなかった少数株主に適正な価格で売却する権利を付与することまで行うことが必要であるとして，セルアウト権を付与することが主張されていた[34]。それにもかかわらず，法制審議会会社法制部会第12回会議議事録の原案の段階で，キャッシュ・アウトしか予定されないまま，現在に至っている。

しかしながら，キャッシュ・アウトが明文で認められ，利用が可能になった平成26年会社法以降，セルアウト権を少数株主に与える必要性は高まったと感じている。株式等売渡請求を規定する179条1項は，特別支配株主に売渡株主等が所有する株式を売り渡すことを請求することが「できる」と規定されており，強制されていない。さらに，対象会社が市場で株式を売却することができ

---

33) 田邊・前掲注32) 147頁。
34) 太田洋＝山本憲光「支配株主のバイアウト権と少数株主のセルアウト権（上）—その論点と課題」商事法務1910号48頁～49頁（2010年），中東正文「企業結合法制と買収防衛策」森本滋編著『企業結合法の総合的研究』109頁（商事法務，2009年）。

る上場会社であるか否かにかかわらず利用できる。株式等売渡請求に先行して行われる持分を90％以上にする手段についてもなんの制約もない。強圧性の問題は，ある意味広がりが生じたといえるのではなかろうか。そのため，特別支配株主が現れた場合には，公開会社であるか否かにかかわらず，少数株主にセルアウト権の行使が認められるべき[35]である。第一段階で公開買付けが利用された場合には，強圧性の問題を可能なかぎり回避するため，それから一定期間内に限り，買付価格と同じ価格での買取請求が認められなければならない。これに対して，複数の方法を使って当該特別支配株主が議決権の90％以上を保有するにいたった場合，買取価格をいくらにすべきかが大きな問題になりそうである。

---

35) 坂本達也「イギリス会社法におけるスクイーズ・アウトとセル・アウトに関する考察」北村＝高橋編・前掲注30) 286頁～287頁。

ERISA 拾遺

小櫻　純

序
第1節　梃子式従業員持株制度とIPO
第2節　悪人条項の再検討
第3節　マッチング拠出の問題点
終わりに

序

　企業年金法の研究は，必要かつ有益と思われるが，最近は，低調である。企業年金自体が，低調なわけではなく，確定拠出年金法制定以来，論ずべき点は多い。しかし，対象が労働法と金融法あるいは行政法の部分に跨るため，論じにくい分野であろう。米国年金研究者は，他分野から，興味を持って参入しているにもかかわらず，わが国では，研究分野も縦割りで，たとえば企業法なのに年金法なのかという中傷に耐えながら研究しなければならないとするならば，それだけで研究発展を阻害するものであろう。本論考は，今までの検討を振り返り，残した論点を中心に述べたものである。

第1節　梃子式従業員持株制度とIPO

　IPOを行う企業が，梃子式従業員持株制度を採用する場合における米国従業員退職所得保障法（以下，ERISAという）上の問題を判例から検討することにしたい[1]。

〔事実の概要と判旨〕

　小型飛行機を使った航空会社Cは，大手の航空会社との業務提携に伴い，投資銀行の勧めもあり，IPOを検討した。投資銀行による会社の価値評価は，1億4千万ドルから2億2千5百万ドルであったが，C社は，それに満足せず，投資銀行を利用するのは，費用が嵩むと考え，弁護士事務所と相談し，IPOと同時に梃子式従業員持株制度（以下，制度と呼ぶ）を採用することにした。

　制度は，最初に会社が制度に貸し付けた資金で経営者から一度に沢山の株式

---

1) 事件関係者を図式化するとつぎのようになる。なお，損害賠償請求は，U.S.Trustに対してだけなされ，受認者の解任請求などはなされなかった。

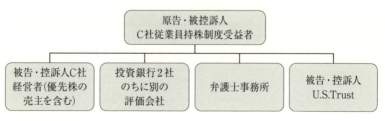

を制度が購入し，その代金を割賦で返済するものの，返済の原資は，会社から制度になされる年金拠出金でまかない，返済が進めばそれだけ，制度加入者・受益者の年金が増えるという仕組みである。米国では，確定拠出年金制度の一つとされている。

C社の制度は，従業員に累積的，参加的優先株を発行するもので，経営者は，Due Diligence を行って会社評価を得た上で，さらに優先株の割増価格で従業員に売却しようと考えた。

経営者，弁護士，評価会社およびU.S.Trust が，会議で，類似会社比較方式と，配当還元方式を加味し，9.5％成長を見込んで，会社価値を1億8千万ドル，そのうち制度に売却するのが3分の1，6千万ドルと見積もった。転換権付き優先株の配当率は6％に固定し，さらに参加型とした。

時を同じくして航空運賃の安値競争が始まり，後日，会社価値を1億7千4百万ドル，成長率を9％に下げた結果，その30％を非累積的優先株に変更し，その評価を加えて6千万ドルで，制度が取得することとなった。

ここから先は，事実認定が，原審の理解と控訴審のそれで異なる。

〔原審〕評価会社による評価の前に，経営者には，6千万ドルを得たいという希望が先にあり，評価会社は，正しい評価ができなかった。経営者は，会議での妥当な評価額であるとの資料を証拠提出できず，記憶も曖昧である。

〔控訴審〕連邦民事訴訟法では，明白な誤りがない限り，原審の事実認定が尊重されると原則を述べた後，再検討を必要とし，ERISA404条の善管義務，406条の取引禁止条項，その例外である「適切な対価」による売却を法的評価し，そしてDolの規則案によれば，「適切な価格」は，①公正市場価格を目指したものであること，②判断に当たって受認者が誠実であること，を求めているので，その要件を満たしているかを判断すれば足りるため，関係する事実認定をやり直す。両者は，別個の要件ではあるが，密接に関係し，Dolの表現では，売買契約の両当事者が，資産とその市場価格につき，十分な情報を得た上で，強制されることなく取引することができ，その意思も生じる価格のことを指す。

ERISA上，受認者が，株式の対価を「適切」であると証明しなければならない。裁判所の役目は，資産の公正市場価格を善意で決定したと受認者が証明できたかであり，価格を再検討して妥当な価格を決定することではない。受認者は，価格を判断した時点で一般的に認められている方法で慎重に検討したこ

とを証明できれば責任を果たしたといえる。

　経営者は，記録を残さず，記憶も定かではないが，原審が，評価会社の社員が残した記録の信憑性を検討せず，また経営者の当初の評価記録と後日のDue Diligence の際の経営者の記録を U.S.Trust の証言や証人の言と付き合わさなかったのは，408条の利益相反禁止の適用除外を判断するに十分ではない。経営者の記録が欠けていることや評価会社の行動に問題があるとしても，そのことがただちに U.S.Trust の受認者責任を認めるということにはならない。

　原審は，U.S.Trust の(1)評価会社報告の検討，(2)同社との協議，(3)協議の結果を反映させた変更を確認し，U.S.Trust による信託のための相当な改善と最終評価へ向けての改良を認めているにもかかわらず，調査記録を作成しなかったために公正な市場価格決定に不備があるとする。

　公正な市場価格を決定したというためには制度が取得する資産を，正しい情報を得て判断したかである。原審は，間違った情報を得たと判断してはいないし，方法論が間違っているとも評価していないのだから，U.S.Trust が善意の調査を怠ったとはいえない。

　この点を明らかにせず，408条の適用除外規定の要件に該当しないとした地裁の判断は，誤りで，当裁判所は，これを破棄し差し戻す。

　また，原審が，評価会社による評価の前に，経営者には，6千万ドルを得たいという希望が先にあり，評価会社は，正しい評価ができなかったと断じたが，これは408条の要件と異なる議論であり，同条に基づき，U.S.Trust による慎重な調査によって「適切な」評価がなされたか否かをを判断すべきである。

　さらに，原審が，会社価値を1億4千5百万ドル，制度が取得した転換権付優先株の価値を6千万ドルでなく5千225万ドルとした点についても，その計算方法が明らかにされていないため正当ではない。

　原告・被控訴人は，1億7千5百万ドルではなく1億6百万ドルであると原審が判断したというが，間違いであり，連邦民事訴訟法52条(a)は，結論に至る事実と方法を明らかにするよう求めており，さらに，それが「相当範囲内」の額であるとの主張も認められない。どのような計算の間違いの結果，高すぎると評価された価格に帰着したかを知ることなしに，U.S.Trust が，義務を果たしたかどうか，判断できない。

　原審は，評価会社の評価方法の欠陥を明らかにして初めて，U.S.Trust が制度に公正市場価格で株式を購入させたか否かを，そして，受認者 U.S.Trust の

善意か否かを判断できるはずである。したがって，U.S.Trust に408条の適用除外を認めず，損害賠償を認めた原審の判断を破棄する。

慎重な受認者なら見つけたであろう欠陥を原審が明らかにした上で，特定された事実に基づいて，損害賠償額は，算定されるべきである。

最後に，原審の損害賠償額が，実際の制度の損害額を遙かに上回ることによって，棚ぼたの利益を得るのは不当であるとの U.S.Trust の主張も，当事者の合意による制度支払額 5 千451万9,801ドル（原文はこれに million を付けるが，明らかに間違い）と 5 千225万ドルの差額が，損害額算定の基礎となるべきなのに実際に払わない額である 6 千万ドルとの差額を損害額とするのは間違いである。

また，株式売買契約5.7条は，IRS, Dol または裁判所が最終決定すれば売主である経営者が差額を負担すると定めてあり，U.S.Trust が支払えば，制度が二重取りできることとなるが，ERISA の目的は，棚ぼたの利益を制度に与えることではないため，原審は，それが棚ぼたでないことを明らかにすべきであったのにそれをしていないのは不当である。以上の意見を付して破棄する。

〔批評〕

世慣れた受認者や評価専門家が，会社に有利な評価額を正当化する文書を作成するのは見やすいことである。その判断を問題にする裁判所は，困難に遭遇し，費用も嵩むため，「善意」と認定しても実は高額な評価を認めてしまうことになりがちである。利害関係のある受認者が，同様の状況で「公正な市場価格なるもの」を決定することになりはしないかと恐れる，という批判がある[2]。

わが国でも日本版 ESOP が導入され，増加させようとする意見が多いようであるが，導入するためには，①経営者が，インサイダーとなるリスク，とりわけ閉鎖会社が IPO を行うに際して生じるリスクは，金融商品取引法で十分対応できるのかも検討すべきであり，②保有する自社株の議決権行使に際し，従業員の意思が，負担なく表明できるシステムの構築が必要であり，そして③本件のように最大のリスクは，会社の株式のみを購入することが，従業員の退職所得保障になるように，経済的な損失が生じない方策が採られなければならない。

---

2) Sean M. Anderson "Risky Retirement Business: How ESOPs Harm the Workers They Supposed to Help" 41 Loy.U.Chi.L.J.I pp.18〜19 Fall 2009.

2001年のエンロン社破たんの例を出すまでもなく，会社の倒産と同時に，従業員持株制度の下で職ばかりか財産をも失った従業員の例が，多くある。

　要するに一点集中投資に固有のものであるため，分散投資によって容易に回避することができるとわが国でもつとに知られているはずなのに，手を変え品を変え，類似の制度が推奨されている。

　米国従業員持株制度も確定拠出年金制度でありながら，分散投資することがほとんどないというリスクが，つねに伴う。

　倒産のリスクだけでなく，たとえ倒産しなくとも集中投資の成果は，分散投資より劣るとされ，また，株式投資に特化することによるリスクも，無視できない。さらに，従業員持株制度以外に，他の企業年金もあわせ持つ場合でも，年金制度が保有する自社株数は，従業員持株制度を持たない年金制度のみを採用する場合と比べ，分散投資に欠けることは否めない。

　さらに，大きな問題は，従業員持株制度所有株式の議決権行使[3]，梃子式株式取得[4]，そして本件のように制度設計から設置の際に生じるものである。

　株式のIPOに際して1株当たりの価格設定が，如何に困難であるかは，論文数の多さに表れ，列挙できないほどである。1株当たりの純資産額の計算から始まり，Due Diligenceと称する手続を経て算出した価額であっても，相当な幅が生じることはつねであり，価格決定時に従業員持株制度の加入者・受給者となる者が，未だいない段階で，したがって，彼らの価格に対する意見を主張する機会も与えられない段階で，価格が決められてしまうこの制度が持つ欠陥は，制度の合理性を強く疑わせる。

　この制度の下では，価格に幅があり，絶対的な評価基準が存在しないため，その訴訟で「価格は，不当というほどの高額ではない。」とする判決がなされることが予想されるため，最終的に従業員持株制度の加入者・受給者の保護に欠けることになろう。

　米国の従業員持株制度の75％が，梃子式であるとの報告があり，企業にとり，新株発行や借入に替わる資金源となり，それは，優遇税制の下で行われれば，なおさらということになる。

---

[3]　拙著『退職後所得保護の法理―ERISA研究―』滋賀大学経済学部研究叢書29号1頁〜（1998年）。

[4]　拙著『M&A時代の企業年金保護―アメリカ企業年金受託者責任の判例を中心に』100頁〜（同文舘出版，1990年）。

このように考えると，従業員持株制度は，従業員の利益を専一に設計されたものではなく，自社株が割安であると考える企業家の思惑や，福利厚生の一環としての役割と言いつつ，終身雇用制度見直しの中で必要とか，株式相互持ち合い解消の受け皿としての利用が目的であることは明らかであり，そのエイジェンシーコストを考えると，普及させるべきでない制度と言わざるを得ない。

〔関連条文〕

ERISA404条（受認者の注意義務）

406条（取引禁止条項（利益相反禁止規定））

408条(e)(1)（その適用除外規定）

経営者が，利害関係人であるため，従業員持株制度に株式を売却できない。しかし，価格が適正であれば，利益相反とならない。

〔その後の経緯〕

内国歳入庁とＣ社が和解し，制度に191,000株追加発行することになったが，受益者がU.S.Trustに対し，賠償請求し，486 F Supp. 2d 368（NY北部地区地裁）はこれを認め，控訴審96 F.3d 96 (2d Cir 2009) で，破棄差戻し。

第2節　悪人条項の再検討

ERISA（従業員退職所得保障法）制定前，企業年金制度は，事業主の利益を侵害する行為を行った従業員の年金権失権条項を定めるのがつねであった。

典型的な侵害行為は，競争相手に転職することと，事業主から財産を奪うことである。

現行法でも年金権が発生はしているが従業員に帰属していない部分の失権は，認められているものの，帰属済みの年金権の失権は，今では，上記理由であっても禁止されている。

ただし，例外がある。例外は，以下の要件を満たせば，認められる。

(1) 年金制度規約で，失権を認める悪人条項を定めていること

(2) ERISAが年金を実のあるものであるべきとして定めた，最低帰属要件を侵すものでないこと

(3) 他の目的で定めた諸基準に反していないこと，である。

悪人条項の適用があれば，他の目的で年金制度で認められた条項に基づいて帰属しているはずの年金権が失権するのである（ERISAの規則の例では，勤続

5年で年金権が帰属する制度であっても勤続10年未満の間に不正行為があれば失権が認められることとなる）。

第9巡回区裁判所は，競業会社就職禁止条項を無効にする州法は，ERISAによって専占（ERISAのほうが優先適用される意）されるとした。したがって悪人条項は，州法がどうであれ，年金権はく奪禁止規定に違反しない。

この判例の詳細を以下に紹介する。

● Clark v. Lauren Young Tire Center Profit Sharing Trust 816 F. 2d 480
〔判決要旨〕
控訴棄却

控訴人Xは，Y社で1975年6月から働き始めた。1985年2月1日Yは，事業不振を理由に，Xはその事実を争わなかったが，年金支払を求めて提訴した。地裁がXに悪人条項適用を認めたので控訴した。

〔事実の概要〕

Y社の事業主拠出型利潤分配制度の規定では，Xは，雇用期間6年で年金権を取得していた。

しかし，制度規約は，「もし年金加入者が，勤続10年未満で競業会社に転職した場合，年金権は失権する。」旨，定めていた。Xは，Y社で9年8ヶ月勤めた後，解雇された。

およそ2ヶ月後の1985年4月，XがY社と同じ通りの17ブロック先の同業他社に雇われたとき，Y社社長は，Xに年金権失権の可能性があると通知した。

Xは，同業他社に勤め続け，Y社およびY社社長に対し，年金権の確認と金銭支払の請求の訴えを提起した。

〔論点（判旨）〕

Y社の失権条項は，有効か？

1．法の適用問題（専占）

本件にERISAが適用されることに，争いはない。しかし，Yは，「競業に就かない約束」に関してERISAとオレゴン州法の融合を求める。

Xは，オレゴン州法では，失権条項は無効であると主張する。

しかし，これらの主張は，いずれも本件とは無関係である。州法が，ERISA上の年金制度の失権規定の有効性の評価に何の役割も果たさないことは，Lojek v. Thomas 716 F 2d（Cir.1983）の先例で明らかである。

2．A　連邦法であるERISAでは，競業会社就職禁止条項は，10年勤続後の競業他社就職では，認められないという条件で，有効である（29USC1053(a)(2)(A)）。

　年金制度規約がこれに反しない限り，10年未満の勤続従業員に年金権を認めないことができる。

　もし，ERISAの条件を緩和した規定として10年未満でも年金権を帰属させると定める場合，まさに本件がそうであるが，事業主はこの緩和措置に対応した競業会社就職禁止条項を付加することができる。

2．B　Y社社長が，Xに競業会社就職禁止条項を適用することは，Yの信任義務違反か？　Xは，Yが同条項を適用することによって金銭的利益を得，競業会社で働くXを「罰」しようとしていることが，義務違反であると主張する。

　結果として，同条項が競業会社に就職した人を「罰」することとなるのは疑いがないが，同条項適用が認められる以上，この点を繰り返しても意味がない。本件は，失権条項を明示せず，競業会社に就職した元従業員を「罰」していたFrery v.Shorr Paper Production,Inc.,事件494F. Supp565（N.D.Ill.1980）とは，事例が異なる。

　本件では，社長が，Xを他の従業員より厳しく規約を適用していたという事実はなく，Xも10年以上勤続していたとか，新しい勤め先が競業会社ではないと主張している訳ではない。Xは，競業会社就職禁止条項の存在を認めている。よって社長の行為に信認義務違反はない。

　逆に，もし，社長が同条項を適用しないなら，義務違反に問われることであろう。

　当裁判所はXが，もう少しで10年の失権禁止の地位を得るはずだったことに同情はするが，Xが，Y社による解雇理由の不当を争わないため，ERISAの別条である，1140条の事業主による加入者に対する権利侵害禁止規定を本件に適用することもできない。

　本件では，Xが，Y社の競業会社就職禁止条項適用の動機を争っているにすぎないため，地裁の，同条項の有効性を認めているにすぎない判断に誤りはない。

〔批評〕

　競業会社就職禁止を目的とする限定的な年金権の失権は，例外的に認められている。認められ方が，わが国と違う点に注目したい。10年勤続すれば，同業

他社に就職しても年金権が奪われることがないことが原則であり，本件はその例外として控訴審の段階で先例となった事例である。

競業会社就職禁止条項の有効性を争うだけでなく，解雇事由の真偽などが争われておれば違った結果になっていたかも知れないが，批評としていうべきことではなかろう。

過去に論じた判例だけでは，失権の内容を理解するに不足する点を追加したものである[5]。

第3節　マッチング拠出の問題点[6]

● Hull v. Policy Mgmt. Sys. Corp 事件 C/A No.: 3:00-778-17, UNITED STATES DISTRICT COURT FOR THE DISTRICT OF SOUTH CAROLINA, COLUMBIA DIVISION, 2001 U.S. Dist. LEXIS 22343, February 9, 2001

〔事実の概要〕

原告は，従業員年金制度（以下，制度という）の加入者であり，被告は，その雇用主 Policy Management Systems Corporation（以下，被告会社という）である。制度は，いわゆる401(k)型退職貯蓄制度である。従業員は，制度の個人口座に給与の一部を拠出でき，それをどのように投資するかを決定する。事業主は，従業員の拠出に合わせて一定額を拠出する（いわゆるマッチング拠出）。しかし，このマッチング資金は，従業員にただちには帰属せず，帰属時期が来るまで，従業員は，支配権を持たない。被告である3人からなる受認者委員会は，この，まだ従業員に帰属していない，マッチング資金の投資判断を行ってきた。

5）　筆者は，以前，拙著注3）第6部「退職後所得確保のための移転禁止」で悪人条項につき報告したことがある。本稿は，それを補完するものである。そこでは，会社に不当な行為，特に犯罪行為を行った従業員の問題も取り上げた。たとえ違法行為を行った従業員にも，家族が居て，年金が頼りとなる老齢者や未成年者の保護を年金で賄うことができる仕組みが望ましいものと考える。この思いは，変わらない。

6）　わが国でマッチング拠出が問題視されていなかった時代に書いた拙稿がある。本章は，その再掲となるが，わが国で確定拠出年金が一般化し，マッチング拠出がなされることも多くなったため，ここに述べることは，わずかながら意義があると思い，記載した（「年金資金管理運営と受託者責任―米国企業年金法判例と我が国への示唆そのII」財団法人年金総合研究センター「エリサ法研究会」2003年3月）。

資金は，同社の普通株に投資されてきたが，悪い情報が開示されて株価が，急落した。

原告は，(1)同社の間違った情報を流したこと，(2)正確な情報を提供しなかったこと，(3)正確な情報を獲得しなかったこと，が信認義務違反であるとして，集団訴訟を提起した。原告主張によれば，誤報と正確な情報の欠如によって，株式価格を過大評価して事業主マッチング部分で同社株を取得，保有するはめに陥ったという。それ故，被告が，制度による同社株取得・保有時に，株式を過大評価していることを知り，または知り得べきであったにもかかわらず，株価下落によって損失を招いたことに責任があると，原告は，主張した。

同じ時期に株式を購入した株主が，別の集団訴訟で，本件訴訟でも被告であるひとりを含む会社内部者が，同社株に関し誤った情報を提供し，正確な情報を提供しなかったとして提訴した。証券取引法上の「市場における詐欺」で提訴された訴えを問う裁判所は，これを認めている。制度および派生的に（本件訴訟の原告を含む）加入者は，同じ時期に株式を取得した他の株主と同様，損害の回復を請求する権利があると主張した。

本件訴訟の被告は，二分される。一つは，会社自身とそのCEOであるG. Larry Wilsonであり，以下，「会社被告」と呼ぶ。もう一方は，制度規約に基づき帰属前のマッチング資金の投資判断権限を有する委員会に属する3人である。これを「委員会」ないし「委員会被告」と呼ぶ。

〔判旨〕

規約によれば，事業主の帰属前のマッチング拠出金の投資判断に関する責任は，委員会のみにある。同社は，制度スポンサーおよび管理者として受認者であることを認めるが，これは，要するに，指名受認者のことであり，投資に関する責任に触れる規約は，何もない。同様にWilsonは，取締役会の一員であることから受認者であるものの，投資判断にまで責任が及ぶとする規約は，どこにもない。

権利侵害であると原告が主張するほとんどは，会社被告に開示義務があるにも拘わらず，誤報の喧伝や，情報非開示に係わるものである。これらは，別件の証券取引法違反訴訟の引き写しである。訴状等には，会社被告が，規約の文言を超えて，信認義務を負うと主張するものはなにもない。特に，会社被告が制度のために投資判断したという主張や，同社株を取得するよう制度ないし委員会に働きかけたといった特段の事情を主張するものはない。

投資判断に関する裁量権を有することが明白な委員会被告に関し，原告は，会社被告等から入手可能な会社内部情報を得なかったことが，信認義務違反であると主張する。委員会被告は，悪い情報を会社が開示しなかったことに関して，同社株が過大評価されているということを知るべきであったと原告は，主張する。

　しかし，原告は，委員会被告が，通常の価格を超える価格で同社株を取得したとか，市場で一般的に知られている情報に照らして，同社株を取得・保有するのは不当であるとか主張しているわけではない。原告が起こしている上述の訴訟における事実が，不実表示の可能性があるとしても，一般に知れると同時に委員会に知れるからである。

　原告は，訴状で多数の被告を挙げたが，訴訟原因は，一つに過ぎない。すなわち，被告はすべて，ERISA の要求する信認義務 (29 U.S.C. §1109, 1132(a)(2))，慎重人原則 (§1104(a)(1)(A)&(B))，違反であるという。同法はまた，規約に従うべきことも求めている (§1104(a)(1)(D))。

　したがって被告と名指されたものが，受認者であるかどうかが，最初の争点である。事業主の行動に関してしばしば起こる争点ではあるが，彼が一般的な事業判断を行なうからといって受認者となるわけではない (Varity Corp. v. Howe, 516 U.S. 489, 134 L. Ed. 2d 130, 116 S. Ct. 1065 (1996)) (同判決は，資金状況に関し誤解を招く情報を意図的に流せば受認者の責任が問われると判示した)。本件に関しては，会社被告は，受認者ではなく，委員会被告が制度資産投資の判断をしているため，受認者であることが明らかであるので，この部分に限り，次の争点を検討する必要がある。すなわち，委員会被告は，信認義務を果たす際，注意義務に反したかどうかである。

　信認義務違反の主張は，認められないので，この点も否定する。

　I　会社被告に対する請求は，関係する制度規約を検討した結果，受認者の資格でとられた行動とはいえないので認められない。

　棄却の申立てにあたり，会社被告は，原告の主張は，証券取引法の訴訟の引き写しとしての ERISA に関する訴訟以外のなにものでもないと主張する。さらに，不当な行為がたとえあったとしても，会社被告の受認者の資格で行なわれたものではないとも主張する。

　当裁判所は，後者の根拠を採用する。要するに会社被告は，制度規約によると限定的な信認義務を有し，同義務と原告の主張する不当な行為との因果関係

がない。もし，原告主張どおりの不当行為があっても，それは，証券取引法で救済されるべきである。ERISA 上の加入者等に対する信認義務に基づくものではなく，会社株主が，一般的に開示義務を負う会社および役員に対する請求としてである。

Ⅱ 委員会被告に対する請求は，信認義務違反となる行為が認められないため棄却する。

原告主張は，一般的に株式を買う以上に同社株を購入するときに注意義務を果たすべきであるという。もしそうなら委員会被告は，守ることが困難な次の三つの選択肢しかないことになる。(1)「内部」情報を手に入れ，それに基づいて，同社株を取得・保有する。(2)「内部」情報を得た後，自らの役割を超えて，自身でその情報を開示し，株価下落の元となる。(3)「内部」情報を得ないで信認義務違反を甘受する。

原告は，少なくとも同社株を追加購入しないことが求められると主張するが，それが正しいか否かを判断するまでもなく，そういう行動をとれば他社株を購入する場合に比し事業主証券を購入する場合にだけ，より高度な信認義務を負うことになり，法の精神に反する。原告は，この二重の基準の根拠を説明していない。また，他の受認者の監視義務が，委員会被告に求められてはいない。

以上のように，すべての被告による棄却申立てを是とする。

〔判例批評〕

わが国で401(k)制度に，マッチング拠出がないことを欠点とする見解があるが，この拠出があった場合の問題点を把握するのに役立つであろう。また，判旨が，同じ連邦法である証券取引法との関係を論じ，事実上，それを優先させている点については，今後議論が進むであろう。

また，本件は，一連のエンロン事件の行方を占う際の，先例となる。エンロン事件に関する参照判例は，さらにつぎの2判例がある。一つは従業員持株制度でも，本件のような年金資金の選択投資ができる場合と，わが国のように，年金とは別の制度とすることの優劣を考えさせられる判旨である。わが国で確定拠出年金制度に自社株投資を取り入れる場合には，留意しなければならない内容であり，最後は，義務違反がなければ，受認者を解任できないとする判例である[7]。

終わりに

わが国で，確定拠出年金制度が普及すれば，予想もしなかった問題も発生する。同制度で先駆する米国の判例をもとに，それを予測し，前もって解決策を検討しておくことが必要である。脚注で引用した拙著が，そのために役立つと信じる。本稿が，その補完の役目を果たせば幸いである。

---

7) Babcock v. Computer Assocs. Int'l, Inc., 事件186 F. Supp. 2d 253.
　　選択式投資資金の変更を許可しなかったのは，退職後は別として信認義務に反する。また，被告は，資産の分散投資義務にも違反する（原告一部勝訴）。
　　本件は，Computer Associates International, Inc.（C社という），2人の受託者 Jerry Davis（Davis という），Anthony V. Weight（Weight という）および the Computer Management Sciences, Inc. Employee Stock Ownership Plan（制度という）（あわせて被告という）に対する，元従業員 Steven Babcock（原告）の ERISA 上の従業員持株制度における権利に基づく集団訴訟である。
　〔事実〕
　　原告は，1991年に採用され，1998年 Computer Management 社（CM社という）を退職した。その間，制度の加入者であり，現在，権利帰属した加入者である。制度の主たる目的は，優遇税制のもとで従業員にCM社株を取得させることである。
　　1998年C社は，CM社を買収した。そのときまでCM社は，制度を維持していた。C社が，CM社を買収した後，C社が，制度を管理運営し始めた。1999年3月，制度は，保有していたCM社株をすべて売却し，MMFに投資し，現在もそれを保有している。
　〔原告主張〕
　　制度規約は，加入者にCM社株以外への投資変更を種々認めているにも拘わらず，加入者が，一定の期間に投資変更することが認められなかった。また，CM社退職後，受給資格があるにもかかわらず，被告は，支給しなかった。それ故，以下の4点の訴訟原因がある。
　　訴訟原因Ⅰ　制度規約違反（29 U.S.C. §1132(a)(1)(B)）
　　　①制度規約5.4条に定める，（雇用終了後）速やかに受給させるべきであるとする規定に反する。②同規約4.9条に定める，三つの投資選択肢を提供しなかった。③4.10条に定める，個人口座の少なくとも一つの選択肢を提供しなかった。
　　訴訟原因Ⅱ　信認義務違反（29 U.S.C. §1132(a)(3)(B)）
　　訴訟原因Ⅲ　連邦コモンロー違反
　　訴訟原因Ⅳ　ERISA および規約に定める，差止命令
　〔被告主張〕
　　以下の理由で，すべてを棄却する申立てを行った。
　　①被告は，すでに原告に対して支給済みであるため，加入者ではなくなった原告は，ⅠおよびⅡの原告適格を持たない。②被告は，規約を守っているため，原告はⅠおよびⅡに基づき救済を求めることはできない。③州法上の訴えは，ERISA で許されていないので原告のⅢの救済を求める主張は，認められない。④Ⅲは，ERISA の適用除外規定に反する。

〔判旨〕
Ⅰの① 規約5.4条は，次のように規定する。雇用終了時給付：退職，死亡，および廃疾以外の理由により雇用が終了した元加入者につき，制度管理者は，受託者に対し，勤務をしなくなったときから1年以内に，かつ雇用終了時の制度年度に続く制度年度の終了時までに，帰属した受給権の一括支給を指示しなければならない。同(a)(i)によれば元加入者とは，「死亡廃疾以外の理由で雇用終了前に1年以上勤務しなかった結果制度加入を止めた加入者」である。また，制度年度とは，暦年と同じである。

原告は，1998年6月に辞職しているため，これに該当する。原告に関する制度年度は，1998年末に終わっている。したがって，原告は，5.4条によれば，1999年12月末までに一括支給を受ける権利がある。然るに受給していないのであるから，規約の明文に従って遅延している支払いを受ける権利がある。

また，先例 Dunnigan, 277 F.3d at 230-31によれば，遅延利息は，5.4条に規定されていなくとも黙示的に支払われなければならない。

Ⅰの② 規約4.9条の関連する部分は，つぎのとおりである。加入者の分散投資権：選択期間（Qualified Election Period 定義は後述）内で，各制度年度終了後90日以内に，適格加入者（定義は後述）は，制度管理者が変更を受け付けることが出来るよう前もって選択可能にしている3種の中から，1種以上を選択すれば直ちに，制度年度の終了時点で加入者口座の内容を選択，修正，選択の撤回，または新しい選択を行なうことが出来る。適格加入者とは，制度で彼に帰属したすべての権利の分配をまだ受けていなく，かつ，55歳に達し，10年間加入者または元加入者を指す。原告は，1991年から1998年6月まで加入者であったから，同規約に基づき，その期間，分散投資権を有する。

被告は，同規約では，原告に従業員株式制度で，すくなくとも3種の基金を提供する必要があるが，それを怠ったため，4.9条違反があるという原告の主張は正当である。

同期間に原告が，選択できなかったために1132(a)(1)(B)上，どの程度の受給権があるかが，次の問題である。規約には，この場合の記載がない。前掲先例に従って，原告にもっとも有利な計算は，利息を付けて支払うことである。

さらに，別の選択肢が可能であったなら得たであろう利益と，現実の受給額との差額が支払われるべきである。

しかし，原告が，1998年7月に辞職後は，適格加入者たる地位を失っているため，その後の投資選択権喪失に伴う部分だけは，被告の主張を認める。

Ⅰの③ 規約4.10条の関連する部分は，つぎのとおりである。投資選択：各加入者は，受託者に改正1940年投資会社法上のミューチュアルファンドを含む1以上の投資ファンドに自己の投資口座の一部又はすべてを投資するよう指図する権利を有する。各加入者は，制度管理者から，その権利があることの通知を受ける権利がある。毎年1月と7月に加入者の資金増加分を特定のファンドに投資するよう指図することができる。投資口座とは，「事業主株式口座以外の信託的権利である」と定義されている。また，事業主株式口座とは，「本制度で保有される事業主株式に対する加入者の権利」を意味する。

原告は，1991年から1998年7月の間，投資口座で選択投資する方法を被告が提供しなかったと主張する。同規約は，投資口座に資金の一部ないしすべてを投資させるよう定めている。これは，加入者の黙示的権利として認めることができる。したがって少なくとも1種の投資方法を認めてきたため同規約には反しないとする被告の申立を棄却する。

Ⅱ 1132(a)(3)の衡平法上の救済

最高裁は，同条をキャッチオール（多様な状況に対応できる）あるいはセーフティーネット規定であるとして，これ以外の規定では救済できないものを救済する規定であると評価している。ただし契約外損害賠償請求までは認められないという判例がある

Varity Corp. v. Howe, 516 U.S. 489, 512, 134 L. Ed. 2d 130, 116 S. Ct. 1065（1996）。また，Strom v. Goldman, Sachs & Co., 202 F.3d 138（2d Cir. 1999）は，未亡人が，もし夫が請求していた保険の期日を事業主が守っていたなら得たであろう保険金の支払いを「全部救済」として認めた例である。

1．投資分散：原告は，被告が1999年にCM社の株式取得後資産の分散をしなかったと主張する。単一の投資対象に大部分の資金を投資した事例で分散を欠き不当であると判示している例がある（Marshall v. Teamsters Local 282 Pension Trust Fund, 458 F. Supp. 986, 990-91（E.D.N.Y. 1978）（資産の36％を単一の借主に貸し付けた例））。本件では，100％をCM社株式に投資しているのであるから，分散義務に反する（1104(a)(1)(C)）。

つぎの問題は，この違反を1132(a)(3)(B)で，どう回復するかである。1999年3月から2000年4月までに制度が得たものと，もし受託者がERISAに従って分散投資した場合に得たものとの差額が，違反による直接の経済的損失の補填となるであろう。これにより，原告は，被告がERISAの下，分散投資義務を正しく果たし得たであろう金銭的満足を得ることとなる。したがって，被告のⅡの訴訟原因に関する棄却の申立てを認めない。

2．遅延利息：被告の信認義務違反による経済的損失を補填するために同条で利息を認めない理由は何もない。さらに，規約に定められた期日に支払われなかったことによって不当利得が生じている場合は，それも支払われなければならない。これによって衡平な全的救済がなされることとなる。

本件で，原告は，被告の時機を失した給付に対する衡平法上の救済を求めているので，遅延利息は支払われるべきである。したがって被告のⅡの訴訟原因に対する棄却の申立ては認められない。

以上，連邦コモンロー上の請求と1998年7月以降，原告が適格加入者でなくなった後の請求権は認められないが，その余は，原告勝訴とする。

また，最後の判例は，受認者に義務違反が認められない以上，解任できないとした事例である。

LANDGRAFF v. COLUMBIA/HCA HEALTHCARE CORPORATION事件（No.00-5834 UNITED STATES COURT OF APPEALS FOR THE SIXTH CIRCUIT 2002 U.S. App. LEXIS 2334; 30 Fed. Appx. 366; 27 E.B.C. 1787）

〔判旨〕　上訴棄却

「被上訴人AndersonとMooreの委員解任を衡平法上の救済として認めなかった地裁判決を支持する。」

加入者は，委員の信認義務違反がないとして，賠償請求を認めなかったと判示した地裁判決に対しては上訴せず，ただ，手続き上の瑕疵を理由に，委員解任を衡平法上の救済として求める上訴のみを行なった。しかし，地裁判決は，ERISA信認義務違反となるような瑕疵を認めていない。それどころか，地裁判決は，同義務違反がないと明示している。

また，加入者もこの結論に異議を唱えることはしていない。そこで，加入者は，まず，信認義務違反の事実認定がなければ受認者の解任ができないという判例がない点を主張した。この見解をむげに退ける裁量権の濫用を，裁判所はすべきではない（ので検討する）。

なお，地裁判決は，委員の信認義務違反を認めず，したがって金銭賠償または衡平法上の救済を認めなかった。その判断は，裁量権の濫用ではない。

上訴人は，Columbia/HCA社（以下，同社という）株式賞与制度（以下，制度とい

う）の加入者である。加入者に，1998年9月自己の資産の投資判断を指図することができるよう制度改正した時まで，投資判断を行なっていた受認者委員会（以下，委員会という）の現委員および元委員が，個人としての被上訴人である。

1997年初頭に，これら個人被上訴人は，連邦政府が，同社の行動を調査していることを知った。この調査が，みんなに知れ渡った時点で同社の株価は，18ヶ月間下落した。上訴人は，同社および受認者に対し ERISA 29 U.S.C. §1132(a)(2)に基づき信認義務違反であるとの訴えを起こした。受認者に対しては，年金資産のすべてないしほとんどを同社株に投資したのは分散義務違反であると主張した。地裁は，違反はないと判断し，金銭賠償および受認者の解任を認めなかったので，上訴したのが本件である。

上訴人は，上訴にあたって解任請求のみを残し，他を理由としなかった。また，同社に対する上訴も行なわなかった。上訴人は，地裁判決が，同社株の投資に慎重であるべきにもかかわらずそうでないのは，解任理由となると主張した。当裁判所は，制度の資金が減少したとしても，信認義務違反ではないと判断する。地裁判決も被上訴人が，義務違反はないと断じ，上訴人は，このことを上訴審で問題としなかったためである。法律違反がないところに衡平法上の救済を認めないとした地裁判決に，裁量権の濫用はないと，当裁判所は判断する。解任という衡平法上の救済は，制定法によって認められるものである。関係条文である ERISA 29 U.S.C. § 1109(a)は，「信認義務者に課せられた義務・責任違反の」信認義務者を解任することができると定めている。上訴人は，この点で根拠を明らかにしていない。また，認めないことが，裁判所の裁量権濫用でもない。したがって信認義務者の解任を認めなかった地裁判断を支持する。

〔示唆〕

英米流の衡平法上の解任請求が，わが国制度としても，加入者によってもなされるべきことを検討すべきである。

株式の共同相続と会社訴訟の原告適格
―共同相続株式の権利行使に関する判例法理の検討(2)―

吉本　健一

はじめに
第1節　最高裁平成2年12月4日判決
第2節　最高裁平成3年2月19日判決
第3節　最高裁平成9年1月28日判決
第4節　最高裁平成27年2月19日判決
おわりに

はじめに

 本稿は，前稿[1]に引き続き，株式会社の株式が複数の共同相続人に相続された場合について，当該株式の権利行使に関する判例法理を検討する[2]。本稿はその第二弾として，会社訴訟[3]における原告適格の問題を採り上げる。

 本稿が想定するのは，小規模で閉鎖的ないわゆる同族会社において，創業者株主や経営者株主が死亡し，その保有株式（支配株式）が複数の共同相続人に相続され準共有となった場合（民法898条・264条）で，相続人間の対立から遺産分割が未了の間に，相続人間で当該相続株式の権利行使に関して争いが生じるケースである。このようなケースでは，相続株式に関する権利行使権限の帰趨が会社の後継経営者の決定に直結するため，共同相続人間の利害対立も先鋭化し，会社法106条所定の当該株式についての権利を行使する者（以下「権利行使者」という）を選定することができず，その結果当該株式に関する権利を行使することができない状況が生じ得る。しかしながら，共同相続人間の争いが激化すると，会社法規範を無視してでも強引に会社支配権を自分の手に握ることで，支配権争いに事実上の決着を付けようとする相続人や利害関係者が現れることも珍しくない。そのような場合に，他の共同相続人の利益をどのように保護し，会社法規範の実効性を確保するかが会社法学の永年の課題の一つであった。その中で，本稿が対象とするのは，共同相続人の一人あるいは利害関

---

1) 吉本健一「株式の共同相続と権利行使者による議決権行使の効力──共同相続株式の権利行使に関する判例法理の検討(1)──」神戸学院法学47巻1号1頁以下（2017年）。
2) 本稿で扱う判例には，株式会社の株式のほか，有限会社の持分を対象とするものがあるが，前稿と同様に本稿でも株式会社の株式で代表させる。
3) 会社訴訟に厳密な定義はないが，本稿では差し当たり会社法834条所定の会社の組織に関する訴えを想定している。このうち，株式会社に関する1号ないし17号は当該行為が違法ないし不当であることを理由として当該行為の効力を否定して原状回復をはかる救済訴訟であるのに対し，20号の解散の訴えは，会社行為の是正を求める訴えというよりも，事業継続の困難性を理由に積極的に解散という新たな行為を求めるものである。それゆえ，とりあえず本稿の対象から除外する。そして，2号ないし17号の会社訴訟の提起は，当該違法ないし不当な会社の行為の効力を否定して原状回復をはかる行為であるから，準共有株主間においては準共有株式に関する保存行為として準共有株主が単独で行うことができると解される（民法252条但書）。これに対して設立無効の訴え（1号）は，原状回復行為ではあっても，準共有株式の存在を前提とすると，これに変更を加える行為として全員一致を要すると解する余地がある。山田泰彦「株式の共同相続と相続株主の株主権」早稲田法学69巻4号188頁注(8)（1994年）参照。

係者が相続株式による権利行使を専断しあるいは権利行使者のいない状況を悪用して会社支配権を壟断し，これに対して他の共同相続人が株式の準共有者として会社訴訟を提起する場面である。このような場面では，訴えを提起した準共有株主が権利行使者でないため，その原告適格が問題となることが多い。以下に見るように，判例ではこのような問題に対処するために，一定の判例法理が生み出されてきたが，当該判例法理には問題も少なくなく，利益を害される準共有株主の保護に限界があると思われる。本稿では，準共有株主の利益保護のために，裁判所が本案の審理に立ち入ることができるように，原告適格の問題をできる限り幅広く克服するための理論構成を提示することを試みる。

第1節　最高裁平成2年12月4日判決[4]

1　判例法理

まず，最高裁が準共有株式に関する権利行使者の選定・通知がない場合の準共有株主の原告適格を最初に扱った最判平成2年12月4日（以下「最判平成2年」という）を採り上げる。

〔事実の概要〕

被告（控訴人，上告人）Y株式会社（発行済株式7,000株）の単独株主であったAが死亡し，その後妻Bも死亡したため，最終的にY会社株式はすべてAの長男である原告（被控訴人，被上告人）Xを含む7人の子供が共同相続した。相続人間の遺産相続争いのため遺産分割が未了であり，Y会社株式について名義書換も準共有株式の権利行使者の選定・通知もできない状況であった。ところが，B死亡の翌日，Y会社において株主総会が開催され，C（次男でY会社代表取締役）らの取締役およびD（三男）の監査役選任決議がなされたとしてそ

---

[4] 民集44巻9号1165頁，判時1389号140頁，判タ761号154頁，金融法務事情1297号28頁，金融商事判例876号3頁。調査官解説として，篠原勝美「判解」『最高裁判所判例解説民事篇平成2年度』434頁（法曹会，1992年），判例解説ないし判例批評として，大野正道「判解」法学教室131号106頁（1991年），加藤哲夫「判解」法学セミナー440号126頁（1991年），青木英夫「判批」金融商事判例883号40頁（1992年），岡野谷知広「判批」法学研究65巻3号107頁（1992年），畑瑞「判批」私法判例リマークス4号102頁（1992年），吉本健一「判批」判例評論397号55頁（1992年），大杉謙一「判批」法学協会雑誌109巻5号187頁（1992年），尾崎安央「判批」法律のひろば45巻11号61頁（1992年），山下郁夫「判解」判タ790号166頁（1992年），中島弘雅「判批」民商法雑誌106巻3号93頁（1993年），荒谷裕子「判解」会社法判例百選〔第3版〕24頁（2016年）など参照。

の旨の登記がなされたので，Xが株主総会決議不存在確認の訴えを提起した。これに対しY会社は，CがAから全Y会社株式を生前贈与されたと主張するほか，仮に7人の子供に共同相続されたとしても，Xは株主名簿上の株主でも準共有株式の権利行使者でもないから，本訴の原告適格を有しないと抗弁した。第一審および原審とも，株主総会決議不存在確認の訴えは，株主名簿上の株主でなくても訴えの利益があれば原告適格が認められるとして，Xの訴えの利益を肯定したうえで，本訴請求を認容したところ，Y会社が上告した。

〔判旨〕

「株式を相続により準共有するに至った共同相続人は，商法203条2項の定めるところに従い，右株式につき「株主ノ権利ヲ行使スベキ者一人」（以下「権利行使者」という。）を定めて会社に通知し，この権利行使者において株主権を行使することを要するところ（最高裁昭和42年(オ)第867号同45年1月22日第一小法廷判決・民集24巻1号1頁参照），右共同相続人が準共有株主としての地位に基づいて株主総会の決議不存在確認の訴えを提起する場合も，右と理を異にするものではないから，権利行使者としての指定を受けてその旨を会社に通知していないときは，特段の事情がない限り，原告適格を有しないものと解するのが相当である。

しかしながら，株式を準共有する共同相続人間において権利行使者の指定及び会社に対する通知を欠く場合であっても，右株式が会社の発行済株式の全部に相当し，共同相続人のうちの一人を取締役に選任する旨の株主総会決議がされたとしてその旨登記がされている本件のようなときは，前述の特段の事情が存在し，他の共同相続人は，右決議の不存在確認の訴えにつき原告適格を有するものというべきである。けだし，商法203条2項は，会社と株主との関係において会社の事務処理の便宜を考慮した規定であるところ，本件に見られるような場合には，会社は，本来，右訴訟において，発行済株式の全部を準共有する共同相続人により権利行使者の指定及び会社に対する通知が履践されたことを前提として株主総会の開催及びその総会における決議の成立を主張・立証すべき立場にあり，それにもかかわらず，他方，右手続の欠缺を主張して，訴えを提起した当該共同相続人の原告適格を争うということは，右株主総会の瑕疵を自認し，また，本案における自己の立場を否定するものにほかならず，右規定の趣旨を同一訴訟手続内で恣意的に使い分けるものとして，訴訟上の防御権を濫用し著しく信義則に反して許されないからである。」

本件では，特段の事情によりXの原告適格が認められるとして，上告棄却した。

2 検　討

最判平成2年は，株式が複数の相続人に共同相続され準共有となったが権利行使者の選定・通知がない場合に，準共有株主の一人が会社訴訟（株主総会決議不存在確認の訴え）を提起したところ，その原告適格が問題となった最初の最高裁判決であると見られる[5]。本判決は，権利行使者でない準共有株主の一人による株主総会決議不存在確認の訴えにつき，最高裁が柔軟な発想をもって原告適格を認めるという妥当な解決を図った新しい傾向を示す判決として高く評価されている[6]。

しかしながら，その結論の妥当性は支持されるとしても，信義則を用いた法律構成には疑問が示されているだけでなく[7]，判旨に対する種々の批判もなされている。第一に，株主総会決議不存在確認の訴えは提訴資格に特段の制限はなく（平成17年改正前商法252条，会社法830条1項参照），訴えの利益（確認の利益）があれば誰でも訴えを提起することができるのであるから[8]，株式の準共有者は権利行使者でなくても，準共有株主としての立場で自己の利益を守るために不存在確認の訴えを提起できると解するのが自然である[9]。第一審および原審はそのような立場を採った。しかし，最高裁は，結論は変わらないにもか

---

5) 本判決以前に株式の共同相続人による権利行使が問題となった最高裁判決は2件あるが（最判昭和52年11月8日民集31巻6号847頁および最判昭和53年4月14日民集32巻3号601頁），いずれも権利行使者の選定・通知がなされているケースである。

6) 大野正道「商法203条2項と最高裁第三小法廷判決」判タ937号74頁（1997年），吉本・前掲注4) 56頁，大杉・前掲注4) 191頁参照。

7) 吉本・前掲注4) 58頁，加藤修「判解」平成3年度重要判例解説93頁～94頁（1992年）。

8) 大隅健一郎＝今井宏『会社法論（中）〔第3版〕』143頁（有斐閣，1992年），上柳克郎ほか編『新版注釈会社法(5)』401頁〔小島孝〕（有斐閣，1986年），鈴木竹雄＝竹内昭夫『会社法〔第3版〕』257頁（有斐閣，1994年），菱田政宏「株主総会決議不存在確認の訴」『商法の判例〔第3版〕』73頁（有斐閣，1977年），江頭憲治郎『株式会社法〔第6版〕』374頁（有斐閣，2015年），田中亘『会社法』196頁（東京大学出版会，2016年）。

9) 吉本・前掲注4) 58頁，中島・前掲注4) 99頁，前田雅弘「判批」私法判例リマークス17号105頁（1998年），荒谷裕子「判解」平成9年度重要判例解説102頁（1998年），青竹正一「株式・有限会社持分の共同相続と社員権の行使」『閉鎖会社紛争の新展開』23頁（信山社，2001年）（初出2000年），河内隆史「株式の共同相続に伴う株主権の行使」中村一彦先生古稀記念『現代企業法の理論と課題』273頁（信山社，2002年），菊地雄介「株式の共同相続と監督是正権の行使」法学新報109巻9＝10号232頁（2003年）。

かわらず、敢えて法律構成を変更し、準共有株主が総会決議不存在確認の訴えを提起するには、原則として権利行使者でなければならないとした。その理由は不明であるが、本判決に関する調査官解説ではいくつかの理由が述べられており、検討に値する。その主要な点は、①総会決議不存在確認の訴えについて株式準共有者が有する利益は結局株主としての利益であり、当該訴訟提起権は株主権の行使であることは否定しがたい、②決議不存在確認の訴えの場合にのみ商法203条2項（会社法106条本文）を適用せず、他の法文上提訴権者を株主等に限定している訴えに同条項を適用するのは首尾一貫性を欠く、というものである[10]。しかし、①については、たしかに株式準共有者としての利益は株主としての利益であるが、総会決議不存在確認の訴えは（会社との関係で権利を行使できる）株主でなくても法律上保護すべき利益（確認の利益）を有する者であれば原告適格が認められるのであるから、準共有株主としての立場において原告適格が認められると解することは十分可能であると考える[11]。②については、総会決議の効力を否定する訴訟がそのように提訴資格を限定するものと限定しないものに分けて制度設計され、それぞれの訴訟の性質が異なる以上、会社法の条文適用に相違が生じることは別段問題ではないと思われる。

　他方で、最判平成2年には、後述する最高裁平成3年2月19日判決（以下「最判平成3年」という）の影響が考えられる。すなわち、最判平成2年の事件と最判平成3年の事件は、同時期に同じ第三小法廷に係属し、かつ担当裁判官の構成もほとんど同じであった[12]。それゆえ、両事件は、第三小法廷において併行して審理が進められており、他方の事件の審理内容が影響を与えた可能性がある[13]。そして、最判平成3年は合併無効請求事件であって提訴権者の

---

10) 篠原・前掲注4) 443頁～445頁。同旨、岡野谷・前掲注4) 113頁、神作裕之「会社訴訟における株式共有者の原告適格」神作裕之ほか編『会社裁判にかかる理論の到達点』250頁（商事法務、2014年）。
11) もともと総会決議が不存在であって効力を有しないとの主張は、訴え提起によるまでもなく、誰でも必要があれば自由に主張することができるのであり、このことは準共有株主でも変わらない。たとえば、会社と準共有株主の一人との間で、総会決議の効力を前提とする何らかの紛争が生じ訴訟が提起された場合には、当該準共有株主は権利行使者でなくても総会決議が不存在で効力がないことを、当該訴訟における攻撃防御方法として自由に主張することができると解される。紛争の抜本的解決のために総会決議の効力がないことを対世的に確定する必要（確認の利益）がある場合に、準共有株主が総会決議不存在確認の訴えを提起しようとすると、当該主張は権利行使者でなければできない（原告適格がない）とするのは整合性がないように思われる。吉本・前掲注4) 59頁注(7)参照。

制限があり、株式準共有の場合は株主として権利行使できる者すなわち権利行使者のみが原告適格を有するという理解が一般的であった[14]。しかし、総会決議不存在確認の訴えと合併無効の訴えでは、その性質（確認訴訟か形成訴訟か）、提訴権者（限定があるかないか）、提訴期間の有無、判決の効力（遡及効があるかないか）等の点で違いがある。それは、会社法が、合併無効については法的安定性を重視して、その無効主張を一定の範囲（提訴権者、主張方法、提訴期間）に制限するとともに（会社法828条1項7号・8号、2項7号・8号）、請求認容判決に遡及効を否定しているからである（会社法839条）。それゆえ、準共有株主が総会決議不存在確認の訴えを提起する場合と合併無効の訴えを提起する場合では、原告適格の有無について同一である必然性はなく、異なる判断の余地があることを考慮すべきであった。

　第二に、最判平成2年の事案はたまたま100％株式を保有する株主が死亡し当該株式が共同相続されたケースで、信義則を用いた解決が可能であった。しかし、そのような類型（原則として相続による準共有株式を除くと総会決議が成立しない類型）に該当しないケースでは、本判決が提示した判例法理では権利行使者でない準共有株主に原告適格を認め救済することができないことになる[15]。たとえば、大阪高決平成3年4月11日[16]は、発行済株式総数の55％に当たる株式が共同相続され準共有となったところ、権利行使者の選定・通知がないのに取締役および監査役選任決議があったとしてその登記がなされたのに対し、共同相続人の一人から総会決議不存在確認の訴えを本案とする取締役職

---

12) 最判平成2年の原判決は名古屋高判平成元年1月30日で、平成元年(オ)第573号として第三小法廷に係属し、担当裁判官は園部逸夫（裁判長）、坂上壽夫、佐藤庄市郎、可部恒雄の4人であった。最判平成3年の原判決は福岡高判平成元年4月13日で、平成元年(オ)第1059号として第三小法廷に係属し、担当裁判官は可部恒雄（裁判長）、坂上壽夫、貞家克己、園部逸夫、佐藤庄市郎の5人であった。ちなみに後述する最判平成9年1月28日も第三小法廷によるもので、担当裁判官は可部恒雄（裁判長）、園部逸夫、大野正男、千種秀夫、尾崎行信の5人であった。
13) 最判平成2年と最判平成3年の規範命題を示す判決文の内容は、訴訟類型が異なることによる相違点を除き、ほとんど同じである。大杉・前掲注4）191頁。
14) 会社法106条（平成17年改正前商法203条2項）は、株主の権利行使一般に適用があるとするのが多数説である。大隅健一郎＝今井宏『会社法論（上）〔第3版〕』334頁（有斐閣、1991年）、上柳克郎ほか編『新版注釈会社法(3)』51頁〔米津昭子〕（有斐閣、1986年）など。
15) 山田攝子「株式の共同相続」判タ789号7頁（1992年）、大杉・前掲注4）195頁。
16) 判時1400号117頁。判例解説として、島村雅之「判解」判タ821号186頁（1993年）参照。

務執行停止の仮処分申立てがなされた事案である。しかし本件では，会社の定款上取締役選任決議の定足数要件が発行済株式総数の3分の1に緩和されていたため，特段の事情が認められず抗告が棄却されてしまった[17]。つまり，このような事案では，最判平成2年の判例法理では特段の事情がないとして原告適格が認められず，紛争の焦点である総会決議の不存在について裁判所の審理を受けることができないことになる。しかし，総会決議不存在確認の訴えにおける原告適格については，もう少し柔軟に権利行使者でない準共有株主に原告適格を認めるという方向を探るべきであろう[18]。最判平成2年が示した法律構成は，その後最高裁の判例法理として確立するが，このことは，以後の準共有株主による会社訴訟の原告適格をめぐる問題解決に禍根を残したように思われる。判例法理が孕む問題は，後述する最高裁平成9年1月28日判決（以下「最判平成9年」という）においても，別の形で顕在化することとなった。

第2節　最高裁平成3年2月19日判決[19]

1　判例法理

最判平成3年は，最判平成2年に引き続き，権利行使者の選定・通知がない場合に準共有株主に原告適格を認める判例法理を確立した判決である。

〔事実の概要〕

亡Aは，被告（被控訴人，被上告人）Y株式会社およびB株式会社の創業者であって，Y会社の4,000株（発行済株式総数の40％）およびB会社の5,040株（発行済株式総数の63％）を有していた。Aの死亡後，Aの内縁の子である原告（控訴人，上告人）XおよびAの妻と娘2人の相続人間で遺産分割協議が未了で本件準共有株式に関する権利行使者の選定・通知もなされていない状態であったところ，Y会社がB会社を吸収合併した旨の登記がなされたので，共同相続人の一人であるXが，合併契約を承認する両会社の株主総会決議の不存在を理

17）　神作・前掲注10）257頁参照。
18）　島村・前掲注16）187頁も，判例法理では株主の監督是正権が付与された制度趣旨を損なうおそれがあるとされる。
19）　判時1389号143頁，判タ761号160頁，金融法務事情1297号31頁，金融商事判例876号15頁。判例解説ないし批評として，青木・前掲注4）40頁，吉本・前掲注4）55頁，加藤（修）・前掲注7）92頁，山下郁夫「判解」判タ790号166頁（1992年），中島弘雅「判批」民商法雑誌106巻3号116頁（1993年）参照。

由として合併無効の訴えを提起した。これに対して，Y会社（代表取締役Cは Aの妻の連れ子）は，Xは本件準共有株式の権利行使者ではないから原告適格 を有しないと争った。第一審および原審とも，Xの原告適格を認めずそれぞれ 請求却下・控訴棄却したので，Xが上告した。

〔判旨〕

「株式を相続により準共有するに至った共同相続人は，商法203条2項の定め るところに従い，右株式につき「株主ノ権利ヲ行使スベキ者一人」（以下「権 利行使者」という）を定めて会社に通知し，この権利行使者において株主権を 行使することを要するところ（最高裁昭和42年(オ)第867号同45年1月22日第一小法 廷判決・民集24巻1号1頁参照），右共同相続人が準共有株主としての地位に基 づいて同法415条による合併無効の訴えを提起する場合も，右と理を異にする ものではないから，権利行使者としての指定を受けてその旨を会社に通知して いないときは，特段の事情がない限り，原告適格を有しないものと解するのが 相当である。

しかしながら，合併当事会社の株式を準共有する共同相続人間において権利 行使者の指定及び会社に対する通知を欠く場合であっても，共同相続人の準共 有に係る株式が双方又は一方の会社の発行済株式総数の過半数を占めているの に合併契約書の承認決議がされたことを前提として合併の登記がされている本 件のようなときは，前述の特段の事情が存在し，他の共同相続人は，右決議の 不存在を原因とする合併無効の訴えにつき原告適格を有するものというべきで ある。けだし，商法203条2項は，会社と株主との関係において会社の事務処 理の便宜を考慮した規定であるところ，本件に見られるような場合には，会社 は，本来，右訴訟において，株式を準共有する共同相続人により権利行使者の 指定及び会社に対する通知が履践されたことを前提として，合併契約書を承認 するための同法408条1項，3項所定の株主総会の開催及びその総会における 同法343条の規定による決議の成立を主張・立証すべき立場にあり，それにも かかわらず，他方，右手続の欠缺を主張して，訴えを提起した当該共同相続人 の原告適格を争うということは，右株主総会の瑕疵を自認し，また，本案にお ける自己の立場を否定するものにほかならず，右規定の趣旨を同一訴訟手続内 で恣意的に使い分けるものとして，訴訟上の防御権を濫用し著しく信義則に反 して許されないからである。」

原判決を破棄し，第一審判決を取り消して本件を第一審裁判所に差し戻した。

2 検討

　最判平成3年は，合併無効請求事件である。合併無効の訴えでは，提訴権者が株主その他一定の者に限定されている（吸収合併につき，会社法828条2項8号）。この株主は会社との関係において株主資格を対抗できる者であり，原則として株主名簿上の株主を意味する。株式が準共有されている場合は，会社との関係で権利を行使できる者すなわち権利行使者がこれに該当すると解するのが自然であろう。その意味では，最判平成3年が示す原則論は正当であり，また本判決のような事案において，例外的に特段の事情を認めて権利行使者でない準共有株主の原告適格を認めた解決も妥当なように思われる。しかし，ここでもなお検討すべき点が残されている。

　第一に，会社法106条本文（商法203条2項）は，株主としてのすべての権利行使に適用されるかという問題がある。たとえば，株式取得者が株主名簿記載事項の記載・記録を請求する権利（いわゆる名義書換請求権。会社法133条1項）については，株式の準共有につき権利行使者の選定・通知がなくても，準共有株主の一人が請求することができると解される[20]。また，同条項の趣旨が，株式が準共有されている場合に準共有者による権利行使を一本化することで，権利行使の混乱を防止し会社の事務処理上の便宜を図る点にあることから，そのような権利行使の一本化が必要ない場合には適用されないという解釈も有力に主張されている[21]。これによれば，会社訴訟の提起は，違法・不当な会社行為の是正を目的とするものであり，複数の訴訟が数個同時に継続しても，その弁論および裁判は併合され（会社法837条），またその請求認容判決に対世効が認められる（会社法838条）から，会社の事務処理上の便宜のために準共有株主による権利行使を一本化する必要はないというべきではなかろうか[22]。そうすると，権利行使者の選定・通知がなくても，準共有株主は，準共有株式に関する保存行為として（民法252条但書），合併無効の訴えを提起することができることになる[23]。

---

20) 永井和之「株式の共同相続と商法203条2項」金融法務事情1307号8頁（1991年），山田（攝）・前掲注15）8頁，山田（泰）・前掲注3）193頁，吉本健一「株式の共同相続と対抗要件」岸田雅雄先生古稀記念『現代商事法の諸問題』1140頁（成文堂，2016年）。

21) 込山芳行「同族的小規模閉鎖会社における株式の共同相続」保住昭一先生古稀記念『企業社会と商事法』163頁（北樹出版，1999年），河内・前掲注9）267頁。

22) 吉本健一「準共有株式の権利行使と会社法106条但書――最高裁平成27年2月19日判決の検討――」神戸学院法学45巻4号43頁（2016年）。

第二に，会社に対抗することができる準共有株主[24]は，合併無効の訴えを提起できると解する余地がある。それは，合併無効の訴えのように特定の会社行為の無効ないし取消しが訴えをもってのみ主張することができ（形成訴訟）かつ提訴期間の制限があるものについては，権利行使者でない準共有株主に原告適格を認めないとすると，共同相続人間の対立から権利行使者の選定・通知ができないケースでは，違法ないし著しく不当な合併等の行為が行われても提訴期間内に訴えを提起することができず，当該行為により不利益を被る準共有株主は，損害賠償を除き，当該行為を解消して原状回復の救済を受けることができないという著しく不当な地位に置かれてしまうからである[25]。この考えによれば，合併無効は訴えをもってのみ主張することができかつ6ヶ月の提訴期間の制限があるため（会社法828条1項7号・8号），その間に権利行使者の選定・通知ができない事情があるような場合には，準共有株主はその資格において，合併無効の訴えを提起できると解すべきであると考えられる[26]。これ以外の提訴期間が設けられている会社訴訟についても，同様に権利行使者の選定・通知ができない事情があれば，準共有株主にその地位に基づいて原告適格を認めるべきであろう[27]。

---

23) これに対して，1株以上の準共有持分を有する準共有株主に株式数に比例しない単独株主権一般を認める見解（田中誠二『三全訂会社法詳論（上）』305頁（勁草書房，1993年），谷口知平＝久貴忠彦編『新版注釈民法(27)』106頁〔本間輝雄〕（有斐閣，1989年），永井和之「閉鎖的株式会社である一人株式会社の承継」酒巻俊雄先生還暦記念『公開会社と閉鎖会社の法理』453頁（商事法務，1992年），込山・前掲注21) 163頁，青竹・前掲注9) 20頁～21頁，河内隆史「判批」金融商事判例1101号66頁（2000年），中村信男「判批」早稲田商学439号356頁（2014年））や，監督是正権一般について商法203条2項（会社法106条）の適用を否定する見解（永井・前掲注20) 8頁，山田（泰）・前掲注3) 185頁，込山・前掲注21) 163頁，河内・前掲注9) 269頁，菊地・前掲注9) 251頁，新里慶一「相続と商法203条2項」中京法学40巻3＝4号228頁（2006年））も有力である。さらに大杉教授は，商法203条2項（会社法106条）が議決権，利益配当請求権，残余財産分配請求権（および累積投票請求権，提案権）にのみ適用されるとするだけでなく，総会決議の効力を争う訴訟では権利行使者の選定・通知がある場合でも，他の準共有者に原告適格を認めるべきであるとされる。大杉・前掲注4) 197頁。しかし，これらの見解は準共有株主の利益保護には厚いとしても，複数の準共有株主からの権利行使に会社が各別に対応しなければならず，権利行使の一本化による会社の事務処理の便宜を図るという会社法106条の趣旨に反するのではなかろうか。出口正義「株式の共同相続と商法203条2項の適用に関する一考察」『株主権法理の展開』343頁注(5)（文眞堂，1991年）（初出1989年））参照。
24) すなわち，株主名簿上準共有株主となっている者および会社がそのことに悪意であるため準共有株主であることを否定できない株主を意味する。この点については，吉本・前掲注20) 1139頁参照。

第三に，最判平成2年の検討でも述べたが，判例法理では相続株式を除けば決議が成立しないような場合にのみ準共有株主の救済が可能であり，それ以外の場合には救済できないという限界がある。最判平成3年の事案でも，存続会社であるY会社について見れば，Y会社が合併承認決議が成立したことを前提とする主張をしても，それが信義則に反するとはいえない[28]。そうすると判例法理は，共同相続人の一人や（本件のようにその利害関係者）が会社の行為を専断したようなケースにおいて，利益を害された準共有株主の利益保護に限界があることが否定できないと思われる。

---

25) 同旨，河内・前掲注9) 274頁参照。これに対して，後述する最判平成9年によれば，権利行使者は準共有株主の持分価格の過半数により決定できるから，提訴期間内に多数決で権利行使者を選定・通知すれば提訴は可能であり，本文のような解釈の必要はないとの反論も考えられる。しかし，最判平成9年が採用する過半数説に対しては，下級審裁判例において強い警戒感が示され（大阪地判平成9年4月30日判時1608号144頁，大阪高判平成20年11月28日判時2037号137頁など），また学説上も共有株主間の協議を重視する見解が根強くある（最近のものとして，飯田秀総＝白井正和＝松中学『会社法判例の読み方』35頁～36頁〔松中学〕（有斐閣，2017年）参照）。したがって，提訴期間内に多数決で強引に決着をつけることが可能であるか不透明な状況にある。この点につき，吉本・前掲注1) 14頁～16頁参照。また，共有持分少数派の準共有株主が提訴を望む場合にも配慮する必要があるとすれば，やはり本文のような解釈も十分な説得力があると思われる。

26) さらに，少なくとも合併対価として存続会社ないし設立会社の株式以外の合併対価（対価がない場合を含む）を交付された消滅会社の準共有株主は，準共有株主であったという地位に基づいて，合併無効の訴えを提起することができると解すべきである。このような消滅会社株主は存続会社ないし設立会社の準共有株主となっていないから，合併の効力発生後は権利行使者の選定・通知をすることができない立場にあり，権利行使者の選定・通知がなければ訴訟提起できないとすると，合併無効という救済を受けることができないからである。

27) 会社訴訟のうち，提訴期間の制約がない新株発行・自己株式処分不存在確認の訴え（会社法834条13号・14号），新株予約権発行不存在確認の訴え（同条15号），株主総会決議無効・不存在確認の訴え（同条16号）については，このような意味で原告適格を認める必要はないとしても，上述したようにこれらの会社訴訟では原告適格に制限がない以上，準共有株主にも訴えの利益がある限り原告適格が認められるべきである。

28) 最判平成3年の事案においてY会社が存続会社となった事情は明らかでないが，うがった見方をすれば合併を主導したと見られるCは，相続株式が発行済株式総数の過半数に達しないY会社を存続させた方が，自己の会社支配権を確立することが容易であると考えたのかもしれない。

第3節　最高裁平成9年1月28日判決[29]

1　判例法理

本件は，最高裁の判例法理の限界が露呈したと見られる事案である。

〔事実の概要〕

本件Y1有限会社（甲事件被告，被控訴人，被上告人）およびY2有限会社（乙事件被告，被控訴人，被上告人）の持分の全部を有し両社の代表取締役であった亡Aには，その妻X1および娘X2，X3（いずれも両事件の原告，控訴人，上告人）のほかに，内縁関係にあるB（両社の代表取締役）との間に息子Cがいた。Aは平成元年2月頃から病気がちとなり，同年9月12日に入院（その後転院）し，10月12日に結腸がんの手術を受けたが，11月9日に死亡した。Y1およびY2の両社において，平成元年10月18日に社員総会が開催され，Bを含む役員選任決議およびBの代表取締役選任決議がされたとして議事録が作成されているので，Xらが社員総会決議不存在確認の訴えを提起した（旧有限会社法41条による平成17年改正前商法252条の準用）[30]。Y1およびY2両社は，Xらの原告適格に関し，①本件両社の全持分はBに生前贈与され，②仮にそうでないとしてもBに死因贈与され，③仮にそうでないとしてもBに遺贈されたから，Xらは本件持分を相続によって取得していないと主張するほか，仮にXらとCが共同相続したとしても，Xらは有限会社法22条が準用する商法203条2項所定の権利行使者の選定・通知をしていないから，原告適格を有しないと主張した。第一審および原審とも，上記①②を否定しながら（③については遺言書の有効性が別訴で争われている）Xらの原告適格を認めなかったので，Xらが原告適格を認めるべき特段の事情があるとして上告した。

---

29)　判時1599号139頁，判タ936号212頁，金融法務事情1489号29頁，金融商事判例1019号20頁。判例解説ないし判例批評として，片木晴彦「判批」判例評論466号60頁（1997年），稲田俊信「判解」旬刊経理情報837号42頁（1997年），前田・前掲注9）104頁，荒谷・前掲注9）101頁，實金敏明「判解」判タ978号170頁（1998年），青竹正一「判批」『閉鎖会社紛争の新展開』83頁（信山社，2001年）（初出1999年），柴田和史「判解」会社法判例百選〔第2版〕24頁（2011年）など参照。

30)　Xらは役員の就任登記がなされたと主張し，本判決のコメント（金融商事判例1019号20頁）にもそのような記載があるが，原審はこの点につき認定していない。また，登記申請が相続開始前になされたかも不明である。

〔判旨〕

「有限会社の持分を相続により準共有するに至った共同相続人が，準共有社員としての地位に基づいて社員総会の決議不存在確認の訴えを提起するには，有限会社法22条，商法203条2項により，社員の権利を行使すべき者（以下「権利行使者」という）としての指定を受け，その旨を会社に通知することを要するのであり，この権利行使者の指定及び通知を欠くときは，特段の事情がない限り，右の訴えについて原告適格を有しないものというべきである（最高裁平成元年(オ)第573号同2年12月4日第三小法廷判決・民集44巻9号1165頁参照）。そして，この場合に，持分の準共有者間において権利行使者を定めるに当たっては，持分の価格に従いその過半数をもってこれを決することができるものと解するのが相当である。けだし，準共有者の全員が一致しなければ権利行使者を指定することができないとすると，準共有者のうちの一人でも反対すれば全員の社員権の行使が不可能となるのみならず，会社の運営にも支障を来すおそれがあり，会社の事務処理の便宜を考慮して設けられた右規定の趣旨にも反する結果となるからである。

　記録によれば，亡Aは，被上告会社らの持分をすべて所有していたものであり，その法定相続人は，妻である上告人X1（法定相続分2分の1）と子である上告人X2及び同X3（同各5分の1）の外，亡AとBとの間に生まれたC（同10分の1）の4名であるところ，上告人らは，Cの法定代理人であったBが権利行使者を指定するための協議に応じないとして，権利行使者の指定及び通知をすることなく，被上告会社らの準共有社員としての地位に基づき，本件各社員総会決議不存在確認の訴えを提起するに至ったことが明らかである。

　しかしながら，さきに説示したところからすれば，BないしCが協議に応じないとしても，亡Aの相続人間において権利行使者を指定することが不可能ではないし，権利行使者を指定して届け出た場合に被上告会社らがその受理を拒絶したとしても，このことにより会社に対する権利行使は妨げられないものというべきであって，そもそも，有限会社法22条，商法203条2項による権利行使者の指定及び通知の手続を履践していない以上，上告人らに本件各訴えについて原告適格を認める余地はない。その他，本件において，右の権利行使者の指定及び通知を不要とすべき特段の事情を認めることもできない。」

　Xらの原告適格を認めず，上告を棄却した。

2 検 討

(1) 最判平成9年は，有限会社の持分の共同相続が問題となった事案である。当時の有限会社法は22条は平成17年改正前商法203条2項を準用していたから，持分の準共有も株式の準共有と同じように考えることができる。

さて，最判平成9年の事案は，最判平成2年の事案と非常によく似ている。それは，有限会社の持分（最判平成2年では株式会社の株式）の100％を保有する社員が死亡し，共同相続人間でその持分の相続とともに会社の後継者を巡る争いがなされている状態で，共同相続人の一部が役員選任の総会決議不存在確認の訴えを提起している点である。ところが，重要な点で一つだけ異なるところがあったため，それによって原告適格に関する結論が反対になっている。それは，総会決議不存在確認の訴えの目的である総会決議がなされた日である。すなわち，最判平成2年の事案では，問題となった総会決議は相続開始後になされたとされているのに対し，最判平成9年の事案では相続開始前になされたとされている。相続開始（被相続人の死亡）前であれば，被相続人が単独社員として社員総会決議を行うことが論理的には可能であるから，総会決議が成立したことと共同相続された持分について権利行使者の選定・通知がないこととは，何ら矛盾するものではない[31]。したがって，判例法理のいう特段の事情は認められないこととなり，判例法理による限り権利行使者でない持分準共有社員が原告適格を否定されたのは当然ということになる。

しかし，それは社員総会が実際に議事録記載の日に開催され決議がなされたことが前提となる。本件ではまさにそのことが本案の対象となっているのである。そして，Xらは，被相続人Aは平成元年10月12日の手術後経過が悪くなり，同月19日には意識不明となっていたから，同月18日に病院を出て本店において社員総会を開催することは不可能であったと主張している[32]。しかし，それは本案である総会決議不存在確認請求の審理において明らかにされるべき事情であるから，原告適格を否定した第一審および原審では判断されていない。本件における事実関係は別としても[33]，このようなケースでは，共同相続人の一人（あるいは本件のようにその利害関係者）が相続開始後に会社支配権を確保するために，社員総会決議を行ったとして虚偽の議事録を作成し，それに基づ

---

31) 片木・前掲注29) 61頁，河内・前掲注9) 273頁，柴田・前掲注29) 25頁，神作・前掲注10) 257頁。

32) 原審東京高判平成5年7月5日におけるXらの主張（金融商事判例1019号16頁）参照。

き登記を行うということは十分考えられる[34]。その際，最判平成2年の事案では，議事録の総会決議の日付が相続開始後であったので判例法理による救済が可能であったのに対し，議事録の日付が相続開始前である本件のような事案では，これができないことになる。実際には総会がまったく開催されず，本案審理がなされれば決議不存在確認請求が認容されることが明らかなケースであっても，議事録の日付によって救済が受けられたり受けられなかったりするのは，判例法理の限界といわざるを得ない[35]。これに対して，最判平成2年の検討で述べたように，総会決議不存在確認の訴えは訴えの利益がある限り誰でも原告適格があるとするならば，本判決の事案でも，最判平成2年の事案と同じく準共有社員の原告適格が認められ，本案の審理を進めることができたわけである[36]。

(2) なお，最判平成9年は，補足的に権利行使者の選定は準共有持分の価格の過半数に従い決定することができると判示している。これは，本件事案では，上記の判例法理が示す原告適格を認めるべき特段の事情（原則として相続株式を除くと総会決議が成立しない事情）がないため，Xらが，①本件ではBないしCが協議に応じないために権利行使者の指定ができず，また②権利行使者の届け出をしてもBが代表するY会社が受理を拒絶することにつき，このような事情もまた特段の事情に該当すると解すべきであると主張したことに応答したものである。周知のように権利行使者の選定方法については，準共有者全員の一致が必要であるとする立場（全員一致説）と持分の過半数に従って決することができるとする立場（過半数説）の対立があるが，本判決は，この点につき最高裁が過半数説を採ることを初めて明らかにしたものである[37]。

---

33) 亡AによるAの遺言書の真否に関する別件訴訟が継続中であり，また本件第一審判決は，単独社員である亡AがY会社らの役員を変更することを考え，司法書士が平成元年10月18日付けで社員総会が開催された旨の議事録を作成して登記手続を行ったと推認できるとしている。

34) たとえば，前掲最判平成3年の上告理由でも，そのような事情が主張されている。金融商事判例876号17頁参照。

35) つまるところ本件では，相続開始前になされたとする総会決議の不存在が訴訟の対象なのに，当該総会決議が相続開始前にあったとの会社の主張（相続開始後にあったとは主張していないこと）を理由に，Xらの原告適格を否定し本案審理を門前払いしたことになるのではなかろうか。

36) 荒谷・前掲注9）102頁。最判平成9年の結論に反対の見解として，大杉謙一「判批」ジュリスト1214号90頁（2001年）参照。

37) 最判平成11年12月14日判時1699号156頁も同旨を述べる。

もっとも，これについては傍論であるとの理解が一般的である[38]。上述したように，これは上告人の特段の事情の主張への応答であることからすれば，まったくの傍論とも言いがたい面がある[39]。ところが判旨は，この判示部分に続いてさらに論を進め，Ｘらが共有持分の10分の９を有しているとの本件事案への規範のあてはめを述べているために，判旨の理解に議論が生じている。第一の理解としては，あてはめ部分を無視し，単純に判旨は権利行使者の選定につき全員一致説を採らずに，過半数説を採っているとする立場がある[40]。これによれば，共有持分の多寡にかかわらず，準共有者間の対立があるために権利行使者の選定ができないという事情は，原告適格を認めるべき特段の事情には当たらないことになる。第二に，過半数説を採ったうえで，さらにそれでも権利行使者の選定ができない場合（共有持分が２分の１ずつの２派に分かれているような場合）には，特段の事情を認めるという理解がある[41]。第三に，さらに本件のように原告側が過半数持分を有する場合でなく少数派である場合にも，特段の事情を認めるという理解もあろう。いずれにせよ判旨のこの部分は，その趣旨が明確でなく誤解を招きやすいものとなっている[42][43]。

38) 大野正道「企業承継と最高裁第三小法廷判決—商法203条２項に関する判決の検討—」竹内昭夫先生追悼『商事法の展望』227頁（商事法務研究会，1998年），片木晴彦「判解」平成11年度重要判例解説99頁（2000年），大杉・前掲注36) 90頁，中村信男「判批」判タ1048号187頁（2001年），菊地雄介「判批」金融商事判例1143号62頁（2002年），名島利喜「判批」法律論叢75巻２＝３号253頁（2002年），福島洋尚「判批」取締役の法務109号65頁（2003年），藤田祥子「判批」法学研究77巻６号130頁（2004年），河内隆史「判批」判例評論611号21頁（2010年），大久保拓哉「株式準共有状態における権利行使者の指定——大阪高判平成20年11月28日を素材として——」日本法学76巻２号370頁（2010年），宮島司「判批」法学研究84巻10号94頁（2011年），川島いづみ「判批」Monthly Report No. 77, 34頁（2015年），松井秀征「株式の相続」ジュリスト1491号47頁（2016年），原弘明「判批」近大法学53巻２号40頁（2016年）など。
39) 山田泰彦「株式の共同相続による商法203条２項の権利行使者の指定方法と『特段の事情』」早稲田法学75巻３号376頁（2000年），吉本・前掲注１）12頁注(28)参照。
40) 本判決のコメント（金融商事判例1019号22頁）参照。松井智予「判批」判例評論690号20頁（2016年）も同旨か。
41) 前田・前掲注９）107頁，荒谷・前掲注９）102頁，山田(泰)・前掲注39) 390頁，柴田和史「判解」会社法判例百選〔第３版〕27頁（2016年）参照。
42) その意味では，やはりこの過半数説の説示部分は傍論と見るべきかも知れない。なお，最判平成11年12月14日（前掲注37)）も，最判平成９年を引用しつつ過半数説を支持しているところ，この説示も上告理由に応えるものであるが，判旨部分からすると傍論と見るべきであろう。
43) 誤解のないように付言すると，私見は権利行使者の選定の問題について過半数説を支持している。吉本・前掲注１）18頁参照。

第4節　最高裁平成27年2月19日判決[44]

1　判例法理

最後に、会社法で新設された会社法106条但書の意義に関する判例を取り上げ、その原告適格について検討する。

〔事案および判旨の概要〕

被告Y特例有限会社（被控訴人、上告人）の株主はA（2,000株）およびB（Aの妻：1,000株）であったが、Aが平成19年9月20日に死亡した結果、同人の保有株式はその妹である原告（控訴人、被上告人）XおよびCが持分2分の1ずつの準共有状態にあり[45]、権利行使者の選定・通知はなされていない。平成22年11月9日、Y会社は臨時株主総会を開催し、①D（Aら兄妹の兄Eの妻の兄）[46]の取締役選任、②Dの代表取締役選任、③本店所在地の定款変更および本店移転の各決議を行い、これに基づく登記がなされた。この総会では、本件準共有株式2,000株につき、Y会社の同意の下、CがEを代理人として議決権を行使した。Xは、本件株主総会の招集手続の違法やCの議決権行使の違法を原因とする総会決議取消しの訴えを提起した。主たる争点は、Cの議決権行使が会社法106条に違反するか否かであるところ、第一審は、Y会社の同意の有効性を認めて請求を棄却したのに対し、原審は、同条但書について、準共有状

---

44) 民集69巻1号25頁、判時2257号106頁、判タ1414号147頁、金融法務事情2021号94頁、金融商事判例1467号10頁、資料版商事法務380号126頁。判例解説ないし批評として、弥永真生「判解」ジュリスト1480号2頁（2015年）、川島・前掲注38）30頁、鳥山恭一「判解」法学セミナー727号119頁（2015年）、青竹正一「判批」旬刊商事法務2073号18頁（2015年）、福島洋尚「判批」金融商事判例1470号2頁（2015年）、同「判解」会社法判例百選〔第3版〕28頁（2016年）、中村信男「判批」法律のひろば68巻9号53頁（2015年）、林孝宗「判批」新・判例解説 Watch vol. 17, 139頁（2015年）、藤原俊雄「判批」金融商事判例1480号14頁（2015年）、岩淵重広「判批」同志社法学67巻7号105頁（2016年）、鳥山恭一「判批」私法判例リマークス52号98頁（2016年）、志谷匡史「判解」法学教室426号判例セレクト2015〔II〕16頁（2016年）、原・前掲注38）33頁、前嶋京子「判批」甲南法学56巻3＝4号217頁（2016年）、冨山智子「判解」ジュリスト1495号92頁（2016年）、岡田陽介「判批」法律論叢89巻1号229頁（2016年）、金子啓明「判批」平成27年度重要判例解説71頁（2016年）、同「判批」千葉大学法学論集30巻4号1頁（2016年）、松元暢子「判解」平成27年度重要判例解説91頁（2016年）、松井（智）・前掲注40）18頁、脇田将典「判批」法学協会雑誌133巻8号253頁（2016年）など参照。
45) 吉川信將「原審判批」法学研究87巻4号39頁（2014年）によれば、Aの妻BやAの子供らが相続放棄をしたとのことである。
46) 林孝宗「原審判批」早稲田法学89巻4号181頁（2014年）による。

態にある株式の準共有者間において議決権の行使に関する協議が行われ意思統一が図られている場合にのみ，権利行使者の選定・通知の手続を欠いていても，会社の同意を要件として，権利行使を認めたものと解するのが相当であるとして，第一審判決を取り消し請求を認容した。Y会社が上告したが，最高裁は，①準共有株式について会社法106条本文の規定に基づく選定・通知を欠いたまま当該株式についての権利行使がされた場合において，当該権利行使が民法の共有規定に従ったものでないときは，会社が同条但書の同意をしても，当該権利行使は適法となるものではない，②準共有株式についての議決権行使は，当該議決権の行使をもってただちに株式を処分し，または株式の内容を変更することになるなど特段の事情のない限り，株式の管理に関する行為として，民法252条本文により，各準共有者の持分の価格に従い，その過半数で決せられるものと解するのが相当である，と述べて，上告を棄却した。

2　検　討

　本判決（以下「最判平成27年」という）は，株主総会決議取消しの訴え（会社法831条1項）に係る事案である。しかし，ここで検討するのは，本件判旨の内容ではなく[47]，その前提となるXの原告適格である。Xは本件相続株式の準共有者ではあるが，当該株式の権利行使者ではないので，判例法理によれば特段の事情がない限り原告適格を有しない。ところが，この点は第一審から上告審まで一貫して争点となっていない。しかし，原告適格は訴訟要件として職権調査事項であるから，裁判所はこの点について判断を示すべきであったのではなかろうか[48]。

　そこで，従来の判例法理の下で，本件Xの原告適格の有無を検討する。Cは過半数共有持分者ではないから，本件判旨によれば会社の同意があっても本件準共有株式について議決権を行使することができず，Bの議決権行使だけでは取締役選任決議（定款に別段の定めがない限り。会社法341条1項第1括弧書参照）や定款変更決議を成立させることができなかったと思われる[49]。つまり，判例法理が特段の事情を認める条件とする相続株式を除けば成立するはずのない決議が成立したとされているという事情が認められる。しかし，そのことは本

---

[47]　これについては，別稿において検討した。吉本・前掲注22）参照。
[48]　吉本・前掲注22）42頁。
[49]　福島・前掲注44）7頁注(11)，岩淵・前掲注44）123頁〜124頁。

案審理の対象として総会決議取消原因に該当するとしても，Y会社は本件各決議が本件準共有株式の権利行使者による議決権行使により成立したと主張しているのではなく，自己の同意に基づく議決権行使により本件各決議が成立したと主張しているのであるから，当該主張はXが権利行使者でないため本件訴訟の原告適格がないと主張することと矛盾するわけではない[50]。したがって，Y会社がXの原告適格を争っても，会社法106条の趣旨を同一訴訟手続内で恣意的に使い分けるものとして，訴訟上の防御権を濫用し著しく信義則に反することにならず，判例法理によれば，本件Xに原告適格を認めるべき特段の事情はないという結論になりそうである[51]。

そうすると，Y会社はXの原告適格を争っていないものの，Xの原告適格を肯定すべき根拠が問題となる[52]。判例法理を前提とすると，第一に，本件ではXとCが2分の1ずつの準共有持分を有しているから，最判平成9年の判例法理によっても，権利行使者の選定・通知を行うことが事実上不可能である事案である。そこで，このような事情をもってXに原告適格を認めるべき特段の事情があると判断したと解する余地がある[53]。

第二に，会社法106条本文は会社の事務処理上の便宜をはかる規定であるから，会社がこれを放棄することも許され（同条但書参照），そうすると会社が争わない限り採り上げる必要のない一種の妨訴抗弁であるという理解がある[54]。

第三に，Y会社がXの原告適格を争わないことが，会社法106条但書所定の「会社が当該権利（本件では総会決議取消しの訴え提起権）を行使することに（黙

---

50) 吉本・前掲注22) 42頁注(38)。反対，柴田和史「判批」私法判例リマークス49号85頁（2014年），青竹・前掲注44) 27頁，鳥山・前掲注44) 私法判例リマークス52号101頁。
51) この点は，吉本・前掲注22) 42頁注(39)を改説する。
52) 上述したように，私見では，総会決議取消しの訴え提起権のような権利行使を一本化する必要がない権利については，会社法106条は適用されないという立場が正当であると考える。
53) 前掲注41) の各文献および伊藤靖史「判批」旬刊商事法務1586号43頁（2001年）参照。これに対して，神作・前掲注10) 258頁〜259頁は，会社の同意（会社法106条但書）が違法である場合に，特段の事情を認められるようである。
54) 最判平成2年の調査官解説である篠原・前掲注4) 447頁は，商法203条2項（会社法106条）の規定について，会社側から法が予定した会社の便宜を放棄して準共有者全員による権利行使を認める説が有力であり，この趣旨を推し進めれば，右規定の公益的契機は微弱であるから，準共有者の一人が提起した会社訴訟において，被告である会社が右規定による手続の欠缺を主張せず，本案につき応訴したような場合にまで，裁判所が職権で右手続の充足の有無を調査することはせず，右規定による手続の欠缺の点は，被告の主張を待って顧慮すれば足りる一種の妨訴抗弁に属すると考えられなくもないと指摘されている。

示的に）同意した場合」に該当すると判断したと解することである[55]。そのように解する場合には，本件判旨によれば，会社の同意があるときは，準共有者による権利行使は民法の共有に関する規定に従う必要があるから，総会決議取消しの訴えを提起する権利は，共有物に関する保存行為として（民法252条但書），準共有者が単独で行使することができると解することになろう。

おわりに

本稿では，株式が共同相続されて権利行使者の選定・通知がない場合において，会社訴訟の原告適格に関する判例法理（原則として権利行使者でなければ会社訴訟の原告適格はないが，特段の事情があれば準共有株主の資格で原告適格が認められる）の問題点を検討した。学説上も，このような判例法理は基本的に妥当であり，これを維持しつつ特段の事情を柔軟に解釈することで，判例法理の不都合を修正する見解が有力である[56]。しかし，このような見解は，その内容にもよるが，共同相続人や利害関係者の一部が会社経営を専断している場合に，他の共同相続人からの会社訴訟の提起による救済に一定の途を開くものではあるものの，限界があることも否めない[57]。たとえば，最判平成9年の事案における原告に原告適格を認めるためには，本稿で検討したような解釈が必要ではないかと思われる。本稿が想定するような事案では，できるだけ広く共同相続人に原告適格を認めて，裁判所が本案の審理を行うことができるような解決が望ましいと考える[58]。

---

[55] 吉本・前掲注22）42頁注(38)，脇田・前掲注44）265頁注(8)。これに対して，岩淵・前掲注44）124頁は，本件における会社の議決権行使に関する同意は，決議取消しの訴えについての同意であるともいえるとされる。また，山田（泰）・前掲注39）389頁も参照。
[56] 神作・前掲注10）258頁～259頁，岩淵・前掲注44）124頁参照。
[57] 荒谷・前掲注4）25頁。
[58] なお，本稿では詳しく検討していないが，本稿の検討結果は，権利行使者による権利行使や会社の同意による準共有株主の一人による権利行使が違法である場合に，他の準共有株主が会社訴訟を提起する際の原告適格の問題にも妥当すると考えられる。

保険事故発生後の保険金請求権を巡る放棄等―保険金受取人を「相続人」と指定した場合を中心にして―

岡田　豊基

第1節　はじめに
第2節　相続人である保険金受取人の相続放棄
第3節　保険金請求権の放棄，保険金の受取拒絶
第4節　むすびにかえて

第1節　はじめに

　第三者のためにする人保険（生命保険・傷害保険）において，保険契約者兼被保険者が「保険金受取人を相続人とする」旨の指定をした場合，保険契約者兼被保険者が死亡したことによって具体的になった保険金請求権を巡って，相続人である保険金受取人が放棄することがある。この放棄には，保険金受取人が相続を放棄する場合と保険金請求権を放棄する場合がある。前者では，保険契約者兼被保険者が死亡し，保険金受取人である相続人が相続そのものを放棄した場合，保険契約者兼被保険者の死亡によって確定するに至った保険金請求権もまた放棄の対象になるのか否か，対象とならないとすれば，当該保険金請求権に対応する保険金は誰に帰属するのか，あるいは，対象になるとすれば，相続を放棄した相続人である保険金受取人の保険金請求権は放棄していない他の保険金受取人である相続人に帰属し，この者が取得する保険金の額は，放棄した保険金受取人が収受するはずであった保険金に相当する額について増額されるのか否かなどという問題が生じる。これに対して，後者では，相続人である保険金受取人が保険金請求権を放棄したり，保険金の受取を拒絶する場合があり，この場合においても，同じような問題が生じる。
　以下，保険金受取人を相続人と指定された第三者のためにする人保険において[1]，保険契約者兼被保険者が死亡した際，相続人である保険金受取人が相続を放棄した場合（第2節），保険金受取人が保険金請求権を放棄したり，あるいは，保険金の受取を拒絶した場合（第3節），当該保険金請求権が受ける影響について検討する。

第2節　相続人である保険金受取人の相続放棄

1　主な判決例

【1】東京地判昭和60年10月25日[2]

〔事実の概要〕

　AがY損害保険会社（被告）との間で，死亡保険金受取人を法定相続人とす

---

[1]　保険金請求権を巡る放棄に関しては，生命保険および傷害保険には共通する法理が適用されると考えられるので，本稿では，原則として，両保険を合わせて検討する。

る傷害保険契約を締結した。Aが死亡し，相続人X1〜X3（原告）は相続放棄をした。Xらが保険金の支払を請求したところ，Yは相続放棄をした者は相続人ではないから保険金受取人ではないとして，支払を拒絶した。

〔判旨〕　請求認容。

「保険契約者（兼被保険者）が死亡保険金受取人を『法定相続人』と指定した場合には，同人が死亡した時点……において第1順位の法定相続人である同人の配偶者及び子が生存しているときは，同人は特にその配偶者及び子に保険金請求権を帰属させることを予定していたことは容易に推認することができ……配偶者及び子が後に相続放棄をしたとしても，それにより配偶者及び子が保険金請求権を失い，右相続放棄により相続権を取得した第2順位の法定相続人が保険金請求権を取得するということまでは予定していない」（請求権は，保険契約の効力発生と同時に右相続人の固有財産となり，被保険者（兼保険契約者）の遺産から離脱していると解すべきである）。

「保険契約者（兼被保険者）は，死亡保険金受取人を『法定相続人』と指定したことによつて受取人が複数となる場合には，保険金請求権発生時の民法の規定する法定相続人に従つて保険金が分配されることを予定していたと推認」される。

【2】　横浜地判平成元年1月30日[3]

〔事実の概要〕

　AがY損害保険会社（被告）との間で，死亡保険金受取人を相続人とする自動車保険契約を締結した。Aが死亡し，相続人がすべて相続放棄したため，相続財産管理人X（原告）が保険金請求権を取得したとして，Yに対して，その請求をした。

〔判旨〕　請求棄却。

「保険契約者が死亡保険金受取人を『相続人』と指定した場合には，特段の事情のない限り，被保険者死亡時（保険金請求権発生時）の相続人たるべき者を受取人として特に指定した，いわゆる他人のための保険契約と解するのが相当であり，右保険金請求権は，保険契約の効力発生と同時に相続人の固有財産

2）　判時1182号155頁。判批：甘利公人・熊本法学55号125頁（1988年），酒巻宏明・判タ662号49頁（1988年），下飯坂常世＝馬場隆之＝安部隆・商事法務1077号（新商事判例便覧326号1806頁）（1989年），山本忠弘・ジュリスト932号102頁（1989年）。

3）　判タ701号262頁。判批：下飯坂他・前掲注2）新商事判例便覧326号1806頁。

(ただし，『被保険者の死亡時における相続人』の固有財産であるから，保険契約の効力発生時にはどの者についてかは不確定である。）となり，被保険者の財産から離脱していると解すべきである。また，右の『相続人』については，民法の相続に関する条項にしたがって特定するのが保険契約者の意思に合致するが，相続放棄の場合には，民法にしたがって，順次保険金請求権が移転するというのが保険契約の意思であるとはいうことはできないものであって，保険契約者の通常の意思がそれと異なると解することが相当であると認められる場合には，必ずしも常に民法の定める『相続人』と合致する必要はない」。

【3】 名古屋地判平成4年8月17日[4]

〔事実の概要〕

AがY1損害保険会社（被告）との間で搭乗者傷害保険を含む自動車保険契約を締結した。当該約款には，被保険者が死亡したときは，被保険者1名ごとの保険証券記載の保険金額の全額を死亡保険金として被保険者の相続人に支払う旨を規定している。Aが自動車を運転中，事故で死亡した。Aに対して貸金債権を有するとするX（原告）は，Aの相続人Y2～Y4（被告）は相続を放棄したから，保険金受取人はAの甥BCであると主張し，Y1に対しては，BCに代位して保険金の支払を求め，Y2らに対しては，保険金がBCに帰属することの確認を求めた。

〔判旨〕　請求棄却。

搭乗者傷害条項は，特定の被保険者を予定できないから，「被保険者死亡の場合の死亡保険金の受取人を特定人と定めることができず，被保険者の相続人と定めている」。「このような場合，保険契約者の意思を合理的に解釈すると，被保険者の死亡により直接の損害を被ると予想される右死亡時点の第一順位の法定相続人……（被保険者の配偶者及び子である場合が多いと推認される。）に，死亡保険金を帰属させることを予定しているものと認め」られる。

「死亡保険金請求権は，被保険者の死亡により保険金請求権が発生した時点における第一順位の法定相続人たるべき者が取得し，その後，その相続人……が相続放棄したとしても，既に右相続人たるべき者の固有財産となっており，後順位の相続人が保険金請求権を取得することはない」。

---

4) 判タ807号237頁。判批：山野嘉朗・法学研究35巻3＝4号43頁（1993年）。

【4】 大阪地判平成16年12月9日[5]

〔事実の概要〕

AのPBがY損害保険会社（被告）との間で，搭乗者傷害保険を含む自動車保険契約を締結した。AがB所有の自動車を運転中，事故で死亡した。Bを含む法定相続人全員が相続を放棄したので，相続財産法人X（原告）が死亡保険金の支払を求めた。

〔判旨〕 請求棄却。

「保険契約者の意思を合理的に解釈すると，特段の事情のない限り，被保険者が死亡した時点……において相続人となるべき法定相続人（被保険者の配偶者及び子であることが多いと推認される。）に保険金請求権を帰属させることを予定しているものということができ，当該法定相続人が相続放棄を行ったとしても……相続放棄により相続権を取得した法定相続人あるいは相続財産法人が保険金請求権を取得することまでは予定していない」。

「保険契約者が死亡保険金の受取人を被保険者の法定相続人と指定した場合には，特段の事情のない限り……保険契約の効力により当該法定相続人が保険金請求権を原始的に取得し，保険金請求権は当該法定相続人の固有財産となり，被保険者の財産（相続財産）とはならない」。

「仮に相続放棄を行った亡Aの法定相続人が同時に本件保険金請求権を行使する意思も放棄していたとしても，それは被保険者死亡後の事情であって，上記の特段の事情に該当するとはいえない」。

【5】 大阪高判平成27年4月23日[6]

〔事実の概要〕

AがY生命保険会社（被告・被控訴人）との間で，保険金受取人を法定相続人とする生命保険契約を締結した。Aが死亡し，法定相続人X（原告・控訴人）BCのうち，BCが相続放棄をした。Xは，Yに対し，BCが相続放棄をしたのでXだけが死亡保険金受取人となり，保険金全額を請求する権利を有するとして，保険金全額および遅延損害金の支払を請求したところ，Yは，相続人は，相続放棄をした場合でも，死亡保険金の請求権を失わないとして3分の1の支

---

5) 交民集37巻6号1654頁。
6) Lex/DB 25541240. 判批：山下典孝・判例評論686号25頁（2016年），牧純一・共済と保険58巻8号22頁（2016年），広瀬裕樹・文研保険事例研究会レポート301号14頁（2016年）。

払にとどまるとした。

原審[7]では、Yに死亡保険金の3分の1と遅延損害金の支払を命ずる一部認容、一部棄却の判決を下した。

〔判旨〕　請求棄却（確定）。

　保険金受取人に請求権発生当時の相続人を指定した場合には、保険金請求権は、保険契約の効力発生と同時に相続人の固有財産となり、被保険者（兼保険契約者）の遺産より離脱しているから（最高裁昭和40年2月2日判決[8]〔以下「最高裁昭和40年判決」ということがある。〕参照）、「被保険者の死亡により保険金請求権が具体化した後に、保険金受取人として指定された相続人が被保険者の相続について相続放棄をしたとしても、相続放棄の事実は、当該相続人の固有財産としての保険金請求権の得喪に影響するものではないから、相続放棄により、その者が取得した保険金請求権が当然に他の相続人に帰属することにはならない。」

　「Aの死亡により、保険事故発生時（Aの死亡時）における同人の法定相続人である原告、X1及びX2が各自の固有財産としてそれぞれの法定相続分（各3分の1）の割合でこれを確定的に取得し」（最高裁平成6年7月18日判決[9]〔以下「最高裁平成6年判決」ということがある。〕参照）、「X1及びX2がその後

---

7)　神戸地裁尼崎支判平成26年12月16日判時2260号76頁。判批：田中壮太・NBL1062号74頁（2015年）、水野貴浩・金判1486号104頁（2016年）、西原慎治・私法判例リマークス53号96頁（2016年）、広瀬・前掲注6）14頁。

8)　民集19巻1号1頁。判解：中島恒・最判解民事篇昭和40年度18頁（1966年）、判批：中島恒・金融法務事情408号13頁（1965年）、中川淳・法学セミナー199号129頁（1972年）、山崎賢一・家族法判例百選〔新版〕221頁（1973年）、上田宏・商法（保険・海商）判例百選78頁（1977年）、服部榮三・家族法判例百選〔第3版〕196頁（1980年）、山下孝之・生命保険判例百選26頁（1980年）、同・生命保険判例百選〔増補版〕26頁（1988年）、下飯塚常世・伊達昭＝海老原元彦＝久野盈雄・商事法務348号（新商事判例便覧75号1806頁）（1988年）、島永和孝・民事研修637号27頁（2010年）、洲崎博史・商法（保険・海商）判例百選〔第2版〕76頁（1993年）、宮島司・保険法判例百選144頁（2010年）。

9)　民集48巻5号1233頁。判解：大内俊身・最判解民事篇平成6年度481頁（1997年）、判批：鹿野菜穂子・法学教室143号132頁（1995年）、山下友信・金融法務事情1428号72頁（1995年）、福田弥夫・経理情報766号26頁（1995年）、大内俊身・ジュリスト1060号62頁（1995年）、濱田盛一・判タ868号52頁（1995年）、野村修也・判評438号73頁（1995年）、山下孝之・民商法雑誌113巻3号409頁（1995年）、石原全・私法判例リマークス12号104頁（1996年）、遠藤一浩・NBL586号58頁（1996年）、小塚荘一郎・法学協会雑誌113巻9号113頁（1996年）、大内俊身・法曹時報48巻9号209頁（1996年）、中島伸一・損害保険判例百選〔第2版〕184頁（1996年）、甘利公人・ジュリスト臨時増刊1068号108頁（平成6年度重要判例解説）（1995年）、長秀之・判タ913号162頁（1996年）、久保大作・保険法判例百選208頁（2010年）。

に相続放棄ないし保険金請求権放棄等の意思表示をしたとしても」，両名の保険金請求権がXに帰属しない。

最高裁平成6年判決は，保険金受取人を相続人と指定した場合，保険金請求権が保険契約の効力発生と同時に上記相続人の固有財産になることを前提として，保険契約者が保険金受取人を相続人と指定する趣旨は，「相続人に対してその相続分の割合により保険金を取得させるというのが保険契約者の通常の意思に合致することを理由に，民法427条にいう『別段の意思表示』として，相続人が固有財産としての保険金請求権を相続分の割合で有するという指定がされたものと解されるとした」。

相続債務の額が積極財産の額を上回る場合以外にも相続放棄がされている実情等に照らすと，「保険契約者は，別段の意思表示がない限り，保険事故が発生した後，各法定相続人が取得した具体的な保険金請求権の行使や処分を各人の自由意思に委ねたものと推認され……保険金請求権放棄等の意思表示をした場合に，当該相続人の意思に反してその者の保険金請求権を他の第一順位の相続人に取得させることが，保険契約者の通常有する合理的意思」とはいえない。

「保険事故発生後（被相続人死亡後）の相続放棄及び保険金請求権放棄等の意思表示によって，その者が保険事故発生時に取得した保険金請求権が当然に他の相続人に帰属することとなると解するならば，被保険者死亡時に誰が保険金受取人であるか確定していないこととなって，結局，保険事故発生時において保険金受取人を特定することができないことにほかならないから，保険契約者の合理的意思の解釈としても無理がある」。最高裁昭和40年判決が，「保険金受取人を『相続人』と抽象的に指定している場合でも，保険契約者の意思を合理的に推測して，保険事故発生のときにおいて被指定者を特定し得る以上，上記のような指定も有効であるとしていることに照らすと，保険事故発生後，第一順位の相続人が保険金請求権を行使するか否かを明確にするまで，保険金請求権を行使しうる者やその権利割合を定めることのできないような保険金受取人の指定をしたというのであれば，そのような指定が有効な指定と解しうるのかとの疑問も生じる」。

2　検　討
(1) 主な判決例にみる論点
【1】から【5】の判決例の事実関係を見ると，保険金受取人に指定されて

いた相続人が，保険契約者兼被相続人（以下，原則として，被保険者であることを前提とする[10]）の死亡した後，相続を放棄した結果，この相続を放棄した者以外の者が相続権を行使して，相続を放棄した者が取得している保険金請求権が自己に帰属しているとして，保険金の支払を請求している点において共通する。そのことから，相続を放棄した者が取得している保険金請求権はこの者以外の者に帰属するか否かを含めて，この者が取得している保険金請求権の帰趨を検討することが必要である。

この場合，第三者のためにする人保険契約（生命保険契約・傷害保険契約）において，保険金受取人に相続人を指定することの意義および効果を検討する必要がある。この意義および効果については，後述の(3)で検討するように，保険金受取人に指定された相続人が，被保険者の死亡によって具体化した保険金請求権を放棄する場合，あるいは，保険金の受取を拒絶する場合においても，同様に検討する必要がある。というのは，後述の(2)の場合と(3)の場合は，相続人が取得している保険金請求権の帰趨という点において共通するからである。

(2) 相続人である保険金受取人が相続を放棄した場合の保険金請求権の帰趨
① 保険契約者が相続人を保険金受取人に指定することの意義

保険契約者が自己の相続人を保険金受取人に指定した場合，保険金受取人を確定するためには指定の客観的意味に従って解釈する必要があるが，同時に，保険契約者が保険金受取人に相続人を指定したことの意図を合理的に推測する必要がある。つまり，保険契約者が保険金受取人を相続人と指定する際には，たとえば，保険契約者に自分が死亡した後の相続人の生活費を確保したいなどの意思があったなど，何らかの理由に基づき，死亡した時の相続人に保険金を取得させる意思があったとみることが自然であろう。さらに，保険金受取人に指定された相続人が複数いる場合には，相続人に保険金を分配してほしい旨の意思があるものとも考えられる。この限りにおいて，相続人を保険金受取人に指定する保険契約を解釈する場合には，特段の事情がない限り，このような保険契約を締結するに至った保険契約者の意図を尊重する必要がある。

ところで，【3】【4】のように，搭乗者傷害保険の約款には，死亡保険金をその相続人に支払う旨の条項があるが，これは，搭乗者傷害保険という当該保

---

[10] 保険契約者が被保険者でない場合には，被保険者の死亡により，保険契約者から保険金受取人に保険金請求権の承継取得がなされたのではないかという問題が生じる（山下友信『保険法』511頁注153（有斐閣，2005年））。

険契約の特殊性によるものであり，保険契約者の意図を考慮するにあたって，このような条項のない保険契約と扱いを異にする理由はないと考える[11]。というのは，【3】が示しているように，搭乗者傷害保険には，特定の被保険者を予定することができないから，被保険者死亡の場合の死亡保険金の受取人を特定人と定めることができず，被保険者の相続人と定めており，また，同保険では，保険契約者において保険金受取人を指定する選択肢はないが，同保険において保険金受取人を相続人とする趣旨は保険契約者の意図に沿うものであると考えられるからである。この限りにおいて，このような保険契約においてもまた，このような条項のない保険契約と同様に，保険契約者の意図を尊重すべきであろう。

② 保険契約者が保険金受取人を相続人に指定することの効果

保険契約者が保険金受取人を相続人に指定した保険契約の効果について，最高裁昭和40年判決では，養老保険において，保険契約者の死亡時の相続人を保険金受取人として指定したものと解したうえ，この場合には，保険金請求権は保険契約の効力発生と同時に，つまり，保険金受取人の指定の時から，指定された相続人の固有財産となり，保険契約者の遺産から離脱しているものとする。この立場は，保険金請求権取得の固有権性として広く認められており[12]，【1】から【5】の判決例もまた，この立場に従って判決を下している。

保険金請求権取得の固有権性とは，被相続人が保険契約者（兼被保険者）として保険契約を締結し，その後，死亡したことにより，相続人である保険金受取人が保険金請求権を取得するにもかかわらず，保険金請求権は相続財産に属さず，自己の固有の権利として保険者に対する保険金請求権を原始取得するというものである[13]。固有権性が認められるのは，第三者のためにする保険契約において，保険金請求権が生前贈与として発生し，その効果として，保険金受取人は対価関係においても保険金請求権を取得するものであると考えられており，この限りにおいて，保険契約者兼被保険者の場合でも，保険金請求権が相続財産に属さず，保険金受取人の固有財産であり，相続債権者のための責任財産とはならないと解される[14]。

---

11) 山下（友）・前掲注10) 511頁注155。
12) 藤田友敬「保険金受取人の法的地位(1)」法学協会雑誌109巻5号747頁以下（1992年），山下友信「生命保険金請求権取得の固有権性」『現代の生命・傷害保険法』51頁（有斐閣，1999年），同・前掲注10) 511頁。
13) 山下（友）・前掲注10) 511頁。

③ 保険金受取人に指定された相続人が相続を放棄した場合の効果

　【1】から【5】の判決例に見られるように，保険金受取人に指定された相続人が相続を放棄した場合の効果については，保険契約者が保険金受取人に相続人を指定したことの意義を考慮し，あわせて保険金請求権取得の固有権性の観点から検討すると，相続人に帰属している保険金請求権には相続放棄の効果は及ばないと解する。

　保険契約者が保険金受取人に相続人を指定する際には，前述のように，自己の死亡時の相続人に保険金を取得させる意図があったとみることが自然であろうし，相続放棄は，通常，被保険者の債務が資産を上回っているために相続することにより相続人が不利益を被るような場合になされるのであるから，そのような場合，保険契約者は相続人に対して，せめて保険金だけでも残したいと考えていたと解されよう[15]。また，保険金請求権の取得者が当該請求権を取得するのは，相続の効果ではなく，保険契約の直接の効果とみることができる[16]。そして，保険金請求権取得の固有権性の考え方によれば，保険金請求権は，保険金受取人に指定された相続人の固有財産となることによって保険契約者の遺産から離脱しているものと解され，相続人が相続を放棄することは自由であることからして，さらに，保険金受取人でもある相続人が相続を放棄した場合，その者の保険金請求権を他の相続人に取得させることは，保険契約者の通常有する合理的意思とはいえないのではないかと解されることからして，保険契約者の意思を合理的に解釈すると，相続放棄をしても，それによって相続権を取得した相続人が保険金請求権を取得することまでは予定しているとはいえないのではなかろうか。また，【5】が示しているように，保険事故発生後（被相続人死亡後）における保険金受取人の相続放棄によって，この者が取得している保険金請求権が当然に他の相続人に帰属することとなると解するならば，被保険者死亡時に誰が保険金受取人であるか確定していないこととなって，結局，保険事故発生時において保険金受取人を特定することができないことにほかならないから，保険契約者の合理的意思の解釈としても無理があろう。

　以上のことから，【4】が示しているように，相続の放棄は保険契約者兼被保険者死亡後の事情であることから，保険金受取人に指定された相続人が相続

---

14)　山下（友）・前掲注12) 23頁〜24頁。
15)　酒巻・前掲注2) 52頁。
16)　山本・前掲注2) 104頁。

を放棄したとしても，保険金請求権はこの者に帰属していることに変わりはないと解することができる[17]。この解釈は，【1】から【5】の判決例がとるところであり，学説も同じような立場が一般的である[18]。

(3) 取得する保険金の額

【1】から【5】の判決例の事実関係のように，保険金受取人を相続人に指定した保険契約で相続人が複数人いたり，相続財産管理人（【2】）や相続財産法人（【4】）がいるなどの場合，保険契約者が各人の取得する権利の割合を決定していない場合において，保険金受取人間の権利取得の割合に関する解釈は，各人は平等の割合で権利を取得するという見解[19]と，相続分の割合で権利を取得するとする見解[20]とに分かれる。前者は，相続人は自己固有の権利として保険金請求権を取得するのであって，このような場合には，金銭債権に関する民法427条により平等割合での権利取得となるとする[21]。後者は，相続人という相続法上の概念を借用して指定した保険契約者の合理的意思解釈ということから相続分の割合によるべきであるとする（【1】）。

傷害保険に関する判例であるが，最高裁は平成6年7月18日判決（最高裁平成6年判決）において，「相続人」との指定には，相続人が保険金請求権の割合を相続分の割合によるとする旨の指定も含まれているものと解するのが相当であると判示し，裁判所の立場を明らかにしている。

---

17) 山下（友）・前掲注10）511頁。
18) 甘利・前掲注2）125頁，酒巻・前掲注2）49頁，山本・前掲注2）102頁，山野・前掲注4）53頁，広瀬・前掲注6）21頁。相続法理の規定の適用の結果を保険金受取人指定の解釈に含ませることによって，相続人として最終的に確定された者を保険金受取人として取り扱うものとし，民法939条により，相続放棄した者ははじめから相続人とならなかったものとみなすと解するものがあるが（西原・前掲注7）96頁），妥当とはいいがたい（広瀬・前掲注6）21頁）。
19) 金澤理・判タ306号77頁（1974年），濱田盛一・判タ868号52頁（1995年）。
20) 通説。石田満『商法Ⅳ（保険法）〔改訂版〕』285頁（青林書院，1997年），中村敏夫「保険金受取人の具体的特定および権利取得の時期」所報37号12頁（1976年），山下孝之・生命保険判例百選〔増補〕27頁，甘利・前掲注2）128頁，山下（友）・前掲注10）494頁。
21) 東京高判平成3年9月19日民集48巻5号1256頁（最高裁平成6年判決の控訴審判決）。判批：太田剛彦・判タ821号170頁（平成4年度主要民事判例解説）（1993年），洲崎博史・旬刊商事法務1377号137頁（1995年），江頭憲治郎・ジュリスト1079号137頁（1995年），鈴木達次・法学研究69巻10号173頁（1996年）。傷害保険の事案につき，東京地判昭和62年3月31日判タ654号236頁。

【最判平成6年7月18日判決】

〔事実の概要〕

　X（原告・被控訴人・上告人）の妻AがY損害保険会社（被告・控訴人・被上告人）との間で，自己を被保険者，死亡保険金受取人を自己の法定代理人とする積立女性保険契約を締結した。Aが事故で死亡した。Aの法定相続人は，Xおよび9名の兄弟姉妹であった。相続人全員でYに対して保険金を請求したところ，Yは保険金請求権が各相続人に均等に帰属するとして，1名当たり100万円を支払った。

　第一審[22]では，法定相続分の割合による保険金請求を認め，原審[23]では，死亡保険金は，相続財産ではなく，相続人の固有財産であって，保険契約者に帰属したうえで，相続によってその法定相続人に移転するものではないから，受取人である法定相続人が複数である場合には，民法427条により各相続人が均等の割合によってこれを取得すると解するのが相当であるとされた。

〔判旨〕　破棄差戻。

　「保険契約において，保険契約者が死亡保険金の受取人を被保険者の『相続人』と指定した場合は，特段の事情のない限り，右指定には，相続人が保険金を受け取るべき権利の割合を相続分の割合によるとする旨の指定も含まれているものと解するのが相当である。けだし，保険金受取人を単に『相続人』と指定する趣旨は，保険事故発生時までに被保険者の相続人となるべき者に変動が生ずる場合にも，保険金受取人の変更手続をすることなく，保険事故発生時において相続人である者を保険金受取人と定めることにあるとともに，右指定には相続人に対してその相続分の割合により保険金を取得させる趣旨も含まれているものと解するのが，保険契約者の通常の意思に合致し，かつ，合理的であると考えられるからである。したがって，保険契約者が死亡保険金の受取人を被保険者の『相続人』と指定した場合に，数人の相続人がいるときは，特段の事情のない限り，民法427条にいう『別段ノ意思表示』である相続分の割合によって権利を有するという指定があったものと解すべきであるから，各保険金受取人の有する権利の割合は，相続分の割合になるものというべきである。」

　ところで，各相続人が取得する保険金の額については，保険金は相続財産ではないのに，あたかも相続財産を分割するような形がとられるのは正当かどう

---

[22]　東京地判平成2年10月23日民集48巻5号1253頁。
[23]　東京高判平成3年9月19日民集48巻5号1256頁。

かということであり，相続分について相続人との指定に取得割合の指定が含まれるかということである[24]。このことを考える場合，保険金請求権が受取人の固有財産であることではなく，保険契約者の意思を重視すべきであろう。つまり，相続人と指定する趣旨は，現実的には，保険金請求権を相続と関連させてとらえる意思があると考えるのが保険契約者の意思に近い解釈ではなかろうか。保険契約者が保険金請求権が保険金受取人の固有財産であるということを認識していたとしても，わざわざ保険金受取人を相続人と指定することの意思からすれば，相続と関連させるととらえるべきであろう。さらに，相続人の種類と順位は，相続分と密接不可分に関連しており，保険契約者の意思解釈からは，受取割合は相続分によるとの指定が含まれていると解すべきである[25]。

第3節　保険金請求権の放棄，保険金の受取拒絶

1　主な判決例

【6】大阪高判平成11年12月21日[26]

〔事実の概要〕

　AがY生命保険会社（被告・被控訴人）との間で，保険金受取人を子Bとする生命保険契約を締結した。Aが死亡した。Aの子BCDがいずれも相続を放棄し，Bは死亡保険金請求権を放棄した。X1～X5（原告・控訴人）はAと父を同じくする兄弟姉妹であり，Aの相続人である。Xらは，Bが保険金請求権を放棄したため，この権利はAに帰属し，Xらが，保険契約上の地位を承継したとして，Yに対し保険金等を請求した。

　原審[27]では，Bが保険金請求権を放棄すれば当該権利は確定的に消滅し，いったんBに帰属した請求権がその放棄により死者（A）に帰属すると解する法的根拠もない等と判示し，棄却した。

---

24) 山本・前掲注2) 104頁。
25) 山下(友)・前掲注12) 27頁。
26) 金融商事判例1084号44頁。判批：竹濱修・文研保険事例研究会レポート153号1頁(2000年)，黒田明寿・文研保険事例研究会レポート157号9頁(2000年)，広瀬裕樹・法政論集190号355頁(2001年)，笹岡愛実・保険法判例百選142頁(2010年)。
27) 京都地判平成11年3月1日金融商事判例1064号40頁。判批：出口正義・損保研究61巻4号149頁(2000年)，竹濱・前掲注26) 1頁，黒田・前掲注26) 9頁，西原慎治・法学研究74巻7号155頁(2001年)。

〔判旨〕 請求棄却。

「1 被保険者が死亡すると保険契約者の保険契約に関する処分権は消滅し，保険金受取人の権利は確定的となり，具体的な金銭債権となる。そして，この保険金請求権は，通常の債権と変わりがないので，保険金受取人はこれを自由に処分することが可能となると解される」。したがって，「Aが死亡したことにより，保険金受取人であるBが保険金請求権を取得することになり，そのBがこの請求権を放棄すれば，保険金請求権は確定的に消滅したというほかない。」

2「Xらは，保険金受取人が保険金請求権を放棄した場合，保険契約者の合理的意思を考えて保険契約者が保険金受取人となる保険契約に転化する旨主張する。しかし，いったん保険金受取人に帰属した請求権が，その放棄により，保険金受取人の指定が効力を生じなかったと見なされることにより，保険契約者である死者に帰属することとなると解する法的根拠は明らかになく，右見解は解釈論の限界を超えるものであって，その主張は失当というほかない。」

保険金請求権の放棄に関しては，【6】の他に，【5】がある。

2 主な学説

保険金受取人が保険金請求権を放棄した場合の効果について，従来は，保険事故が発生する前の時点を念頭に，保険契約者の自己のためにする契約になると解されており[28]，保険事故が発生した後の保険金請求権の帰趨についても，同様に解されていた[29]。この帰趨について議論が本格化したのは，【6】がきっかけであり，学説は，当該保険契約について，自己のためにする保険契約となると解する説（自己契約説），保険金請求権は確定的に消滅し，保険者の債務免除となると解する説（債務消滅説）の二つに大別される[30]。

(1) 自己のためにする保険契約と解する説（自己契約説）

保険金受取人による保険金請求権の放棄について，みずからに権利が帰属すること自体を否定していると考えるべきであると解する。つまり，この説によ

---

[28] 大森忠夫『保険法〔補訂版〕』274頁（有斐閣，1985年），西嶋梅治『保険法〔第3版〕』328頁（悠々社，1998年）等。

[29] 中村敏夫「保険金受取人の受益の拒絶」『生命保険契約法の理論と実務』204頁（保険毎日新聞社，1997年），山下孝之「第5章 保険金請求権」『生命保険の財産的側面』57頁（商事法務，2003年）等。

[30] 学説の説明は，広瀬・前掲注26) 362頁以下，笹本幸祐「生命保険契約の保険金受取人の権利取得と放棄」『商法の歴史と論理』334頁以下（新青出版，2005年）を参照。

れば，問題とするのは，保険金請求権の放棄が保険事故発生の前であるか後であるかではなく，誰に保険金請求権が帰属するかであり，保険契約者および保険金受取人の合理的な意思解釈からして，保険金受取人の指定がない場合と同様に，保険契約者の自己のためにする保険契約となると解する[31]。

以下，個々の見解について概観する。

① 中村敏夫弁護士の見解

【6】以前に提唱されたものであり，遺贈の放棄の規定を類推適用すべきであるとして，次のように解している。保険金受取人の権利取得も受贈者の権利取得も，それらの者の意思表示を要せず当然のこととされており，他方，利益を強要されるべきでないことも両者とも同様に考えられる。遺贈の放棄は遺言者の死亡時に遡って効力を発生するのであり（民法986条2項），放棄によって遺贈が効力を失ったときは受遺者が受けるべきであったものは相続人に帰属することから（同995条本文），特定遺贈の放棄の規定を保険金受取人の受益の拒絶に類推適用するならば，拒絶により保険金受取人の指定がはじめから効力を生じなかったものとみなされ，保険契約者の自己のためにする保険になり，ドイツ法において，民法333条により拒絶した保険金受取人は権利を取得しなかったものとみなされ，保険契約法168条により保険金請求権が保険契約者に帰属するのと同様に解釈できるとする[32]。

② 山下孝之弁護士の見解

【6】以前に提唱されたものであり，契約当事者の意思に合致させることを根拠として，次のように解している。保険法制定前商法675条により，他人のためにする生命保険契約では，第三者は当然保険の利益を享受できるとしているが，これは第三者のためにする契約の権利の発生と帰属とを分離し，第三者に権利が帰属する要件としての受益の意思表示を不要とし，当然その利益を享受できるとしたものであり，第三者に利益を与えるにすぎず，第三者の権利取得を容易にするために第三者の意思を要件としなかったものである。利益を与

---

31) 中西正明「判批（追加説明）」文研保険事例研究会レポート153号4頁（2000年），山下典孝「保険金受取人による保険金請求権の放棄再考」法学新報107巻11＝12号608頁（2001年），広瀬・前掲注26）369頁，山下(友)・前掲注10）509頁注152，笹本・前掲注30）356頁以下，山下友信＝米山高生『保険法解説』290頁（有斐閣，2010年）〔山野嘉朗〕，水野・前掲注7）104頁，笹本幸祐「生命保険契約の保険金受取人の権利取得と放棄再論」生命保険論集・生命保険文化センター設立40周年記念特別号（Ⅱ）123頁以下（2016年）等。

32) 中村・前掲注29）201頁〜204頁。

える場合でも，第三者の意に反してまでも強要する趣旨ではなく，第三者は受益を拒絶して権利の帰属を拒否することができると解される。したがって，保険金受取人に指定された第三者が受益を拒絶すれば，第三者への権利の帰属は不可能となり，保険金受取人指定の効果の帰属が定まらなくなるが，生命保険契約の趣旨からすれば，それにより保険者の履行不能となるとするのは妥当ではなく，結局，契約当事者たる保険契約者にその効果を帰属させることが，契約当事者の意思に合致するとする[33]。

③ 中西正明教授の見解

【6】に関連して，次のように解している。保険金受取人に指定された第三者が，自分に権利が帰属することを希望しない場合でも，無理やりそれを押しつけられることを甘受しなければならないとすることは，一般の法律観念に反することであり，第三者が保険金請求権がいったん自分に帰属すること自体を拒絶する意思である場合には，それに応じて，権利は第三者に帰属しないという結論を認めるのが適当である。第三者が権利を放棄する場合には，第三者がいったん権利を取得する意思であると認められる特別の事情がない限り，通常は，保険金請求権が自分に帰属すること自体を希望しない場合として権利の帰属自体を否定するのが合理的であり，それは第三者の放棄が保険事故発生前であるか発生後であるかを問わず，第三者が保険金請求権を放棄した場合には第三者は権利を取得しないという結論を認めるとすれば，その場合には，保険金請求権は保険契約者に帰属すると解するほかないとする[34]。

④ 山下典孝教授の見解（山下典旧説）

他人の生命の保険契約において，保険事故発生後，保険金受取人が保険金請求権を放棄した場合，保険金受取人の放棄の意思を尊重して保険者の支払免除を認めることは疑問である。保険契約者は，保険金受取人の指定変更権の行使は認められないとしても，指定された保険金受取人以外の別の者に保険金を取得してもらいたいと望むか，あるいは，みずから保険金請求権を取得したいと考えるのではなかろうか。このような保険契約者の意思を考えた場合，保険契約者による指定の効力を否定し，保険契約者の自己のためにする契約となると解しても何ら不都合はない。保険金請求権の放棄がなされた場合，保険金受取人の指定が遡及的になくなり，保険契約者の自己のためにする保険契約となる

---

33) 山下(孝)・前掲注29) 56頁〜57頁。
34) 中西・前掲注31) 4頁。

理由は，保険金受取人の権利放棄を前提として対価関係を贈与契約に類すると解すれば，遺贈の放棄に関する規定を類推して，保険契約者の自己のためにする契約となると解しうる可能性はあるとする[35]。

⑤ 広瀬裕樹教授の見解

【6】の判例研究において，次のように解している。第三者のためにする契約一般における諾約者の履行不能の観点から，保険金受取人が権利を放棄した場合でも，たんにその事実のみであれば，保険契約者の保険者に対する保険金受取人に給付すべきことを請求する権利は消滅しないが，保険者が現実になした給付を保険金受取人がどうしても受領しないときに初めて保険者の保険契約者に対する債務は，保険者の責めに帰すべからざる理由により履行不能となる。しかし，履行不能となった場合でも，契約が失効するものとは即断できない。というのは，契約の趣旨によっては，要約者が別の第三者を指定し，または，要約者自身に履行すべきことを請求する権利を保有する場合も稀ではない（売買代金を債権者に支払うことを求めたが，債権者が債権を放棄すれば，自分に支払うように契約の内容が変質する）と解されるからである。要するに，一つの債権債務関係の有効性と契約の有効性は直接結び付くことはなく，債権の放棄によって，その債権債務関係は消滅するが，だからといって，契約自体が必然的に消滅するとは限らず，契約の内容によっては消滅した債権債務関係が別個に存在すると解しうる。保険契約者に保険金受取人の指定変更権が留保されているような生命保険契約は，まさにそのような契約であり，保険金受取人が死亡した場面と同様に，保険契約者がとくに他の第三者を保険金受取人にする意思が明確でなければ，保険契約者は自己に保険金を支払うべきことを請求する契約となると解することができる。もっとも，個々の事実状況を考えると，保険契約の目的が，特定の保険金受取人の権利取得を不可欠の目的としていると例外的に解しうる場合には，その保険金受取人が権利放棄をなせば，契約は失効し，保険者免責の場面と同視しうるから，保険法制定前商法683条2項の類推適用により，保険契約者には積立金を払い戻さなければならないと解すべきである[36]。また，【5】の判例研究において，次のように解している。保険法の規定に関連させて，第三者のためにする契約の論理を保険契約にあてはめれば，保険金受取人が保険金請求権を放棄しても，保険契約はただちに消滅するわけ

---

35) 山下（典）・前掲注31) 605頁〜607頁。

36) 広瀬・前掲注26) 368頁〜369頁。

ではなく，保険金受取人の変更権が保険契約者に留保されている契約が一般的であること（保険法43条1項），保険金受取人の指定が失効した場合と同じであることなどにより，基本的には，保険契約者は自己に保険金を支払うべきことを請求できると解されるとする[37]。

この見解は，第三者のためにする契約一般における諾約者の履行不能の観点に立ちながら，債権の放棄によって，債権債務関係は消滅するが，契約自体が消滅するとは限らないとしたうえで，保険金受取人の指定変更権が留保されているような生命保険契約は，まさにそのような契約であり，保険金受取人が死亡した場面と同様に，保険契約者は自己に保険金を支払うことを請求する契約となると解されるとする[38]。

⑥ 笹本幸祐教授の見解

保険金受取人による権利放棄の意思表示があった場合について考えるにあたっては，保険金請求権をどこに帰属させるのが妥当かということに尽きるとして，指定変更権の留保に立脚する。

保険契約者兼被保険者の契約で，指定変更権が留保されていない場合には，保険金受取人として指定された者が保険金受取人に法的地位的に確定するため，被保険者の死亡後に権利の取得が行われたうえで放棄されたときには，確定的に債務が消滅すると解される。ただし，保険事故発生時まで契約は有効に存続してきたのであり，保険者を免責させる積極的な要因は存在しないため，保険料積立金が返還されるべきである。しかし，保険金受取人としての地位の確定を拒絶し，権利の取得自体を拒絶した場合には，第三者のためにする契約での受益の拒絶に関する処理を参考にすべきである。保険金受取人が指定された者でなくともよかった場合には，契約の不可欠の目的ではないから，保険契約者の意思を再確認すべきであるが，指定変更権が留保されていないということは，保険契約者としては，他人のためにする生命保険契約の締結において自己が保険金受取人に指定した者の権利取得が契約の不可欠の目的であると解される。保険契約者と保険金受取人との間の関係を対価関係としてとらえて，贈与類似

---

37) 広瀬・前掲注6) 24頁。
38) この見解によれば，保険金受取人の権利取得がどの程度保険契約の要素として重要な意味を有しているかによって，保険契約ごとに異なった解釈が可能となることになる。したがって，保険契約者の他の第三者を保険金受取人にする意思の有無が大きな意味を持つことになり，その点では保険契約者の意思を推測しなければならないし，それに強く依拠する（笹本・前掲注30) 339頁）。

の契約としてとらえようとする場合には，保険金受取人に指定した者によって権利放棄がなされたときには，当該契約は失効するものと解される。したがって，指定変更権が留保されておらず，保険契約者兼被保険者の場合で死亡しているときには，自己のためにする保険契約と構成することは理論的に難しい。しかしながら，保険法43条1項は，保険事故が発生するまでは保険契約者が保険金受取人の指定変更権がある旨が定められており，別段の意思表示がない限りは，指定変更権が留保されているため，第三者の受益が契約の目的とはなっていないものと考えるのが妥当である。

　保険契約者兼被保険者の契約で，複数指定されている保険金受取人のうちの一部の者が保険金請求権を放棄した場合で，指定変更権が留保されておらず，複数の保険金受取人が指定されていて，そのうちの一人が受益を拒絶したときには，その者以外の保険金受取人間で保険金を分配することになると解される。これに対して，指定変更権が留保されていた場合には，保険契約者の意思をできる限り尊重すべきであるが，被保険者が死亡している場合には，意思の可能性を推測するほかない。指定した者が権利を放棄したり，地位の確定自体を拒絶した場合には，新たに保険金受取人を指定すると仮定した場合には，保険契約者の相続人が指定される可能性はある。したがって，保険契約者兼被保険者が死亡していた場合で，保険金受取人が他にいない場合には，指定変更権を留保していた以上，保険金受取人に指定した者の権利取得が契約に不可欠の目的とはいえないし，他の者を指定するか，自己が保険金受取人となるかは，被保険者が死亡していることから不明なので，当初の指定がなかったものとして，保険契約者を保険金受取人として確定するほかはない。放棄した保険金受取人の他に保険金受取人がいる場合には，指定変更権が留保されていたのであるから，指定変更権を行使しうるとすれば保険金受取人に保険契約者の相続人も含まれる可能性があるため，保険金受取人として指定されていた者と保険契約者の相続人とで保険金を均等に取得できるものと解する。保険契約者と被保険者とが異なる場合にも，指定変更権が留保されていたのであるから，保険金受取人に指定した者の権利取得は，契約に不可欠の目的とはいえず，同様に解される。また，これらの解釈は，指定変更権が留保されていることを重視することに基づいているので，保険金受取人として指定された者が権利を取得した後に放棄をした場合にも，その趣旨を考慮して，同様に解されるとする[39]）。

　この見解は，指定変更権の留保に立脚しながら説明している。保険契約者兼

被保険者の保険契約において，指定変更権が留保されている場合，被保険者が死亡後に権利を取得し，それを放棄したときと，権利取得自体を拒絶したときに分けて検討している。また，保険契約者と保険金受取人との間の関係を対価関係としてとらえようとする場合には，保険金受取人の権利放棄で契約は失効するとする。そして，保険金受取人が複数いる場合についても，指定変更権が留保されているときと留保されていないときに分けて検討している。さらに，保険契約者と被保険者とが異なる契約では，指定変更権が留保されているので，留保されている場合と同じように解している。

⑦ 山下友信教授の見解

保険金受取人の指定は指定された者が権利を放棄する場合には保険契約者を保険金受取人とする趣旨でなされているものであり，保険金受取人が権利を放棄することは可能であり，この場合，指定時に遡って権利の取得はなかったことになり，保険契約者自身が保険金受取人となるとする[40]。

⑧ 山野嘉朗教授の見解

保険金受取人の保険金請求権の放棄により保険者が保険金支払債務を免除されるということであれば，保険契約者が保険料を支払うことによって生命保険制度を利用した趣旨を没却することになりかねない。保険金受取人が権利を放棄することによって，保険金受取人指定の実質的な意義が失われるが，これは当初から指定がなされていなかった場合に等しい。指定のない契約は自己のためにする契約であるから，放棄の時期を問わず，保険契約者またはその相続人が遡及的に保険金請求権を取得することになる。このような解釈は，一般の保険契約者の通常の意思に合致するものであって，法的構成として無理があるとは思えないとする[41]。

⑨ 水野貴浩准教授の見解

【5】の原審判決に関する判例研究において，次のように解している。保険事故発生前には権利の放棄ないし受益の拒絶が可能であるにもかかわらず，保険事故発生後は保険者に対する債務の免除しか認められないとするのは，均衡を失することになるので，保険事故発生後においても権利の放棄ないし受益の拒絶が可能であると解され，保険金受取人に指定された者がみずからへの権利

---

39) 笹本・前掲注31)「再論」145頁〜147頁。
40) 山下(友)・前掲注10) 509頁注152。
41) 山下＝米山・前掲注31) 296頁〔山野〕。

の帰属を拒んだ場合には，それ以前において指定の効果を維持する必要性はないので，はじめから指定がなかったものと扱ってよく，遡及的に自己のためにする保険契約となると解される。もっとも，保険金受取人が「(法定)相続人」と指定されている場合には，相続人に相続法理による制約を受けることなく利益を与えるという意思を保険契約者が有していたものと推認できるので，保険金請求権を放棄する相続人がある場合には，他の相続人にそれぞれの相続分に応じて取得させるとの意思を有していたものと解される。また，受益の意思表示があった後の放棄は，保険金受取人に確定的に帰属した債権の処分となり，自己のためにする保険契約に変化することはないとする[42]。

この見解は，他の相続人に相続分に応じて取得させるという結論を導くにあたり，保険契約者の意思を尊重して，相続人に相続法理による制約を受けることなく利益を与えるという意思を保険契約者が有していたものと推認できるとしている点において特徴的である。

(2) **保険金請求権は確定的に消滅し，保険者の債務免除となると解する説（債務消滅説）**

保険事故の発生により，保険金受取人の権利は確定し，保険金受取人は保険金請求権の譲渡・質入などの処分行為を自由に行うことができ，保険金受取人が保険金請求権を放棄することは，そうした処分行為の一態様であり，保険金受取人の保険金請求権の放棄により，保険者に対する債務免除となると解している[43]。この説は，【5】【6】と同じ立場である。

以下，個々の見解について概観する。

① **出口正義教授の見解（【出口】）**

【6】の原審判決の判例研究において，つぎのように解している。保険事故発生前における保険金受取人の保険金請求権は，保険金受取人の指定・変更権が保険契約者に留保されている場合はもちろんであるが，それらが留保されていない場合でも，保険契約者は任意解約権が認められる以上，不確定なもので

---

42) 水野・前掲注7) 107頁。
43) 出口・前掲注27) 151頁，黒田・前掲注26) 11頁，西原・前掲注27) 165頁，笹岡・前掲注26) 143頁，遠入優治「保険法における保険金受取人の権利」保険学雑誌613号105頁（2011年），桜沢隆哉「保険事故発生後の保険金請求権放棄とその帰趨」京女法学8号32頁（2015年）（保険金受取人が複数の場合には債務消滅説を，一人の場合には自己契約説をとる），牧・前掲注6) 30頁，遠山聡「保険金請求権の固有権性と相続」生命保険論集・生命保険文化センター設立40周年記念特別号（Ⅱ）206頁（2016年），山下典孝・判評686号28頁（2016年）等。

あるが，保険事故の発生によって具体化した保険金受取人の保険金請求権については，通常の金銭債権として，保険金受取人は自由に保険金請求権を譲渡・質入を行うことができると解するのが通説であり，保険金請求権の放棄もその譲渡・質入同様に保険金受取人の自由な処分の一態様と解することができるとして，保険金請求権者の意思に従うとする[44]。

② 竹濱修教授の見解

【6】の判例研究において，次のように解している。放棄により保険金請求権は確定的に消滅すると解したうえで，保険者は積立金を保険者に払い戻す義務があるとする。つまり，保険金受取人は，具体化した保険金請求権を実際に行使するか，権利行使しないか，いずれも自由であり，もしその権利を放棄すれば，保険契約者といえども，他人はそのことについて干渉できないことになろうが，保険事故発生前については，保険契約者により指定された保険金受取人があらかじめ保険金請求権を放棄する旨を意思表示している場合，その生命保険契約を他人のためにする生命保険契約として存続させても，結局，当該契約により保険契約者が意図した結果は成就されないことがあらかじめ明らかであるから，他人のためにする生命保険契約であるという形式を重視する解釈は当該契約の意図した経済的な目的を達成できなくしてしまうので，そうであれば，保険契約者の通常の意思を忖度し，この場合は自己のためにする生命保険契約になるとする解釈が適当であるとした上で[45]，被保険者の自殺や保険金受取人の被保険者殺害による保険者免責の場合でさえ，保険者が保険料積立金を保険契約者に払い戻す義務を負っていることとの均衡を考えると，同じく保険者が保険金支払義務を免れる保険金受取人が権利放棄をした場合も，保険法制定前商法680条2項・683条2項を類推適用して，保険者は保険料積立金を保険契約者に払い戻す義務を負うと解すべきであるとする[46]。

③ 黒田明寿氏の見解

【6】の判例研究において，次のように解している。債権放棄であれば債務者に利得をもたらすのは債権放棄一般に言えることであり，とくに保険金請求権の放棄に限って非合理的な利得をもたらすとはいえない。ある人をとくに保険金受取人と指定した保険契約者の意思は，その指定した保険金受取人にこそ

---

44) 出口・前掲注27) 151頁。
45) 竹濱・前掲注26) 2頁。
46) 竹濱・前掲注26) 3頁。

保険金を受け取ってほしいというものであり、その保険金受取人が放棄したからといって別の人が受け取ることになるのは、保険契約者の意思に反する。被保険者死亡により保険金請求権は保険金受取人が確定的に取得しており、保険金受取人の放棄により消滅するとする[47]。

④ 西原慎治教授の見解

【6】の原審判決の判例研究において、次のように解している。第三者のためにする契約であれば、第三者は受益の意思表示（民法537条）をなさないことによって契約上の権利の取得を拒絶することが可能であるが、他人のためにする生命保険契約においては、契約の効果は当然に生じるのであるから（保険法制定前商法675条1項）、保険金受取人がみずからの意思でもって権利取得を拒絶できず[48]、また、保険金受取人の受益の意思表示は契約の要素たりえないので、保険金受取人が保険事故発生前に契約の利益を拒絶する意思を表示してもそれは契約の効力を変更させることにはならず、他方、保険事故発生後には、保険者は保険金受取人に対して具体的な金銭債務を負担するが、この債務は保険事故発生前におけるものとは異なり、債権の一般原則通りに処分することが可能であるから、保険事故の発生後に保険契約者が当該金銭債権を譲渡することは自由であるし、保険金請求権を放棄しても、それは保険者に対して債務免除とされるのみであるとする[49]。

⑤ 笹岡愛美講師の見解

【6】の判例研究において、次のように解している。一般論としては、保険金受取人の権利放棄によって保険者が債務を免れるのは妥当ではなく、保険金は誰かに支払われるべきであるが、他方において、保険事故発生によって保険金受取人の権利が確定するということは、保険者を二重払いのリスクから解放し、以後は、この権利者の処分に従えば債務不履行から免れる状態に置くことを意味する。したがって、保険契約の目的および保険契約者の合理的意思が斟酌されるべきであっても、権利者確定後は、特段の事情がない限り、保険者の利益のほうが優先されるという理解もありうるとする[50]。

---

47) 黒田・前掲注26）10頁〜11頁。保険の実務では、保険会社への確定的債務免除として処理する会社と、保険契約者の自己のためにする契約となるとして処理する会社とがあるとする。山下＝米山・前掲注31）296頁〔山野〕を参照。
48) 西原・前掲注27）159頁。
49) 西原・前掲注27）165頁。笹本・前掲注30）362頁〜363頁を参照。
50) 笹岡・前掲注26）143頁。

⑥ **遠山優治氏の見解**

自己契約説が，保険金受取人が保険金請求権を放棄した場合には，保険事故発生後であっても，保険契約者を保険金受取人とするのが保険金受取人指定の趣旨であるとする点は，保険契約者の意思について相当な擬制を含むように思われる[51]。保険法において，第三者のためにする生命保険契約に関する保険法42条の規定が片面的強行規定とされ，また，介入権の規定（保険法60条2項・89条2項等）が定められていることから，保険金受取人の変更や保険金請求権の放棄の効果は将来効と考えられること，保険金受取人の変更は保険事故が発生するまでとされる（保険法43条1項）など，保険事故発生時に保険金請求権の帰属が確定すると考えられること，保険法では保険金請求権の放棄およびその効果に関する特段の規定が設けられていないことなどから，保険事故発生後に保険金受取人が保険金請求権を放棄した場合には，保険金請求権は消滅すると解されるとする[52]。

⑦ **桜沢隆哉准教授の見解**

【5】の原審判決に関する判例研究において，次のように解している。保険事故発生前には，保険契約者がいつでも保険金受取人を変更できるから，保険金受取人が保険事故発生前の保険金請求権を放棄した場合には，保険契約者の自己のためにする契約となると解され，これは，保険事故発生前の保険金請求権は，具体化されていない抽象的・未必保険金請求権であり，条件付権利が保険金受取人に帰属しているとはいえ，保険契約者により保険契約上の処分権を行使することが可能であり，保険金受取人の再指定・変更ができるためである。これに対して，保険事故発生後には，具体的金銭債権となった保険金請求権は保険金受取人に帰属することとなり，保険金受取人が権利取得を放棄した場合には，保険金受取人の処分権行使の一態様としてとらえ，保険者に債務免除の効果を生ずるものと解される。保険金受取人が一人である場合には，この者が保険金請求権を放棄した場合には，自己のためにする契約となり，保険契約者（兼被保険者）の相続財産に帰属すると考えることも可能であるが，保険金受取人が複数であり，そのうちの一部の者が保険金請求権を放棄した場合には，保険事故が発生した保険金請求権は，保険金受取人が自己固有の権利として取得するのであるから，その者の固有の財産として帰属したものを放棄する

---

51) 遠山(優)・前掲注43) 105頁。
52) 遠山(優)・前掲注43) 108頁〜110頁。山下(典)・前掲注6) 28頁も同旨であろう。

以上，他の者への譲渡やその他の意思が認められない限り，保険契約者の相続財産に帰属するという解釈は適切とはいえないとする[53]。

⑧ 牧純一氏の見解

【5】の判例研究において，次のように解している。保険事故発生前において保険金受取人が権利放棄した場合には，保険金受取人には抽象的保険金請求権しか発生していなかったのだから，保険契約者の意思を合理的に推定し，自己のためにする契約と考えられるのに対して，保険事故発生後，保険金受取人は，保険契約者の意思にかかわらず，保険金を請求できれば，権利を譲渡することもでき，権利を放棄できる立場にある。つまり，保険金請求権の行方は保険金受取人の意思に委ねられており，その中で，保険金受取人が保険契約者やその相続人に保険金が支払われることを望まない場合や，債務免除（民法519条）を希望する場合もありうるが，そのような保険金受取人の意向を無視してまでも保険契約者の意思に立ち返る必要はない。さらに，生命保険契約においては自分が保険金受取人に指定されていることを保険事故発生まで知らずにいることもあり，このような場合にまで，その意思に反して権利を強いることは，法理に反し，妥当ではないともいえるが，受益（保険金受取人の地位につくこと）に対する拒絶権を与えても，その実益は乏しいし，保険契約者やその相続人に保険金が支払われることを希望しない場合もあるのだから，一律に自己のためにする保険契約と解することは疑問であるとする[54]。

⑨ 遠山聡教授の見解

保険金受取人の権利放棄により保険者が債務を免れることは，保険者に利得を許す結果になるが，保険金受取人が時効により保険金請求権を行使しないままに消滅させてしまう場合も，同じく保険者が利得する結果となるところ，時効消滅により自己のためにする生命保険契約になるとは解しえない。また，保険金受取人の指定は，保険金受取人が権利放棄する場合には保険契約者を保険金受取人であるとする趣旨でなされたものであるという解釈もあるが，権利取得したくない保険金受取人は他の相続人等に権利を譲渡できるのであるから，保険契約者が権利放棄の際につねに自己を保険金受取人にする趣旨で指定したとまではいえないであろう。保険事故発生後の保険金請求権は具体的な請求権となり，保険金受取人の固有財産として確定することを前提とする以上，保険

---

53) 桜沢・前掲注43) 63頁～64頁。
54) 牧・前掲注6) 29頁～30頁。

金請求権の放棄や譲渡，時効消滅も，保険金受取人による任意の処分の結果というほかなく，遡って保険金受取人の指定の効力が失われるという解釈は難しいとする[55]。

⑩ **山下典孝教授の見解（山下典新説）**

【5】の判例研究において，次のように解している。保険法制定前商法674条2項は，未必的保険金請求権についてその処分可能性を認めており，また，保険金受取人の債権者は当該未必的保険金請求権を差押えできるものと解されていた。この未必的保険金請求権は，誰かに帰属していること，すなわち指定された保険金受取人に帰属していることを前提に処分可能性が認められ，差押えの対象になるものと解される。そのため，指定保険金受取人は保険者の責任開始後から未必的保険金請求権の帰属者となる。そして，保険事故発生と同時に，未必的保険金請求権は，具体的な保険金請求権となり，その時点で保険金受取人が確定し，具体的な保険金請求権を取得することになる。保険事故発生前に保険金受取人が権利を放棄した場合には，指定時に遡り保険契約者自身が保険金受取人となるのではなく，権利放棄をした時から放棄の効果が生じ，その時からいったん，保険契約者自身が保険金受取人になると解される。その後，保険契約者が別の誰かを保険金受取人に指定変更すれば，その時から，当該第三者が保険金受取人となり，未必的保険金請求権の帰属者となる。これに対して，保険事故発生後に保険金受取人が保険金請求権を放棄する場合，これを保険金受取人の地位の放棄と解しても，保険事故発生と同時に保険金受取人の地位は確定し，具体的な保険金請求権の帰属者となってしまうため，遡及的にその地位を否定することは，未必的保険金請求権の帰属者を保険金受取人指定時まで遡らせて保険契約者とすることを認めない限り難しいこととなる。そのことは，保険契約者の合理的な意思解釈を根拠としてもかなりの無理のある解釈となるとする[56]。

この見解は，保険金受取人が指定されたことによりこの者が取得する未必的保険金請求権に焦点を当てながら，保険事故発生前に権利が放棄された場合には，その効果は権利放棄をした時から将来的に生じ，その時からいったん，保険契約者自身が保険金受取人になるのに対して，保険事故発生後に権利が放棄された場合には，保険事故発生と同時に保険金受取人の地位は確定するため，

---

55) 遠山（聰）・前掲注43) 206頁。広瀬・前掲注6) 24頁を参照。
56) 山下（典）・前掲注6) 28頁。

遡及的にその地位を否定することは，未必的保険金請求権の帰属者を保険金受取人指定時まで遡らせて保険契約者とすることを認めない限り難しいとする。

3　検　討

　保険金受取人が保険金請求権を放棄した場合の効果については，保険契約者の意思を合理的に解釈することによって導くべきであって，この場合，保険契約者の自己のためにする保険契約として処理すべきではないかと考える。つまり，当該保険契約において，保険契約者が保険金受取人について，特定の氏名で指定する，または，「法定相続人」もしくは「相続人」と指定するに至ったことの意味に注目すべきではなかろうか。保険契約者が，自己のためにする保険契約ではなく，第三者のためにする保険契約を選択して締結したという事実は，自己以外の者に財産として保険金を残そうとする意思があったと解することが自然であろうし，その限りにおいて，保険契約者は自己の相続財産として処理させることを目的にしているといえることから，放棄によって保険金請求権が消滅することを予想していたのではないし，放棄した者以外の者に保険金請求権が帰属することになるのは，一般的に，保険契約者の意図するところではないといえることもあるのではないかと解する。したがって，保険金請求権は遡及的に保険契約者に帰属し，保険契約者の財産となるとする自己契約説を支持する。以下，このような理解に基づき，自己契約説を支持する理由について検討する。

　第三者のためにする生命保険契約については，それが第三者のためにする契約（民法537条）の一つの形態であるということに立ちながら，第三者のためにする契約に関する法理に基づいて検討すべきであろう。それゆえに，第三者のためにする契約では，第三者である受益者が受益の意思表示を拒絶した場合，受益者の権利は発生しないが，それをもってただちに当該契約が消滅することはなく，別の第三者を指定することや，要約者に履行すべきこととされ，受益の意思表示をした後で受益者が権利放棄をした場合も同様に解されている。これを第三者のためにする生命保険契約にあてはめると，保険法では，保険事故が発生するまで保険金受取人を変更できる旨が明示されており（保険法43条1項），保険金受取人の変更権が保険契約者に留保されていること，保険金受取人による保険金請求権の放棄は保険金受取人の指定が失効した場合と同じようにとらえられることからして，保険金受取人が保険金請求権を放棄した場合，

この者に帰属していた保険金請求権の効力は生じないが，当該保険契約が消滅するものではないと解される[57]。

　自己契約説と債務消滅説との基本的な違いは，保険事故発生後に保険金受取人が保険金請求権を放棄した場合，前者によれば，保険契約者の自己のためにする保険契約となり，保険金請求権は保険契約者に帰属するということになるのに対して，後者によれば，保険事故が発生した時点で，保険契約者の保険契約に関する処分権は消滅し，その結果，保険契約における法律関係が確定し，保険金受取人による権利放棄によって，保険事故発生に起因して具体化した保険金請求権は消滅するという法的効果が生ずることになるとする。両説を比較すると，保険金請求権の放棄により保険金請求権が消滅するか否か，つまり，保険金請求権の放棄に遡及効が認められるか否かに違いがあるといえる。この違いについて，自己契約説には，保険金受取人の権利放棄により生じた利得を保険者が取得することは看過できないという実質論があるとされるのに対して，債務消滅説では，保険事故が発生した時点で法律関係が確定しているべきであるという原則がその基礎にあるとされるということによるのではなかろうか[58]。債務消滅説によれば，保険事故が発生した時点で保険契約における法律関係が確定し，保険金受取人による権利放棄によって保険金請求権は消滅することになり，保険者は放棄された部分の保険金を支払うことはなくなる。これに対して，自己契約説によれば，保険金請求権が放棄されたとしても保険金請求権は遡求することから，保険者は保険金を支払うことになり，二重払いのリスクを負う可能性もあるので，債務消滅説からは，自己契約説によれば保険者の利益を保護することができないとの批判がなされ，その結果，自己契約説における実質論と対立する。この点については，そもそも被保険者が死亡したことによって保険事故が発生しているのであるから，当該保険契約上，保険者は保険金を支払うべきであるという実質論を強調したい。つまり，保険事故が発生した時点で，保険者には保険金に相当する金員が手元に存在しているのであるから，保険金受取人が保険金請求権を放棄したことで当該請求権が消滅するとすれば，保険者は手元にある金員を支払わないですむということになるが，このことは，保険契約者が保険料を支払うことによって，保険事故が発生すれば保険金を受け取ることができると期待して締結した保険契約の趣旨を没却するこ

---

57)　広瀬・前掲注６）23頁〜24頁。
58)　広瀬・前掲注６）24頁〜25頁。

とになり，ひいては保険契約者の意思に反することになると解さざるを得ない。それゆえに，債務消滅説のいう，保険事故が発生した時点で法律関係が確定し，保険金請求権が消滅するという原則は受け入れがたい。

　保険金受取人が保険事故の発生後に保険金請求権を放棄する意思を表示した場合，保険金受取人が自己の財産を処分したととらえるのではなく，保険金受取人が権利を取得する意思であると認められる特別の事情がない限り，通常は，保険金請求権が自分に帰属すること自体を希望しない場合として権利の帰属自体を否定するのが合理的であると考える。

　保険金請求権の放棄とともに，保険金の受領拒絶が考えられる。保険金請求権の放棄とは，保険金受取人において，保険事故の発生により具体的に確定した保険金請求権を取得することを拒否することであるのに対して，保険金請求権を取得することを承認した後に，保険金請求権を行使することによって保険金を受け取ることを拒否することは受領拒絶とされるべきであろう。また，保険金受取人が保険金請求権の取得を承認しながら，保険金の受取を放置していた場合には，時効により消滅するまで権利は存続するものと解され[59]，承認した後に，明確に受取を拒否した場合には，保険金請求権の放棄の場合と同じような解釈をすることも可能であろう。

　このような理解に基づき，第三者のためにする生命保険契約をいくつかの類型に分けて検討する。まず，保険事故発生の客体である被保険者をみると，保険契約者と被保険者とが同一の自己の生命の保険契約と，両者が異なる他人の生命の保険契約（保険法38条）とがある。このうち，他人の生命の保険については，保険事故発生後には被保険者が死亡しているので，この者の意思を確認することができないため，被保険者の同意が必要となる保険金受取人の変更はできないことから（保険法45条），当初の保険金受取人の権利取得が当該保険契約において不可欠の目的になっているといえるので，保険契約者が当初の保険金受取人に含まれていなければ，権利放棄がなされても自己契約になることはなく，保険者はその債務を免除されるものと解する[60]。

　つぎに，保険契約者兼被保険者である自己の生命の保険契約については，保険契約者の合理的な意思解釈からすれば，次のように分けて検討できる。保険金受取人の指定方法には，特定の氏名とする場合と相続人とする場合とがあり，

---

59) 広瀬・前掲注6) 27頁〜28頁。
60) 広瀬・前掲注6) 27頁。

保険金受取人の数については，一人の場合と複数人の場合とがある。保険契約者兼被保険者の保険契約の場合には，保険金受取人を特定の氏名で指定しようが，相続人と指定しようが，保険事故が発生した時点で保険契約者が死亡しているので，新たに保険金受取人を指定することができないということで一致する。このような理解に基づいてみれば，第一に，特定の氏名で，かつ，この者だけが単独で保険金受取人に指定されていた場合には，この者が保険金請求権を放棄すれば，保険金請求権は保険契約者の相続財産に帰属し，保険契約者の相続人に相続される。もし相続人が他に存在しない場合には，保険者の債務は免除されるものと考える。第二に，特定の氏名で，かつ，複数の者が保険金受取人に指定され，保険金受取人に指定された全員が保険金請求権を放棄した場合には，第一と同じ取扱いになり，その一部の者が放棄した場合には，この者に帰属していた保険金請求権についてもまた，第一と同じ取扱いになるものと考える。第三に，相続人と指定され，かつ，保険金受取人に指定された相続人が一人であった場合には，この者が保険金請求権を放棄すれば，保険金請求権は保険契約者の相続財産に帰属するものの，他に相続人がいないことから，保険者の債務は免除されるものと考える。第四に，相続人として指定され，かつ，保険金受取人が複数人おり，その一部の者が保険金請求権を放棄した場合には，相続人と指定している限りにおいて，保険契約者は保険金を相続人に支払う意思があると解されるので，保険金請求権を放棄していない保険金受取人には，放棄された分の保険金請求権が，指定時に遡って，その相続分に応じて支払われるものと考える[61]。

第4節　むすびにかえて

「保険金受取人を相続人とする」旨の指定がなされた第三者のためにする人保険（生命保険・傷害保険）において，保険契約者兼被保険者が死亡した場合には，まず，保険金受取人に指定された相続人が相続を放棄した場合については，保険契約者が保険金受取人に相続人を指定したことの意義を考慮し，あわせて保険金請求権取得の固有権性の観点から検討すると，相続人に帰属している保険金請求権には相続放棄の効果は及ばないと解する。つぎに，保険金受取

---

61)　広瀬・前掲注6)26頁。

人が保険金請求権を放棄した場合については，この場合もまた，保険契約者の意思を合理的に解釈することによって導くべきであって，保険契約者の自己のためにする保険契約と解するべきではないかと考える。というのは，保険契約者が，第三者のためにする保険契約を締結したという事実は，自己以外の者に財産として保険金を残そうとする意思があったと解することが保険契約者の意思にかなうものであろうから，保険金受取人の放棄によって保険金請求権が消滅することを予想していたのではないであろうし，放棄した者以外の者に保険金請求権が帰属することになるのは，一般的に，保険契約者の意思ではないのではないかと解するからである。

市場支配力濫用規制事例の分析

田中　裕明

第1節　はじめに
第2節　GWB19条の規制内容と規制目的
第3節　ドイツ連邦カルテル庁，ドイツ連邦通常裁判所（BGH）のアプローチにみる，GWB19条2項2号による比較可能市場での競争類似性の欠如
第4節　判例の分析
第5節　むすびにかえて

第1節　はじめに

　筆者は，これまでドイツ法，EU法における市場支配的事業者の濫用行為に対する規制法理について探究してきた[1]。本稿は，これまでの探究を補うもので，筆者のささやかな研究の継続に資することを目的とする。

　ドイツ競争制限禁止法（GWB）は2013年6月に第8次改正法が施行され，早4年余り経っている。すでにドイツ連邦経済エネルギー省より第9次改正案も示されている[2]。これは，ヨーロッパ市場の動向に照らし，時宜を得た取り組みを絶えず行っていることの証左であると思われる。本稿は，直接第8次改正法に関わる事件ではないが，第8次改正法施行の中での判例を取り上げることにする。それは，従来の判例の流れを踏襲しつつ，第8次改正法を意識した新たな流れも見出せるのではないかと考えたからである[3]。

第2節　GWB19条の規制内容と規制目的

　GWB19条1項によれば，単独のまたは複数の事業者による市場支配的地位の濫用は禁止される。すなわち，「他の事業者を直接または間接に不当に妨害し，あるいは実質的に正当な理由もなく直接または間接に他の事業者を同種の事業者とは異なる扱いをする場合」に，妨害とされる（GWB19条2項1号）。これは，「妨害的濫用[4]」と称される。この規定は概ねEU機能条約102条に相当するものである。

　他方これとは異なり，GWB19条2項2号での「価格および条件規制」についての規律は，EU機能条約102条2文aの法文とは明らかに異なる。というのは，GWB19条2項前段によれば濫用が存在するのは，とりわけ市場支配的

1） 拙著『市場支配力の濫用と規制の法理』（嵯峨野書院，2001年）（以下「法理」），同『市場支配力濫用規制法理の展開』（日本評論社，2016年）（以下「展開」）。
2） 拙稿「ドイツ・カルテル手続法―第8次改正ドイツ競争制限禁止法（GWB）とドイツ連邦経済エネルギー省第9次改正案の概要―」公正取引797号34頁以下（2017年）。
3） 本稿は，2017年5月20日立教大学で行われた「東京経済法研究会」での報告を基にしている。報告の機会をいただいた立教大学名誉教授舟田正之先生に，改めてお礼申し上げる次第である。また，仲介の労をとっていただいた一橋大学教授山部俊文先生にも感謝申し上げたい。
4） 「法理」45頁以下参照。また，「展開」129頁以下も参照。

事業者が特定の種類の商品または役務の売り手または買い手として，有効な競争が存在すれば高い蓋然性を以て生じるであろうものとは異なる報酬または取引条件を要求する場合だからである（本稿ではこれを「搾取的濫用[5]」と呼んでおく）。この場合とくに，事業者の，有効な競争が行われている比較可能な市場での行動様式が考慮されるべきこととなっている（同条2項2号後段）。

もっとも，この比較市場という考え方は拘束力をもつものではなく，判断基準となる実例を用意するのみである。市場支配力の濫用規制に際しては，要求された取引条件が比較可能市場での競争類似の効果とは異なるという結果を生ぜしめるかどうかという―いわゆる「擬制的競争（Als-Ob-Wettbewerb）」―問題が，相当の重大さをもつことになる。この点につき，その判断基準とすべきは，GWBの規制目的（規範目的）にねらいをつけることになる。このGWB19条の規範目的については，相当程度 EU 機能条約102条との類似性を認めることができる。すなわち，GWB19条が濫用として根拠付ける特定の行動様式の禁止は，市場支配が競争を歪曲化すること（制度としての競争の保護）および他の市場参加者（競争者および消費者）を相当でない市場成果を通じて侵害することを阻止するためである。

ここで GWB の規範目的，とりわけ「競争の自由（Wettbewerbsfreiheit）」について，若干の検討を加えておきたい。

競争原理は，私的自治に基礎を置く制御システムとして機能する。その際，競争は，つねに新たに統合される私法主体間の法律関係のプロセスとして理解されるべきである。そこには個人の自由という価値を斟酌し，価値の形成を認め，関係者に主観的に有利であると認めさせるダイナミックな秩序システムが生じているからである。競争は，自由な市場参加者の調査・発見の手続である[6]。

市場参加者の競合から生じる競争の圧力が関係者に強制するのは，その経済力とは関係なく，他の関係者の正当な利益をそれぞれ相互に考慮することである。この点に，経済的に屈した側からの経済領域における自己決定も可能とする競争の無力化機能が存する。（理論上の）理想像において，このようにして，

---

5) 「法理」51頁以下参照。また，「展開」142頁以下も参照。
6) Vgl. S. Thonig, Privater Rechtsschutz gegen den Missbrauch von Marktmacht; Eine Untersuchung zu zivilrechtlichen Rechtsfolgen bei Verstoß gegen Artikel 102 AEUV, §§ 19 Abs. 1, 2 und 20 Abs. 1, 3 GWB, Berlin, 2016, S. 50-51.

国家による規律を必要とすることなく，私的自治による自由と経済的有利さが実現される[7]。しかし，その実現について，それぞれの法主体にとっては，競争への関与は開かれたままとなっていなければならない。そのための要件となるのは，形式的には法的な平等と実体的には契約当事者または第三者による不当な強制がないことである。（かかる要件により）私法主体の対等性に基づいて，すべての私的利益が原則として同等となるのである。それゆえ，これが抵触解消のための内在的秩序原理とみなされるに違いないのである。すなわちそれは，コンセンサス原理，経済的発展にかんがみる機会の均等およびそれへの関与，そして現実の自己決定の自由の意味における行動の余裕の存在である[8]。重要なのは，法的に結びつけられた自由である。

このようにみてくると，GWBの目的としての「競争の自由」は，その制定以来ぶれることなく一貫してきた印象がある。しかし，GWB制定50年の歩みの中で，E. J. メストメッカーが「競争の自由」の「浮き沈み（Übergang oder Untergang）」についても指摘している[9]。すなわち，GWBの目的をめぐって，その制定前に福祉促進（消費者厚生の向上）か営業および競争の自由の保護か争われた経緯がある。このうち，まず国家のみを義務付け，憲法あるいは単一の法によって規範化された営業および競争の自由については，競争制限禁止の規範により直接の私法作用をもって具体化されることになる[10]。そしてE. J. メストメッカーは，かかる規範の最も重要な特性に属するものとして，競争それ自体が重要であるとの認識を示している。この重要さを左右するのは，競争への参加をもたらした経済的期待への確認であり落胆（Bestätigung oder Enttäuschung）である。かかる事態がはっきりと現れるのは，消費選択の自由を利用でき，その決定が実質的に競争における成功または失敗に依存する消費者である[11]。

かくして，前述のGWBの目的をめぐる争いについての落とし所として，E. J. メストメッカーはつぎのように述べている。すなわち，「競争の自由」という目的は，競争プロセスの一部として事業者の行動を対象とする規範の助けを

---

7) S. Thonig, a. a. O., S. 51.
8) S. Thonig, a. a. O.
9) E. J. Mestmäcker, 50Jahre GWB : Die Erfolgsgeschichte eines unvollkommen Gesetzes, WuW 2008, 6, 13ff.
10) E. J. Mestmäcker, a. a. O., 13.
11) E. J. Mestmäcker, a. a. O.

もって，実現されるのである。他方，福祉の促進は，規範の構成要件に属さない競争のプロセスの産物である[12]。

E. J. メストメッカーは続けて，この分析の矛先を C. C. ヴァイツゼッカーの所説[13]に向けている。C. C. ヴァイツゼッカーは，EU のヨーロッパ委員会が実践しようとしていた「より経済学的なアプローチ」を手掛かりに，競争規約（Wettbewerbsregeln）の決定的な目的が認められるのは消費者厚生においてであり，それは判断すべき行動の効率性を基礎に調査されることになっている。そして，「競争の自由」を手掛かりとした競争規約の解釈は，しばしば対極としての効率性を基礎とした消費者厚生と対立させられる，とする。結果，C. C. ヴァイツゼッカーは，「競争の自由」は存在しない（Es gibt nicht die Wettbewerbsfreiheit）と断じている[14]。すなわち，「競争の自由」のヴァリエーションの中から，衡量作業を通じていずれか一つを選ぶ際の基準が存在しないのである。それに対して，消費者厚生は種々ある「競争の自由」のヴァリエーションの有意義な衡量基準となる，としている[15]。

C. C. ヴァイツゼッカーの検討に対する E. J. メストメッカーの分析はつぎの通りである。すなわち，C. C. ヴァイツゼッカーの取り組みは，「競争の自由」の種々のヴァリエーションから「競争の自由」のメリット・デメリットの衡量を消費者厚生基準のもと行おうとする必然性を推論するものである。そしてこれは，一つには，「競争の自由」を個人の権利として理解することを根拠に考慮する場合と，もう一つ C. C. ヴァイツゼッカーの考える経済学と厚生経済学理論の伝統における「アプローチ」とが一致する場合に，複数の「競争の自由」から消費者厚生を推論するに過ぎない，と論じる[16]。

厚生経済学の法および法規約（Rechtsregeln）に対する関係は，競争法に限られない問題である。これまで，厚生経済学の中では，矛盾する学際的な方法と合理性とが，法および法規約の固有の意義を無視してきたようである。E. J. メストメッカーは，インドの経済学者 A. センの言葉を紹介している[17]。すな

---

12) E. J. Mestmäcker, a. a. O.
13) C. C. von Weizsäcker, Konsumentenwohlfahrt und Wettbewerbsfreiheit: Über den tieferen Sinn des „Economic Approach", WuW 2007, 1078-1084.
14) C. C. von Weizsäcker, a. a. O., 1078, 1084.
15) C. C. von Weizsäcker, a. a. O., 1084.
16) E. J. Mestmäcker, a. a. O., 14-15. ここでいう C. C. ヴァイツゼッカーの考える経済学であるが，大雑把に見て，「競争の自由」という目的よりも消費者厚生という目的の方を上位と位置付ける考えのようである。vgl. C. C. von Weizsäcker, a. a.O., 1078.

わち,「経済学では,権利の概念が求められ,実際,資産,交換,契約といった経済学上の基本的概念はすべて様々な権利を含んでいる。しかし,このような権利はすべて,功利主義の伝統の下では,他の財,特に効用を獲得するための手段とみなされていた。権利の存在と履行には何ら本源的な重要性が与えられず,権利はよい結果を得る能力で評価され,権利の履行は考慮されなかった。この奇妙な伝統は,もっぱらパレート最適と効率性に注意を傾けたポスト功利主義の厚生経済学に持ち込まれた。」[18]

E. J. メストメッカーは,このように A. センの言葉を以て C. C. ヴァイツゼッカーの考えをフォローするが,それでも十分ではないと断じる。C. C. ヴァイツゼッカーにとっては,「競争の自由」という概念は,実用性とも関係がなく当事者とその利害とも無関係で,つねに同じ絶対的な通有力(Geltung)を得る一般的な概念(Allgemeinbegriff)になる,というのである。かかる事態を捉えて E. J. メストメッカーは,「栄光ある孤立(splendid isolation)」と呼んでいる[19]。

GWB の中では,複数の種類の市場力(市場支配的であるか,優越的であるか,市場で有力であるか等々)が許されており,このことは「競争の自由」の保護とは両立しないものと思われる。複数の「競争の自由」は相互に独立していなければならないという本質に導くこととなる「競争の自由」という概念は,結局,法学上の「ファントム(Phantom)」である[20]。

E. J. メストメッカーのむすびとして,ドイツ競争政策は実際上,「競争の自由」あるいは消費者厚生との対比によって明らかにされるのではなく,むしろ「競争の自由」あるいは中小企業保護(Mittelstandsschutz)との対比によって明示される,としている[21]。

---

17) E. J. Mestmäcker, a. a. O., 15.
18) A. Sen, On Ethics and Economics, Oxford Berlin u. a. 2005, p. 49. オリジナル・テキストは,E. J. メストメッカーがドイツ語に翻訳したものであるが,本文邦訳は徳永澄憲・松本保美・青山治城訳『アマルティア・セン講義 経済学と倫理学』(ちくま学芸文庫,2016年)75頁~76頁によった。
19) E. J. Mestmäcker, a. a. O.
20) E. J. Mestmäcker, a. a. O.
21) E. J. Mestmäcker, a. a. O., 16.

第3節　ドイツ連邦カルテル庁，ドイツ連邦通常裁判所（BGH）のアプローチにみる，GWB19条2項2号による比較可能市場での競争類似性の欠如

　ここでのテーマは，いわゆる「擬制的競争（Als-Ob-Wettbewerb）」をめぐる問題である。これまでもドイツ法上，実務上も，取り上げられてきた問題である。そもそも比較可能な市場なるものは存在するのか，について議論されてきた。これは市場支配力の濫用規制との関わりでは，いわゆる搾取的濫用の事例で取り上げられた[22]。以下，確認作業をしておく[23]。

　「擬制的競争」概念および「比較市場」概念はいずれも，価格濫用監視のために形成された学説，判例の所産である。すなわち，①カルテル官庁による市場支配的事業者の濫用監視は，価格の監視でもある。②価格が濫用的であるとされるのは，その価格が機能的な競争が行われていれば形成されるであろう価格を大幅に上回っている場合である。この点につき判例は，得られた価格が「擬制的競争」価格を著しく超過するものであること，かつ，経済的にも正当化できないものであること，この2点を求めている（「二重の柵の理論」と称される）。③「擬制的競争」価格の審査基準として，一般に比較可能な市場にて競争的に形成されてきた価格を調査することになる。もっとも現実的には，「比較市場」と支配市場との間にはつねに相違が存在するものである。④かかる前提，留保をつけた上で，価格の濫用が認定可能となると，カルテル官庁は濫用的な価格形成を禁止することができる。

　以上のような学説，判例（そして立法上）の努力にもかかわらず，依然として「擬制的競争」価格を導くための「比較市場」の選択には批判が強い。ある市場における価格から他の市場における価格を推論できるほどの類似点を有する市場が，二つも存在するのか疑問だからである。この疑問を如実に示した事案が「バリウム事件[24]」である。

　「比較市場」のみに注目すると，ドイツ連邦カルテル庁はイタリア市場を濫

---

[22]　「法理」51頁以下参照。また，「展開」142頁以下も参照。
[23]　以下の記述は，「法理」52頁〜56頁の要約である。
[24]　BkartA 16.10.1974 WuW/E BKartA 1526, KG 5.1.1976 WuW/E OLG 1645, BGH 16.12.1976 WuW/E BGH 1445, KG 24.8.1978 WuW/E OLG 2053, BGH 12.12.1980 WuW/E BGH 1678.

用の基準として選択し，ベルリン高等裁判所はオランダ市場を選んだ。その際，イタリアでは医薬品に特許制度はなく，薬価統制が行われていた。またオランダでも医薬品市場では政府による価格統制が行われていた。いずれもドイツ（当時は西ドイツ）市場との類似性は認められず，比較可能な市場とするための調整が施される始末となった。結果，現実の価格とはかけ離れた市場価格が「比較市場」価格とされたのであった[25]。文字通り「擬制」に過ぎる措置である。

　価格濫用監視の具体的措置として，カルテル官庁による「価格引き下げ命令」が用意されているのであるが，上にみたような問題点があることから，実際にはかかる命令が行われることはほとんどない。学説上も，価格濫用に対する規制は「緊急避難（Notbehelf）」と位置付けられている[26]。

　「バリウム事件」以後も，遠隔熱暖房供給事業者（Fernwärmeunternehmen）による濫用的高価格の事案で，価格設定が濫用であるとするために引き合いに出された価格が，適切な比較を行うにあたって適性を欠くとされ，比較市場価格を確定することができなかった[27]。

---

25)　またこの事件は，連邦通常裁判所で差し戻され，二度目の連邦通常裁判所での審理（1980年12月12日）の際には，当該事業者はもはや市場支配的ではなくなっていた。

26)　1984年11月6日のドイツ連邦通常裁判所「Favorit」事件判決でも，「比較可能な市場」という考え方では，相当の審査基準すら示せない取引条件を判断する際に，「競争経済の秩序原理」のみならず，ドイツ民法典307条以下が根拠となっている「一般正義の観念」にも合わせるべきであるかどうか，そうであるならばどの程度であるか，この点については明らかにはされていない（WuW/E BGH 2103）。同裁判所は本事件で，契約の仕組みの総合的考察を行った。その際，ドイツ民法典307条以下による判断から離れて，顧客の負担となる個々の条項を，他の，顧客に有利となる条項とによって調整を図ることができた。すなわち，これによれば，個々の取引条件の違反は，法律上同時に，GWB19条1項，2項2号による市場支配的地位の濫用とはならない，とされる。いずれにせよ同裁判所が最終的に言い渡したことは，法律上の価値判断（die gesetzliche Wertentscheidung）が考慮されるべきであるということであり，それにはドイツ民法典307条以下による内容規制（Inhaltskontrolle）が根拠となっている。この内容規制に関連して同裁判所は，2013年11月6日の「VBL-Gegenwert」事件判決で，不当な普通取引約款の市場支配的事業者による利用は，「原則としてGWB19条の意味における濫用であるということができる」とし，これが妥当するのは「とりわけ，無効な条項の協定が市場力の結果あるいは，利用者の巨大な力の優位である場合であり，すでにドイツ民法典307条1項による無効審査の枠において，重要性の審査が行われている。そして不当な相殺請求は，GWB19条1項の一般条項に該当する条件的濫用の形態をした搾取的濫用とみることができる。この構成要件の審査の際に，ドイツ民法典307条以下による内容規制の根拠となる法律上の価値判断が考慮されるべきである（WuW/E BGH DE-R 4037）」。

第4節　判例の分析

【1】　ポルシェ・チューニング事件(2015年10月6日ドイツ連邦通常裁判所判決)[28]
〔事実の概要〕

　原告はテックアート（Techart）社で，1987年に設立され，25年来専らポルシェ車両のチューニング事業に特化していた。原告は，自身の事業のためにポルシェ車両とその部品を必要としており，それらをポルシェのディーラーであるポルシェ・センターから取り寄せていた。

　被告はポルシェ社で，同社は自らもチューニング・プログラムを提供している。

　2007年3月，被告の従業員が工場から試作品エンジンを盗み出した（エンジン盗難事件）。この試作品エンジンの部品が原告に供給され，原告はこれを自らチューンアップしたポルシェ車両に取り付けた。このような事情のもと，原告のもとで業務に従事していた開発主任が，贓物収得を理由に有罪の確定判決を受けた。

　同年7月，この事件を契機に被告は予告なく原告とのすべての取引関係を終了することを宣言した。そして，被告はその販売機関に取引関係の中止を報告した。ここでいう「取引関係の終了」とは，ポルシェ車両診断・情報システム（Porsche Integrated Workshop Information System，いわゆるPIWIS）に関するライセンス契約の即時停止，オンラインによる部品カタログの購入停止およびポルシェの訓練機関であるポルシェ・アカデミーからの原告の除籍である。かかる即時の解約告知は，その本質的な理由としては，「エンジン事件」およびポルシェ新車両とポルシェ純正部品の贓物収得による調達が，ポルシェの販売システムに違反することに求められる。

　かかる措置に対する原告の要求は，つぎのとおりである。
(1)　純正ポルシェ部品の，チューニング目的のためとポルシェのシリーズ別生産車両サービスのための納品
(2)　ポルシェ新車両のチューニング・プログラムのプレゼンのためと，自社

---

27)　BGH 21.10.1986 WuW/E BGH 2309 „Glockenheide". 本件については，拙稿「ドイツにおける市場力の濫用規制について」公正取引485号51頁以下（1991年）参照。
28)　BGH. Urt v. 6.10.2015-KZR 87/13, BeckRS 2015, 17973 „Polsche-Tuning".

保有車両の利用のための納品

(3) PIWISへのアクセス

シュトゥットガルト地裁,高裁は,原告のこの訴えを大幅に考慮した。

〔分析と検討〕

(1) まず,被告は市場支配的あるいは市場で有力な事業者として,妨害禁止の名宛人であるか

被告が市場支配的であるとされるのは,本件関連市場がポルシェ純正車両の購入市場である場合と考えられる。この市場では被告が唯一の提供者である。シュトゥットガルト高裁はこのように市場の画定を行った。しかし同高裁は,チューニング事業者は通例,特定のブランド車両に特化して活動しているのかどうかについては確認しなかった。この点,個々のチューニング事業者は自発的に,特定ブランドの車両のみをチューンアップすることを認められており,このことから関連する製品市場を制約するものではない。なぜなら,事物に即した市場の画定 (sachliche Marktabgrenzung) は,個々の市場参加者の自発的な行動に依存することはないからである。

本件の場合,被告は濫用禁止の名宛人である。なぜなら,原告は事業上の関係から被告に従属しているからである。原告の事業活動は,全面的にポルシェのチューニングに向けられていたのであった。この関連で,原告は相当の範囲で固有のブランドに特化したノウハウを獲得した。このノウハウに対して原告は,独自の価値創造のために尽力したのであった。結果,原告は独自の新たな製品を作っている。重要なことは,一方的に特定のメーカーの商品に販売の方向を向けることだけではないということである。ドイツ連邦通常裁判所は,ここで,原告の事業上の従属性[29]を肯定した。同裁判所によれば,この場合,従属性は,たとえばディーラーのような納入業者との契約がなくても確認できるとされた。

原告の主張は,ポルシェの新車は自身の事業について代替性がなく,とりわけ新古車によっても代替できない,というものであった。同裁判所カルテル部

---

29) 事業上の従属性とは,事業者が長期的契約により,あるいは特定の事業者との集中的な取引により,ある特定の商品につき固定されており,生産,販売の転換,他の事業者への移行があまりにも大きな危険を伴う場合に,この型の従属性がいわれる。「法理」75頁以下参照。従属性については,このほかに,「品揃えの必要から生じる従属性」,「品不足から生じる従属性」および「購買力から生じる従属性」がある。同71頁以下参照。

は，この主張に同意した。チューニングは特別な顧客との特殊な事業分野である。顧客は，つねに最新モデルのチューニング・プログラムが提供されていることを重視するものである。

(2) 原告は，GWB20条1項により保護される中小規模事業者であるか

このとき，原告が大規模または小規模のチューニング事業者であるかどうかは問題ではない。なぜなら，元請けと下請けの構造のような垂直的な事業関係では，垂直的な関係における大きさ―かさの割合（Größenverhältnisse）が問題だからである。そして，メーカーであるポルシェとの関係では，原告は中小規模事業者である。したがって，原告には事業上の従属性が認められる。同様に本件においては，妨害行為も認められる。したがって，多くの事案にみられるように，当該妨害行為が不当であるかどうかが決定的であった。

その際の判断基準は，競争の自由をめざすGWBの保護目的を考慮に入れた，包括的な利益衡量である。本件では実質的な点は，ドイツ連邦通常裁判所カルテル部の見解によれば，当事者は―いずれも新車販売の場合―，継続した取引関係にはなかったということである。とりわけ原告は，被告のディーラーではなかった。したがって被告は，原則として催告を要することなく，車両の新たな納品は拒否できる状況にあった。他方，納品を継続することは，（いわば）ポルシェの販売部設立の自由の実質的ではない制限にすぎなかった。原告はポルシェのディーラーになることを望まなかった。すなわち，原告は，ポルシェ・シリーズの車両の販売に際し，そもそもポルシェと競合する意図はなかった。

しかし，原告の事業活動への妨害は，ポルシェ独自のチューニング提供の援助を実現し，それを意図していた。その際，実態としては，原告はすでにポルシェ車両のチューニング部門であり，ポルシェよりも長く活動していた。それどころか，一時的には，両当事者はチューニング市場を開発するために協力し合っていたのである。

ここでの妨害がチューニング市場での独占化に向けられたのであれば，本件のような供給拒絶は販売部門設立自由の原則をもってしても正当化することはできない。誰しも競争相手に自らの損害を促進するよう義務付けられるものではない。これが原則である[30]。しかし，これも無条件ではなく，その限界を

---

30) Vgl. BGH Urt. v. 3.3.2009, KZR 82/7, WuW/E DE-R 2708, Rn. 48. „Reisestellenkarte". 本件については，vgl. Kling/Thomas, Kartellrecht, 2. Aufl., München, 2016, §20 Rn. 61.

超えるのは，競争相手が供給拒絶により，自身の価値を高める成果（eigene wertschöpfende Leistung）を適切に市場へ提供することを阻止されたときである。被告のチューニングは，自らの価値を高める成果である。

(3) 贓物収得を理由とする供給拒絶は妥当であるか

永続的な供給拒絶は，贓物収得をもってしても正当化はできないものと思われる。買い手が納入者に対する犯罪行為に巻き込まれることは，確かに原則として，納品を期待できないものとされる。しかし，どの程度このことが妥当するかは，時の経過や買い手の納品需要に委ねられる。本件の場合，エンジン盗難事件からすでにもう8年以上も経っている。したがって，急を要する部品の供給拒絶は正当化されるものではない。他方，原告の受ける妨害の程度は，原告がそのつど新車のオファーをすることができないときには，非常に大きなものとなった。たとえば，原告に対する最新モデルの納品拒否などがこの場合に当たる。

もっとも本件では，原告が求めることができたのは，ポルシェが原告への納品をディーラーを通じて妨害しないことのみであって，ポルシェ車両の直接の納品請求ではなかった。その一方でポルシェが拒否することができなかったことは，原告によって注文された車両を自らのディーラーに引き渡すことである。

(4) ポルシェ部品市場でポルシェは市場支配的地位を有しているか

自動車について交換部品市場が対象とするのは，メーカーによって販売され，当該市場に提供する部品のみではなく，納入先商標による受託製造品（いわゆるOEM品）も加えるべきである。さらには，純正品下請業者による交換品（OES品）も数え上げると，市場には品質的に同等である他メーカーの独立後発市場品（IAM品）も含まれる。ポルシェの市場支配性の判断には，かかる要因も考慮に入れなければならないのである。

しかし，シュトゥットガルト高裁は関連市場を狭く画定した。高裁は関連市場をポルシェのOEM部品に制限したのであった。それは，チューニング顧客の消費者を優先することを想定したことによるものである。もっとも，ドイツ連邦通常裁判所は市場の画定自体を不要とみていたようである。なぜなら，この点についても原告の事業上の従属性が認められるからである。このことは，OES品あるいはIAM品以外の何物でもない部品について明らかである。

原告は供給拒絶により市場から排除され，しかも継続的に妨害を受けてきたのであった。したがって，OEMとしてのみ自由に使えるこの部品については，

不当な妨害の認定は容易である。

　ところで，ポルシェ純正品販売のほかにもOES品やIAM品として購入可能な部品の供給拒絶については単純に評価することができない。原告にとってはOEM品としての全部品を被告から手に入れることは好都合であり，原告が1ヶ所から全品を手に入れようとすれば，ポルシェからのかかる購入には代替性はないからである。

　他方，もっぱらポルシェ固有のチューニング・プログラムが指定され，それのみに使用される部品もある。チューニングされた車両については，当事者が競争相手である。被告はそのチューニング部品をディーラーに納入し，したがって顧客の委託で当該車両をチューニングしているのである。ここでは，ポルシェ販売制度での追処理によって独自の価値創造を可能にするため，その部品に限定されている。これらの部品は，もとのままの形での転売のために設定されたのではない。

　かかる価値判断は，GWB19条2項1号が必要とする利益衡量の際に考慮すべきである。被告のチューニング部品もまた納入することは，原告に競争上の優位さを与えることがあろうが，それは正当化されないのである。

(5)　PIWISへのアクセス禁止についてはどうか

　最後にこのアクセスを禁じたことについての検討である。以上の考察から明らかであるが，ポルシェが原告に保証しなければならないことは，ポルシェ車両の診断・情報システムPIWISへのアクセスである。このシステムへのアクセスは，原告の事業活動にとっては，放棄できないものである。被告は，この車両診断・情報システムへのアクセスについて，市場支配的であるといえる。このアクセスの拒絶は不当であり，しかも原告のチューニング申請の際のPIWISの利用の場合も，すなわちチューニング後の必要な新規調整との関係で，ポルシェ・シリーズ車両の修理あるいはメンテナンスのための利用の場合も，本件にみる拒絶は不当である。PIWISのライセンス契約は，交通安全上の技術から原告の無難なチューニング措置にとり必要なソフトウエアの変更を全面的に禁止している。

【2】　ケーブル放送番組提供料金事件（2015年6月16日ドイツ連邦通常裁判所判決)[31]

〔事実の概要〕

　本件は直接的にはGWB1条のカルテル禁止が問われた事案であるが，市場

支配力の濫用も関わったものであるので，ここで取り上げることにする[32]。

原告は，ケーブル・ネット会社で，とくにラインラント・プファルツ州で活動している。被告は，南西ドイツ放送である。

2008年，被告を含む公共放送局は，原告のケーブル・ネットへの番組提供につき，年間合計2,700万ユーロを支払うことを義務付けられた。ラインラント・プファルツ州に関して被告に分配されたのは，原告が獲得した1,900万ユーロの収入分で，それは番組提供料金のみならず，末端のユーザーの支払によるものでもあった。

2012年末，公共放送局はこの番組提供契約を解約した。原告は放送法上，被告の番組を継続提供することを義務付けられていたが，今後，もはや補償はないものと受け取っていた。問題は，この措置が妥当であるかどうかである。

原告は，従来の条件を内容とする番組提供契約を更新申請した。かかる申請の要望は，放送法あるいはEUのユニバーサル・サービス・ガイドラインに基づいたものではなかった。したがって，目下問題として取り上げるのはカルテル法のみである。

〔分析と検討〕

(1) 被告の行為（解約）は，「市場支配的地位」の濫用であるか

被告が契約更新を拒否する場合に，「市場支配的地位」の濫用となるかどうかが，まず問題である。

GWB19条2項2号1文によれば濫用が存在するのはとりわけ，市場支配的事業者が供給者あるいは需要者として，他の事業者を実質的に正当な理由なく，直接または間接に，同種の事業者とは異なる扱いをする場合である。本件では，

---

[31] BGH Urt. v. 16.06.2015, KZR 83/13, WuW/E DE-R 4773, 2015, 1011-„Einspeiseentgelt". 前掲注3）の東京経済法研究会では，当日，舟田先生による「ケーブルテレビに関するハード・ソフト一致・分離」についてのレクチャーも行われた。私の拙い報告を補うのに十分過ぎるレクチャーであった。改めて舟田先生にお礼申し上げたい。なお，「ハード・ソフト一致・分離」については，舟田正之『放送制度と競争秩序』42頁以下（有斐閣，2014年）参照。また当日，本件に関連して参考になるのではないかと，Magill事件を越智保見弁護士よりご指摘いただいた。越智先生にもお礼申し上げたい。Magill事件については，「法理」194頁以下参照。

[32] 本件は，カルテルが中心論点であるが，市場支配力の濫用についても言及されている点で，本件とは逆になるが，平成27年1月16日の排除措置命令「福井県経済農業協同組合連合会事件」が想起される。同事件については，拙稿「競争入札における施主代行者による支配型私的独占」平成27年度重要判例解説ジュリスト1492号241頁以下（2016年）参照。

被告は原告を他のケーブルネットワーク事業者と異なることなく扱っている。また，被告は他のケーブル事業者とも番組信号の送信に係る料金を支払っていない。

　ドイツ連邦通常裁判所は，被告の市場支配的地位を肯定し，しかも原告の番組提供サービスの需要者であるとした。この認定につき同裁判所はとくに述べていないが，おそらくGWB18条1項3号を根拠にしているものと思われる。いわゆる「優越的市場地位」を手掛かりにしていると考えられる。

　その際重要なことは，原告が放送法上義務付けられていることとして，そのネットワーク・キャパを一部，公共放送上の番組に保留していることである。原告は，その限りでは，その申請をもって被告以外の他の需要者に転換することはできないのである。さらに，保留されたネットワーク・キャパをめぐっては，他の公共放送局との被告の競争も存在しなかった。なぜなら，保留されたネットワーク・キャパは，問題なくすべての公共放送の提供者には十分であったからである。

　(2)　被告は，自身が番組提供契約の更新を拒否した理由で，その市場支配的地位を「濫用」したのか

　原告の主張では，民間の番組提供者は，原告がその番組を中継する義務を負う限りで，番組提供に対する料金を支払うというものであった。しかし，この主張を根拠とするも，濫用は確認できず，この主張は十分とはされなかった。被告が，原告と従来の番組提供契約に対して条件等何ら変更を伴わない契約を締結することを拒否することは，GWB19条の意味でのこの市場支配的地位の濫用には当たらないとされたのである。それどころか一定の場合には，被告が番組中継サービスの支払をしていたこと，すなわち中継の際に，衛星中継あるいは地上波放送局による中継が確認されたのであった。GWB19条2項2号の例示が関連するのは，当該市場における条件が，有効な競争が行われていれば高い蓋然性をもって生じるであろうそれと異なることである。また，GWB19条2項3号（旧19条4項3号）によれば，市場支配的事業者が濫用的に振る舞っているとされるのは，その事業者が需要者として，自ら比較可能な市場で，同種の供給者に要求するのとは異なる不利な条件を求める場合で，その差異が実質的に正当でないときである。異なる条件について実質的な正当理由があるかどうかは，競争の自由に向けられたGWBの目標を考慮に入れた全参加者の利益衡量に基づいて答えるべきである。

他にも重大な点が確認された。すなわち，末端のユーザーがそこで支払うのは——原告の場合とは異なり——，中継サービスの料金ではないのである。番組提供料金支払いの際に，原告とは異なる取り扱いをするのは，したがって，実質的に正当な理由があると認められた。

　本件についてはさらに，原告がその後被告のために経済的な価値を含む給付を行う場合，被告は原則としてこの給付を補償しなければならない。すなわち，市場支配的事業者として，有効な競争が行われていれば高い蓋然性をもって生じるであろうものとは異なる（GWB19条2項2号）取引条件を要求することが，被告には禁じられるべきである。

　他方，見過ごしてはならないのは，被告もまた経済的価値に富む給付を用意しており，その一方で被告は原告に番組信号を無償で提供しており，したがって原告に対しその商業上の利用に向けての可能性を開いている，ということである。

　以上のことから，本件については，市場支配的地位の濫用は否定されている。

(3) GWB1条違反であるか

　ちなみに本件の本来の争点である，被告のGWB1条違反についてはどうであるか。

　原告の主張では，被告は公共放送局と番組提供契約の解約を告知し，新たな契約を締結しないこととしたというのであった。そして，ここで言及された解約告知は，本件取り決めの執行の際に行われた，というのであった。原告のこの申立ては，高裁はこれを確認しなかったが，上告審ではこれは正当であるとされた。

　公共放送局のかかる協定は有意な，つまり無視することのできない競争制限をもたらすものと思われる。この協定は，公共放送局のもとでのそして民放との，とりわけ番組予算（Programmfinanzierung）に関わる競争を侵害することになる。公共放送局は，ケーブル放送事業者に対するその行動を，金融上の利得のために調整することは許されないからである。ただ，ドイツ連邦通常裁判所が明らかにしたのは，その限りでは，ドイツ第一テレビ（ARD）の共通番組は重要ではない，ということであった。

　被告に帰属する個々の解約告知権もまた，GWB1条違反を排斥するものではない。GWB1条は，競争制限的調整に真っ向から反対する自主的な決定を保護しようとするものであるからである。

しかし問題だったのは，公共放送局のGWB1条違反が，被告による番組提供契約の解約告知の無効をもたらすことになるかどうかである。おそらく公共放送局間の取り決めは，いずれも無効となるであろう。契約がカルテル法違反の取り決めの転換（Umsetzung）において解約告知される場合，その解約告知は原則として無効であるからである。しかし，（判決の中では）あとから自主的な判断に基づいて，当該解約告知を有効とすることは排斥されていない。すなわち，GWBの志向する「競争の自由」の目的を考慮に入れて，競争の自由がどのように保障されるかを検討する姿勢が示されている。

かかる原則には，継続契約の有効性についてのドイツ連邦通常裁判所の判例との矛盾はない。本件の場合，継続契約は存在しない。カルテル協定の執行における解約告知は一方的な措置である。本件の場合も，とくに保護を必要とすることとなるような市場の相手方は存在しない。原告には，解約告知を自身に通用させる利益はないのである。被告は原告に対する自らの利益について，解約告知の無効を引き合いに出すことはできないのである。

実質的に訴えを退けている控訴判決は，破棄された。ただ，この判決はなお確認を要する点がある。すなわち，公共放送局の協定はあったのか。場合によっては，その協定が被告による解約告知の原因であったのか。かかる疑問が残るものの，被告による自主的な解約告知の可能性も否定できないところである。

ドイツ連邦通常裁判所は，「帆走指示書（Segelanweisung）」で，当該番組の提供料金は原則として被告によって払われるべきことを詳述した。すなわち，原告に帰すべき報酬はあるのか，あるとすればどの程度かを確定するためには，さらにまた双方のサービスの価値が調査されなければならないとしたのである。けだし，被告は原告にケーブル利用の枠の中で，その顧客に販売している高い価値の番組を用意しているからである。もっとも，番組の価値は番組提供サービスの価値にどう比例するのかについては，上告審手続の中では依然不明であった。

結局，ドイツ連邦通常裁判所は公共放送局の番組提供にとっての共同交渉実務を，原則として許されるものと判じた（したがって，カルテルには当たらずGWB1条違反ではない）。もちろん，各放送局は自主的に，局は交渉結果を法的拘束力あるものに転換するかどうかについて決定しなければならない。

第5節　むすびにかえて

　以上，ドイツ法GWBの規定する市場支配力濫用規制をめぐる事例二つを取り上げた。わずか二つの事例のみで，すべてを即断することはできない。ただ，GWBをめぐるドイツ連邦通常裁判所の取り組みとしては，不当な妨害および差別行為に係る濫用が中心となっていくのではないか，と思われる。それは，前述の搾取的濫用のアプローチにみられる，Als-Ob-Wettbewerbの問題が依然として解決されていないからである。

　経済学の分野からも，このAls-Ob-Wettbewerbの問題については懸念が表明されている。ここでは深入りはせずに問題点の指摘にとどめる。Als-Ob-Wettbewerbの構想は，フリードリヒ・アウグスト・フォン・ハイエクの唱える「発見の手続としての競争（Wettbewerb als Entdeckungsverfahren）」という考えとは両立しないと思われている。そして，これこそが同構想を中断させる最重要の抗弁とされている。Als-Ob-Wettbewerbの構想を主張する者は，高度に複雑な競争制度の舵取りを，それがあたかも複雑ではないように，しかも規範的に規律された競争によって初めて得られる情報を，すでに知らないうちに有しているかのように，できると信じているのである[33]。いずれにせよ，Als-Ob-Wettbewerbの観念として，競争類似の関係を探し出すための適切かつ抵抗感の少ないモデルは，やはり存在しないのである。

　このように問題を孕みながらも，度重なるGWBの改正にもかかわらず，この判断基準が温存されているのは，解決策を将来に先送りしているのか，一種のGWBのレガシーとして位置付けていこうとしているのかもしれない。もっぱらこれからはGWB19条，20条の問題のみを取り上げていこうとするのか，まだまだ注目していきたいテーマである。

　2017年7月，GWBは様々な問題を抱えながらも制定から60年を迎えた。わが国の独占禁止法と同様，第二次世界大戦以前とはまったく異なる価値観から始まった法である。それにもかかわらず，EU法と並んでヨーロッパ経済の基本法として確固たる地位を獲得している。その中で市場支配力の濫用規制は，GWB（およびEU法）における中心軸を形成している。同規制は，今後どう展

---

[33] Kling/Thomas, a. a. O., §20 Rn. 164. ハイエク学派の一人，ヨーヒェン・レプケは，Als-Obの競争政策は担当官庁の恣意をもたらす，と警告する（a. a. O.）。

開していくのか,依然として興味の尽きないテーマである[34]。

---

[34] 本テーマへの取り組みの発端については,「法理」,「展開」それぞれの「はしがき」を参照されたい。

社外取締役の導入に関する
会社法上の規律について

小松 卓也

第1節　序　論
第2節　社外取締役の設置に関する『遵守か説明か』の法規律について
第3節　社外取締役の機能について
第4節　社外取締役を設置しない場合の説明
第5節　結　語

第1節　序　論

　会社法327条の2は，株式会社において，監査役会を設置する公開会社でありかつ大会社であって，金融商品取引法に基づく有価証券報告書の提出義務を負う会社の場合，社外取締役を置いていないのであれば，定時株主総会において，社外取締役を置くことが相当でない理由を説明する義務を負う，と定めている。こうした規律は，平成26年の改正によって新たに設けられたものである。また，社外取締役を置くことが相当でない理由については，取締役の選任にかかる株主総会参考書類（会社法施行規則74条の2第1項）および事業報告（同124条2項）に記載することも要求され，さらに，その理由については，会社法施行規則74条の2第3項では，「当該株式会社のその時点における事情に応じて記載」するとともに，「社外監査役が二人以上あることのみをもって当該理由とすることはできない」と定められている[1]。

　以上のような法規律について，本稿は，つぎの二つの点に着目するものである。すなわち，第一に，会社法327条の2は，社外取締役の設置を明示的に強制するのではないが，そうしない場合の理由の説明を求めることで，社外取締役の設置を暗に推奨あるいは要求するもの，と解されうるのであり，また，こうした規律のあり方は，従来からの会社法規整にはみられなかったものである。そして，社外取締役の設置はいわゆるコーポレート・ガバナンスの問題として捉えることができるが，コーポレート・ガバナンスの問題それ自体を会社法制度のなかでどのように位置付けるかも問題となるところ，会社法は，そうした問題のなかの一要素である社外取締役についてのみ上記のような規律を施した，という点である[2]。第二に，社外取締役を設置しない場合に説明すべき理由としてどのようなものが許容されるのかを判断するうえでの基準ないし指針は何か，という問題である。

　もっとも，本稿では，これらに関して生じうる問題点を網羅的に検討するものではなく，いくつかの論点について検討するにとどまるものである。また，

---

1) 事業報告に関しても，会社法施行規則124条3項において，同様の旨が定められている。
2) たとえば，指名委員会等設置会社を選択すれば社外取締役を必然的に設置することになるが，会社法では，「有価証券報告書を提出する会社で指名委員会等設置会社としない場合にはその理由を説明しなければならない」などという規定を置いていない。

上記のように，社外取締役を設置しない場合に求められる理由の内容は，上記の施行規則に沿えば，各々の会社におけるその時点での事情に基づくものとなるのに対し，本稿では，ある程度一般的なかたちでの議論ということにならざるを得ない。したがって，法解釈に関してあくまで一定の方向性を提示するにすぎないものである[3]。

第2節 社外取締役の設置に関する『遵守か説明か』の法規律について

1 経営組織についての法規律

　現行の会社法では，株式会社におけるいわゆる経営組織のあり方については，取締役を必置の機関としたうえで（会社法326条1項），その他の機関については選択の自由を基本としつつも一定の組み合わせを強制している，と捉えることができる[4]。株式会社の経営組織に対する法規律は，株主を含めた利害関係者の利益が正当に考慮されかつ企業経営が健全かつ首尾よく遂行されるために，必要なものである。とはいえ，どのような経営組織が最善かといえば，いまだ模索状態であるといってよく，さらに比較法的にみてもその点は同じ状況にあるといえるであろう。

　本稿で問題とする社外取締役それ自体は，株式会社の機関のなかの一種ではなく，取締役の一態様にすぎない。とはいえ，公開会社でかつ大会社である場合には，監査役会を置くかあるいは監査等委員会もしくは指名委員会等を置くかという選択になる（会社法328条参照）。そして，後二者の場合には社外取締役の設置を必然的に伴うことから，そうした機関選択にあたって，社外取締役の設置の有無は一定の重要性をもつといえよう。

　ところで，平成14年の改正において，指名委員会等設置会社の前身である委

---

3) 社外取締役の設置に関しては，会社法の規定のほかに，東京証券取引所の定める規程やその他の動向も関係するところではあるが，本稿では，会社法およびその施行規則のみに焦点を当てる。会社法が株式会社制度の基本法ということもあるが，基礎研究的な部分をより重視するためである。なお，本稿の公表時点では，実際の動向次第では，すでに本稿の議論は実益のないものになっているかもしれない。ともあれ，たとえそうであっても，その検討内容のいくつかの部分では，多少なりとも学術的意義が認められうるのではないかと思われる。

4) たとえば，会社法327条2項によれば，取締役会設置の場合，監査等委員会設置会社もしくは指名委員会等設置会社でなければ，監査役の設置が原則として強制される。

員会等設置会社が商法特例法で新設された当時，経営組織における業務執行者に対する監督のあり方としていわゆる「制度間競争」という仕組みがとられた，と理解されていた[5]。すなわち，当時は，一定規模の株式会社については，複数の社外監査役を含んだ監査役会制度に基づく監督体制か，あるいは，複数の社外取締役を含んだ委員会制度に基づく監督体制かを，各会社が選択できるとしていたのである。そこでは，法はいずれかを推奨ないし重視するという立場をとっておらず，制度の優劣をあくまで各会社の判断に委ねていたものと解されている[6]。

これに対して，会社法327条の2では，社外取締役を置かない場合には置くことが相当でない理由を説明させるとしていることからすれば，同規定は社外取締役の設置を想定しつつその例外を許容するという立場である，というように読める。しかし，あくまで単なる原則と例外という関係だけであって，依然として，社外取締役の設置には中立的な立場であり，個々の会社の選択に委ねられている，と考えることもできる。ここで留意すべきは，会社法327条の2の規定が上記の「制度間競争」の考え方を実質的に変更するものであるかどうか，また変更するものであるならばどの程度のものか，という点である。

2　社外取締役の事実上の強制か？

法務省の立案担当者の説明によれば，会社法327条の2の規定によって，社外取締役を置いていない上場会社等は，社外取締役を置いていない場合にはそれを置くことが相当でない理由の説明を毎年定時株主総会でする必要があり，「社外取締役を置くかどうかを検討することとなるため，社外取締役の選任に向けた動きが一段と促進されることが期待される」という[7]。発想としては，業務執行者を監督するうえで社外取締役をより活用するという見方があるよう

5）　立案関係者の説明では，監査役設置会社制度と委員会等設置会社制度との選択制にすることによって，各々の企業は，「自社が採用した制度が企業統治の実効性を十分確保するものであることについて，株主や投資家（証券市場）に説明することが必要となりますので，各社において，自社の業務執行がより適正かつ効率的に行われるようにするための工夫や努力が一層払われることになるという，いわゆる制度間競争が行われ，それを通じて，我が国の大規模株式会社における企業統治の実効性が一層高められることが期待されています」という。始関正光編著『Q＆A平成14年改正商法』67頁（商事法務，2003年）。なお，大隅健一郎＝今井宏＝小林量『新会社法概説』272頁（有斐閣，2009年），江頭憲治郎『株式会社・有限会社法〔第2版〕』239頁（有斐閣，2002年）も参照。

6）　江頭・前掲注5）412頁。

である[8]。とはいえ，社外取締役の選任を促進するといっても，それがどの程度のものなのか，つまり，社外取締役の設置を事実上強制することを意図しているのかあるいはたんに社外取締役の存在意義により注目するよう促しているのか，必ずしも明らかでない。かりに立案担当者の意図するものが前者であるとしても，それがその後の法解釈のあり方を必ずしも決定付けるものではない，というべきである[9]。

ところで，会社法327条の2の定めは，いわゆるコンプライ・オア・エクスプレインの規律方式（以下では，『遵守か説明か』と表記する）であると理解されている[10]。『遵守か説明か』の規律方式は，イギリスにおいて長い年月をかけて形成されてきたものといわれている[11]。イギリスにおいては，所定の規範にかかるその遵守率は相当程度高いという結果になっているものの，基本的な考え方としては，遵守しない場合にはその理由の開示を強制することによって投資者ないし市場の評価を受ける，というものである[12]。あるいは，その実態としては，イギリスの経済社会の構造あるいは文化的な背景から，『遵守か説明か』の規律の下で所定の規範が事実上強制される状態にあるという可能性も考えられるが，必ずしもそう断定できるわけでもないようである[13]。

また，フランスにおいては，商法典において，『遵守か説明か』の規律方式が導入されている[14]。そこでは，企業を代表する団体によって作成されたガバナンス・コードを採用しないのであれば，その理由を示すことが要求されて

---

7) 坂本三郎編著『立案担当者による平成26年改正会社法の解説』別冊商事法務393号125頁以下（商事法務，2015年）。
8) 坂本編著・前掲注7) 125頁参照。
9) ここでいう法解釈とは，とりわけ，会社法327条の2における「社外取締役を置くことが相当でない理由」の内容をさしている。
10) 坂本編著・前掲注7) 126頁。
11) 野田博「『遵守せよ，さもなければ説明せよ』原則の考え方と現実との乖離をめぐる一考察」ソフトロー研究8号1頁以下（2007年），同「社外取締役についての規律と『遵守するか，または説明せよ』原則」青竹正一先生古稀記念『企業法の現在』323頁以下（信山社，2014年）参照。イギリスでは，証券取引所の規則として当該規律が定められている。野田・前者の論文4頁。
12) 野田・前掲注11) 前者の論文7頁以下参照。また，イギリスの背景事情等については，江頭憲治郎「コーポレート・ガバナンスの目的と手法」早稲田法学92巻1号101頁以下（2016年）参照。
13) 野田・前掲注11) 前者の論文10頁以下，同・前掲注11) 後者の論文340頁以下参照。なお，イギリスにおける『遵守か説明か』の規律と日本におけるそれとの相違について，加藤貴仁他「＜座談会＞平成26年会社法改正の検討」ソフトロー研究第24号75頁以下〔神田秀樹，田中亘発言〕（2014年）も参照。

いる[15]。フランスでの『遵守か説明か』の規律において注目されるのは，それが商法典のなかで定められつつも，遵守の対象となる規範自体は，法律において提示されるのではなく，企業を代表する団体が作成するという点である。ここでいう「企業を代表する団体」には，複数のものが該当する可能性があるといわれている[16]。つまり，遵守の対象となるガバナンス・コードは一つに限られるわけでは必ずしもない。また，『遵守か説明か』の規律のあり方それ自体の理解として，つぎのようにいわれている。すなわち，それは，一つのかたちがすべてというわけではないという考え方に基づくものであって[17]，よりよいガバナンスの規律を探求することが目的である[18]，と。しかし，実際のところは，こうした規律方式は，柔軟な枠組みを設定しつつも，所定のガバナンス・コードが優位なものであるとしてそれを遵守させることを意図するものである，とも指摘されている[19]。とはいえ，フランスにおいて，『遵守か説明か』の規律方法が所定のガバナンス・コードを事実上強制させる効果をもつといえるかは，明らかでない[20]。

日本に戻ると，現行会社法327条の2の規定は，遵守の対象となる具体的内

---

14) 2008年から上場企業を対象として導入されたものである。Donzel-Taboucou, Le principe《appliquer ou expliquer》en France, Rev. soc. 2015, p. 347. なお，フランスにおける状況については，石川真衣「フランスにおけるコーポレートガバナンス・コードの見直しについての覚書」早稲田法学91巻1号37頁以下（2015年）も参照。

15) L. 225-37条7項およびL. 225-68条8項の規定。なお，日本語訳にさいしては，加藤徹＝小西みも恵＝笹川敏彦「翻訳フランス会社法(4)」法と政治65巻2号559頁（2014年），加藤徹＝小西みも恵＝笹川敏彦＝出口哲也「翻訳フランス会社法(5)」法と政治65巻3号897頁（2014年）も参照。

16) Donzel-Taboucou, op. cit., note 14, p. 350-354.

17) Donzel-Taboucou, op. cit., note 14, p. 354.

18) Donzel-Taboucou, op. cit., note 14, p. 349. フランスのコーポレート・ガバナンスの議論の前提として，創業者一族という株主集団を中核とした企業が念頭に置かれており，社会全体の利益の擁護が考慮される傾向にあるという。具体的には，業務執行者に対する取締役会の独立性を確保することや業務執行者に対して忠実性や慎重さが強く要請されること，株主のために透明性を確保すること，が企図されているという。以上，Donzel-Taboucou, op. cit., note 14, p. 348.

19) Donzel-Taboucou, op. cit., note 14, p. 350. なお，Magnier, Les manquements des sociétés cotées à la règle de conformité, JCP E 2010. 1234, p. 24. によれば，実際には，いちおう表向きには，大多数の企業が所定のコードを採用しているという。

20) Donzel-Taboucou, op. cit., note 14, p. 360. は，遵守すべきコードのグローバル化が進行し，かつ，コードの遵守状況および遵守しない場合の説明に関する規律について監督が強化されれば，『遵守か説明か』の規律において事実上の強制効果が生じるかもしれない，という。

容を社外取締役の設置としかつそれを法規定として定めるものである。その点で，イギリスやフランスにおける『遵守か説明か』の規律と同様のものではない。とはいえ，『遵守か説明か』の規律方式それ自体の考え方に着目すれば，それは所定の規範を強制するものではないことはもちろん，事実上強制する効果をもつとは必ずしも断言できない。ところが，会社法327条の2の規定について，事実上社外取締役の設置を強制する効果をもつものである，という指摘がなされている[21]。

会社法327条の2の規定が社外取締役の設置を事実上強制するものであると捉える論拠としては，社外取締役を置くことが相当でない理由の説明を同条が要求している点が，挙げられている。一つには，同規定が要求するような説明をすることが困難であることあるいは説明が煩わしいことから，それを回避して社外取締役の設置のほうを選択することになる，という見方がなされている[22]。また，社外取締役の設置それ自体には何らかの効用が認められるのであるから，その設置が相当でないという場合は限定されるので，多くの会社では設置せざるを得ないことになる，ともいわれている[23]。

『遵守か説明か』の規律方式の基本形が，遵守しないのであればその理由を説明するというのであるとすれば，会社法327条の2で定められている「相当でない理由」を説明しなければならないという文言は，遵守の選択のほうをより重視しているようにも読める。しかし，「相当でない理由」とは，語義的にみて比較的幅の広い内容を含んだものと解する余地がある。他方，かりに，同条の文言が「社外取締役を置かないことにつきやむを得ない理由がある場合にはそれを説明しなければならない」というものだとするならば，現行の文言と

---

21) 江頭憲治郎「会社法改正によって日本の会社は変わらない」法律時報86巻11号61頁（2014年），河本一郎＝川口恭弘『新日本の会社法』206頁（商事法務，2015年）。神谷高保「社外取締役の導入促進に反対する」法学志林113巻2号13頁以下（2015年）。なお，会社法327条の2の規定が社外取締役の設置を事実上強制する効果をもつかどうかは，あくまで実際にどうなるかの問題であって机上で議論しても仕方がない，という疑問が生じるかもしれない。しかし，法規定の解釈のあり方が実際の動向に影響を及ぼしうるのであるから，以下で議論するように，事実上強制する効果をもつかあるいはそうでないかは，同条の解釈のあり方によって左右されうるのである。

22) 江頭・前掲注21）61頁。

23) 河本＝川口・前掲注21）206頁。なお，神谷・前掲注21）15頁以下は，事実上の強制効果をもつ根拠として，同条の定める理由には社外取締役の設置がかえってマイナスの影響を会社に及ぼす事情の説明が要求される，という立案担当者の解釈を挙げている。この問題については，理由の内容の検討のところで扱う。

比べて，社外取締役を設置することに向けてより圧力がかかることになろう。もし事実上の強制効果をもつことを企図した立法であったとするならば，現行のものとは異なる別の文言が用いられてもよかったはずである[24]。

また，『遵守か説明か』の規律方式が，各会社の自主的な選択に委ねるという「制度間競争」の仕組みとは異なる，という点も問題となるところである。すなわち，所定の規範を遵守せずに説明するほうを選択するということよりも，遵守するという選択のほうに重きを置く，という仕組みである点で異なるとも考えられる。しかし，そうであるとしても，そうした規律方式を採用する趣旨のなかには，他のあり方を選択することを許容しつつ説明を求めることによって，ガバナンスのあり方について検討することを促す，あるいは，その新たなあり方が創造されることを期待する，という側面があることもまた否定できないであろう。だとするならば，「相当でない理由」を解釈するにあたっては，こうした見方も考慮した慎重さが求められることになろう。

とはいえ，社外取締役の設置を強く要請するということが企図され，そのために会社法327条の2の規定が置かれたというのであれば，そうした背景を踏まえて，社外取締役が事実上強制される方向で同規定を解釈することもありえよう。その場合には，平成14年改正において株式会社の経営組織のあり方につき採用された「制度間競争」の考え方が変更される，ということになる。もっとも，時勢の変化がみられるとか，あるいは，制度間競争の結果優劣が明らかとなり社外取締役の必要性が明確になったとかいう事情があれば，そうした変更自体は不当なものとはいえない。しかし，社外取締役の設置がかりに事実上強制されるということになるのであれば，それは経済社会において小さくない問題でありうる。したがって，当該設置が強く企図されているというのであれば，その論拠がなんらかのかたちで明確に示される必要があると考えられる。

---

[24] また，中西和幸＝小磯孝二＝柴田堅太郎＝辻拓一郎「『社外取締役を置くことが相当でない理由』に関する規律の要綱からの変更と実務に与える影響」旬刊商事法務2025号24頁（2014年）では，事実上の社外取締役設置強制であるとは述べていないが，社外取締役を選任せずその説明をすることに苦労するよりもその選任をしたほうが，むしろ実質的な負担が軽くなり，また株主や投資家の評価が高まるであろう，とする。しかし，同論文では会社法327条の2の規定が要求する説明の内容を比較的狭く捉えているため，その説明に「苦労する」という事態が生じるのである。なお，同規定の解釈においては，社外取締役を設置すること自体の評価も関係することになるが，ここでは，『遵守か説明か』の規律方式それ自体に着目した検討をしている点に留意されたい。社外取締役の導入に関する評価については，あとで扱う。

この点で，立案担当者の説明によれば，業務執行者に対する社外取締役の監督機能が重視されているという[25]。とはいえ，そもそも社外取締役の役割や機能それ自体は一義的なものではないところ，社外取締役の設置がどのような意義をもつのか，会社法327条の2では明記されていない[26]。この問題については別途扱うとして，立案担当者の見解とは別に，社外取締役を取締役会に加えるということそれ自体が同規定の目的である，とも考えられうる[27]。だとすれば，同規定はとくに言葉足らずということにもならないかもしれない。しかし，取締役会に社外の者を導入するということ自体の意義については，検討すべき問題がなお残されているといえる[28]。

---

25) 坂本編著・前掲注7) 125頁。

26) 本文と同様の趣旨かどうか明らかでないが，加藤他・前掲注13) 75頁〔加藤貴仁発言〕では，「Comply or explain という手法が採用される場合には，通常は，何か一般的に守ることが望ましいと考えられている対象があって，そこから個々の事情で逸脱する場合には説明してくださいという形になると思います。ところが，327条の2の文言からは，社外取締役を選任することが本来あるべき姿であるということが，読み取りにくいように思います。つまり，comply の対象がよくわからないというのが問題になっているのではないかという気がします」という。また，加藤他・前掲注13) 83頁以下〔藤田友敬発言〕では，ガバナンスの議論において，従来は監督強化という観点が重視されてきたところ，平成26年改正では，業績向上という観点も強調されるとともに，社外取締役の機能に対する評価にも変化がみられる，という旨が指摘されている。

27) なお，加藤他・前掲注13) 75頁〔藤田友敬および加藤貴仁発言〕も参照。

28) すなわち，社外取締役が有する具体的な機能に意義を認めるのではなく，取締役会に社外の者を入れることそれ自体が有意義であるとするのであれば，業務執行者に対する監督などといった社外取締役が有する具体的な機能という側面にとどまらず，株式会社経営における社会的責任あるいは経営における閉鎖性の打破といった問題点に，議論が拡張することにもなりうる。このついでに簡単に言及しておくと，まず，経営における閉鎖性の打破という問題については，さしあたり「閉鎖性」の程度およびその是非が問題となるとともに，社外の者と比べて社内出身の会社経営者はそれほど閉鎖的なのかという疑問がもたれる。他方，株式会社の社会的責任という問題については，別途本格的な議論が必要であろうから，会社法327条の2の規定がこの問題と関連するということになれば，同規定はいわば「勇み足」的な定めということにもなりかねない。いずれにせよ，社外取締役という外部の者を導入することそれ自体が重視されるのであれば，「社外取締役を置くことが相当でない理由」として許容されるものはほぼ皆無となってしまうのではないか。そうだとすれば，そのことからただちに，社外取締役の設置が事実上強制されている，と結論づけるのではなく，会社法327条の2が『遵守か説明か』という規律方式を採用したということの意義に立ち戻るべきであろう。なお，稲葉威雄「平成26年会社法改正を考える」法律時報86巻11号69頁（2014年）は，日本企業のガバナンスの重要な問題点はその閉鎖性にあると考えられ，その突破口として社外取締役の導入が主張された，と指摘している。また，社外取締役の導入と企業の社会的責任との関係を示唆するものとして，奥林康司「フラット型組織とコーポレート・ガバナンス」国民経済雑誌188巻2号52頁（2003年）参照。

要するに，かりに社外取締役の設置を強く要請するという目的があるとしても，より具体的なその目的がなんらかのかたちで十分明確に示されているとはいえず，また，会社法327条の2の規定の捉え方次第では，株式会社制度という大局的見地からも議論の余地がありうることから，同規定については，社外取締役の設置が事実上強制される効果をもつ方向で解釈することには，消極的な態度をとるべきであると考えられる[29]。

3　説明義務違反の法的効果

ところで，会社法327条の2は，社外取締役を置いていない場合には，社外取締役を置くことが相当でない理由を，株主総会において説明しなければならない，と定めている。しかし，当該規定に違反した場合の法的効果に関して，明示的な規定は置かれていない[30]。ここでは，まったく説明が行われなかったという場合はさておき，一応説明は行われたものの同規定に違反することになる場合どうなるか，を問題とする。

一つの解釈として，会社法327条の2に基づく説明義務に違反する場合には，株主総会決議の取消事由になる可能性がある，と指摘されている。すなわち，同規定の説明義務は，基本的に株主総会における個々の議案に関わるものでは

---

[29]　なお，会社法327条の2が社外取締役設置を事実上強制する効果をもつという見解の下で，江頭・前掲注21) 62頁は，会社法327条の2が適用されることで，同条の対象となる中小規模の上場会社において社外取締役の設置が事実上強制されることになる，という点を危惧している。すなわち，そうした会社のなかには，議決権の多くを保有する創業オーナーが経営を仕切っている会社が多く存在しているが，そういう場合，社外取締役のなり手が少なく，またなり手がいても期待どおり機能する可能性は高くないと考えられ，また，創業オーナーは，社外取締役のなり手を探すことにエネルギーを費やすよりも事業経営に邁進したほうがよいのであり，たとえ社外取締役の設置それ自体は良いことではあっても，投資家からの圧力がない状況下でその設置を事実上義務付けることには何の意味もあるとは思えない，という（同62頁）。かりに当該設置が事実上強制されると解すれば，中小規模のオーナー経営者を社外取締役が見守るという経営体制が実現されることが，典型例として想定されよう。とはいえ，こうした経営体制を事実上とはいえ法が強制することには違和感がもたれる。すなわち，ワンマン経営者の行き過ぎを懸念するという趣旨があるとしても，それがただちに社外取締役の設置と結びつくわけではない。あるいは，ワンマン経営者として成功するためには，自分と意見を異にする人物もしくは忌憚なく自分に批判的な発言をする者を受け入れるべきであり，そのために社外取締役が是非とも必要である，という考え方もありえよう。しかし，そうした考え方をもつかどうかは個々の会社および経営者が扱う問題であって，会社法制度にただちに馴染むものではない。

[30]　岩原紳作他「〈座談会〉改正会社法の意義と今後の課題」坂本編著・前掲注7) 88頁〔岩原紳作発言〕参照。

なく決議に直接関係しないものではあるが，株主総会において取締役の選任議案が係属しているという場合には，取締役の選任を審議するうえで社外取締役の存否は大きな材料になりうるのであるから，取締役選任決議の手続との関係で，当該説明義務違反が株主総会決議の取消事由になりうる，という見方が示されている[31]。もっとも，立案担当者の説明では，個々の会社が何らかの説明を行った場合，その説明が十分なものであるかどうかの判断は第一次的にはその株主に委ねられるのであり，説明内容が客観的にみて不合理ないし不十分であるというだけではただちに同規定の違反とはならない，とする[32]。とはいえ，説明の内容によっては，そもそも「社外取締役を置くことが相当でない理由」の説明自体が行われていないと評価される場合もありうるのであって，そのときは株主総会決議の取消事由になる可能性がある，という[33]。

上記のような解釈の下においては，会社法327条の2の下で行われたどのような説明が，株主総会決議が取り消されることになる説明に該当するのか，必ずしも明らかではない[34]。すなわち，同規定の下で許容される説明の内容が十分明らかでないこと，および，違反した場合の法的効果について不明確な状況下にある，という点が問題視されることになる[35]。要するに，社外取締役を設置せずに何らかの理由を説明し，それが意に反して同規定に違反するもの

---

31) 以上，岩原他・前掲注30) 88頁〔岩原紳作発言〕，坂本三郎編著『一問一答平成26年改正会社法』89頁（商事法務，2014年）。なお，以降は，「坂本編著・前掲注31)」と表記する場合，この後者の文献をさす。
32) 坂本編著・前掲注31) 91頁。
33) 坂本編著・前掲注31) 91頁。また，「各会社において，その個別の事情に応じて，社外取役を置くことがかえってその会社にマイナスの影響を及ぼすというような事情を説明しなければならず，例えば『社外監査役が○名おり，社外者による監査・監督として十分に機能している』ことのみをもって説明されたりしたような場合には，『社外取締役を置くことが相当でない理由』の説明とは認められない」（同頁）と説明している。つまり，このようなものは，不十分な説明がなされたという場合ではなく，そもそも説明が行われていない場合として扱われることになる。なお，江頭憲治郎『株式会社法〔第5版〕』384頁（有斐閣，2014年）によれば，「説明された理由に客観的合理性があるか否かは，株主の将来の投資判断等に影響を与え得るとしても，直接に何らかの法的効力を生じさせるものではない」という。
34) 立案担当者の説明では，社外取締役を置かない場合にはその設置した場合のマイナス事情を説明することが求められることになる（坂本編著・前掲注31) 91頁参照）。そこで，いちおうマイナス事情を説明したがそれがありふれた簡単な内容である場合，どうなるか問題となりうる。すなわち，実質的な説明がないと扱われて会社法327条の2に違反することになるのか，あるいは，たんに不十分な説明であると扱われて同規定には反しないとなるのか，明らかでないといえよう。

であるとされた場合に，取締役選任にかかる株主総会決議の取消しという重大な事態を招く可能性があるというのであれば，そのことだけでも社外取締役の設置の方向への圧力が働く，ということが懸念されるのである[36]。

もちろん，株主総会において必要とされる説明がなされなかったことによって株主総会の決議が取り消される，というリスクを伴うことは，会社法327条の2が求める説明の場合に限ったことではない。問題は，株主総会で説明が求められる他の局面とは事情が異なるという点である。つまり，会社法327条の2の下では，まさに説明するという義務に直面しているのではなく，説明をするという選択肢以外にも，説明を回避して社外取締役を設置するという選択肢もある，ということなのである。かりに，『遵守か説明か』の規律方式の下で，前者を選択した場合の法的効果が不明瞭であるがゆえに後者の選択肢のほうに傾くのだとすれば，これによって事実上の強制効果が生じるという見方がより肯定されると考えるのではなく，まずそういった圧力が働くこと自体の適否を検討する必要があるというべきであろう[37]。

第3節　社外取締役の機能について

1　一般論

以上の議論は，会社法327条の2の規定については，社外取締役を設置する事実上の強制効果を有するものとして捉えるべきではない，と論じるものであ

---

35) なお，田中亘「取締役会の監督機能の強化」旬刊商事法務2062号12頁（2015年）では，かりに株主総会決議の取消事由に該当するのであっても，裁判所によるいわゆる裁量棄却の余地もありうるという点を指摘する。ともあれ，法的効果の不安定さを招くことに変わりはない。

36) これは，ある行為の結果が不透明であるがゆえに行動がリスクを回避するほうに傾くおそれがある，という状況を指摘するものである。会社法327条の2で要求される理由の程度を緩やかに解するかあるいは厳しく解するかによって，社外取締役の設置を事実上強制する効果をもつかどうかが大きく左右されるのではあるが，ここでは，法的効果の問題を独自の問題として扱うものである。

37) 他方で，会社法327条の2に対する違反の法的効果として，株主総会決議の取消事由に該当することが法規定ないし解釈として十分明確なものであるならば，社外取締役設置の圧力がより強く働くことになる。こうした場合については，『遵守か説明か』の規律方式において，説明すべき内容や様式があらかじめ明らかにされていない場合に，不十分な説明に対して制裁を加えるということは，法制度的にみて問題がある，という旨の指摘がある。Donzel-Taboucou, op. cit., note 14, p. 350. もっとも，フランスと日本での法規定および諸事情に相違があるところではあるが。

る。そして，この結論が支持されるのであれば，同規定にいう「社外取締役を置くことが相当でない理由」について，その内容が緩く解釈されるべきことになる。その解釈の具体的な内容については後述するとして，その前に，社外取締役を設置することの意義を考察しておく必要があろう。

会社法327条の2の規定がある種の『遵守か説明か』の規律方式であるとするならば，そこで遵守対象とされているのは，社外取締役の設置である。問題となるのは，なにゆえ社外取締役を設置することが求められているのか，という点である。立案担当者の説明では，業務執行者に対する監督という役割が，社外取締役に期待されているようである[38]。しかし，会社法327条の2の文言には，具体的にそういった社外取締役の設置の趣旨等は明記されていない。もちろん，法解釈というものは，立法趣旨その他の事情を踏まえつつ行われるものであるから，明記されていないからといってそうした背景事情をまったく無視してよいというわけではない。

ところが，会社法327条の2の文言上は，社外取締役を設置する場合，それに関する理由の説明は要求されていない。そこで，一つの見方として，社外取締役を設置する会社においては，当該設置の目的がどうであれ社外取締役を設置すればそれでよく，たとえば，当該設置の目的が業務執行者に対する監督という役割ではなく別の機能を担うという点にあるのであっても構わない，ということも考えうる[39]。そうだとすれば，社外取締役を設置しない会社においては，その場合に必要とされる理由の説明は上記の監督機能に拘泥しなくてもよい，という見方もありうるかもしれない。ともあれ，ここでは，そもそも社外取締役を導入する意義は何か，社外取締役の役割とはどのようなものか，について一瞥しておこう。

経営組織のなかで社外取締役に期待される機能には，経営全般についての監督機能，利益相反行為に対する監視機能，および，経営の効率性向上のための助言機能，というものがあるといわれている[40]。これらの機能は，必ずしも全く別個のものではなく，その直面する事柄や状況によっては重なりうること

---

[38] 坂本編著・前掲注7）125頁参照。
[39] もちろん，社外取締役として誰をどういう趣旨で選任するかは，最終的には株主総会で判断されるのであり，そのさい，どういう目的で社外取締役が設置されるのか，経営者において，まったく問われないというわけではない。
[40] 野田・前掲注11）後者の論文327頁，藤田友敬「『社外取締役・取締役会に期待される役割—日本取締役協会の提言』を読んで」旬刊商事法務2038号15頁（2014年）参照。

になろう。また，同一人物が複数の機能を果たすこともありえよう。とはいえ，社外取締役となる者の能力や職務条件などからすれば，一人の社外取締役が上記の機能のすべてをあるいはその複数のものを果たすことができる，とは当然にはいえないであろう。以下では，それらの機能について，個別に取り上げてみることにする[41]。

2 監督機能

取締役が経営組織を構成する一員としてその監督活動をする場合，その「監督」の意味する範囲は狭くないと解される。とはいえ，社外取締役に期待される典型的な監督活動を考えるならば，代表取締役等の業務執行者を社外取締役が対等な立場で監督する，という構図を想定することができる。社外取締役でなくとも，取締役の一般的な職務のなかには，他の取締役を含めた会社内部に対する監督が含まれることはいうまでもない。もっとも，非社外の取締役であれば[42]，会社組織内において自身の担当する部門や業務を有しているであろうことが通常想定され，その場合は，他の取締役や自身の担当外の領域に対する監督活動も限られたものとなる。また，自身も代表取締役等他の者から監督を受けるという立場でもある。そうしたことからすれば，業務執行を担わず監督する側のみに立つという社外取締役を導入することには，独自の意義があると考えられる。

とはいえ，相応規模を擁する会社組織において，はたして社外取締役が十分な監督をすることができるのか，という点が問題となる。これに関しては，とりわけ監督の機会および情報の入手という側面が，問題となる。まず，監督の機会という点では，社外取締役は会社に出向く日数が十分多くないことから社内の不正行為を発見することを期待しにくい，との懸念がある[43]。他方で，社外取締役に期待されている監督活動とは，個々の業務執行の決定や迅速な決定

---

41) なお，社外取締役の導入を積極的に推進しようとする論拠として，社外取締役による監督システムに比べて，日本の監査役制度という監督システムは，外国人投資家から理解されにくく，そのために日本企業の株価がディスカウントされている，という懸念があるという。弥永真生他「＜座談会＞会社法制の見直しに関する中間試案をめぐって」坂本編著・前掲注7) 8頁〔中村直人発言〕。本稿では，そうした観点は考察の対象外としておく。また，より広範囲に及ぶ議論として，三輪芳朗＝マーク・ラムザイヤー「2014年会社法改正，『コーポレートガバナンス・コード』と『社外取締役』」大阪学院大学経済論集第28巻第2号15頁以下（2015年）参照。
42) ここでは，社外取締役でない取締役という意味で，「非社外」という表記を用いた。

を要する案件を対象とするものではなく，経営の基本方針や取締役の人事などといった経営の基本事項に関するものである，という指摘もみられる[44]。

また，情報の入手という点については，社外という立場ゆえに，会社内での人間関係において何らかの距離感が生じうるから，社外取締役が内部情報を詳細に入手することは容易ではない，ということが推測される[45]。こうした情報入手の問題については，各々の会社が期待する機能を果たすための前提となる情報を社外取締役が入手できるように，会社側で配慮することも必要かもしれない[46]。さらに，有用な監督をなしうるためには，入手した情報を適切に評価しそのうえで何らかの判断を下すことが要求される。そこで，社外取締役にはすでに一定の知見を有していることが求められることになろう。もっとも，どのような知見が必要かは，単純には言えない問題である。たとえば，社外取締役に期待する監督機能として，第三者的視点ないし社会常識的な視点からの指摘というものを考えるとすれば，社外取締役がその会社の業務に精通していることまでは必要ではない，といえる[47]。この場合には，各々の会社に特化した知見というよりも，法律や会計，金融などのより汎用性のある知見あるいは一般的な素養を一定程度有していることが，社外取締役が機能するうえで重要なものとなろう[48]。

なお，社外取締役が以上のような機能を有意義に果たすことができるためには，社外取締役の人選やその適切な職務範囲を設定すること，および，場合によっては情報入手のための組織的な措置をすることだけでなく，さらには，社外取締役の指摘や意見を有益なかたちで受け入れることができるような，業務

---

43) 弥永他・前掲注41) 8頁〔中村直人発言〕参照。なお，会社内部で密かに行われる不正行為の摘発ということは，そもそも社外取締役に期待すべきものではない，と指摘されている。藤田・前掲注40) 8頁。
44) 中西他・前掲注24) 23頁。
45) 家近正直「社外取締役義務化論の検討」関西商事法研究会編『会社法改正の潮流』10頁以下（新日本法規，2014年）参照。
46) 長谷川俊明「社外役員に任せるべき役割」ビジネス法務16巻9号44頁（2016年）参照。なお，社外取締役が十分な情報を入手しうるために，会社内部で特段の措置を講じる必要がでてくるとすれば，何らかのコストを伴うことにもなろう。
47) 中西他・前掲注24) 23頁。
48) 一ノ澤直人「平成26年会社法改正とコーポレートガバナンス・コードにおける社外取締役」永井和之先生古稀記念論文集『企業法学の論理と体系』48頁（中央経済社，2016年）参照。他方，社外取締役の有する専門的な知見により重きが置かれてその積極的な活用が期待されるのであれば，社外取締役の助言機能が問題となるが，その場合には，監督機能との区別は必ずしも明確ではなくなるように思われる。

執行者側の姿勢や力量も問われることになろう[49]。

3 利益相反の監視機能

ここでいう利益相反については，複数の状況が想定されている。すなわち，取締役と会社との間の取引などの状況，支配株主と会社との関係，あるいは，企業買収に対する防衛策の実施など，様々な状況が考えられる[50]。いずれも，非社外の取締役や支配株主が自己利益を追求することから，会社ないし一般株主の利益を正当に守ることが，社外取締役に対して期待されているという場面である。

各々の状況ごとにみていくと，まず，取締役と会社との間の取引など，会社法上その規律が明確に定められている場合には，社外取締役に大きな期待を寄せなくても，非社外の取締役や監査役に求められている職務として，適切な監視が行われるはずである[51]。つぎに，支配株主と会社との関係では，とりわけ親子会社間取引を含めた企業グループ内での各構成会社の利害関係が問題となる。しかし，現行の会社法ではそれらについての実体的な法規整は置かれていないし，また明確な判例法理があるわけでもない[52]。そこで，社外取締役の人事権が支配株主の手中にあることも考慮すると，社外取締役が会社および一般株主の利益を正当に守ることができるか否かは，その社外取締役の個人的な資質に過度に委ねられている，と指摘されている[53]。最後に，企業買収の防衛策を実施するという局面については，そうした防衛策の措置の目的が，経営者の保身的動機に基づくものなのかあるいは会社の価値を維持するためのものなのか，という点が問題となる。そこで，社外取締役が独立した立場から当該措置の是非を評価することに一定の意義があると考えられる[54]。とはいえ，そうした評価をする者としては，社外取締役に限られる必要はなく，いわゆる

---

49) 長谷川・前掲注46) 44頁は，社外取締役が有意義に機能するかどうかは経営トップの姿勢によるところが大きい，という旨を指摘する。
50) 野田・前掲注11) 後者の論文328頁以下。
51) 野田・前掲注11) 後者の論文329頁も参照。この場合に社外取締役に期待される役割は，上記の監督機能と重なるともいえる。
52) 加藤貴仁「支配株主と少数株主のエージェンシー問題に関する覚書」東京大学法科大学院ローレビュー第11号233頁（2016年）。
53) 加藤・前掲注52) 233頁以下。なお，アメリカでは，支配株主が会社および少数株主に対して信認義務を負う，という判例法理が確立していることから，独立取締役がより機能することになる，という（加藤・同頁）。
54) 野田・前掲注11) 後者の論文328頁以下参照。

第三者委員会のようなものを設置するという方策もありうる。しかも，会社がこうした局面にしばしば直面するというわけでもないことから，常設のものではなく臨時にそうした評価機関を置くことで足りる。

4 助言機能

ここでは，助言機能を，その会社内部において他の者がもっていないような専門的知見を社外取締役が有しており，業務執行者側からの求めに応じてあるいは社外取締役の側から自発的に，そうした知見が提供されること，というものとして捉えておく。先述のように[55]，監督機能との境界線が明確でないところもあるが，有用な助言をすることができる社外取締役であれば，相応な監督機能も担える場合が少なくないであろうと考えられる。その反面，一定程度以上の専門的知見を有する者となると，人選が容易でなく，その者が適任者であるか否かというリスクおよび選別の局面で要するコストが問題となりうる。

ところで，専門的な知見に基づく助言を会社が必要としているという場合，その助言の内容として，大きく分けて2種類のものが考えられる。一つは，各々の会社の業務内容に関係した専門的知見であり，他方は，法律や財務などといったより汎用性のある知見である[56]。前者の場合，一定規模以上の会社において，事業活動に関して高度かつ多様な専門的知見が要求されうるなかで分業的な組織が形成されているというのであれば，業務執行者ないしその会社の内部の者が時として必要な専門的知見を欠くという状況に直面しうる[57]。そうした場合に，どういうかたちで専門的知見を補うかが問題となる。必要に応じて外部に委託するなどという方法も当然考えられるが，社外取締役を導入するという選択肢もある[58]。とはいえ，その会社の事業との関係を前提とした専門的な知見ということになれば，適任者を外部から選ぶことは容易ではない

---

55) 前掲注48) の記述を参照。
56) そのほか，将来的な経営戦略において専門的知見が有用である場合も考えられる。すなわち，長田貴仁「社外取締役に求められる高い専門性」JMA Management Review 2005年9月号18頁では，会社の現在の経営方針が，いわゆる「選択と集中」の下にあり，業務執行者の知見が特定の分野に集中ないし特化している状況では，それ以外の分野について専門的知見を有する社外取締役が有用である，という旨を主張する。その趣旨は，必ずしも明確ではないが，現在発生しうる経営上の盲点を回避しつつ将来の選択に備えるという点でそうした社外取締役が有用である，というものと解しておく。
57) Vgl. Sander/Schneider, Die Pflicht der Geschäftsleiter zur Einholung von Rat, ZGR 2013, 725, 726ff.

かもしれない。また，後者の場合，必要に応じて顧問弁護士等の外部に委託するという方法もあるが，大規模な会社において社内に法務部門等を配置している場合には，それで対応することが可能であろう。もっとも，そうした専門的知見の必要度とそのために人材配置にかかるコストとの関係が問題となる[59]。さらに，法務部門等の社内組織によって対応する場合には，業務執行者からの独立性や中立性といった点で，問題が生じることになる[60]。

なお，業務執行者がその決定を行うさいに助言を求めることの意義については，たんに経営上の健全性や効率性などのためという観点からだけではなく，業務執行者の法的責任との関係でも問題となりうるであろう[61]。

5 小 括

社外取締役の機能についての上記のような検討の結果，社外取締役を導入すること自体に一定の意義が認められるものの，期待どおりに機能するためには，会社ないし業務執行者の側で，何らかの積極的な措置を講じることや，社外取締役の行動に対して受容的な態度で臨むことが，必要となりうると考えられる。

また，社外取締役に期待される機能であっても，社外取締役を設置せずに他の方策によってそれを実現させることが可能な場合もある[62]。そのとき，社外取締役を設置する場合とそうでない場合とのコストの比較が問題となる。この点からすれば，会社法327条の2の規定が社外取締役を設置しない場合にのみその理由の説明を要求していることからすれば，社外取締役の設置に伴う人件費や社外取締役が十分機能するための措置等のコスト負担も当該理由の一部をなすものとして，勘案される必要があろう。

---

58) もっとも，専門的知見を補うことが緊急に求められている場合には，社外取締役を設置する時間的余裕はないであろう。ここでは，現在その必要性が認識されているが緊急に必要というわけではない専門的知見を想定している。

59) Klöhn, Geschäftsleiterhaftung und unternehmensinterner Rechtsrat, DB 2013, 1535, 1536.

60) Vgl. Sander/Schneider, a. a. O. Fn 57, S. 751; Klöhn, a. a. O. Fn 59, S. 1537f. 会社内で設置させる法務部の経営者に対する独立性が，必ずしも否定されるわけではないという。Klöhn, a. a. O.

第4節　社外取締役を設置しない場合の説明

1　問題点

　これまで検討してきたように，本稿では，会社法327条の2の規定は社外取締役の設置を事実上強制する効果をもつものと解すべきではなく，それゆえ，社外取締役を設置しない場合に求められる理由として許容される範囲について

---

61) たとえば，取締役の責任がないとされた裁判例として，横浜地裁平成25年10月22日判決（金判1432号44頁）がある。事案はつぎのようなものである。工業関係の設計，製造および販売を業とする株式会社Ｘ（原告）は，株式会社Ｍの代表者から推薦を受けてＸの取締役に就任していた者の推薦で，Ｈを顧問として迎えており，ＨはＸの財務関係を仕切っていた。Ｘは，当時Ｘの筆頭株主でありかつ財務難に陥っていたＭと関係を有していた二つの匿名組合営業者と，匿名組合契約を締結した。その契約締結にかかるＸの意図は，当該匿名組合に出資することがＭの破綻を回避することとなり，ひいてはＭに対して保有するＸの債権の保全にもなる，というものであった。上記匿名組合契約の締結にあたっては，当時Ｘの顧問弁護士であった者（本件の原告代理人でもある）は難色を示したものの，Ｘの取締役であるＹら（被告）は，この締結に積極的なＨからの説明を受けて，当該匿名組合契約にかかる出資を取締役会にて決定した。その後，Ｍは破綻するに至り，Ｘは上記匿名組合にかかる出資に関して損害を受けた。判旨は，一般論として，取締役が業務執行の決定を行うにあたって「情報収集や調査の際，弁護士や公認会計士などの専門家の知見を信頼した場合には，当該専門家の能力を超えると疑われるような事情があった場合を除き，善管注意義務違反とはならないし，他の取締役・使用人等からの情報等については，特に疑うべき事情がない限り，それを信頼すれば善管注意義務違反とはならない」としたうえで，本件では，Ｈは，Ｍと関係がある者ではあるが，Ｍに有利となるように行動したとは考えられず，かつ，金融関係の知識も有しており，上記の匿名組合契約にかかる出資スキームを評価できる能力もあったと考えられたなどとして，Ｙらが，取締役会においてなされたＨの説明を信頼しつつ，上記の出資を決めたことは，善管注意義務違反ないし忠実義務違反ではない，と判示した。なお，本件では，Ｙら取締役は，Ｈ自身が法務や会計の専門家の確認を得たというＨの話を信頼したのであって，Ｙら自身が直接に弁護士等の専門家から知見を得たのではない。他方で，Ｘの取締役の一人は，関係者と直接面談して上記の出資にかかるリスク等について確認をとっている。本判決の評釈として，近藤光男「判批」私法判例リマークス2015（上）94頁以下参照。また，Sander/Schneider, a. a. O. Fn 57, S. 737. は，業務執行者において明らかに専門的知見を欠いている場合には，当人が会社経営の受託者であるという点からみて，助言を得るかそれとも会社に不利益となりうることを甘受しつつ助言を得ないかを選択できるのではなく，助言を得ることがその注意義務の下で必要とされる，という。

62) なお，本文で触れた社外取締役設置の代替策の他にも，いわゆる「経営諮問機関」というものが挙げられている。これは，経営者に対する牽制および助言のために任意に設置され，社外の有識者や専門家から構成されるものであるという。そして，こうした機関を設置してきた企業は少なくないようである。以上，吉村典久『日本の企業統治』128頁以下（NTT出版，2007年）。

は，比較的広く捉えられる必要がある，と考えるものである。

そのさい，とりわけ問題になるのが，会社法施行規則74条の2第3項と同124条3項において定められた「社外監査役が二人以上あることのみをもって当該理由とすることはできない」をどう理解するか，および，会社法327条の2にいう「社外取締役を置くことが相当でない理由」をどのように解釈するか，である。

2 社外監査役の機能

会社法327条の2の対象となる会社においては，会社法335条3項によって，三人以上の監査役が必要とされ，そのうちの半数以上は社外監査役でなければならない。したがって，その場合には，二人以上の社外監査役が設置されることになる。上記の会社法施行規則が定められる以前の立案担当者の説明では，社外監査役による監督等が十分機能しているという説明では，社外取締役が必要でない理由にはなっても，「社外取締役を置くことが相当でない理由」の説明にはならない，とされていた。すなわち，当該「相当でない理由」としては，社外取締役の設置が会社に対してマイナスの影響を与える事情を説明する必要がある，という[63]。

しかし，社外取締役を設置しない場合であっても，それを設置した場合と比べて遜色ないかあるいはそれ以上の経営体制を作ることができれば，「マイナスの影響」の存在はより認められ易くなるというべきであろう[64]。また，会社法施行規則の文言からは，つぎのような解釈も可能でないとはいえない。それは，社外監査役が二人以上いるのみでは社外取締役に代替しうるに至らないが，社外監査役が二人以上いることにくわえて別段の措置等を実施するというのであれば，理由として許容されることになるのではないか，という見方である。

そこで，まずは，社外監査役の機能についてみることにする。監査役のなかでも社外でない監査役の役割とは異なる社外監査役の具体的な役割については，会社法上明示されていない[65]。そこで，監督機能に焦点を当てると，情報の

---

63) 以上，坂本編著・前掲注31) 85頁。なお，前掲注33) の記述も参照。
64) 「相当でない理由」の解釈については，改めてのちに検討する。
65) 山本一範「社外監査役制度の省察」川村正幸先生退職記念論文集『会社法・金融法の新展開』549頁（中央経済社，2009年）。

入手に関してみれば，社外監査役は，他の常勤監査役からの情報提供にくわえて，監査役会スタッフの活用によって多角的かつ豊富に情報収集をすることが可能であるが，他方，社外取締役は，会議で配布される資料や事務担当者を接点として情報を入手するしかない，という指摘がある[66]。しかるに，情報収集の点では，社外監査役のほうが社外取締役よりも格段に優れている，と指摘されている[67]。また，社外監査役は，監査役会や取締役会に出席するだけでなく，公認会計士や内部の監査部門との協議などがあることから，社内での不正行為や利益相反の監督活動については，社外取締役よりも機能性は高い，ともいわれている[68]。これらの事情を前提とすれば，たとえば常勤として社外監査役を設置するあるいは監査役会議長を社外監査役とするなどとともに[69]，取締役会との連携が強化されるように内部規程を整備する，といった方策によって，社外取締役の設置に代替しうるとも考えられよう。

しかし，社外取締役にあって社外監査役にない機能もみられる。一つには，取締役会での議決権の有無である[70]。さらに，社外取締役の中核的な職務内容をつぎのように捉える見解がある。すなわち，経営者が策定した経営戦略や計画に照らして，その成果が妥当であったかを検証し，最終的には現在の経営者に経営を委ねることの是非について判断すること，つまり経営を評価すること，がそれであるという[71]。こうした社外取締役の職務は監査役のなすべき監査とは異なるものであると指摘されている[72]。こうした点からすれば，社外監査役を機能させることによって社外取締役の設置に代替させる，という方策では必ずしも十分ではないといえよう。

とはいえ，一般論としてみれば，社外取締役が経営を評価するという仕組みを導入した経営組織は，ありうる一つの選択肢ではあっても，必ずしも唯一のあり方ではない[73]。また，社外取締役の機能あるいはそれを設置する目的は

---

66) 家近・前掲注45) 16頁。
67) 家近・前掲注45) 16頁。
68) 弥永他・前掲注41) 8頁〔中村直人発言〕。
69) 佐藤敏昭「社外監査役の独立性と実効性」奥島孝康先生古稀記念『現代企業法学の理論と動態・第1巻上篇』378頁以下（成文堂，2011年），江頭・前掲注21) 62頁参照。
70) なお，家近・前掲注45) 16頁は，実際の取締役会での審議においては，発言力や役割に関して，社外監査役も取締役と同等の扱いを受けている，という。
71) 落合誠一＝澤口実「社外取締役・取締役会に期待される役割」旬刊商事法務2028号25頁（2014年）。
72) 藤田・前掲注40) 12頁。なお，田中・前掲注35) 15頁も参照。

他にもあるところ，会社法327条の2の規定はそうした機能や目的を特定していないことから，同条が期待する社外取締役の職務内容は上記のような経営評価に限定されるわけではない，と解することもできる。

3　「社外取締役を置くことが相当でない理由」の解釈

すでに触れたように，「社外取締役を置くことが相当でない理由」においては，社外取締役の設置によってかえってその会社にマイナスの影響が及ぶという事情を説明する必要がある，というのが立案担当者の見解である。しかし，会社法327条の2の文言からみれば，必ずしもこの見解が同条の必然的な解釈ということにはならない。ともあれ，社外取締役の設置を事実上強制するのではない方向で同条を解釈すべきであるという本稿の立場からすれば，社外取締役の設置を少なくとも促進することを企図している立案担当者の解釈と，向き合う必要があろう。

そこで，「マイナスの影響」とは何かが問題であるが，すでにみたように，社外取締役の機能ないし役割には複数のものが考えられることから，社外取締役を設置することには何らかのプラスの影響があるはずである[74]。だとすれば，そのプラスの影響を打ち消すような何かが必要となる。さしあたり，社外取締役を設置しない理由として示された実例から特徴的な要素を探せば，つぎのような点を挙げることができる[75]。すなわち，「事業の現場に精通した社内出身の取締役の下での迅速かつ機動的な意思決定」，「監査役会等の他の機関による監督や助言等の機能の確保」，「コストの観点から社外取締役を形式的に設置するのは問題」，「顧問弁護士等によって適宜助言や指導を得る」，「当社の事業や組織を熟知しない社外取締役は迅速な意思決定を阻害し非効率をもたらす」，「費用対効果の観点から社外取締役の人選を慎重にする必要がある」などである[76]。

これらの理由からみた場合，社外取締役の設置によるプラスの影響を打ち消しうるマイナスの要因として，会社の意思決定に対する社外取締役の影響，社

---

73)　穴戸善一「モニタリング・ボード再考」江頭憲治郎先生古稀記念『企業法の進路』231頁以下（有斐閣，2017年）参照。
74)　河本＝川口・前掲注21）206頁。
75)　実際の例については，塚本英巨「『社外取締役を置くことが相当でない理由』の開示分析」企業会計68巻2号59頁以下（2016年）で掲載されたものを参照した。
76)　塚本・前掲注75）61頁以下参照。

外取締役の機能を別のかたちで代替できること，および，社外取締役に支払う報酬および適任者を設置するための人選にかかるコスト負担の存在が，注目されよう[77]。以下では，さしあたり上記の三つの要因について順次検討していくこととする。

まず，社外取締役を設置すれば会社の迅速な意思決定が損なわれる，という問題はどうか。迅速な決定が損なわれる原因としては，取締役会を開催する日程調整上の問題[78]，および，社内事情を熟知しない社外取締役の理解を得るのに時間を要しうること[79]，が考えられる。もっとも，社外取締役の存在がただちに迅速な意思決定を阻害するとはいえないであろう[80]。また，取締役の注意義務との関係でみれば，一定の慎重さも要求されることから，迅速な意思決定が不可欠ということにもならない。要するに，ここでは，各々の会社が適切な者を社外取締役に選んだかという点が，問題となるように思われる[81]。だとすれば，社外取締役の人選にかかるコストおよびリスクの問題であると捉えることができよう[82]。

つぎに，社外取締役を設置しなくても同様の機能を別の方策によって確保できる，という点については，すでにある程度触れたところではある。ここでの一つの問題は，別の方策を用いる場合の理由のあり方である。たとえば，会社法327条の2の下で許容される理由の範囲を緩やかに捉える立場からは[83]，つぎのような理由が示されている。すなわち，「会社が取締役会を重要な業務執行について議論し実質的かつ具体的な決定をも行う機関と位置付け，必要があ

---

77) なお，報酬および人選にかかるコスト負担に関して，立案担当者の説明によれば，会社法327条の2が対象とする大会社であれば「その会社の規模から，社外取締役の人材確保に伴うコストを負担し得る」と述べられている。坂本編著・前掲注7) 126頁。そうしたコスト負担が「マイナスの影響」に該当するか否かについて，立案担当者の見解は明らかではない。コストを「負担し得る」ことがマイナスの影響にならないとはいえない。そもそも，何らかのコストを負担すること自体，とりわけ営利企業にとっては，無視できない問題であり，とくに人的資源にかかるコストについては，他のコストと同様かあるいは場合によっては特段の問題となりうるであろう。
78) 中西他・前掲注24) 23頁。
79) 塚本・前掲注75) 61頁参照。
80) 木村敢二＝矢田一穂「会社法改正法案と社外取締役にかかる実務対応」旬刊商事法務2023号41頁（2014年）。
81) 岩原他・前掲注30) 90頁〔三島一弥および斎藤誠発言〕参照。
82) なお，そもそも社外取締役に期待される役割は，迅速な意思決定が必要とされうる場面以外の事業活動を対象とするものである，という指摘もある。中西他・前掲注24) 23頁。
83) 加藤他・前掲注13) 73頁〔藤田友敬発言〕。

れば臨機応変に会合を開催し実質的な議論を行っている場合，社外取締役に社内役員と同様の役割を求めるのは過度の負担となり，無理に社外取締役を導入すると取締役会の機能を低下させるおそれがある。取締役の業務執行の監督については，監査役（社外者を含む）が監査することに加え，独立性の高い指名委員会・報酬委員会を任意に置いて，取締役の業務執行に対する評価を行うことで，総合的には社外取締役を中心とする独立性の高い取締役会により業務執行者を監督するガバナンス・システムと機能的にはほぼ代替できる。このような会社においては取締役会にさらに社外取締役を加えることは害はあっても，利益はもたらさない」と[84]。もっとも，この見解が提案する代替案においては，取締役会自体の独立性は企図されていないようであり，この点に対して，批判もありえよう。つまり，社外取締役を設置する意義として，取締役会へ独立した者を置くことによって取締役会自体の独立性を高める，という点が期待されるのであれば，取締役会の独立性それ自体に意味があることにもなりうる。だとすれば，社外取締役なしにどうやって取締役会の独立性を確保するのか，その点でのより具体的な説明が必要である，という見方もありえよう[85]。とはいえ，既述したように，社外取締役の役割には複数のものが考えられるところ，会社法327条の2の規定では，その文言上，そうした役割について具体的に示されておらず，その反面で，社外取締役を設置する場合には何らかの説明をすることを要求していない。そうした点からすれば，社外取締役を設置しない場合に，社外取締役の有する各々の機能について，代替策およびその実効性を個々詳細に説明しなければならない，とまではいえないであろう。要するに，社外取締役のもつ各々の機能につき，たんに代替策を提示すれば足りるものと考えられる。

そして，報酬および人選にかかるコストの負担という問題に関しては，一方で，社外取締役の設置による便益と費用との比較が「社外取締役を置くことが相当でない理由」として勘案されうる，という指摘がなされている[86]。他方で，

---

[84] 藤田・前掲注40) 17頁。

[85] なお，佐藤寿彦「社外取締役がいない会社に求められる説明」旬刊商事法務2024号17頁（2014年）は，英国の議論を踏まえつつ，『遵守か説明か』の規律における説明のコンセプトは，「取締役会は会社の業務について客観的な独立の判断を下すことができるべきである」という原則に適合していることが説明されるべきである，というものであるという。ここでいう「客観的」の意義については，理解が必ずしも容易でないように思われる。

[86] 田中・前掲注35) 10頁以下。

こうしたコスト負担はその理由にはならないとする見解もみられる。すなわち，財務的に逼迫したなど特段の事情がある会社でない場合には，法は，社外取締役の設置による費用増を見込んだうえでの当該設置の有用性を，前提としているのであるから，そうした費用の増加は有用性を否定することにはならず，原則として「相当でない理由」の説明にならない，という[87]。しかし，一般的にいって人材を必要とする場合に一定程度の人件費が当然想定されているという状況が存在するとしても，社外取締役設置とその実効性の確保にかかる全体的なコスト負担が比較的過大なものとなりうる点を考慮すれば，社外取締役設置にかかる費用増がすでに前提とされているという法解釈は，当然にはでてこないというべきである。さらに，社外取締役の設置の有用性という点は他の方策を用いることによっても代替しうることも併せ考えれば，報酬等にかかるコスト負担は，重要な問題と捉えるべきである。

また，人選に相応のコストを要するという理由，すなわち適任者が容易にみつからないという理由に関しては，各々の会社において，社外取締役の役割や人選についての考え方を示しつつ，適任者を見い出すべく相当の努力をすることが求められる，という指摘がある[88]。さしあたり，人選にあたってどの程度の努力をすればよいかが問題である。社会通念上ある程度の目安のようなものがあれば話は別であろうが，各会社が個別の事情の下で適任者を探すとなれば，個々の会社の組織の相違や業態ごとに必要とされる知見の違いなどがあることからすれば，一般的に論じることはできないであろう[89]。さらに，人選にかかるコストは個々の会社が全面的に負担するのが当然なのか，という点で

---

87) 中西和幸＝小磯孝二＝柴田堅太郎＝辻拓一郎「『社外取締役を置くことが相当でない理由』の説明内容とその運用のあり方」旬刊商事法務1980号44頁（2012年）。なお，同論文は，社外取締役の設置が相当でない理由を事業報告において開示するとした，当時の法制審議会の要綱について，検討したものである。

88) 中西他・前掲注24) 23頁以下。なお，社外取締役の人選にかかるコストについては，厳密に解せば，「社外取締役を置くことは相当である（と当社は考えている）が現実的に置くことができない理由」であって，「社外取締役を置くことが相当でない理由」としては不十分なものとされる可能性もある，という見方もある（中西他・前掲注87) 52頁）。しかし，当該論文も指摘するように，「相当でない」は多義的な意味をもつものであり（中西他・同頁），また，既述のように，こうしたコスト負担は看過しえない問題であるから，会社法327条の2が求める理由に含まれないと解することはできない。

89) また，社外取締役の候補となりうる人材が豊富に存在するとはいえないような事情がある場合に，慎重に選考を行っているあいだに他の企業に上位の候補者が取られてしまったというとき，上位の候補者以外の者で妥協すべきかどうか，といった問題も生じえよう。

疑問が生じる。一般的には人選に関するコストは各々の会社自体が負担するものであるが，果たしてそれでよいかが問題である。すなわち，社外取締役の人選について各々の会社が多大なコストを負担せずにすむように，社外取締役の人材に関しての情報提供や仲介などが行われる何らかの仕組みや社会的な状況がすでに存在している，あるいは，経済社会全体としてそういった点での環境が整いつつある，などという点もまた，社外取締役の設置が事実上強制されるという解釈をとるかどうか選択するうえで，考慮される必要があるのではないだろうか。

結局のところ，「社外取締役を置くことが相当でない理由」として考えられる上記の三つの要因は，相互に関連するものであると捉えられ，また，それらの理由についても個々の会社の事情によるのであるから，社外取締役を設置しない場合の理由の内容については，三つの要因を総合勘案したうえでの各会社の判断が相応程度尊重されるべきものと考えられる。

第5節　結　語

本稿は，現行の会社法327条の2の規定の下では社外取締役の設置が事実上強制されているとみるべきではなく，また，事実上強制されることにならないかたちで，同規定における「社外取締役を置くことが相当でない理由」を解釈すべきである，という見方を提示するものである。

他方で，より一般的な問題，すなわち，一定規模の株式会社において社外取締役を導入する義務を認めるべきか，という問題については，本稿は結論を留保することにしたい。社外取締役を株式会社において導入すべきかどうかといった問題は，経済社会のなかでの株式会社のあり方という巨視的な観点も含めて検討する必要もありうることから，相当な難題である。さらに付言すれば，会社法327条の2の規定それ自体においても，この一般的な問題について，何らかの所見を示したものとは捉えるべきではない。

とはいえ，会社法327条の2の規定あるいは取引所の規程などによって，一定規模の株式会社において社外取締役が当然のごとく設置されることになり，そのことが後々の評価として「あれによって良い方向に動いた」ということに，あるいは，なるのかもしれない。しかし，現時点における法解釈としては，そういった方向性での解釈が然るべきものであるとは，必ずしもいえない。あく

まで,会社法327条の2の規定については,社外取締役の導入を「促進する」という意図があるにせよ,多少なりともその「推移を見守る」という要素もある,と考えられる。

自己株式取得と取締役の経営裁量との関係についての一考察

宮崎　裕介

第1節　はじめに
第2節　アメリカ法の状況
第3節　日本の裁判例の検討—ダスキン株主代表訴訟—
第4節　評価と分析
第5節　むすびにかえて

第1節　はじめに

　自己株式取得が株主へのフリー・キャッシュフロー（以下「FCF」という）の分配手段（以下，単に「ペイアウト」という）として定着したことについては今や異論はみられなくなったと言えよう[1]。あるいは，平成6年商法改正[2]前には自己株式の取得そのものが厳格に禁止されていたこと自体が過去の話であり，今や会社経営陣に自社株を取得する権限が付与されていることが所与のものとして認識されているようにも思える[3]。すなわち，わが国では，上場会社をはじめとした取締役会設置会社が主たる自己株式取得の手段として用いている市場取引等により自社株の買付けを実施する場合には，かかる自己株式取得の決定決議を取締役会において行うことができ（会社法165条2項），さらに会社法156条1項が定める①取得する株式数・②取得額・③取得期間[4]の自己株式取得にかかる事項をも取締役会の決議により定められることからすると（同3項），法改正を経て自己株式取得に関する取締役の裁量が広がったとわが国の現状を端的に評せそうである[5]。

　この背景としては，以下の点も指摘できよう。現行法のもとで，余剰資金をペイアウトするために認められている制度は自己株式取得と剰余金の配当である。いずれもFCFの株主への分配として会社法が定める財源規制に服する。もっとも決定機関に目を向けると，剰余金の配当は原則として株主総会の決議によって行われるが（会社法454条1項），自己株式取得は市場取引等による取得であるならば事前の手続を経れば（定款の定めを置けば），前述したように取締役会決議で取得を決定することができる（会社法165条2項・3項）。そして，取締役会設置会社であれば，取得枠を受けた具体的な取得内容については取締

---

1)　宮崎裕介「証券市場における自己株式取得と開示規制の意義・機能（一）」民商法雑誌152巻1号2頁〜3頁（2015年）参照。
2)　平成6年法律第66号。
3)　日本経済新聞東京本社版2017年7月23日朝刊2頁は，この1年〜2年続いていた自社株買いの増加傾向が一服している（自社株買いの実施ペースが鈍っている）ことを報じるが，これは「手元資金の使い道として最優先して生きた株主還元を抑え，新たな成長投資に振り向ける企業が増えてきた」からであり，ここからは手元資金や投資先の状況に応じて企業が柔軟に自己株式取得の実施を決定していることがうかがえる。
4)　本稿では自己株式取得にかかる①〜③の事項を纏めて「取得枠」という。
5)　商法改正により自己株式取得についての取締役の裁量が広がったと評価するものとして，前田雅弘「自己株式取得と取締役の責任」ジュリスト1052号26頁（1994年）。

役会決議によって決定される（会社法157条2項）。このように自己株式取得に限って取締役会を決定機関とすることができる現行規制に対しては「規制の体系としてやややバランスを欠く状態が生じている」とも指摘されているところである[6]。とは言え，平成17年改正前商法下における自己株式取得の解禁，そして会社法制定とその後の改正の議論において前述のバランスを是正すべきとの声は聞かれない。あるいは，会社経営陣としては，実施の時機や金額の面で選択の幅が広い自己株式取得のほうが手段として優位性があると言え，決定機関についての規制の不均衡はさほど問題のあることではないのかもしれない[7]。つまり，自己株式取得の決定・実施機関を会社経営陣とすることができる制度設計について学界・実務の双方において一応のコンセンサスは得られていると言えよう。

では，自己株式取得に関する取締役の裁量が広がったとして，その限界点はどこにあるのだろうか。あるいは限界点を設定して線引きをすることは可能なのであろうか。たとえば上場会社が金融商品取引所の立会内市場において自社株を取得（以下「単純買付け」という）した場合に，時期を見誤って高値で取得したとしても取得枠の範囲内であれば経営判断として保護されるという結論が自然なのかもしれない[8]。もっとも，取得枠は，取得期間として最長1年と定めることができるなど（会社156条1項柱書），取締役会に授権できる取得枠の幅の広さも無視できない。ましてや，筆者が調べたなかでは，自己株式取得にかかる取締役の経営判断が問題となった事例はほとんどみられず[9]，上場会社に限ってみれば同様の問題についての裁判例そのものが存在しないようである[10]。とは言え，自己株式取得が実務的に定着していることにかんがみると[11]，現状を踏まえた上で，この場合における取締役の裁量について解釈論を詰める必要もあろう。

---

6) 田中亘『会社法』407頁（東京大学出版会，2016年）。
7) 砂川伸幸＝川北英隆＝杉浦秀徳『日本企業のコーポレートファイナンス』279頁（日本経済新聞社，2008年）参照。
8) 前田・前掲注5）26頁。
9) 筆者が調べた限りでは第3節で検討する大阪高判平成19年3月15日しかみあたらなかった。
10) 訴訟にまでは発展していないが上場会社による財源規制に違反した自己株式取得の事例を紹介したものとして，宮崎裕介「上場会社にとっての財源規制の意義を考える」ビジネス法務16巻11号67頁〜71頁（2016年）。
11) 砂川ほか・前掲注7）275頁。

以上を踏まえた本稿の問題意識と目的は以下の通りである。

本稿では，広く用いられるようになった自己株式取得につき，取締役にどれだけの裁量が認められるのか，すなわち自己株式取得にかかる経営判断がどこまで尊重されるのか検討を試みたい。これまで，わが国の議論において自己株式取得を経営裁量の中に位置付けて議論することはあまりなかったように思われることから[12]，このような研究も無意義ではない。自己株式取得は，ファイナンスの観点からみると，一方で，自己資本利益率（return on equity: ROE）の増加は期待できるが，他方で，FCF の投資者への配分——無リスク資産である現金の社外流出——による会社全体のリスクの増大も見込まれ，良くも悪くも株主に影響を与える行為である[13]。このように考えると，たとえ取得枠の範囲内であっても，自己株式取得につき取締役の責任論の問題として捉えるべき場面もあろう。かかる観点から，自己株式取得に関する取締役の判断がどこまで尊重されるのか検討することが本稿の目的である[14]。

検討にあたっては，自己株式取得が経営判断原則（business judgement rule）の文脈で問題となった判例法の集積があるアメリカ法（デラウエア州判例法）を参照する。もっとも，本稿は，デラウエア州判例法の検討を通して，わが国への直接的な示唆あるいは接合点を探求するものでない。たしかに，わが国の自己株式取得の制度はアメリカ法に倣って規制緩和がなされたものであり[15]，また経営判断原則もアメリカ法由来のものであるが，少なくともデラウエア州の判例法の事案[16]と近時の財務戦略上の効果を重視するわが国の状況[17]とでは背景が大きく異なる。したがって，本稿では，デラウエア州判例法の経験を比較のための一指標と位置付けて，わが国で何を論ずべきかの参考としたい。このように直接的に示唆を得ることを目的としないことは比較法研究として奇

---

12) 自己株式取得の解禁と取締役の裁量について論じたものとして，前田・前掲注5）26頁～27頁。なお，小林量「自己株式取得と取締役の責任」龍田節先生還暦記念『企業の健全性確保と取締役の責任』257頁（有斐閣，1997年）は，取締役の注意義務違反として経営判断事項の問題としてその当否が判断されるとする。
13) 砂川ほか・前掲注7）278頁～279頁。
14) なお，本稿では，自己株式取得にかかる取締役の裁量を検討することから，取締役会設置会社を対象として検討する。
15) 江頭憲治郎『株式会社法〔第7版〕』247頁（有斐閣，2017年）。
16) 第2節で検討するように，デラウエア州の判例では，敵対的買収に対する防衛策や会社経営に協力的ではない株主を退社させるために自己株式取得を実施した事案が経営判断原則（取締役の責任）の文脈で問われることが多いようである。
17) 砂川ほか・前掲注7）275頁。

異に見えるかもしれないが，自己株式取得にかかる取締役の裁量について裁判例の集積や解釈論が熟していないわが国においては，何かしらのヒントを得る契機となるのではないだろうか。かかる点を踏まえて，自己株式取得と取締役の裁量につき何が問題点であり何を解決すべきなのか提示することが本稿の目的である。

　本稿の叙述プランはつぎの通りである。**第 2 節**において，デラウエア州判例法をとりあげ，紹介・検討する。**第 3 節**において，わが国の下級審裁判例を分析し，**第 4 節**において，評価と分析として日本法の解釈論として解決すべき問題点を挙げ筆者の試論を示したい。無論，**第 4 節**においては，デラウエア州判例法の理解を比較の視点として持つ。**第 5 節**は，本稿のむすびである。

第 2 節　アメリカ法の状況

1　総　説

　本節ではアメリカ・デラウエア州において自己株式取得にかかる経営判断に対して裁判所がどのような判断を示してきたかを確認する。デラウエア州においては，一般事業会社法160条(a)[18]において「全ての会社には……自社の株式を取得することが認められている」と定められ，会社が自己株式取得を実施することが一般的に認められている[19]。

　ところで，自己株式取得に限らず当該取引に対して経済的な利害を有していない取締役らによる判断は，それが情報を得た上で誠実になされた判断であれば，一般的に支持されるというのがデラウエア州の立場である[20]。そして，取締役会の多数派が独立し，かつ，利害関係なき取締役で構成されている場合は取締役会が適切に行動していたという推定は強化される[21]。すなわち，この推定を覆すためには，原告は取締役に重過失（gross negligence）があること，あるいは取締役の決定が合理的な根拠（rational basis）がなく下されたことのいずれかを立証しなければならない[22]。つまり，自己株式取得に関しても，上

---

18)　8 Del.C. § 160(a).
19)　デラウエア州のみならず他州においても同様に自己株式取得は認められている。*See generally,* James D. Cox & Thomas Lee Hazen, CORPORATION LAW 486 (2012).
20)　Barbara Black CORPORATE DIVIDENDS AND STOCK REPURCHASES § 6:33 (December 2016 Update).
21)　*Id.*

記の要件を満たせば経営判断原則が適用される。以下では自己株式取得にかかる問題点につき判断した判例を検討する。

2 判例法の検討
(1) Unocal 判決[23]
〔事案の概要〕

U社の13パーセントの株式を保有しているM社は，U社の社外株式の37パーセントにつき，公開買付けによって1株当たり54ドルで取得し，残りを1株当たり54ドルの価値があるとされる証券と交換することで，獲得することを企図していた。

8名の独立社外取締役と6名の社内取締役で構成されているU社取締役会は弁護士や投資銀行の意見を聴取し，M社の計画について何度も会議を開催し詳細に審議した。その結果U社取締役会はM社の提案は不適切であるとして拒否することを全会一致で決定した。その上でU社取締役会は，対抗措置として，1株当たり72ドルで交換買付けを実施することを全会一致で承認した（以下「本件交換買付け」という）。本件交換買付けは，M社がU社の株式の6,400万株を取得した場合に，U社の49パーセントの社外株式に対して1株当たり72ドルの額面の債務証券を対価として交付するというものであった。なお，本件交換買付けは，M社が保有する株式は対象外としていた。

M社は，本件交換買付けに対して，予備的差止命令（Preliminary Injunction）を申し立てた。原審の衡平法裁判所はM社の予備的差止命令の申立てを認めた。

〔判旨の概要〕

デラウエア州最高裁判所はつぎのように判示し原判決を破棄し命令を取り消した。

「自己株式取得において，取締役が自己の職を守ることを唯一または主要な目的として行動していなければ，デラウエア州の会社は自社の株主と差別的に取引をすることが認められている。この取締役の権限は，認識している害悪から会社自体を守るべきとする，取締役の基本的な義務と責務に由来するもので

---

22) *Id. See also,* Robert Clark CORPORATE LAW 124 (1986).
23) Unocal v. Mesa Petroleum Co., 493 A.2d 946 (Del 1985). なお，本判決の邦語による研究として，近藤光男「差別的自己株式の買付けとその防衛策」近藤光男＝志谷匡史編『新・アメリカ商事判例研究』294頁（商事法務，2007年）〔初出1988年〕，德本穰『敵対的企業買収の法理論』56頁以下（九州大学出版会，2000年）。

ある。」

「取締役会が実施中の公開買付けに対処する場合，取締役会は当該公開買付けが会社および株主の最善の利益に資するものであるかどうか判断する義務を負う。この点に関して，取締役会の義務は他の義務と何ら異なることはなく，その判断は経営判断の領域で認められる範囲において尊重されるべきである。……会社および株主の利益のためではなく，主として自己の利益のために行動する可能性があるという言わば「常にどこにでもいる亡霊」(omnipresent specter)のようなものがあるため，経営判断原則による保護が可能となる前に，司法審査を経ることを求めるという形で取締役会の義務が強化されたのである。」

「固有の利益相反に直面した場合，取締役は，ある者による株式保有によって会社の政策や効率性に脅威があると信ずるに足りる合理的な根拠を証明しなければならない。ただし，それらは誠実さと合理的な調査を示せば証明責任は果たせたことになる。さらに，独立社外取締役が多数を占めている取締役会の承認によって，その証明は強化されるのである。」

「取締役は単にまたは主要な目的として自己の職を永続的とさせるために差別的な自己株式取得をすることは認められない。取締役は誠実に会社およびその株主の利益に動機付けられて行動しなくてはならない。」

〔検討〕

本判決は，M社による公開買付けへの対抗措置として行われたU社の自己株式を対象とした本件交換買付けの適法性が問われたもので，このような場合に取締役会が買収防衛策をとることを認め，かつ経営判断原則が適用されることを示したものとして広く認知されている[24]。裁判所は，差別的な自己株式取得であっても，取締役が自己の職を守ることを唯一または主要な目的としていなければ，禁止されるものではないとした。その上で，経営判断原則が適用されるにあたり，取締役は会社の政策や効率性に脅威があると信ずるに足りる合理的な根拠を証明しなければならないことが示された。その際，独立社外取締役が多数を占めている取締役会の承認があれば，その証明は強化されるとした。また，判旨の概要では引用しなかったが，本件が買収防衛策の妥当性が問われた事案であることから，買収の脅威にとって合理的な対応策であったことの証

---

[24] *See e.g.*, Note, 38 BAYLOR L. REV. 687, at 704 (1986).

明も経営判断原則の適用の要件であるとの理解も示された[25]。

また，本件は敵対的な公開買付けを実施している者に対して，対抗措置として交換買付けにより自己株式取得を行ったという点で事案としての特殊性はあるが，自己株式取得にかかる経営判断原則の適用の可否についてつぎのような基準を明示した。すなわち，①取締役の地位保全が唯一または主要な目的ではないこと，②取締役が会社に対する脅威があると合理的に信じたこと，③独立社外取締役で多数を占められている取締役会の承認があったことである[26]。これらの要件を充足しない場合には，被告となる取締役らは，当該取引が現実的（objectively）であったこと，あるいは本質的に公正（intrinsically fair）であったことを立証する必要がある[27]。

以上で述べた Unocal 判決の説示は後の判例においても引用されており，自己株式取得にかかる取締役の裁量についての一つのベンチマークとなったものと言える。

(2) Polk 判決[28]

〔事案の概要〕

Bグループは1982年からT社の株式の取得を始め，1983年には同社の社外株式の約5パーセントを取得するに至った。この期間内に，BグループはT社に対して同グループが保有している株式を公開買付けあるいは市場買付けにて取得することを迫ったが，T社はこれを拒んだ。それでも，双方ともに良好な関係を保ち，BグループもT社に対して持株数を背景にして何らかのプレッシャーを与えることもなかった。1984年には，T社は100億ドル超の規模でG社を買収することを決定した。T社がこの買収を進めている間も，Bグループは市場買付けによりT社株式を取得し続け社外株式の9.9パーセントを保有するに至った。BグループはT社に対して保有株式を取得することを求め続け，あるいは公開買付けによって20パーセントを上限に同社株式を取得することをほのめかした。この動きもあってか，BグループがT社によるG社買収の対抗勢力に与するとの噂が業界内で広まったが，結果的にはT社が立場を変えることはなかった。ところが同年2月，BグループがT社に提案したジョイント・

---

25) *Unocal*, 493 A.2d, at 955.
26) *See also*, Mary Siegel, *Tender Offer Defensive Tactics: A Proposal for Reform*, 36 HASTINGS L.J. 377, at 379-380 (1985).
27) Black, *supra* note 20, at §6:37.
28) Polk v. Good, 507 A.2d 531 (Del 1986).

自己株式取得と取締役の経営裁量との関係についての一考察（宮崎）　　287

ベンチャーについてBグループによるT社株式の評価額が市場株価を遙かに上回っていたことから拒否したところ同グループが敵対的な動きをすることの引き金となってしまった。T社は投資銀行および社外の弁護士と協議の上，Bグループからの脅威を取り除くために同グループからT社株式を買い受けることとし，交渉をはじめた。交渉を経て，同年3月5日には，3月2日のT社株の市場価格である48ドルにプレミアムを付した1株当たり50ドルにてBグループから買い取ることとし，対価は半分を現金，残りを新たに発行した議決権付きのT社優先株式とすることとした（以下「本件合意」という）。本件合意は13名中10名が社外取締役である取締役会に付議された。この際，投資銀行は，類似の取引と比較しても支払ったプレミアムは合理的な範囲であること，50ドルという買取価格は長期的な会社の価値と一致するとの情報を提供した。また，社外の弁護士も会社には自己株式を取得する権限があること，およびかかる自己株式取得はデラウエア州の経営判断原則により保護されるとのアドバイスをした。これらを踏まえ，取締役会は，本件自己株式取得を全会一致で承認した。これによって，Bグループは6億5,000万ドルの現金とT社社外株式全体の5パーセントに相当する1,260万株の優先株式を取得した。加えて，Bグループは向こう10年間はT社株式を取得しないこと，当該期間はT社の指示に従って議決権行使をすることで合意した。

　株主であるHは派生訴訟を提起し，自己株式取得の対価が過大であることなどを主張しT社取締役らの信認義務違反を追及した。原審のデラウエア州衡平法裁判所は，T社による和解の合意に基づいて，和解を承認し，請求を却下した。

〔判旨の概要〕

　デラウエア州最高裁判所はつぎのように判示し原判決を維持した。

　「デラウエア州の会社は自社株を取引する権限を有しており，かつ反対派の株式（dissident's share）を取得したとしても詐欺あるいは不公正とされることはない。すなわち，主要または唯一の目的（the primary or sole purpose）が取締役の地位保全でなければ，合理的な調査を経た後に，取締役会が企業組織そのものに対する合理的な脅威があると正当化しうる確信を持てば，かかる自己株式取得は容認されることになるのである。これらが適切に履行されれば，反対派から株式を取得するといった事情も経営判断原則により保護される。

　しかしながら，当裁判所がUnocal判決において述べたように，自己株式取

得を実施している会社に認識している危険を除去する目的があるならば，経営判断原則の射程が及ぶ問題として処理するために一定の基準を満たしていなければならない。それは潜在的な利益相反に関するものである。……そして，会社および株主に対する認識している危険ならびにその影響についての分析に基づいて，惹起された脅威に関連して取締役会の行動は合理的でなければならない。」

「本件では，T社取締役会に10名の社外取締役がいることが投資銀行および法律専門家により出された助言と相俟って誠実さと合理的な調査の一応の証明となっている。13名の取締役のうち10名が独立していることで，取締役会の決定にかかる推定を覆すための非常に重い責任が原告に課せられたのである。

Bグループによる T社株式取得の当初から本件自己株式取得までに生じた出来事は，T社に脅威があったのだという取締役らの正当な確信の合理的な根拠となった。市場株価よりも 3％のプレミアムを支払うことは，即時にBグループを引き離す効果があるものであり，かつBグループが惹起した潜在的な長期にわたる脅威に関連して合理的と見えるのである。明らかに，本件自己株式取得は会社およびその大半の株主の利益となるのである。」

〔検討〕

本件は，約1割の株式を取得するに至った株主（Bグループ）から，再三にわたり保有株式の取得を求められていたところ，事業（ジョイント・ベンチャー）の提案を受けたがこれを拒絶したことを引き金として敵対的な動きを見せるようになったため，当該株主からその保有する株式を取得した事案である。本件自己株式取得の特徴としては取得価格が市場株価に若干のプレミアムを付したものであること，対価の半分を議決権付き優先株式とした上で，10年間のD社株式の買い増しと会社に反対する議決権行使を禁ずる合意を交わしたことである。裁判所は，①主要または唯一の目的が取締役の地位保全ではないこと，②取締役会の行動が脅威に関連して合理的でなければならないこと，③取締役13名中10名が社外取締役で占められており，投資銀行および社外の弁護士からの助言を得たこと，を考慮してT社取締役会が実施した本件自己株式取得を合理的なものとした。このように本判決はUnocal判決の枠組みに従った判断であることが注目される。

(3) Grobow 判決[29]

〔事案の概要〕

G社はE社の株式の100パーセントを取得し合併した。この合併においてG

社は，E社の創立者兼会長（chairman）であり最大の株主であるPとの間で同人が保有しているE社株とG社のE種種類株式（Class E Stock）および条件付き手形（contingent note）を交換する約定を交わした。合併によって，Pは，E社の会長と同時にG社の取締役となり，G社の株式の保有割合も0.8パーセントとなり最大株主たる地位となった。ところが，E社の運営に関してG社の取締役会においてPと他の取締役らとの対立が鮮明となり，Pは声高にG社経営陣を批判するようになった。そして，PはG社に対して同人がE社を自由に経営することを認めるか，またはPをG社から退社させるかのいずれかを選択するよう迫り，さらにG社を公然と批判するようになった。その後，Pは，税金上の理由から保有するG社株をすべて売却することをG社に持ちかけ，同社は了承した。この株式売却において，Pは，破格のプレミアム（giant premium）の条項が含まれる約定（以下「本件約定」という）の締結を提案した。本件約定を検討するため特別精査委員会（Special Review Committee）が組織され社外取締役の1人が議長となった。特別精査委員会は全会一致で本件約定を受け入れることを提案し，これを受けG社取締役会は本件約定に基づきPから自己株式取得を行うことを決定した。

本件約定に従い，G社はPおよびその親しい関係者が保有するすべてのE種種類株式および条件付き手形を約7億4,500万ドルで買い受けた（以下「本件自己株式取得」という）。G社は本件自己株式取得に合わせて「特約」（covenants）と称する取り決めをPとの間で交わし，①G社に最高で750万ドルの予定損害（damages in a liquidated）の支払がない場合にはG社経営陣の批判をやめること，②5年間はG社経営陣に対抗してG社株を取得または委任状合戦に従事しないこと，③3年間はE社と競争関係に立たないことまたは18ヶ月間はE社の幹部の引き抜きを行わないことがPがG社の取締役とE社の会長をただちに辞任することに加え合意された（以下「本件合意」という）。詳細な記録は残っていないが，この時，G社の取締役会はPを除いて26名の取締役で構成されており，そのうち18名が社外取締役であった。

ところが，当時，G社は財政危機にありコストカットを進めていたため，とりわけG社のE種種類株式の市場価格を上回るプレミアムを付した取得価格と

---

29) Grobow v. Perot, 539 A.2d 180 (Del 1988). なお，本判決の邦語による研究として，家田崇「アメリカにおける特定の株主からの自己株式取得とグリーン・メイル」石山卓磨先生・上村達男先生還暦記念『比較企業法の現在』24頁（成文堂，2011年）。

Pへの口止めに関する取り決め（hush mail provision）がなされたことに工業アナリストをはじめ世間からの批判を受けた。

　G社の株主らはそれぞれ，G社，E社，G社の取締役，P，そしてPの関係者ら3名に対して派生訴訟を提起し，併合されたのが本件である。原告は，G社の取締役によるPが保有するE種種類株式にかかる本件自己株式取得に際し過大な対価を支払ったことによるG社およびE社に対する信認義務違反，本件自己株式取得にはPの辞任のみならずG社に対する批判を止めることを求める口止めに関する取り決めが含まれておりこれは有効な事業上の目的を持ったものではなくG社財産の浪費にあたること，本件自己株式取得はG社取締役会が将来的にPから公に批判されることを免れ取締役としての地位の安泰を主として目論んでいたことを主張した。被告らは，デラウエア州衡平法裁判所裁判所規則23.1に基づく却下申立てをなし，衡平法裁判所はAronson判決[30]が示したテストにより提訴請求無益を立証できていないとして請求を却下した。

〔判旨の概要〕
　デラウエア州最高裁判所はつぎのように判示し原判決を維持した。
　「デラウエア法では詐欺あるいは不公正が無い場合に，会社が反対派の株主から市場価格にプレミアムを付して自己株式取得をすることは経営判断原則により保護されることが確固たるものとなっている。当裁判所は，原告らは経済的な利益や取締役としての地位の安泰が本件自己株式取得の強い動機となったことを主張していないと既に示しており，修正された訴状において詐欺の主張がなされていないことも同様に明らかである。原告らは，G社の取締役会が，Pの持分に対して前述のプレミアムを支払ったとして，会社財産の浪費を通常人の良心を咎めるように主張したにすぎない。

　したがって，本件の争点は原告の主張が会社財産の浪費であったか，すなわち会社が受領した対価が価額として余りにも不十分であったため，通常人の感覚に照らして経営判断として会社が支払うだけの価値があったとみなされないか問題となる。会社財産の浪費の主張を強化するにあたり，原告らは，G社取締役会によって承認された破格のプレミアムの動機となった理由を説明するために本件自己株式取得の口止めに関する取り決めの側面に注目している。そして，原告らは，経営陣の内部にいる反対勢力の沈黙を買うことは有効な経営目

---

30) Aronson v. Lewis, 473 A.2d 805 (Del 1984).

的とはならないと主張する。それゆえ，原告らは，会社財産の浪費の主張により取締役の注意義務の欠如を証明するに十分な訴答がなされていたと主張するのである。……原告らは，G社取締役会が『破格のプレミアム』をPの保有する株式に支払ったのは単にPをG社の経営陣から追いやるためではなく，Pの沈黙をお金で買うことがG社取締役会の主要あるいは動機付けの目的となったとの結論を補強するいかなる事実も特に摘示することはなかった。」

「当裁判所は取締役の相当な注意に関する他の側面について，原告においてG社取締役会が重過失（gross negligence）をもって行動していたという合理的な確信を補強するだけの事実，すなわち，本件自己株式取得の条件を交渉するに当たっての決定的な情報について情報を得ていなかったかについての合理的な確信を補強するだけの事実を訴答していたかについても判断する。この問題に関連して，G社取締役会とPとの間の独立当事者間での交渉（arms-length negotiation）および『適切な取締役会での審議』がなかったことにより，G社取締役会は注意義務を履行することができず，かつ情報に基づいた経営判断に至らなかったと原告らは主張する。

この点につき，独立して利害関係のない取締役の多数による取引の承認は，事後的に注意義務違反を問われた場合に経営判断原則の推定を下支えしてきた。かかる場合においては，提訴前の請求（presuit demand）を避けるために重い責任が原告に課されている。この法理は当然に本件にも適用されるのである。

手続上の相当な注意の欠如の主張を補強するために，原告らは主としてPとG社との間に交渉がなかったこと，G社取締役会に付議され承認された本件自己株式取得までの時間的早さを摘示している。しかしながら，当裁判所は，原告の主張が矛盾していること，および，そうでなくともG社取締役会が注意義務を懈怠したことを合理的に疑わせるに必須の事実が摘示されていないと判断する。」

〔検討〕
本判決は，プレミアムを付して自己株式を取得しても経営判断原則の適用の対象となると示したものであり，かつ会社経営陣にとって好ましくない株主から買い取っていることから事案としてはPolk判決と近似していると言えよう。また，本件自己株式取得に付随して合意した「特約」について，とりわけG社と対抗関係に立たないようにG社とPとの間で約束が交わされている点も同様である。原告株主らの主張は破格のプレミアムを支払ったことが会社財産の浪

費であるということに重点が置かれているが，独立して利害関係のない取締役の承認があったことから，本件合意の過程において合理性を疑わせるような事実はないとして取締役会の任務懈怠を否定した[31]。また，判旨の概要では引用しなかったが，裁判所は，Pが0.8パーセントの議決権に相当するに過ぎない株式しか保有しておらず，PがG社取締役の地位にとって脅威となる事実の主張がないとも示している[32]。この点については，G社取締役会が本件合意を締結して本件自己株式取得を実施したのは，自己の職を守ることを動機としたものではなく，Unocal判決が示した強化された注意義務の水準で審査されるべきとした判例法は適用されないとの見方も示されている[33]。そのため，独立して利害関係のない取締役の多数が承認したことでG社取締役会の行為が正当化されるとの判示がなされているが，これは当然の帰結だったのであろう。

(4) **Kahn判決**[34]

〔事案の概要〕

　D社は米国内のどの取引所においても取引されていないA種種類株式（Class A Stock）とNASDAQ店頭市場で取引されているが議決権のないB種種類株式（Class B Stock）を発行しており，これら株式のうち3分の1（以下「本件株式」という）をR兄弟が保有していた。D社経営陣とR兄弟との間で幹部人事などでの行き違いがあったことから，R兄弟側からD社取締役会に会社売却をするかR兄弟の一族が保有している本件株式を取得するよう求めてきた。D社取締役会は会社売却を拒否し，取締役会で協議の上，投資銀行からの助言も得てD社を独立した企業として存続させるためにもR兄弟から本件株式を取得する方向で話を進めることとした。D社取締役会はR兄弟一族とD社との間の本件株式にかかる取引を監視および議論するために6名の社外取締役で構成される特別委員会（Special Committee）を設置した。特別委員会は，取締役会に対してR兄弟一族からの自己株式取得の条件などを提案する責任を負っており，同委員会は，R兄弟一族からの自己株式取得を実施すべきこと，取得価格は1株当たり40ドルを超えてはいけないことなどを提案した。特別委員会の提案を受けて，D社取締役会は，全会一致でR兄弟一族から1株当たり40ドルで本件

---

31) Black *supra* note 20, §6.33.
32) *Growbow*, 539 A.2d 180 at 188.
33) Black *supra* note 20, §6.33.
34) Kahn on Behalf of DeKalb Genetics Corp. v. Roberts, 679 A.2d 460 (Del 1996).

株式を取得すること（以下「本件自己株式取得」という）を決定した。本件自己株式取得は書簡により株主に伝えられ，取得原資は銀行借入であることも記載されていた。

　D社の株主であるKは派生訴訟を提起し，D社取締役らの信認義務違反を主張し，1株当たり40ドルという取得価格が高すぎることに関し情報の開示義務違反があったとした。原審のデラウエア州衡平法裁判所は原告の請求を棄却した。

〔判旨の概要〕

　デラウエア州最高裁判所はつぎのように判示し原判決を維持した。

　「経営判断原則は，通常，取締役会の適法な行為を保護するもので，合理的な熟慮のプロセスを経た後で利益相反がなければ取締役会の行為は誠実であったとするものである。しかしながら，会社の事業およびその政策の方向性にかかる取締役会の支配（control）への脅威に対して取締役会が対抗措置を講じた場合は，自分自身の権限や役得を守るために会社の舵取りを守り続けたいという取締役の誘惑が生じうることから厳格な法的精査の基準が適用されるのである。このような自己利益的な行動は，株主および会社にとっての最善の利益とは別の方向性を示している場合に起こりうるのである。したがって，取締役会が脅威を感じた場合に，『合理的な事業目的』があるとする取締役会による応答のみを理由として，それが是認されるわけではないのである。」

　「D社の社外株式の3分の1にあたる本件自己株式取得を決定した取締役らについて，かかる基準から法的に検討してみよう。このとき，会社支配が潜在的に変更するような会社の方針に対する脅威に対応して取締役が自己株式取得を実施した場合Unocal基準が適用される。」

　「本件は，3分の1の社外株式が第三者により取得された事例でも，支配権獲得を目的とした第三者による株式取得に対峙して行われた自社株公開買付けの事例でもない。もとより前述したような状況にあれば支配権の変更が生じうるのでありUnocal判決のパラダイムに親和的となるのであるが，本件では敵対的買収者が存在しない状況でD社は自己株式取得を行っている。敵対的買収者が出現する実際の可能性やD社が買収の候補に挙がっているなどの事実は示されていない。さらに，取締役会は不満を抱いている株主を排除すべく行動しているのであって，将来のある時点で具現化する短期的な脅威に対して熟考したものではない。

会社支配に対する現実の脅威か取締役らによる保身のためになされた実際の行動がなければ、取締役会の行動は経営判断原則により判断されるのである。」

〔検討〕

本件は、社外取締役で構成される特別委員会の提案を受けて決定した取得価格にて実施された本件自己株式取得につき、経営判断原則が適用され取締役らの判断が尊重された事案である。本件の特徴は、すでに3分の1の株式を保有している者らから本件自己株式取得を行っており、Unocal 判決が念頭に置いている敵対的買収をはじめとした会社に対する脅威を排除するためのものではないとした点である。また、本件自己株式取得の決定の過程において、前述した特別委員会を経ていること、また投資銀行の意見も聴取していることも取締役の経営裁量が尊重された要素として挙げられよう。

(5) In re HealthSouth Corp. Shareholders Litig. 判決[35]

〔事案の概要〕

H社のCEOであるSは、同社が推し進めていた役員が自社株を購入できるようにサポートするローンプランを利用し、H社から約2,500万ドルを借り（以下「本件ローン」という）、約430万株のH社株式を1株当たり5.78ドルで購入した。株式購入から3年が経過して後、Sは、H社に対して弁済期日を前に本件ローンを返済する旨を通知し、H社の報酬委員会（Compensation Committee）は、検討の上、これを承認しH社株式をSから買い受けて本件ローンが弁済されることとなった。H社の報酬委員会は、Sから自社株を取得するにあたって、2002年7月31日のH社の市場株価の高値と安値の平均値をとった価格で買い受けることをSとの間で合意した。この合意に従い、H社は、1株当たり10.06ドルでSから自己株式を取得し（以下「本件自己株式」という）、本件自己株式取得により本件ローンは弁済された。本件自己株式取得から1ヶ月も経過しないうちにH社の大規模な会計不正が公表された。これによって、H社の市場株価は顕著に値下がりし、また多くの同社役員がこの会計不正で有罪となり、Sも刑事訴追を受けた。

派生訴訟を提起したH社の株主である原告らは、会計不正を前提としない市場株価をもとに買取価格が算定された本件自己株式取得の取消しを求めて、サマリー・ジャッジメントの申立てをした。

---

[35] In re HealthSouth Corp. Shareholders Litig., 845 A.2d 1096 (Del Ch 2003), aff'd 847 A.2d 1121 (Del 2004).

〔判旨の概要〕

　デラウエア州衡平法裁判所はつぎのように判示しSの責任を肯定しサマリー・ジャッジメントの申立てを認めた。

　「原告らにおいて，本件自己株式取得によって不公正にSに利得がもたらされたことが証明されたことは明白である。H社のCEOとして，Sは正確かつ信頼できる財務諸表を作成することを監視すべきであったとして経営責任を問われている。本件自己株式取得において，H社はSが保有する同社株式の公正な価値を確証するために同社株式の市場価格に完全に依拠している。Sは，一方で，H社とは会社と株主という関係であり，他方で，会社情報に優位にアクセスし財務諸表の正確性を保証すべき第一義的な義務を負っている当事者たる地位にあることは疑いの余地がないのである。H社のCEOとして，Sは，上級幹部であり，H社取締役会に対して正確な財務諸表を準備すべき責任があるのである。H社取締役会は，Sの報告と提案に依拠することが認められ，それにはH社のフィデューシャリー（fiduciary）としてSがなした黙示的なものも含まれるのである。つまり，H社の市場株価は，Sが本件自己株式取得においてH社に譲渡した株式の価額にかかる信用に値する指標なのである。……Sが署名したH社の財務諸表は重要な部分が不正確なのであり，これら財務諸表は2002年7月31日時点におけるH社株式の市場株価に関して重要な情報が含まれているのである。この市場株価は，本件自己株式取得の正当性を保証するために利用されている。財務諸表に署名するにあたってSが認識できる義務に違反していたか否かにかかわらず，Sが署名した誤った財務諸表によって値上がりした価格で，Sが会社に対してフィデューシャリーたる立場にありながら会社から株式を買い戻した時点で疑いもなく不正に利得を得たのである。いずれにせよ，正確な財務諸表の提出を保証すること，および十分な努力をせずに自らが託された会社の支出のもとフィデューシャリーとして利益を得てはならないことは，Sの経営者としての責任なのである。」

〔検討〕

　本件は，会計不正があり虚偽の財務諸表が作成されたH社のCEOであるSが，当該財務諸表をもとに形成された市場株価によって自己が保有する株式を自己株式取得として会社に買い取ってもらったことに対して派生訴訟の手続の中で株主から当該行為の取消しを求めてサマリー・ジャッジメントの申立てがなされた事案である。本判決では，誤った市場株価の形成の基礎となる財務諸

表に署名したSの責任は免れないとして経営判断原則は適用されることなく，本件自己株式取得の取消しが認められた。また本判決は，たとえ市場株価で保有株式を会社に売り渡したとしても，当該株主がフィデューシャリーでありながら違法行為に加担していた場合はその責任は免れないとした。本事案の特徴として，会社に自社株買いをしてもらったSは，株主であると同時にH社のCEOとして会社と信認関係にあったこと，本件自己株式取得は報酬委員会による承認が得られていることが挙げられる。かかる事実関係にかんがみるに，信認義務を負っている者は，本件の報酬委員会のような機関の承認があったとしても，経営判断原則による責任回避が容易ではないことが本件では示唆されたと言えよう[36]。

3 小 括

 デラウエア州の判例は，Unocal判決で示された，①取締役の地位保全が唯一または主要な目的ではないこと，②取締役が会社に対する脅威があると合理的に信じたこと，③独立社外取締役で多数が占められている取締役会の承認があったこと，が自己株式取得に経営判断原則が適用されるための要件とされてきた。もとより，Unocal判決の事案そのものは敵対的な公開買付けに対抗して行われた差別的な交換買付けによる自己株式取得であり，買収防衛策の合理性が問われていることから，自己株式取得一般についての準則と位置付けて良いかは検討の余地もあろう。とは言え，その後の判例をみる限りでは，自己株式取得に関して経営判断原則が適用されるかという文脈において，前記の基準に沿った判断がなされていることからも，Unocal判決の事案の特殊性はさておき，上記①〜③が判例法としての一般論と理解されていたと言えよう。他方で，自己株式取得につき経営判断原則が適用されない場合としての一事例を示したのがIn re HealthSouth Corp. Shareholders Litig. 判決である。同判決の事案は，信認義務を負っている者が株主として会社に対するローンを返済するために保有している株式を現金化したものでUnocal判決により示された枠組みが当てはまる事情がなかったと思われる。もっとも，同判決では，自己株式取得が取り消されるような信認義務に違反する行為の類型—会計不正行為への加担—も例示され事例的な意義が見出せる。

---

[36] See e.g., Black supra note 20.

第3節　日本の裁判例の検討―ダスキン株主代表訴訟―

1　ダスキン株主代表訴訟（大阪高判平成19年3月15日[37]）

　本節では自己株式取得に関して経営判断原則が適用された事案であるダスキン株主代表訴訟を分析する。現状，わが国において自己株式取得にかかる取締役の経営裁量が問われたものは本件のほかは見当たらないのは前述の通りであり，本判決を考察することは意義のあることであると思われる。

〔事案の概要〕

　A社は，環境衛生および清掃用資機材などの製造および販売のほか，料理飲食店経営などを行う非上場の株式会社であり，同社の株式には譲渡制限が付されていた。A社は，毎期の定時株主総会の開催までに取締役会において，その期（当該定時株主総会の翌日から次期定時株主総会の日まで）の同社株式を買い取る際の基準となる価格（以下「基準株価」という）を決議していた。A社は，平成14年4月18日開催の取締役会において，41期（平成14年4月1日～平成15年3月31日）の基準株価を1株当たり8,850円とすることを決定した。さらにA社は，同年5月16日開催の取締役会において，41期の期間中にA社の関連会社であるB社から株式数100万株，取得価額の総額88億5,000万円を限度として，A社の普通株式を取得することを株主総会に提案することを決議した。この提案に基づきA社は，同年6月に開催された株主総会において自己株式取得を決議した。この自己株式取得が決議された株主総会が開催されるまでの間に，A社の経営するドーナツ店が食品衛生法で認められていない食品添加物を製品に使用した，いわゆる「大肉まん事件」が発覚した。A社は，その対策費の捻出を余儀なくされ，このとき計上された特別損失により簿価純資産額から推定される会社の価値は基準株価を決定した時点より下落した。同年11月28日，A社の取締役会は株主総会決議を受けて自己株式取得を行う旨を決議し，同年12月2日に取得を実行した（以下「本件自己株式取得」という）[38]。

　A社の株主であるXらは，同社の取締役であるYらが本件自己株式取得時点

---

[37]　判タ1239号294頁，資料版商事法務281号120頁。本件を分析したものとして，近藤光男編『判例法理　経営判断原則』325頁〔宮崎裕介〕（中央経済社，2012年）。

[38]　なお，A社は同社の株主からの単元未満株式買取請求に応じて，平成14年4月2日から平成15年3月25日までの間に，合計1万1,787株を1株当たりの価格を8,850円として総額1億431万4,950円で買い取っている。

のＡ社の簿価純資産額から算定される１株当たりの価額と比べて高額となる１株当たり8,850円での自己株式の取得または自己株式の取得を決定した取締役会決議に賛成したことは，取締役としての善管注意義務・忠実義務に違反するとして，取得価格の8,850円と簿価純資産額から算定される6,800円との差額に取得した自己株式数を乗じた合計20億7,416万3,350円の損害賠償を支払うよう株主代表訴訟を提起した。

　第一審判決（資料版商事法務261号233頁）は「会社が株式を取得するに当たり，その株価を算定するに当たっては，その株式を取得する必要性，会社の財務状況への影響，会社の規模，株主構成，今後の会社運営への影響など諸般の事情を考慮して最も合理的な方法を選択する必要があるが，その必要性や影響の判断は，長期的な視点に立って，専門的かつ総合的な経営判断が要求されるというべきであるから，取締役らに委ねられる裁量の範囲も広いと解される。したがって，取締役の判断の前提となった事実の認識に重要かつ不注意な誤りがなく，また，その意思決定の過程，内容が企業経営者として特に不合理，不適切なものでない限り，その措置に係る経営判断は，裁量の範囲を逸脱するものでなく，取締役としての善管注意義務又は忠実義務に違背するものではないと解するのが相当である。」と示しＹらの善管注意義務・忠実義務に基づく責任を否定し請求を棄却した。Ｘ控訴。

〔判旨の概要〕

　東京高等裁判所は，控訴を棄却し，つぎのようにＹらの責任を否定する判決をした。

　「会社が非上場の自己株式を取得するに当たり，その取得価格を算定するに当たっては，当該株主から当該価格により株式を取得する必要性，取得する株式数，取得に要する費用からする会社の財務状況への影響，会社の規模，株主構成，今後の会社運営への影響，資本維持の観点から当該価格の１株あたり純資産額からの乖離の程度など諸般の事情を考慮した企業経営者としての専門的，政策的な総合判断が必要となるというべきであり，取締役には一定の裁量を認めるのが相当である。」

　「Ａ社においては，期首において定めた基準株価によりその期における株式買取，売却の際の価格を算定し，41期の基準株価を１株あたり8,850円としており，従前，中間決算の結果により，基準株価を見直したりしたことがなかったといえるところ，41期中間決算においては，大肉まん事件関連の対策費とし

て96億5,100万円の特別損失が発生し，同事件によりドーナツ店の売上高が一時激減したが，経常利益は54億1,700万円を計上し…最終決算予測においても131億2,600万円…であり，大肉まん事件自体単発的なもので，業績そのものが回復傾向にあること，A社フランチャイズはA社グループ内の関連会社で，その発行済株式の全てをA社及びその関連会社が保有して実質的に支配している関係にあり，A社フランチャイズは，A社株式譲渡の受け皿となった平成13年3月以前の平成10年6月以降，一貫して1株8,850円で買受け続けていたこと，取得予定代金88億5,000万円のうち，約42億5,000万円はA社からA社フランチャイズへの貸付金の返済に充てられ，約16億円は源泉所得税としていったん納付するが後日同社の税務申告により還付されることが予定され，残り約30億円はA社フランチャイズがA社株式を更に取得するための買取資金とすることが予定されていたことから両社外への実質的な資金流出は懸念されていなかったこと，A社においては，フランチャイズの加盟店や取引先，従業員等にA社の株式を保有してもらうことを経営方針としており，そのような経営方針のため，これら加盟店，取引先，従業員が株式を取得するのに支障がないようにする必要があり，また，A社株式に譲渡制限が付されているため，A社への投資を促すために，必要が生じた際の株主の投下資本の回収の手だてを講じる必要があった関係上，株価の安定性維持が要請されていたこと，そして，以上を総合すれば，中間決算における1株あたりの簿価純資産額約6,670円と基準株価8,850円との乖離が約3割であったことを考慮しても，既に大肉まん事件が発覚した後の平成14年6月26日の本件株主総会決議において，基準株価8,850円を限度としてA社フランチャイズからの100万株の株式取得が決議されたことに基づき，本件11月決議当時，同決議に参加したYら取締役につき，41期の基準株価（8,850円）を同期中において見直さなかったことが，著しく合理性を欠くとか著しく不相当なものであったとは直ちに言えないから，その裁量の範囲を逸脱するものとして善管注意義務違反ないし忠実義務違反を構成するとは認め難い。」

2　Yらの経営判断が尊重された要素

　簿価純資産額から算定される株価よりも割高の取得価格によって本件自己株式取得を実行したことにつき裁判所が取締役の経営判断として裁量の範囲内であると判断した要素としては以下の点が指摘できる。すなわち，①A社には

「大肉まん事件」の対策費として96億円強の特別損失が発生したが事件そのものは単発的なもので売上高が一時的に減少したが業績は回復傾向にあった，②B社はA社に実質的に支配されておりA社株式譲渡の受け皿として継続的に1株当たり8,850円でA社株式を買い続けていた，③A社が自己株式取得で支払った資金は大半がA・B両社の間を還流しており，社外への実質的な資金流出は懸念されていなかった，④A社の経営方針はフランチャイズの加盟店や取引先，従業員などにA社株式を保有してもらうことであり，これら加盟店，取引先，従業員が支障なくA社株式を取得してもらうことであった，⑤A社株式は譲渡制限が付されていたため，投下資本回収の手段を確保し，株価を安定させることは同社への投資を促進させる上で必要であった，ことを考慮してYらの上記買取価格での自己株式取得が経営判断として尊重され責任が否定された。

3　判決の分析

本件は，非上場であり譲渡制限が付せられた自社株を自己株式取得するにあたり，その取得価格が簿価純資産額から算定される価額から乖離していたとして，その差額を損害として取締役の賠償責任が問われた事案である。非上場株式であるA社株式について，A社の取締役であるYらは，本件自己株式取得における取得価格を基準株価の8,550円とした。この判断，すなわち，基準株価を決めた時点のA社の簿価純資産額から算定される株価が基準株価を大幅に下回り，すでに「大肉まん事件」による96億円の特別損失が発生していたにもかかわらずYらA社取締役会が基準株価を変更せずに本件自己株式取得を実行したことが問題となった。本件では，第一審・控訴審（本判決）ともに経営判断原則が適用され，Yら取締役の責任は否定された。

ところで本件では，基準株価を設定した時点よりも明らかにA社の簿価純資産額は減少している中で，同社が基準株価を変更しなかったことにつき，さらに検討が必要である。すなわち，本件のように簿価純資産額を超える価額での自己株式取得を実施すると，Xら既存株主から保有株式を会社に買い取ってもらう機会を得た株主への富の移転が発生したと捉えることができる[39)]。この点について，裁判所は，A社の業績が回復傾向にあったことを挙げて，Yらの責任を否定するにあたっての一つの要素としているが，この判断の背景には，A社株式が非上場株式であるため，帳簿上の損失が株式価値にただちに反映されないという非上場会社について考慮すべき事情を加味したのではないかとも

推測される。さらに，裁判所は，Yらの責任を否定する要素として，B社からの本件自己株式取得はA社グループ内での資金移動があるのみでグループ全体として資金の流出があるわけでない点も考慮している。以上の点を考慮して裁判所は，本件自己株式取得は経営判断として裁量の範囲内であるとの判断をした。

第4節 評価と分析

1 アメリカと日本で紛争となった事案の違い

第2節で検討したアメリカの判例の事案は，敵対的買収への対抗策としての自己株式取得（Unocal 判決），会社の経営方針に反対する（好ましくない）株主からの自己株式取得（Polk 判決，Grobow 判決，Kahn 判決），役員からの自己株式取得（In re HealthSouth Corp. Shareholders Litig. 判決）であり，いずれも特定の株主からの自己株式取得の事案である。そして，多くが，現経営陣が従前からの経営体制を維持することを目的とした自己株式取得であるかが争われたことも特筆される。

他方で，日本においては前節で検討したダスキン株主代表訴訟のほかは，三井鉱山事件最高裁判決[40]や片倉工業事件[41]など子会社を介して取得した場合の違法性が問われたものはみられるが，これでは会社自体が直接的に実施した自己株式取得に関して取締役の経営判断が問題となった事案の数として傾向を分析するには十分ではない。もっとも，法改正により自己株式取得が全面的に解禁され違法とされる自己株式取得の類型は大幅に減り[42]，手続規制や財源規制に反するものが禁じられるに過ぎなくなった[43]。そのため，自己株式取

---

39) 仮に簿価純資産額から算定される1株6,800円が企業価値を正しく反映した株価であるとするならば，取得価格の8,550円との差額である1,750円に取得した自己株式数を乗じた価額分だけ既存株主の株式価値の評価の基礎となる簿価純資産額が減少したとも言える。自己株式取得にかかる会社に生じた損害についての考え方については，高橋英治「自己株式規制に違反した場合の損害額の算定方法」法学教室385号107頁〜108頁（2012年）。
40) 最判平成5年9月9日民集47巻7号4814頁。
41) 東京高判平成6年8月29日金判954号14頁。
42) 自己株式取得の規制緩和についての法改正の経緯については，久保田安彦「自己株式と商法改正―バブル崩壊とファイナンス理論と規制の整理―」稲葉威雄＝尾崎安央編『改正史から読み解く会社法の論点』173頁以下（中央経済社，2009年），同『企業金融と会社法・資本市場規制』5頁以下（有斐閣，2015年）。

得をめぐる紛争は前節で検討したダスキン株主代表訴訟のように，取得行為自体の違法性というよりも，その内容—とりわけ自己株式取得に関して言えば取得価格の妥当性—へとシフトしたとも言えそうである。すなわち，わが国では近年全体として株価算定が争われる事案が増えていることからも，これを踏まえて自己株式取得をする際の取得価格についての取締役の経営判断が問題になり得るとも考えられるようになったのである[44]。なかでも，非上場会社について言えば，市場株価という指標が存在せず，種々の算定方法があることからも，取締役の株式の評価がその裁量との関係で問題となる[45]。

日米で上述のように事案における差違が生じるのは，日本とは違い，デラウエア州ほかアメリカにおいては特定の株主から自己株式を取得することについて特段の規制を設けていないこと[46]，財源規制が概して緩やかであるため[47]，たとえばKahn判決のように3分の1の自己株式の買付けが可能であることが理由として挙げられよう。そのため，敵対的買収への防衛策や会社にとって好ましくない株主を排除するために正面から自己株式取得が用いられることもあったのだと思われる。このとき，日本では財源規制が厳しいため，限られた分配可能額の範囲内で前述したような発行済株式の3分の1の株式を自社株買いで取得することは多くの場合不可能であるが，自己株式に議決権がないことから（会社法308条2項），現経営陣が経営体制を維持するために自己株式取得をすることは考え得る。

2 自己株式取得にかかる取締役の経営裁量はどこまで認められるか？
(1) 日本法の一般的な理解

第1節で述べたように詳細に論じられたものはないが，わが国においても自己株式取得という経営判断は尊重される—経営判断原則が適用される—と一般的に解されているようである[48]。他方で，経営判断として尊重することができない自己株式取得の形態として違法な自己株式取得が挙げられている[49]。こ

---

43) 手続規制・財源規制に反する自己株式取得の類型や法的問題点については，黒沼悦郎『会社法』209頁〜210頁（商事法務，2017年）参照。
44) 近藤編・前掲注37) 21頁〔近藤光男〕。
45) 近藤編・前掲注37) 21頁〔近藤光男〕。
46) 日本では株主総会の特別決議が求められる（会社法160条1項・309条2項2号）。
47) デラウエア州の自己株式取得の財源規制については，濱村実子「株主の強制的な締出しを伴う自社株式買取に係る財源規制の異同の妥当性：米国会社法との比較」六甲台論集法学政治学篇62巻1号23頁（2015年）参照。

れは，会社の利益になる経営判断であっても，法令に違反するもの（違法な自己株式取得）であるならば裁判所はかかる判断を尊重すべきではないとする経営判断原則についての解釈に基づくものである[50]。

(2) 「違法な自己株式取得」が限界点か？

では，経営判断原則の射程という観点から，自己株式取得にかかる取締役の経営裁量の限界点を法令違反と設定することはできるだろうか。その前提として，違法な自己株式取得についての取締役の責任についての制度枠組みを整理してみよう。違法な自己株式取得については手続規制違反と財源規制違反とで取締役の責任についての根拠規定が異なる。すなわち，手続規制違反については，任務懈怠による損害賠償責任を負うとされ（会社法423条）[51]，むしろ議論となっているのはその場合の損害算定である[52]。これに対して，財源規制違反については，取締役は当該自己株式取得に関する職務を行った業務執行者などと連帯して，株主が交付を受けた金銭等の帳簿価額に相当する金銭（自己株式取得の対価）を会社に支払わねばならないと会社法上明確に規定されている（会社法462条1項）[53]。このような制度枠組みからすると，2(1)で述べたように違法な自己株式取得は経営判断として尊重されないのはもちろんのこと制度枠組み上も取締役は責任から逃れることはできないこととなる。もっとも，この点につき，法令違反が経営判断原則の対象外であるとする論者であっても，対象となっている法令違反行為が会社・株主にいかなる損害を与えているかを検討することなく，当該法令違反行為を行った取締役の損害賠償責任を当然に認めることには躊躇を覚えている[54]。ましてや，三井鉱山事件最高裁判決のようにかつての商法改正前の自己株式取得そのものが禁止されていたことと現在の状況は明らかに異なる。すなわち，現在は，自己株式取得の目的・数量・保有に関する規制は撤廃され，規制緩和へと大きく舵が切られた[55]。そのため，

---

48) 前田・前掲注5) 26頁。吉原和志「完全子会社による親会社株式の高値買取り―三井鉱山事件最高裁判決」法学教室159号35頁（1993年）も同旨と思われる。

49) 吉原・前掲注48) 35頁。

50) 近藤光男『経営判断と取締役の責任―「経営判断の法則」適用の検討』124頁（中央経済社，1994年）。

51) 山下友信編『会社法コンメンタール(4)』20頁〔藤田友敬〕（商事法務，2009年）。

52) 本稿は，あくまで自己株式取得にかかる取締役の裁量を検討するものであるから，損害算定については立ち入らない。なお，損害算定については，高橋・前掲注39) 107頁～108頁。

53) 山下編・前掲注51) 21頁〔藤田友敬〕。

54) 近藤光男『取締役の損害賠償責任』12頁（中央経済社，1996年）。

違法な自己株式取得とされる行為類型は，従来と比べると限定的となった。あるいは，財源規制に違反した自己株式取得についてみると，取得前・取得時には分配可能額を超過していたが，結果的に分配可能額が存在し期末に欠損が生じていなかったことを考慮して，取締役らには過失はなかったという社内調査で幕引きを図ったような事例もある[56]。以上を踏まえると，違法な自己株式取得は，その有効・無効の議論は別として[57]，取締役の責任に帰着する問題と捉えて[58]，注意義務違反として会社に対する損害の発生の有無を検討すべきであり[59]，これに関わる経営判断を考慮する余地を残しても良いのではないだろうか。その意味で，違法な自己株式取得を裁量の限界点と決めつけるのは早計のように思われる。したがって，問題となっている自己株式取得が法令違反ではないものと法令違反であるものに区分して，後者について一律に経営裁量が認められないと解すべきではない。

3 取得価格と支配権維持のための自己株式取得からの検討

違法な自己株式取得が経営裁量の限界点ではないのならば，自己株式取得全般について，個々の取得の内容や目的に則して，経営判断として尊重されるべきか否かを判断せざるをえない。以下では，紙幅の都合上包括的な検討はできないため，(1)取得価格，および(2)支配権維持のための自己株式取得に関しどこまで経営裁量が認められるか検討を行う。これらを差しあたり検討対象としたのは，第3節で紹介したようにわが国の裁判例で取得価格が問題となった事例があったこと，および本稿で参照したデラウエア州においてはUnocal判決によって取締役の地位保全を唯一または主要な目的とした自己株式取得は経営判断として尊重されないとの理解が示されており，これは日本でも生じうる場面であると考えたからである。

(1) 取得価格

上場会社から検討してみよう。上場会社が単純買付けで自己株式取得を行った場合[60]，取得枠の範囲内での買付けであるならば，取締役の経営判断とし

---

55) 龍田節＝前田雅弘『会社法大要〔第2版〕』283頁（有斐閣，2017年）参照。
56) 宮崎・前掲注10) 68頁。
57) この点については，山下編・前掲注51) 18頁〜20頁〔藤田友敬〕。
58) 龍田＝前田・前掲注55) 300頁参照。
59) 近藤光男「子会社の損害と親会社取締役の責任―片倉工業事件をめぐって―」旬刊商事法務1370号6頁（1994年）。

て尊重されるべきだろう[61]。もっとも，極端に異常な状況によって株価が釣り上がっていれば取締役は注意義務違反を問われる可能性があると思われる[62]。確かに，財源規制が守られている中で，かつ取得枠の範囲内で買い付けられるのならば注意義務違反はないようにも考えられるが[63]，市場価格であれ株価が異常に騰貴した状況で高値での自己株式取得が行われたら既存株主から売却株主への富の移転があったとして[64]，それは不当に高い自社株を会社に買わせた取締役の責任として処理すべきなのだろう[65]。したがって，株価が異常に騰貴した状況で高値により自己株式を取得した場合に経営判断として尊重されず取締役が責任を問われることになるのではないだろうか。なお，東京証券取引所における立会外取引（ToSTNeT-2あるいはToSTNeT-3）については，ToSTNeT市場自体が「市場」に含まれるとしても[66]，会社法上の市場取引等がすべての株主に売却機会があること，取得価格が公正であることを前提としていることから，とりわけ取得価格が原則として前日の終値に固定されることを考慮するとToSTNeT市場が市場性を満たしているか問題がないわけではない[67]。とは言え，ToSTNeT市場では単純買付けよりは厳しいルールのもと取引が行われることから[68]，取得価格の相当性について経営裁量を逸脱した注意義務違反を問われる場面はむしろ少なくなるのではないかと思われる。

非上場会社の場合は，言うまでもなく取引相場（市場株価）がないため，実際の取得価格と種々の算定方法のうちいずれかにより算定された株価との乖離が問題となる。もっとも，上場会社とは違い，取得価格との乖離を測るための

---

60) 公開買付けによる自己株式取得は，多様な論点があることから，紙幅の関係上他日を期したい。
61) 前田・前掲注5) 26頁参照。
62) 江頭憲治郎＝神作裕之＝藤田友敬＝武井一浩『改正会社法セミナー　株式編』53頁〔手塚一男発言〕（有斐閣，2005年）。
63) 江頭ほか・前掲注62) 53頁〔神田秀樹発言〕参照。
64) 江頭ほか・前掲注62) 53頁〔江頭憲治郎発言〕参照。
65) 江頭ほか・前掲注62) 54頁〔藤田友敬発言〕。
66) 山下編・前掲注51) 42頁〔伊藤靖史〕。
67) 証券取引法研究会『金庫株解禁に伴う商法・証券取引法』別冊商事法務251号12頁～13頁（2002年）。
68) ToSTNeT市場で取引をする場合は，取得価格（原則として取得日前日の終値）や取得株式数について事前に開示することが求められ，取得結果についても取得日の即日開示が義務付けられているなど，取得価格についての裁量の幅が狭い。この点につき，宮崎裕介「証券市場における自己株式取得と開示規制の意義・機能（二・完）」民商法雑誌152巻2号120頁（2015年）参照。

基準となる株式価値の算定方法が多種多様である上，算定方法によって算出される株式価値にも当然に開きが出る。このような場合の乖離の程度が合理的であるか否かは，ダスキン株主代表訴訟が述べるように「企業経営者としての専門的，政策的な総合判断」の一言に尽きよう。無論，乖離の程度が相当性を欠いていれば取締役は責任を問われることになるが，市場株価のある上場会社と比べると判断が難しくなると思われる。

(2) **支配権維持のための自己株式取得**

現在は，自己株式取得の目的についての規制はないため[69]，支配権維持のための自己株式取得もできそうである。もっとも，わが国では，自己株式取得を認めることの弊害として支配の不公正が挙げられ，その危険性は解禁後の今もなお指摘されているところである[70]。だとするならば，自己株式取得の目的規制が撤廃されたからといって，当然に支配権維持のための自己株式取得が認められると解すべきではないだろう[71]。もっとも，支配権維持のための第三者割当増資などと比べると取得者の目的を明らかにすることは簡単ではない[72]。ましてや，上場会社が一定の期間を設けて単純買付けによって取得するような場合は，個別の取得行為につきどこからどこまでが支配権維持のためなのか判断することは難しいだろう。このとき，アメリカの判例法が参考になりそうである。すなわち，Unocal 判決は，要約すると，①自己株式取得が支配権維持を目的とするものではなく，②会社に対する合理的な脅威があり，③独立社外取締役が多数を占めている取締役会の承認を経れば，取締役の判断は尊重されるとするものである。そして，Unocal 判決を受けた判例は，①②よりもむしろ③を重視して判断しているように思われる[73]。取得価格のようにある程度客観的な判断要素がない中で自己株式取得の経営判断としての妥当性を考慮するためには当該経営判断に至った過程面をより重視する必要があるのではないだろうか。これは，近時のわが国の経営判断原則をめぐる学界の議論

---

69) 龍田＝前田・前掲注55) 283頁。
70) 龍田＝前田・前掲注55) 281頁～282頁。
71) 江頭・前掲注15) 248頁～249頁は，経営者と株主との間に会社支配の帰属をめぐる争いがある場合に，経営者が支配権維持のために自己株式取得を行うことは当該取得を行った取締役らの注意義務・忠実義務違反になり得ることを指摘する。
72) 江頭ほか・前掲注62) 64頁～65頁〔手塚一男発言〕。
73) たとえば，Polk 判決では独立社外取締役が大半を占めている取締役会の決定が尊重されており，また Kahn 判決では社外取締役で構成される特別委員会を経ていることが考慮されている。

において，裁判所は経営判断の過程面を主として審査すべきとする有力説とも親和的と言えよう[74]。

第5節　むすびにかえて

　本稿では自己株式取得にかかる取締役の裁量の限界点を見極めるという試みを行った。概して言えることは，自己株式取得が取締役の裁量の範囲に収まるか一律に線引きをするのは難しいということである。そして，裁量の限界点を超えると評価できるような自己株式取得は，市場株価が異常に騰貴した場合に敢えて買い付けることや，当該自己株式取得の目的が支配権維持であることが明白であるような場面などに限られることになりそうである。だとするならば，結局は個々の自己株式取得にかかる取引の決定・実施が取締役の経営判断として著しく不合理か否かで判断せざるを得ず，ある基準を設けて限界点を明確とすることは難しいのかもしれない[75]。それには，取得枠の設定から具体的な取得まで，条件さえ満たせば取締役会に委ねることができるという現行の自己株式取得の制度上の仕組みも影響していよう。とは言え，制度枠組みの上で取締役の裁量が認められているからと言って，それが無制限であるはずはない。現段階では，裁判例の積み重ねもなく，議論も熟していないため本稿の分析も不十分だったかもしれない。それらは，これからの裁判例・学説の展開を踏まえ，今後の研究課題としたい。

　＊本稿はJSPS科研費15K16968による成果の一部である。

---

74) 伊藤靖史「アパマンショップ判決と我が国の経営判断原則」民商法雑誌153巻2号235頁〜236頁（2017年）。
75) 伊藤・前掲注74）233頁は，「取締役・執行役の経営判断が著しく不合理かどうかは，個別の事案の様々な具体的事情…に依存して決まる」とし，何らかの基準から演繹的に裁判例の結論を評価することに疑問を呈する。

インタビュー

私と神戸学院大学法学部―50年を振り返って―

龍田節先生（元神戸学院大学法学部教授，京都大学名誉教授，日本学士院会員）

＊

岡田豊基（神戸学院大学法学部教授・聞き手）
吉本健一（神戸学院大学法学部教授・聞き手）
石井美和子（元神戸学院大学法学部資料室職員，神戸学院大学法学部卒業生）

＊　＊

2017年（平成29年）9月29日
神戸学院大学ポートアイランドキャンパス

1．はじめに

岡田　今年（2017年〔平成29年〕）4月，神戸学院大学法学部が創立50周年を迎えました。50年前の創設時，商法講座には著名な先生方が多数在籍しておられました。その先生方と長年にわたり交流してこられた龍田節先生に50年前に遡っていただき，当時の学界の様子や先生方のお人柄あるいはエピソードなどを伺うとともに，龍田先生が歩んでこられた足跡の一部をお話いただきたいと思います。

　それでは，宜しくお願いします。

2．龍田節先生と神戸学院大学との関わり

岡田　まず初めに，龍田先生と神戸学院大学との関わりについてお伺いしたいと思います。

　龍田先生は神戸生まれで神戸育ちと伺っておりますので，そういうことも含めてお話しいただければと思っております。

　宜しくお願いします。

龍田先生　63歳で京都大学が定年になる5年ほど前だったかと思いますが，河本一郎先生から，「定年になったら神戸学院大学に来ないか」というお誘いを受けまして，えらい早い時期だなと思いましたけれども，もともと神戸生まれの神戸育ちで，定年になれば神戸に移って住みたいと思っていましたから，喜んで引き受けさせていただきますと申しました。

　その2，3年後に別の私立大学から定年になったら来ないかというお誘いを受け，「いや，もう実は決まっております」と言ったら，えらい早いなとびっくりされたのですけれども，私の師匠である大隅健一郎先生，兄弟子である河本先生の御縁でこちらに来させていただいて，非常に結構だと思いました。

岡田　龍田先生が神戸生まれで神戸育ちということで，有瀬キャンパスの近くにお住まいを構えられたわけですけれども，やはり海が見えるということも意識されたのですか。海がお好きだとお聞きしておりますが。

龍田先生　海が見えるところと期待して来たのですけれども，定年の1年ぐら

い前から神戸に住む場所を探そうと思って，京都に住みながら神戸の不動産屋に頼んでいろいろ土地などを探してもらったりしました。けれども，条件が合わないのがあったりして，結局，古い家を買ったらどうかということで，神戸市垂水区南多聞台3丁目でしたか，あそこの家に移ることになって，それが決まったのが5月頃でした。意外に早く決まってしまいまして，神戸学院大学から

龍田節先生

は定年1年前の1年間は非常勤で勤めろということを伺いましたので，毎週月曜日に講義をしていたのですかね。家が決まってからは，日曜日ぐらいからこちらに来ていたと思います。セダンの車をステーションワゴンに買い替えて，毎週，神戸に来るたびに，布団だとか家具類をそれに乗せて運んできて，1泊か2泊して，京都へ帰っていました。

阪神・淡路大震災（1995年〔平成7年〕1月17日）の2年ぐらい後かな。まだ名神高速道路が通じていなくて，西宮ぐらいから一般道路に入り，阪神高速道路の下を43号線に沿って走ってきた記憶もあります。走行中に，上からざっと水が落ちてきたこともあります。なかなか交通は大変でした。

岡田 その後，神戸にお住まいになっていかがですか。

龍田先生 京都に住んでいたときによそから来た人から，「いいところに住んでおられますね」と言われて，その度に，「あなた方が京都へ来るといったら春か秋だけでしょう。夏の蒸し暑さと冬の底冷えと，私は40年ぐらい住んでもいまだに好きになれない。早く生まれた神戸へ戻りたい」というようなことを言っていたものですから，そういう意味では，生まれ故郷の神戸に住むのは非常に嬉しかったのですけれども，残念ながら，買った家は垂水の丘陵地の少し低くなったところで，海は見えませんでした。文句を言っていたら，家内が「海際の小さなマンションの部屋でも借りて，そこで勉強するようにしたらどうか」と言うので，当時，まだ明石と淡路島を往復する「たこフェリー」がありましたね。あのフェリー乗り場のすぐ近くに小さいマンションを買って，そこへ時々行っては海を眺めながら本を

岡田豊基

読んだりしていました。

岡田 明石市役所の近くにマンションが幾つか建っていますけれども。

龍田先生 はい。フェリー乗り場の真ん前です。

岡田 そうですか。奥様は京都から神戸に転居されるときに反対されなかったのですか。

龍田先生 家内は京都出身ではないですからね。長く住んでいたのは加古川ですからね。神戸に住むこと自体はむしろ喜んでいたのではないですか。

岡田 神戸学院大学にいらっしゃって、有瀬キャンパスの研究室に入られたわけですけれども、当時、研究環境とか教育環境はいかがだったのですか。ご自宅は大学まで歩いて来られる距離だったと思うのですが。

龍田先生 歩いて通っていました。大体20分ぐらい。ちょうど歩いて通うのにいい距離ですね。いい研究室も与えてもらって。

岡田 その頃、法学部には資料室もありましたし。

龍田先生 そうですね。

岡田 大学や法学部の雰囲気とかはどうでしたか。

龍田先生 新しくて明るい感じを受けました。皆さん、生き生きとしておられる感じがしました。

岡田 今から40年ほど前の1981年（昭和56年）10月に、日本私法学会第45回大会が本学で開かれたとき、私も初めて神戸学院大学に参りましたが、龍田先生もいらっしゃいましたか。

吉本 私も記憶にありますね。

龍田先生 そう言われればそうです。

岡田 学会の当日、河本先生がご自宅から歩いて来られていたのを拝見して驚きました。

龍田先生 河本先生ね。神戸市西区伊川谷町潤和に300坪ほどの敷地のお家があり、バラをいっぱい作っておられましたね。私は河本先生のお宅は何度か引っ越しされたのを全部行っています。一番初めは、明石城のすぐ西側

の明石市鷹匠町のマンションでしたね。つぎに，上ノ丸という，明石駅の北側のバスが通るところで，そこの門構えのあるお家も行きましたね。それから新しいところ，300坪ほどのところにバラをいっぱい植えてね。

岡田 河本先生は神戸大学にお勤めの頃ですね。

龍田先生 そうですね。河本先生は何年におやめになったのかな。

石井 1986年（昭和61年）です。河本先生が神戸学院大学に来られたのは。その時に神戸大学を定年ですね。

吉本健一

3．学界の様子

岡田 龍田先生，50年前に遡っていただきたいのですが，その頃の学界はどのような様子だったのですか。本学法学部が創設されたのは50年前ですから，その頃には，新しい大学が数多く創設されています。

龍田先生 そうでしたね。

岡田 50年前，龍田先生は助教授，あるいは教授になりたての頃ですか。

龍田先生 今が84歳でしょう。50年前，34歳。35，36で教授になったのです。

吉本 調べましたら，1970年（昭和45年）に教授になっておられます。

岡田 その頃，新しい大学が数多くできて，今の大学の環境ができ上がってきたのかなと思います。

龍田先生 甲南大学とかね。甲南大学は，山田純子さんを採っていただくのに1年間，お礼奉公に非常勤講師として岡本まで行きましたよ。あれは何歳のときだったのかな。

岡田 ちょうど61歳か62歳あたりですね。

龍田先生 田中昭さんや山口賢さんがおられてね。山田さんを採っていただいた。そうしたら，非常勤講師として1年間来いと。

岡田 50年前は日本私法学会もそれほど規模が大きくなくて，年に2回開催されていて，懇親会があったと伺っていますが。

龍田先生 その時分，まだ年2回ありました。大体，春が東京で，秋が関西。いつの頃からか，年1回になりましたね。年2回は大変だというので，隔年にして，だから，関西とか関東とか，それぞれのところは1年おきぐらいしか回ってこないことになりましたけれどもね。

岡田 それだけ開催が難しいということは，会員の数も急激に増えていったわけですね。

龍田先生 大きくなりましたからね。

岡田 私法を専攻される先生方が増えていったというような傾向ですね。

龍田先生 そうですね。

岡田 大学の数が増えるわ，先生方の数も増えるわと。

龍田先生 私法学会ができた時分の話は，大隅先生にインタビューしたときの記事で思い出を語っていただいておるのですけれどもね。月刊『法学教室』33号から36号まで，1983年（昭和58年）か，4回に分けて載っているのです。私法学会ができた当時の話とか，日本経済法学会とか。経済法学会の方が古いらしいですね。戦前からあります。戦後，生まれ変わったわけなのでしょうけれども，私法学会などは純粋に戦後ですけれどもね。この間，今日，呼ばれるというのでこれをもう一遍読み返したんです。

岡田 独禁法絡みで新しいのかなと思っていたのです。

龍田先生 一橋大学の先生方が中心になって戦前にもうつくられたようですよ。

岡田 私法学会から派生していた学会かなと。違うのですね。

龍田先生 経済法学会の創立は，1939年（昭和14年）と書いてある。「経済法」という会誌を出したりしておりますが，発起人の中心になったのが東京商科大学の米谷隆三先生，常盤敏太先生。この先生方が中心でしたので，東京大学の先生方が参加されなかったのかな。私法学会はもう少し後ですね。私法学会，第1回の大会を京大でやった。これは私，まだ学生の時分ではなかったのかな。1948年（昭和23年）に発足しています。私は1952年（昭和27年）に京都大学に入学だから。我妻栄先生，末川博先生，中川善之助先生などが中心になっておられましたが，大隅先生も発起人の一人になって，創立総会は東京大学で開かれ，東京大学の山上御殿，山上会館というのか，そこで創立総会をして，懇親会もやったと。当時は年2回，大会を開くことになっておって，秋の第1回の大会を京大で開いています。

岡田 それで京都，関西が秋になったのですね。

龍田先生　そういうことね。当時はまだ食料も十分なかった時分で，おにぎりを用意して，鈴木竹雄先生，石井照久先生，矢沢惇先生などと嵯峨野の方を散策したというようなことをおっしゃっていますね。

岡田　その流れが今も脈々と続いているようですが，今は，すごい人数の会員数ですね。

龍田先生　経済法学会などは私がいた時分，100人かそこらではないかと思っていたのがいつの間にやら500人を超えてね。

岡田　そうですか。

龍田先生　100人ぐらいだったと思うけれどもね。500人は超えていると思う。

岡田　そこのところは田中裕明先生に確認しましょう。

龍田先生　田中法学部長ね。

岡田　彼は一橋大学の出身で経済法を研究していますので，おわかりだと思います。

4．大隅健一郎先生の思い出

岡田　それでは，先生方お一人お一人のご様子を伺えればと思います。まず順番は前後致しますが，頻繁にお名前が出てきております大隅健一郎先生について伺います。大隅先生は，1974年（昭和49年）から1984年（昭和59年）まで本法学部に在籍されていまして，『神戸学院大学20年史』にも書いてありますように，本学の設立委員に名前を連ねておられました。京都大学の退官前に，最高裁の判事になられましたので，本学への就任の話が少しおさまったようですが，「大隅文庫」という形で大隅先生がお持ちになっていた蔵書を本学に寄贈されたというところからしても，本学との関係はずっと続いていたようです。その後，本学の設置趣意書に名前を連ねたということからして，大隅先生は最高裁判事を退官後に本学に赴任されたと伺っておりますが，龍田先生はその辺のこともご存じでいらっしゃいますか。

龍田先生　大隅先生が最高裁の判事になられたときには，私，アメリカへ留学していたのです。新聞の切り抜きを送ってもらって，青天の霹靂でびっくりした記憶があるのですけれどもね。

吉本　事前にお話はなかったのですか。

龍田先生　大隅先生ご自身，自分も予想していなかったということを書いてお

られましたけれどもね。横田喜三郎長官の後任として最高裁に入られた。満62歳の直前だったとおっしゃっていますね。京都大学におれば63歳で定年ですから，その前の年ということですね。私，ちょうどカリフォルニア大学バークレー校におったのです。新聞の切り抜きを送ってもらってびっくりしたのですけれどもね。びっくりしたということを私が言いましたら，「それはそうでしょう，私自身が考えてもいなかったのですものね」とおっしゃっていました。

吉本 龍田先生が帰国されてからお会いになっているわけですね。

龍田先生 東京へ行ったらよく会いましたね。官舎におられましたね。大きな官舎だったな。今はもうみんなマンション暮らしだと思いますけれども，大きな敷地のね。

岡田 大隅先生はそのような経緯で最高裁判事になられたわけですけれども，大隅先生はどういうお人柄だったのですか。

龍田先生 非常に温厚というのかね。先輩のお弟子さんたちからすると，すごく厳しい先生だったと言っておられましたが，私が指導を仰ぐようになった時分は大分お年を召していたし，こんなやつにそう厳しく言ってもしようがないと思われたか，非常に温厚に，余り怖いと思ったことはないです。それは似たようなことを自分についても言われます。「ええっ」と思って。私も厳しかったというようなことを言われて，そんなものかなと思ってね。

岡田 龍田先生にご指導いただいた京都大学の出身者はみんな言ってます。はい。

龍田先生 そうですか。

岡田 大隅先生は，研究姿勢も若かった頃からも厳しかったと思うのですが。いかがでしたか。

龍田先生 学問的には非常に厳しいと思いますね。いいかげんなことでは満足されませんからね。

岡田 そういう厳しさの中のエピソードとかおありなのですか。

龍田先生 具体的にと言われても。私が学部を卒業して助手に採ってもらったのです。助手論文を書いて昇進していくわけだけれども，書けるか書けないかわからないです。海のものとも山のものともわからないのでね。司法試験を受けておけというわけです。だめだったらそちらでということで。私は4回生のとき司法試験を受けて，通ったのです。通ったと言っても筆記試験だ

けれどもね。口述試験は受けていないのです。というのは，家が貧しかったものですから早く就職しなければいけないというので，就職試験で幾つかの会社を受けたのです。そうしたら，会社訪問と口述試験の日程が重なりまして，行かなかったのです。あれは2年間有効なのか。

それで助手になった時に，「口述試験は受けてちゃんと資格を取っておくように」と言われましてね。「そうします」と言っていた。それを次の年の5月か6月ごろに申請していかなければいけなかったのですが，秋のその時期になってから受けさせてくださいと言ったら，もう時期を越えているというので，「申しわけありませんけれども，口述試験を受けられませんでした」と言ったら，そのときは厳しい顔をされましたが，しようがないやつだなということでね。

私は5歳のときに父親を亡くしまして，1956年（昭和31年），大学卒業ですけれども，就職試験ではまだ母子家庭というのは若干のハンディだったようです。希望した会社には振られまして。そんなものでしようがない。助手で置いてもらって何とか論文を書いて，助手論文を書いたのですけれども，200字詰めの400枚。こんなに書いたのです。しかし，200枚に縮めろと言われ，泣く泣く削りました。そのあたりは厳しいところですね。でも，それはよかったです。冗長なものを書かない。びしっと凝縮してエッセンスだけを書く。そういう厳しい指導を受けたというのは非常に幸せだったと思います。具体的なものといったら，覚えているのはそのようなことです。

吉本 大隅先生が最高裁の判事をおやめになった後，神戸学院大学に来られた頃もよくお会いになっていたのですか。

龍田先生 そうですね。西宮市殿山町にお住まいになっていましたから，時々行っていました。もちろん京都のお宅もよく行っていましたけれどもね。神戸，西宮に移られてからもよく行っていました。

岡田 神戸学院大学の話とかは余り出ていなかったですか。

龍田先生 直接余り聞いた記憶はないです。

岡田 大隅先生が神戸学院大学に来られた頃は，西原寛一先生も在籍しておられたのですね。

龍田先生 そうですね。

岡田 すごいメンバーがおられた。

龍田先生 河本先生が，ある時期に言われました。明石駅にバスの停留所が並

んでいますね。あそこから皆さんバスに乗って有瀬キャンパスに行かれるわけですね。「あの停留所に，大隅先生，西原先生，国歳（胤臣）先生がバスを待っておられる」とびっくりしておられました。

5．西原寛一先生の思い出

岡田 それでは，西原先生とも龍田先生は交流がおありだったのですか。

龍田先生 主な交流は大阪証券取引所の証券取引法研究会ですね。1960年（昭和35年）に発足しておるのです。大阪証券取引所の専務理事をやっていた尾上春風さんが大隅先生のところにお願いに行かれて，西原先生，大森忠夫先生，神戸大学の八木（弘）先生，上柳克郎先生とか河本先生，河本先生はまだ助教授のころでした。でも，中心になってあの会を運営されたのは河本先生だったと思います。会長のような形で司会を務められたのは西原先生ですけれどもね。

　西原先生で思い出すのは「クワイシャ」と言われるのです。我々は「カイシャ」と言うでしょう。ローマ字で書いたらKAISHAでしょう。あの方は伝統的な発音に忠実で，KWAISHA，「クワイシャ法」。もう体の一部になって出てくるのです。意識しないで出る。正確な発音だなと聞いて感心した覚えがありますけれどもね。西原先生は，そういう発音をされる方で私の知っている最後の方です。

　大隅先生でも「カイシャホウ」と言われましたからね。西原先生はかたい会社法。厳格な解釈で有名な先生ですね。もちろん企業法学を築き上げられたのが一番大きな業績ですけれども。大隅先生も言っておられます。「一番厳格な解釈をするのが西原寛一先生。一番実務寄りに融通のきく解釈をするのが鈴木竹雄先生。大隅先生，ご自分はその真ん中だと。真ん中だけれども，自分はどちらかというと鈴木先生寄りだと。大森先生は自分と同じ真ん中なのだけれども，どちらかというと西原先生寄り」というようなことを『法学教室』の対談でおっしゃっていました。

吉本 石井さんは神戸学院大学法学部のご出身ですね。

石井 はい。そうです。私は西原先生と国歳先生の講義を聞きました。

岡田 印象とか覚えていますか。

石井 国歳先生は「商法総則・商行為法」を受けました。国歳先生はすごい

好々爺然とされていました。
龍田先生 本当に優しい感じですね。
石井 西原先生はもう何しろ写真を見ていただいたらわかりますが，目が物すごくきついです。なので，怖い感じでした。
岡田 大きい体格でしたか。
石井 お二人とも小柄で，そんなに大きくなかったです。大きくないですよね。
龍田先生 はい。
石井 「商法総則・商行為法」の講義のときはそれほどでもなかったですが，「会社法」は西原先生に教えていただいたのですが，有瀬キャンパスの3号館の階段教室でした。多分200人ぐらいしか入らない教室で，私たちの学年の学生数は400人で，椅子は全部埋まって周りに立っていました。そうしたら，西原先生が教室に入ってこられて，こうされるのです（手のひらを上に向けて起立を促す仕草）。みんな何をしているのだろうと最初わからなくて，しばらく見ていました。そうしたら，いつまでも立ったままだと，これは立って礼をするのではないかと気づき，みんなガタガタと立ったら西原先生がおじぎをされて，私たちもおじぎすると，こうされたんです（手のひらを下に向けて着席を促す仕草）。座ったら，「私の授業はこの階段の1段目，だから，よくて100人ですね。それぐらいしか受かりません。それなのにこんなにいっぱい来ていただいて，そんなノートも取れないところで授業は聞けないので，終わり」とさっと帰られた。今これと同じことをやったら，学生から苦情が出そうですけれども，何か厳しいな，これまでに受けた授業と違うみたいな感じで，結局，周りがいなくなるまでに1ヶ月かかりました。それからやっと授業を始めていただけました。
龍田先生 勇気があるな。私はそう思ってもね。
岡田 それが西原先生ですか。
石井 すごく新鮮でした。西原先生の講義は静かでした。私が神戸学院大学に就職してからのことですが，書店の担当者が，「西原先生はむちゃくちゃ変わられた」と言われました。「大阪市立大学時代は怖くて研究室に入るなり下を向いていたので，顔を見られませんでした。今では，ものすごくやわらかくなっておられる」と言われました。私が見てもまだ厳しそうだなと思うのですけれども，「やっ」と手を上げて，さっさっさっとバス停に向かって帰られていく。

大学の専門科目の授業はこんなびしっとしているのだと。それまでどちらかというと高校の延長みたいな感じで。

岡田　教養科目でみんな優しくやられていたのにね。

石井　そうなのです。今みたいに初年次に専門科目が開講されていなかったので，2年次までに受けられる専門科目は少なくて，たしか「家族法」ぐらいだったと思います。3年次になって初めて専門科目が開講されるのですが，西原先生の授業は期待しました。

龍田先生　ご子息が西原道雄さん，神戸大学の民法ですね。

岡田　はい。娘さんの旦那さんが大阪市立大学の古瀬村邦夫先生。ちなみに，私のゼミの先生です。

6．田中辰雄先生の思い出

岡田　石井さん，田中辰雄先生にも習われたのですか。

石井　私のゼミの先生です。

岡田　そうですか。ゼミの先生だったのですか。

石井　はい。最初は，「手形法・小切手法」を担当されていました。専門は「労働法」だったのですが，私たちの時は「手形法・小切手法」を担当されていましたが，大隅先生が就任されたあたりでご専門の「労働法」へシフトされたのではないでしょうか。

　当時，有瀬キャンパスでは，1号館，2号館，3号館しか建っていなくて，2号館の3階に研究室があったのですが，ほとんどの先生が2人部屋でした。ただ，田中先生は西原先生と同室でしたが，西原先生は「仕事は家でするからあなたが使っていいよ」と言われたようで，その研究室でゼミをやっていました。田中先生が，「それは西原先生の机だよ」と言われるのだけれども，みんなそこへでんと座って受けていました。

岡田　ゼミはどの科目をやっていたのですか。「労働法」，「商法」。

石井　その時は「商法」。「手形法」というよりも，商法全般でしたね。もう好きなところをやっていいよという感じで，またゼミ生が14人だったので，研究室に入れたのです。みんな思い思いの好きな椅子に座って受けていました。

7．国歳胤臣先生の思い出

岡田 当時，国歳先生もいらっしゃったわけで，国歳先生は非常に優しいということを伺ったことがあります。

石井 もう好々爺という感じでしたね。

龍田先生 神戸大学の学長事務取扱というのが経歴に出ていますね。

石井 国歳先生は，ご論文の数が少ないんです。だから，私たちもそんな偉い人と知らなくて，いい好々爺のおじいちゃんという感じでした。ずっと後で先生方からお聞きした話では，国歳先生はきっちり筋を通される人だったそうです。

吉本 赴任された年から言うと，大隅先生が4人の中では一番後ですけれども，設立のときから関与しておられたということですね。

岡田 そうですね。設置申請書には，国歳先生と大隅先生のお名前があります。

石井 私もそう聞いています。大隅先生は最高裁をおやめになる時に「私は申請書に名前を書いているので，やはりちゃんと神戸学院大学に行ってあげないといけないから」と言われたという話を聞いています。

吉本 そういう商法学会の偉い先生方に本学法学部の立ち上げのときから関与していただいて，そういう意味では非常に恵まれていましたね。

岡田 そうですね。『神戸学院大学20年史』（129頁）に大隅先生が書かれているのですけれども，「とにかく自由な空気という環境で，そういう学部であってほしい。各教員が自分の興味の赴くままに研究ができるというようなところ，そういうような学部であってほしい」ということをコメントされていて，「皆さんができるだけ勉強のできる雰囲気をつくることというのが私の仕事ですね」とも言われています。そういうことなので，恐らく創設期というのは，今もそうですけれども，勉強は何をやってもいい，自分の興味のあるところをずっと追い求めていけばいいというような雰囲気を先生方の中に醸し出していただいていて，それを先生方がずっと受け継いでこられたのかなと思います。

龍田先生 京都大学から神戸学院大学に移ってきて一番肌で感じたのは，家族的な雰囲気です。事務の方とお会いしても温かい感じでね。もちろん京都大学の事務の方だって，そんな冷たいわけではないけれども，本当に廊下で

会っても親しく挨拶していただいて，やはりこれは官立とは違うのだなということを強く感じましたね。でもね，それが50周年になったら随分官僚的な面も出てきて，「本が2冊あるから1冊寄附したい」と言ったら，「有瀬キャンパスまで持っていけ」と言う。寄附させて下さいというのを有瀬キャンパスまで持っていけますか。そこは官僚的だから，そういうものはまねしないほうがよろしい。

岡田　確かに。

8．河本一郎先生の思い出

岡田　龍田先生が冒頭にお話しになった，河本一郎先生からお誘いがあったということで本学法学部にお見えになったわけですけれども，河本先生とはずっと学部時代から先輩後輩としてお付き合いされて来られたのですか。

龍田先生　もちろん私が京都大学で助手になってからですけれどもね。商法研究会で御一緒になってずっと，年は離れているのだけれどもね。

岡田　10歳違いですか。

龍田先生　そうですね。年は離れているのだけれども，河本先生は大阪商科大学を卒業されてから京都大学法学部に入って3年やられたのですか。卒業されてから後の研究生活の時間というのは10年も差はないのだけれどもね。あの気さくな性格だから，こちらもそれにかまけて何でも相談に行って，いろいろお世話になりました。

　家内の父親がもともとは加古川なのだけれども，日本毛織に勤めていて，その後，明石に家を持って住んでいて，ずっと亡くなるまで明石にいました。河本先生も明石にお住まいでしたから，家内の実家に来たときには必ずといっていいぐらい河本先生のお宅にお邪魔しました。

岡田　龍田先生が助手になられた時には，河本先生はもう神戸大学にいらっしゃったのですか。

龍田先生　そうです。

岡田　では，研究会とかを中心として，また別途個人的にお付き合いされていた。

龍田先生　はい。

岡田　河本先生は，龍田先生が御定年に近づいて，その頃，ひょっとしたら私

の後でというようなことでもってお考えだったのですかね。
龍田先生 ともかく、まだ定年まで5年、えらい気が早いなと思いましたけれども、神戸に足がかりができるのは非常に結構なことだと思って喜んでお受けしたのですけれどもね。
岡田 石井さんは河本先生が本学法学部に来られてからは毎日というか、しょっちゅう会っておられたわけですね。
石井 そうなんです。学界の中でそれほどの重鎮がそんなにいっぱいおられるとはわからなくて。資料室についてどのように作るかという方針も示されていなかったので、「先生、これやって」みたいな感じで、孫みたいな歳の私なので、「まあいいか」みたいな感じで接していただいていただき、みんな好々爺というか、目は怖いですけれどもね。
龍田先生 河本先生は非常に気さくでね。気取らないしね。
石井 東京に仕事に行かれたとき、資料室にお土産を買ったら東京駅に鞄を忘れてこられた。お土産は忘れなかったのに。お体に似合わぬ大きな鞄なのにですよ。
龍田先生 神戸市西区伊川谷町潤和に住んでおられた時分は毎朝、明石公園まで歩いて行かれて、そこで民謡を朗々と大きい声でね。全然偉ぶらないところは偉いと思う。地肌というかね。大阪の八尾で河内。ご自分でも書いておられるけれども、言葉の汚いところで、有斐閣の『書斎の窓』(442号21頁～25頁〔1995年〕)というのに、いわゆる赤学生で憲兵に引っ張られた話も書いておられますけれどもね。1年半かブタ箱に入れられた。終戦で出てこられたのかな。何も悪いことをしていない。危険思想の持ち主だと、当時の憲兵隊に捕まった。
岡田 理由は本を持っていただけとか。
龍田先生 そうです。そんなわけもなしに引っ張られ、法律というものをよく知っていないといけないというので、京都大学の法学部に入られてと『書斎の窓』に書いておられる。
岡田 『書斎の窓』を拝見すると、司法試験に通って特別研究生になられて、神戸大学を退官後、弁護士になられた。弁護士になるのに30年かかったと書かれています。
龍田先生 大体学者から弁護士をやって成功したという人はめったにおらないのです。数えれば若干はあるのだろうけれども、大隅先生なども成功された

方の一人だろうけれども，大隅先生は，「私は法廷には一切出ない。訴訟代理人にはならない。専ら意見を述べる」と言っておられた。ところが，河本先生は法廷に出てばんばんやられた。相手を打ち負かすわけだ。弁護士会では皆びっくりしていました。

吉本 そうですね。

龍田先生 あれだけ学者としても業績があり，弁護士としても一流を築いたという人は他にいないのではないかな。松本烝治先生というのは，私は詳しくは知らないけれどもね，そんな面もあったのかもしれないけれどもね。

吉本 確かに珍しいですよね。

龍田先生 私も一応弁護士登録はしたけれども，したというだけで恥ずかしい話。足元にも及ばない。

岡田 亡くなられるまで弁護士をされていたわけですね。

龍田先生 そうです。

岡田 ということは30年間。

龍田先生 そういうことになる。

岡田 神戸大学定年退官後，30年間弁護士をされたという方だった。

吉本 神戸学院大学のころは両方，二足のわらじでやられていたのですね。

岡田 あの時も弁護士をされているのですね。登録されたのはその時ですね。

龍田先生 私立大学では登録してもよかったのですか。

岡田 一応兼職届は出されました。

龍田先生 国立大学などは難しかったね。

岡田 当時は。

龍田先生 今はいいらしいけれども，当時は兼職したらいけないというのでね。

岡田 吉本先生も大阪大学時代に登録されていたのですか。

吉本 そうですね。

龍田先生 いつ頃からよくなったのかな。

岡田 ある程度自由になったのは法科大学院制度ができてからですか。

吉本 大阪大学の経済学部に中谷巌という経済学者がいて，その方が大阪大学の頃か一橋大学の頃だったか，ソニーの社外取締役になるという話が出たのですけれども，文部科学省のオーケーが出なくて，結局，一橋大学をやめて私立大学に行って社外取締役になったという話がありましたね。当時は厳しかったです。

岡田さんは，これによると河本先生の1年後に来られたのですね。

岡田 そうです。1981年（昭和56年）の私法学会が終わって1週間後の土曜日に，森田章先生から電話がありまして，私，当時は鹿児島にいたのですが，「河本先生が推薦されているけれど」と言われて，承諾の返事をしました。

吉本 もちろん，神戸大学のときにお世話になって。

岡田 はい。直接の指導教官ではなかったのですけれども，いろいろ研究会で御指導いただいて，そのときも河本先生の目は厳しかったです。研究会の席上，我々はずっと下を向いていて，そういうような先生だったので，神戸学院大学に赴任してまさか河本先生と同じ教授会に出るとは思っていませんでした。ですから，京都大学時代に龍田先生にご指導いただいた皆さんが怖かったという話を先ほどしましたが，同じことを私も経験しています。

それ以降，河本先生は，新学科の設立にも尽力されました。龍田先生も国際関係法学科（1994年〔平成6年〕4月～2010年〔平成22年〕3月）に在籍しておられましたね。

龍田先生 講義をするために，教科書『企業法と国際社会』（有斐閣アルマ）をつくりました。ここに神戸に生まれてということを書いている。生まれたのは神戸市林田区。林田区は知っていますか。

石井 わからないです。どの辺ですか。

龍田先生 今，長田区。育ったのは須磨。月見山に長く住んでいました。西須磨小学校，神戸三中，長田高校で学びましたとここに書いてある。

岡田 それで龍田先生を含めて，河本先生には，新学科をつくるから先生の名前が欲しいということで，それはおありになったかもしれません。

龍田先生 国際関係法学科。

岡田 そうですね。その際，岩崎稜先生もお誘いになったりとか。

龍田先生 はい。早く亡くなられてね。

岡田 それから實方謙二先生もお誘いになった。

龍田先生 北海道大学からね。私より1年先にこちらに見えたね。

岡田 そうですね。新学科設置という背景があって，龍田先生にもお声がかかったのではないかなと思っています。

9．神戸の海の思い出

龍田先生　京都から神戸に通っていた頃，明石海峡大橋が建設中で，こちらに来るたびに少しずつ伸びている。私が神戸に移ってきた時に完成したのかな（1998年〔平成10年〕4月）。明石海峡大橋ウォークラリーに応募したら当たって，家内と2人であそこを淡路まで往復して歩きました。

岡田　距離は結構ありますね。

龍田先生　向こうまで行くから4キロ以上あるだろうけれどもね。海と海の間だけではなしに向こうまで行くからね。

岡田　淡路島のサービスエリアまで行かれたのですか。

龍田先生　サービスエリアまでは行っていないと思うけれどもね。

岡田　怖くないのですか。歩くところ。

龍田先生　全然。2,000円か払ったのかな。そうすると，Tシャツをくれて，ここに模様というのか，橋を図案化したものがついている。垂水区に住んで何年かしてからインターネットを見ると，本四公団（本州四国連絡橋公団）が橋の見学ツアーを募集している。それならもう一遍行ってみようか。エレベーターで橋の頂上まで登らせてくれるというので，そのTシャツを着て行った。そうすると，案内する人たちが，当時，その建設作業をしていた人たち。えらい喜んでくれてね。でも，あのエレベーターは乗り心地が悪い。だって，資材を運ぶものであって，人間を運ぶものではない。がたがた大きく揺れる。

岡田　では，300メートルの高さまで行かれたのですか。

龍田先生　そうです。海面から橋の平面までで80メートルですから，200～300メートル上まで行った。今もあるのではないかな。何曜日の午前は空いているとか，午前，午後と日程がそれぞれ出ていると思うけれど。

岡田　神戸の海を満喫されているわけですね。龍田先生は釣りが御趣味でいらっしゃるので。

10．法制審議会など

岡田　法律学あるいは商法学一般について，龍田先生が教壇に立たれた頃の法

学部の様子というのは（今は）恐らく変わってきて，商法も含めて開講科目もどんどん変わってきていると思うのですが，会社法ができましたし，証券取引法が金融商品取引法に名称が変わってきて及ぶ範囲が広くなっているわけですけれども，龍田先生が会社法とか，あるいはかつての証券取引法の立法に携わっておられて，そういうようなときの思いというのをお持ちだと思うのですが，いかがでございますか。非常に難しかったというお話だと思うのですが。

龍田先生 それほど私は貢献していないと思うのだけれどもね。河本先生は法制審議会の商法部会，大蔵省の証券取引法審議会，そういうものに早くから長く携わって随分貢献されたけれども，私は法制審議会の商法部会にはタッチしたのは7年くらいですか。嫌われましてね。証券取引法は先ほどの大隅先生，西原先生，河本先生方の証券取引法研究会に1960年（昭和35年）から入れていただいて勉強しましたけれどもね。インサイダー取引とかそういうアメリカのことを勉強して論文を書いたりしていました。日本でも立法化が行われたのがいつでしたか。問題があって，それで急遽立法をするようになって，審議会でそういう立法の審議をされたけれども，私はそのとき呼んでもらえなかった。河本先生がおっしゃるには，私は民事的な解決，救済を中心にすべきであるということを書いていたわけです。それが法務省の人たちと合わない。向こうは刑事罰から始まるので，刑事罰などは後の問題だと思うのだけれども，それが合わないのであなたは呼ばれなかったというようなことを後から聞いたことはありますね。

　臨時で1，2回呼ばれたことはあったけれども，その時，お役所の担当の方が事前に来るわけだ。御進講みたいなのをして，納得させられるわけね。商法の会社法のほうの法制審議会の商法部会はそういうことがなかった。これは随分雰囲気が違うな，いいなと思っていたら，途中から空気が変わってきて，もう亡くなられた参事官だけれども，非常にやり手のその人の担当の時期に何回も商法の改正があった。そういうものをばばっとやったやり手の人が電話をかけてこられて，「今度のやる会の説明に行きたい，いつがよろしいか」と。私は「来ないでくれ」と。「意見は会議の場で言う」。そこで説得されたら黙っているだけではないですか。参事官に「来ないでほしい」と言ったら，それまで法制審議会の委員，任期というのはなかったのに7年といって，私がちょうど7年。7年たったらお払い箱。嫌われました。意見は

会議の場で言うべきものだよな。

岡田 こういうような方向で持っていきたいというようなことを向こうが言ってくるわけですか。

龍田先生 そうです。

岡田 それに御賛同下さいと。

龍田先生 そうです。しゃんしゃんで終わらせた。そこのところが大蔵省の主導する金融関係の法律と法務省の主導する商法とは随分違って，こちらは結構だなと思って喜んでいたら。

吉本 会社法という新しい法律ができましたけれども，会社法についてはどんな感じでしょう。

龍田先生 あれは教科書の序文で悪口を書いたからもう繰り返さないでおこうと思うけれどもね。初めはひどい省令案を作ったね。特に計算関係の定義，めちゃめちゃにあんなやたらと。何せ定義の条文をつくればいいというものではない。後，次の改正のときに全部引っ込めたからいいようなものの，今度は条文の番号まで変えてしまったから，私は後を辿るのが大変なのです。前は何条の何というように枝番号を付けて足していって，削っても欠番のままでやる，これが伝統的な条文のつけ方ですね。それをあのときの会社法の省令については，それを一切守らずに，特に計算規則については条文の番号そのものを変えてしまっていたから，こちらは大きな被害者。後で探すのが大変。

吉本 だんだん会社法の条文なども括弧書が増えて，金融商品取引法みたいな条文が増えてきたなという。

龍田先生 1回読んでもわからない。何回も読まないと。ああいう条文は，昔は業法にはよくありました。輸出入とか為替とかそういうものには悪文のサンプルのような括弧の中に括弧を入れて，色つきのマーカーでこうして見ないとどこからどう繋がるのかわからないというので，それがだんだん広がってきた。ああいうものをなしで条文がつくれる勉強をすべきだ。

岡田 そこで考えが止まりますからね。

龍田先生 国語学者の岩淵悦太郎という人の『悪文』（日本評論新社，1961年）という本がある。それの例に出てくるのは法律の文と判決の文。

吉本 確かに。

岡田 でも，法律をやっている者はあれが当たり前になっていますが。

龍田先生 あんなものになれたら頭の構造がおかしくなる。もっと素直にね。素直に発想して表現して理解できるように揉んでいないと，持って回ってやったのではね。正確を期すといえばそれまでかもしれないけれども，そうでなければ正確さが保てないというのはどこか間違っていると思う。

長田高校のとき，大学は文学部へ行きたかった。母親が「文学部などを出ても飯が食えないから経済学部へ行け」と。私は「経済などは知らないけれども，嫌いだ」と。足して2で割った法学部に行ったのです。国語の先生が，波多野完治と言ったかな。『文章心理学大系』（大日本図書，1965年〜1973年）というこんなごつい本を貸してくれて，一生懸命読んだ記憶がありますけれども，中身は大体忘れているけれども，1つ覚えているのは，芥川龍之介と谷崎潤一郎と対比して文章論を書いているわけです。芥川龍之介は短い文章，谷崎潤一郎は綿々と書く。それでいてちゃんと書いて。私は芥川龍之介が好きだなと思って，自分でもなるべく短くするのですけれどもね。

専門の商法でそれに当てはめてみたら，大隅先生は芥川龍之介式だ。谷崎潤一郎式の文章を書かれたのは田中誠二先生。あれを読むと，それなりに立派なのだけれども，私から言うともう5つぐらい切ってくれ。

吉本 確かにありますね。

11. 結 び

岡田 龍田先生，今後の学界に対して何か御希望とかありますか。こういうように進んでほしいというのはないですか。

龍田先生 もう年です。河本先生が94歳でお亡くなりになった今年の春，河本先生のお歳までまだ10年あるけれども，とてもあのまねはできない。だんだんぼけてくる。

岡田 今，お話に出てこられた先生方のすべてに共通しているのは，僭越ですが，記憶力がずば抜けていると思っているのです。

龍田先生 むちゃな。

岡田 もちろん龍田先生もその中のお一人でいらっしゃるのですけれども，記憶力がずば抜けている。記憶が鮮明なので，こういうお話をお聞きしてもすぐに出てくる。凡人はそうはいかないです。

龍田先生 それはある面では正しいかもしれないけれども，昔のことは覚えて

いて，つい最近のこと，今朝，何を食べたか，まだらぼけが始まっていますから。何でこんなことを覚えているのだろうというような不思議なことがあります。先ほどの神戸市林田区久保町10丁目というところで生まれて，5歳の初めまでいたのかな。父親が病気になって大阪の当時は鉄道省と言っていたけれども，鉄道省の病院に入院して，母親と私と親戚の家に間借りしていたのだけれどもね。満福寺という寺が今も国道2号線ですか。あの辺，大橋9丁目の少し西のほう，山側に寺の門が見えます。あれは満福寺というのだけれども，その寺の池に亀がいたのを覚えておるからね。だけれども，昨夜何を食ったかというのは。

岡田 我々もそうなのです。引き出しはあるのですけれども，そこから引き出せない。
　ところで，河本先生は本名が「こうもと」とかと言われたのを聞いたのですが。

龍田先生 龍野出身の代議士で，通産大臣をされた河本敏夫，あれは「こうもと」。私はずっと「かわもと」先生と言っているけれども，直されたことはないけれどもな。

岡田 直すのが面倒だということで「かわもと」にしているのだと。

龍田先生 もともとは「こうもと」。

岡田 というように，これは我々，学生間のうわさなので事実かどうかは知りませんし，御本人には確認したことはありません。龍田先生はお父様の御出身が広島だということで，田舎では「りゅうた」というお名前であった。

龍田先生 そうです。いまだにそこは「りゅうた」です。いとこに当たるのがおりますけれどもね。「りゅうた」と言うのです。父親が神戸へ出てきて「たつた」にしたのだと。田舎では「神戸では『たつた』と言うとる」と言ってるようです。

岡田 龍田先生はお生まれになった時は「たつた」だったのですか。

龍田先生 父親が神戸へ出てきて「たつた」。それともう一人，私は会ったことはないのだけれども，父親のお兄さんというのが原爆で亡くなっておるのです。その人も広島市内に住んでいて「たつた」と言っていたというのを，いとこから聞いた。

岡田 龍田先生は神戸学院大学にお越しになるとき，京都大学の研究室の蔵書はどうされたんですか。

龍田先生 京都大学で法学部長をしたときに，法経本館の一番東の端，軍艦の艦長室のような広いブリッジのような研究室を与えてもらっていて，そこはしかもレールのついた書棚，そこにいっぱい入れていた。それを全部処分して，その後，神戸市内で引っ越しをするときも処分して，また処分して，もう今はほとんどないけれどもね。それでもだんだんたまるし，かといって古紙で出すのも何だからね。自宅に持って帰った後処分するのは結構だけれども，ともかく誰かに持って帰ってもらわないとね。

　今でもまだ本棚にすれば3つか4つ分はあるので，これは全部処分しないといけないと思ってます。誰か若い人で負担付贈与を引き受けてくれる人がいればな。中には1冊か2冊は値打ちのある本はあると思う。例えばバーリ＝ミーンズの『Private Property』とか，『法人格否認の法理』とか，そういうものもあるから1冊か2冊は，後は大体いらないけれども，そのいるものだけ持っていくと言われたら困るのでね。

岡田 研究室で思い出しましたけれども，神戸大学での河本先生の研究室は兼松記念館にあって，ものすごく広かったというのを記憶しているのです。昔の先生方はそういうところへいらっしゃっていた。

龍田先生 先ほども言ったけれども，私の研究室は三方に窓があって，ブリッジのようなところでね。でも，阪神・淡路大震災の時，どちら向きか知らないけれども，戸棚がぼんと床まで落ちていたからね。

岡田 京都でも揺れたということですよね。本学の研究室の本棚は今でこそ壁にとめてありますが，22年前の阪神・淡路大震災の当時はそんな意識がなくて，両脇の本棚が全部倒れて，1冊も本棚に残っておらず，床の上に本の山ができていました。だから，研究室のドアが開かなかったので，それを開けることから始めたのです。法学部資料室もそうだった。

石井 資料室のドアを開けたら，そこにカウンターに覆いかぶさるように本棚が。奥には，雑誌を配架する棚が将棋倒しにばたばたと全部倒れていた。ぱっと開けて，入れません，今日は仕事ができないので，さようならという感じでした。

龍田先生 地震の際，自宅にあったガラス戸のつり戸棚中に花瓶か何か入っていたら，それが揺れて落ちてばちゃんと割れて家内が悲鳴を上げていたけれどもね。

岡田 起きてらっしゃったのですか。

龍田先生 地震は午前5時46分に発生したんですが，6時ぐらいから目が覚めていた。京都で桂のあたりの工場で1人亡くなっていた。

岡田 それこそ，先生がいらっしゃった長田あたりはかなり被害があったわけですけれども，昔の面影はないですね。

龍田先生 あそこは景色が一変しました。そもそもあそこは空襲で焼けている。大橋9丁目，大橋の通りの1つ海寄りが久保町。私のところは久保町10丁目だった。妹尾河童の『少年H』の映画を見たら，妹が疎開に行くというので名札をつけている。そこに「神戸市林田区」と書いてある。懐かしかったですね。

岡田 龍田先生は戦争を経験されているわけですからね。

　龍田先生には神戸でのご経験を含めて，50年間の思い出をお話しいただきました。龍田先生にご指導いただいた私どもには，とりわけ50年前に本学法学部に在籍された先生方のお人柄を含め，お話の内容はいずれもとても興味深く，そして，貴重なものでした。この度の創立50周年を機に，次の新しい50年に向けて，龍田先生のお言葉を一つ一つかみしめながら本学法学部のさらなる発展に向けて取り組んで参りたいと思います。

　どうもありがとうございました。

(終)

神戸学院大学：企業法歴代教員・卒業研究者

〔商　法〕
田中　辰雄　（昭和42年度～50年度）
西原　寛一　（昭和43年度～50年度）
国歳　胤臣　（昭和45年度～60年度）
大隅　健一郎（昭和49年度～59年度）
森田　章　　（昭和51年度～平成２年度）
田邊　光政　（昭和51年度～平成３年度）
河本　一郎　（昭和61年度～平成６年度）
岡田　豊基　（昭和62年度～　　　　）
川口　恭弘　（平成３年度～11年度）
淺木　愼一　（平成４年度～12年度）
岩崎　稜　　（平成４年度～６年度）
西尾　信一　（平成４年度～12年度）
実方　謙二　（平成８年度～18年度〔平成17年度・18年度は法科大学院〕）
龍田　節　　（平成９年度～13年度）
森　まどか　（平成12年度～19年度）
今川　嘉文　（平成13年度～25年度〔平成20年度～25年度は法科大学院〕）
小櫻　純　　（平成15年度～　　　〔平成20年度～26年度は法科大学院〕）
田中　裕明　（平成15年度～18年度）
小松　卓也　（平成16年度～　　　　）
野田　輝久　（平成16年度～平成22年度〔法科大学院〕）
村田　宗樹　（平成17年度～20年度）
宮崎　裕介　（平成23年度～　　　　）
吉本　健一　（平成24年度～　　　　）
中村　秀雄　（平成25年度～28年度〔平成25年度～26年度は法科大学院〕）

〔経済法〕
小倉　正夫　（平成４年度～17年度）
田中　裕明　（平成20年度～　　　　）

〔大学院法学研究科〕
赤木(坂上)真美　（昭和60年度～平成３年度）

企業関係法の新潮流
――神戸学院大学法学部開設50周年記念企業法論文集

2018年3月31日　第1版第1刷発行

編　者	岡　田　豊　基
	吉　本　健　一
発行者	山　本　　　継
発行所	㈱中央経済社
発売元	㈱中央経済グループ パブリッシング

〒101-0051　東京都千代田区神田神保町1-31-2
電話　03（3293）3371（編集代表）
　　　03（3293）3381（営業代表）
http://www.chuokeizai.co.jp
印刷／東光整版印刷㈱
製本／誠製本㈱

©2018
Printed in Japan

＊頁の「欠落」や「順序違い」などがありましたらお取り替えいたしますので発売元までご送付ください。（送料小社負担）

ISBN978-4-502-25231-0 C3032

JCOPY〈出版者著作権管理機構委託出版物〉本書を無断で複写複製（コピー）することは，著作権法上の例外を除き，禁じられています。本書をコピーされる場合は事前に出版者著作権管理機構（JCOPY）の許諾を受けてください。
JCOPY〈http://www.jcopy.or.jp　eメール：info@jcopy.or.jp　電話：03-3513-6969〉